Oliver Kohnke/Walter Bungard (Hrsg.)

SAP-Einführung mit Change Management

Konzepte, Erfahrungen und
Gestaltungsempfehlungen

Bibliografische Information Der Deutschen Bibliothek
Die Deutsche Bibliothek verzeichnet diese Publikation in der Deutschen Nationalbibliografie;
detaillierte bibliografische Daten sind im Internet über <http://dnb.ddb.de> abrufbar.

1. Auflage 2005

Alle Rechte vorbehalten
© Betriebswirtschaftlicher Verlag Dr. Th. Gabler/GWV Fachverlage GmbH, Wiesbaden 2005

Lektorat: Ulrike M. Vetter

Der Gabler Verlag ist ein Unternehmen von Springer Science+Business Media.
www.gabler.de

Das Werk einschließlich aller seiner Teile ist urheberrechtlich geschützt. Jede Verwertung außerhalb der engen Grenzen des Urheberrechtsgesetzes ist ohne Zustimmung des Verlags unzulässig und strafbar. Das gilt insbesondere für Vervielfältigungen, Übersetzungen, Mikroverfilmungen und die Einspeicherung und Verarbeitung in elektronischen Systemen.

Die Wiedergabe von Gebrauchsnamen, Handelsnamen, Warenbezeichnungen usw. in diesem Werk berechtigt auch ohne besondere Kennzeichnung nicht zu der Annahme, dass solche Namen im Sinne der Warenzeichen- und Markenschutz-Gesetzgebung als frei zu betrachten wären und daher von jedermann benutzt werden dürften.

Umschlaggestaltung: Nina Faber de.sign, Wiesbaden
Druck und buchbinderische Verarbeitung: Wilhelm & Adam, Heusenstamm
Gedruckt auf säurefreiem und chlorfrei gebleichtem Papier
Printed in Germany

ISBN 3-409-12650-3

Inhaltsverzeichnis

Einführung und Überblick 7
Oliver Kohnke & Walter Bungard

I. Theoretische und konzeptionelle Grundlagen 11

Einführung unternehmensweiter Standard-Software-Pakete:
Eine gefährliche Gratwanderung zwischen wirtschaftlichem Höhenflug
und existenzbedrohendem Absturz 13
Walter Bungard

Change Management als strategischer Erfolgsfaktor bei
ERP-Implementierungsprojekten 37
Oliver Kohnke

Wertgetriebenes Change Management für ERP-Einführungen 63
Peter Peters

Probleme bei der Einführung von Standardsoftware 75
Joachim Niedereichholz & Jens Reske

Konzept für ein systematisches Change Management 87
Malte Brettel, Solveig Reißig-Thust & Martin Plag

II. Empirische Studien 107

Verbreitung und Stellenwert von Change Management im Rahmen
von SAP-Projekten 109
Oliver Kohnke, Walter Bungard & Virginia Madukanya

Change-Management-Praktiken und SAP-Implementierungserfolg –
Eine empirische Studie mit SAP-Projektleitern 143
Christoph Püttgen & Robert A. Roe

Schritte einer SAP-Einführung aus psychologischer Sicht –
Eine empirische Untersuchung 169
Elisabeth Böhnke, Angela Lang & Lutz von Rosenstiel

III. Erfahrungsberichte aus verschiedenen Organisationen 201

Change Management im Rahmen der SAP R/3 Implementierung am Beispiel
eines Pilotwerkes der Hella KGaA Hueck & Co. 203
Britta Buchhorn, Thomas Beyer & Oliver Kohnke

Change Management im Rahmen der Umsetzung des EuropeanBusinessModel
der deutschen Goodyear/Dunlop Gruppen im SAP 217
Frank Thiele

SAP-Einführung mit Nebenwirkungen in einem Unternehmen der
papierverarbeitenden Industrie... 231
Ulrich Königswieser & Wolfgang Kropiunik

SAP-Einführung in der Baumarktbranche – ohne Change Management
nicht möglich!.. 249
Axel Sacher

Change Management bei der SAP R/3 Einführung in der hessischen
Landesverwaltung... 269
Sabine Schüler

Literaturverzeichnis 289

Die Autoren 301

Oliver Kohnke & Walter Bungard

Einführung und Überblick

Weltweit wird pro Jahr eine mehrstellige Milliardensumme US-Dollar für die Einführung von unternehmensweiten Softwarepaketen ausgegeben. Solche so genannten ERP-Systeme (Enterprise Resource Planning) – am bekanntesten dürften die Softwarepakete von SAP sein – haben dabei eine zentrale strategische Bedeutung, da alle Informations- und Kommunikationsprozesse und damit zusammenhängend alle logistischen und finanztechnischen Abläufe gesteuert werden. ERP-Systeme sind so etwas wie das zentrale Nervensystem einer Organisation.

Angesichts der herausragenden Bedeutung dieser ERP-Systeme und vor dem Hintergrund der finanziellen Belastungen, die auf Unternehmen bei deren Einführung zukommen, müsste ein massives Interesse daran bestehen, die Frage zu überprüfen, ob die erwarteten bzw. erhofften Effekte auch tatsächlich eintreten. Verläuft die Implementierung der neuen Systeme in der Regel ohne Probleme oder ergeben sich in der Praxis Einführungsschwierigkeiten bis hin im Extremfall zum „ERP-Gau", der die Existenz der gesamten Organisation gefährdet?

Erstaunlicherweise findet man in der einschlägigen Literatur zu dieser geradezu essenziellen Thematik aber nur sehr wenige Arbeiten. Diese verblüffende Diskrepanz, die mit dem Bild der ach so rational handelnden Manager gar nicht in Einklang gebracht werden kann, war Grund genug, uns mit diesem Thema zu beschäftigen. Dahinter steht die Vermutung, dass es zum einen offensichtlich zahlreiche mikropolitische Prozesse gibt, die eine „öffentliche" Diskussion mit dieser Frage be- bzw. verhindern und damit de facto die Effizienzüberprüfung von vornherein tabuisieren. Zum anderen könnte die Analyse dazu beitragen, eine Problematik zu untersuchen, die regelmäßig zu verschiedenen Anlässen in unterschiedlichem Gewand zu Tage tritt. Hier geht es nämlich um die Kernfrage, wie man generell eine neue Technik einführt und inwieweit dieser Prozess allzu oft einseitig durch die „Techniker-Brille" gesehen und dementsprechend „technokratisch" gestaltet wird. Implementierungs- und Akzeptanzprobleme sind in dieser „Weltsicht" nicht vorgesehen, folglich sind auch Evaluationsstudien geschweige denn flankierende so genannte Change-Management-Aktivitäten obsolet.

Auf der Basis unserer verschiedenen Forschungsarbeiten ist nicht zuletzt die Idee für diesen Reader entstanden. Wir wollten Experten aus unterschiedlichen Disziplinen zu dieser so seltsam stiefmütterlich behandelten Problematik zu Wort kommen lassen.

An wen wendet sich nun dieses Buch? Es sollen in erster Linie Praktiker angesprochen werden, die für SAP-Projekte verantwortlich sind oder mit ihnen in Berührung kommen, z. B. CEOs, CIOs, Geschäftsführer, Projekt- und Programmmanager, interne und externe

Berater, Verantwortliche aus dem Personalbereich (z. B. Organisations-, Personalentwicklung, Aus- und Weiterbildung). Das Buch soll ihnen einen fundierten Einblick in die Notwendigkeit und methodische Gestaltung von Change Management im Rahmen von SAP-Projekten geben. Darüber hinaus bietet dieses Buch auch Wissenschaftlern viele Ansatzpunkte für eine weiterführende, anwendungsorientierte Foschungsarbeit.

Das Buch ist in drei Teile aufgebaut. Der erste Teil legt eine theoretische und konzeptionelle Basis zum Themenfeld. Hier wird insbesondere auf Erfolgsfaktoren bei ERP-Implementierungen eingegangen und herausgearbeitet, welche Rolle Change Management dabei einnimmt. Der zweite Teil stellt verschiedene empirische Studien vor, auf deren Basis Gemeinsamkeiten über mehrere Projekte ermittelt sowie Handlungsempfehlungen für die Gestaltung des Change Managements abgeleitet werden. Der dritte Teil vermittelt konkrete Einblicke in die Projektpraxis. An ausgewählten Projektbeispielen werden die jeweiligen Herausforderungen beschrieben, die sich für das Change Management ergeben, sowie die Lösungsansätze und Erfahrungen dargestellt.

Der **theoretische und konzeptionelle erste Teil** des Buches beginnt mit einem einleitenden Beitrag von *Walter Bungard*. Er zeigt die historischen Entwicklungen der Informationstechnologie bis hin zu den heutigen ERP-Systemen auf und geht aus psychologischer Sicht auf deren Konsequenzen für die Arbeitswelt ein. Vor dem Hintergrund der bisherigen Erfahrungen mit ERP-Systemen stellt er die kritische Frage, warum eine Betrachtung der Probleme und damit der Effizienz von ERP-Systemen bisher eher vernachlässigt wurde. Hauptursache ist für ihn die so genannte Determinismusthese, nach der sich alle organisatorischen Anpassungs- und Gestaltungsmaßnahmen dem Primat der Technik „unterwerfen" müssen und die das Handeln der Akteure beeinflusst. Daraus leitet er sein Plädoyer für eine stärkere Berücksichtigung des sozialen Systems bei der Implementierung von ERP-Systemen ab.

In der Literatur wird häufig davon berichtet, dass ERP-Implementierungen ihre Ziele nicht erreichen oder sogar ganz scheitern. Hier stellt sich die Frage, welche Faktoren den Erfolg von ERP-Implementierungen beeinflussen. Auf diesen Aspekt geht *Oliver Kohnke* in seinem Beitrag auf Basis umfangreicher Literaturanalysen und empirischer Studien ein. Er zeigt, dass ein großer Teil der identifizierten Erfolgsfaktoren einen Bezug zum Change Management hat, und kann die Hypothese bestätigen, dass Change Management als strategischer Erfolgsfaktor eine besondere Bedeutung für ERP-Implementierungen hat.

Peter Peters betrachtet in seinem Beitrag ebenfalls die Aspekte einer erfolgreichen ERP-Einführung und beschreibt fünf goldene Regeln, deren konsequente Einhaltung zu einer erfolgreichen ERP-Implementierung führt. Hieraus leitet er ab, dass die Rolle des Change Managements durch Globalisierung und Standardisierung in Zukunft noch weiter zunehmen wird.

Einen engeren Fokus wählen *Joachim Niedereichholz und Jens Reske*, die in ihrem Beitrag mit dem „Customizing" einen besonderen Problembereich bei der Einführung von Standardsoftware hervorheben. Sie diskutieren die Frage, unter welchen Bedingungen eine Anpassung der Prozesse sinnvoll ist und wann eher die Standardsoftware modifiziert werden sollte. Außerdem beleuchten sie die Konsequenzen dieser Entscheidung für das Change Management.

Nachdem aufgezeigt worden ist, welche Rolle und Bedeutung Change Management für den Erfolg von ERP-Implementierungen hat, wird im Beitrag von *Malte Brettel, Solveig Reißig-Thust und Martin Plag* ein konkretes Modell für ein systematisches Veränderungsmanagement vorgestellt. Dieses Modell bietet ein fundiertes Analyseraster zur Ableitung konkrete Maßnahmen, um Veränderungsprozesses im Rahmen von ERP-Implementierungen zu unterstützen.

Im **zweiten Teil** schließt sich die Darstellung einiger **empirischer Studien** an. Zunächst werden zwei komplementäre Studien dargestellt, die jeweils unterschiedliche Perspektiven auf das Change Management im Rahmen von SAP-Projekte bieten.

Im Beitrag von *Oliver Kohnke, Walter Bungard und Virginia Madukanya* wurden über 1.000 Mitgliedsunternehmen der Deutschen SAP Anwendergruppe e.V. (DSAG) nach ihren Erfahrungen mit Change Management im Rahmen von SAP-Projekten befragt. Die Ergebnisse zeigen deutlich, dass Change Management eine hohe Aktualität und Bedeutung für die befragten Unternehmen hat sowie zum nachhaltigen Projekterfolg beiträgt. Für den praxisorientierten Leser bietet die Studie eine Reihe von nützlichen Gestaltungshinweisen. Sie geht u. a. darauf ein, unter welchen Rahmenbedingungen Change Management in SAP-Projekten eingesetzt wird, wie Change Management in der Projektorganisation verankert werden sollte und welche konkreten Change-Management-Maßnahmen sich in der Praxis bewährt haben.

In der Studie von *Christoph Püttgen und Robert A. Roe* wurden hingegen erfahrene Projektleiter der SAP befragt. Sie nimmt daher die Sichtweise von externen Beratern ein und unterstützt ebenfalls die Hypothese, dass Change Management nachweisbar mit dem kurz- und langfristigen Erfolg von SAP-Implementierungen zusammenhängt. Darüber hinaus zeigt sich in der Studie deutlich, welche hohe Bedeutung die Befähigung der Endanwender sowie die Unterstützung des Top-Managements, die Informationspolitik und eine veränderungsfreundliche Unternehmenskultur für eine erfolgreiche SAP-Implementierung haben.

Während die beiden ersten empirischen Beiträge auf Basis einer Vielzahl verschiedener SAP-Projekte durchgeführt worden sind, liegt der Fokus von *Elisabeth Böhnke, Angela Lang und Lutz von Rosenstiel* auf den Ergebnissen einer konkreten Fallstudie. Sie stellten hierbei die unterschiedlichen Sichtweisen von Endanwendern, SAP-Beratern und dem Projektleiter bei der SAP-Einführung gegenüber und arbeiteten die jeweiligen psychologischen Aspekte heraus.

Der Zielsetzung des Buches folgend steht in allen Diskussionsbeiträgen zu den einzelnen Grundsatz- und Gestaltungsfragen die praktische Anwendung von Change Management in SAP-Implementierungen im Vordergrund. Den ganz konkreten Blick in die Praxis liefern im **dritten Teil** die aufgeführten **Erfahrungsberichte**.

Zunächst werden zwei Praxisberichte aus der Automobilzulieferindustrie dargestellt, die unterschiedliche Ansatzpunkte für das Change Management aufzeigen. Der Beitrag von *Britta Buchhorn, Thomas Beyer und Oliver Kohnke* beschreibt am Beispiel einer SAP-R/3-Einführung in einem Pilotwerk der Hella KGaA Hueck Co., wie ein projektspezifischer Change-Management-Ansatz zum Implementierungserfolg beiträgt. Zum einen bietet der entwickelte Lösungsansatz eine Art Vorlage für den weiteren Roll-out und stellt einen optimalen Know-how-Transfer sicher. Zum anderen wurde ein konsequentes Change-Controlling durchgeführt, um die Wirksamkeit der Change-Management-Maßnahmen zu überprüfen. Der Beitrag von *Frank Thiele* beschreibt die Change-Management-Unterstützung bei der Einführung von SAP R/3 in der Goodyear Dunlop Tires Germany. In diesem Projekt wurde Change Management sehr umfassend definiert und beinhaltet auch die Prozessgestaltung.

Welche Herausforderungen durch ein internationales SAP-Implementierungsprojekt für das Change Management entstehen, zeigen *Ulrich Königswieser und Wolfgang Kropiunik* in ihrem Beitrag. Am Beispiel eines Unternehmens der papierverarbeitenden Industrie stellen sie ihren projektspezifischen Lösungsansatz vor und gehen auf Methoden wie z. B. Kulturanalyse, Visionsworkshop und Resonanzgruppenveranstaltung ein.

Auf Basis von drei SAP-Einführungen in der Baumarkt-/Baustoffbranche beschreibt *Axel Sacher* in seinem Beitrag seine Change-Management-Erfahrungen. Er zeigt, wie Change Management in die Projektorganisation integriert wird, und geht auf eine Fülle unterschiedlicher Maßnahmen im Projektverlauf ein, z. B. Projekt-Kick-off, Intranetnutzung oder Roadshows.

Schließlich stellt *Sabine Schüler* dar, mit welchen Herausforderungen Change Management bei der Implementierung von SAP R/3 HR im öffentlichen Sektor konfrontiert ist und wie der projektspezifische Lösungsansatz aussieht. Sie geht der Frage nach, wie Akzeptanz in den Köpfen und der Organisation geschaffen werden kann.

Abschließend sei an dieser Stelle erwähnt, dass in einem Buch, an dem eine Vielzahl unterschiedlicher Autoren aus Praxis und Wissenschaft mitgewirkt haben, aufgrund der unterschiedlichen Erfahrungen und Vorstellungen zwangsläufig unterschiedliche Meinungen und Positionen vertreten werden. Dies sollte nicht als Uneinigkeit gewertet werden, sondern vielmehr die Komplexität des Themenbereiches Change Management in SAP-Projekten zum Ausdruck bringen. Die Beiträge hier sollen letztlich Anregungen geben, um für unterschiedliche Problemstellungen adäquate Lösungen zu entwickeln.

Unser herzlicher Dank gilt allen Autorinnen und Autoren, die – nach ihrer Bereitschaft zur Mitwirkung befragt – spontan zusagten und sich dann trotz hoher Arbeitsbelastung nicht den Mühen der Umsetzung entzogen, sondern mit ihrem Engagement zum Entstehen dieses Buches beitrugen. Darüber hinaus möchten wir Kirsten Herbst für ihre unermüdliche und geduldige Unterstützung bei der Erstellung des Manuskriptes sowie Doris Wieser für ihre außerordentlich wertvollen inhaltlichen Anregungen danken.

München und Mannheim, im Januar 2005   Die Herausgeber

I. Theoretische und konzeptionelle Grundlagen

Walter Bungard

Einführung unternehmensweiter Standard-Software-Pakete: Eine gefährliche Gratwanderung zwischen wirtschaftlichem Höhenflug und existenzbedrohendem Absturz

1. Darstellung der Grundproblematik 14
2. Ursachen für das bisherige Defizit an Effizienzstudien 18
3. Die implizite Determinismusthese der Akteure als zentraler Erklärungsfaktor 21
4. Implementierung von ERP-Systemen im Rahmen eines umfassenden Change-Management-Prozesses 28

1. Darstellung der Grundproblematik

Betrachtet man die konjunkturellen Langzyklen in Anlehnung an das Modell von Kondratieff, so begann der so genannte 5. Kondratieffzyklus, in dem wir uns wahrscheinlich zur Zeit noch befinden, bereits in den 1970er Jahren (Nefiodow, 1999). Er wurde nicht wie frühere Perioden von der Verwertung von Bodenschätzen, Stoffumwandlungsprozessen oder Energien getragen, sondern er basiert auf der Verwertung eines immateriellen Guts, nämlich Information. Man spricht deshalb auch von der gegenwärtigen Informationsgesellschaft.

Das wissenschaftstheoretische Fundament ist primär die Informatik und die dazu gehörenden Basisinnovationen kommen aus der Informationstechnik bzw. der Datenverarbeitungstechnik wie z. B. insbesondere die digitale Computertechnik als Kern der modernen Informationstechnik.

Dieser 5. Kondratieffzyklus verlief bisher in drei Phasen. In der ersten Phase (70er Jahre) dominierten Universalrechner, das Wachstum beruhte auf dem Absatz von Hardware. Die zweite Phase (80er Jahre) wurde durch die explosionsartige Ausbreitung des Personal-Computers (PC) geprägt. Die dritte Phase begann in den 90er Jahren. Im Vordergrund stehen seitdem die weltweiten Privatisierungen im Netzbereich durch die Verschmelzung von Informationsverarbeitung, Telekommunikation, Software, Unterhaltungselektronik und Medien. Als Folge dieser Entwicklungen ist die informationstechnische Industrie heute die größte Industriebranche der Welt, der weltweite Umsatz liegt heute bei über 5000 Milliarden US-Dollar. Über ein Drittel des Aufwands für Forschung und Entwicklung bezog sich in den letzten Jahren auf die Informationstechnik und ihre Anwendungen. Interessant ist auch, dass heute die Investitionen in Software jene in Hardware bei weitem übertreffen. Man schätzt, dass im Jahr 2010 in Deutschland ca. 35 Prozent der Beschäftigten allein auf den Sektor „wissensbasierte Dienstleistungen" entfallen wird (Steinmüller, 2001).

Der Alltag in unserer Informationsgesellschaft sieht so aus: Im privaten Bereich hat fast jeder zu Hause einen PC, für Kinder ist das Surfen im Internet eine routinemäßige Selbstverständlichkeit geworden, immer mehr Menschen buchen ihre Reisen auf elektronischem Wege, online-banking breitet sich explosionsartig aus.

Zu Beginn dieser Entwicklung wurden die Gefahren einer solchen elektronischen Durchdringung des Alltags heftig diskutiert, man sprach von einer verhängnisvollen Digitalisierung des Denkens, die im Extremfall auch die Basis für reaktionäre politische Aktionen liefern könnte, manche Zeitkritiker befürchteten eine geistige Verarmung des isolierten Individuums vor dem Bildschirm, das Gespenst vom Jobkiller Computer spukte durch die Medien, Psychologen analysierten die psychischen Schäden von PC-Süchtigen (Volpert, 1998; Bleuel, 1984; Dreyfus, von Heuting & Postman, 1983; Weizenbaum, 1977).

Inzwischen hat sich die Situation deutlich beruhigt, da sich die beschworenen negativen Konsequenzen offensichtlich nicht mit der prognostizierten Vehemenz eingestellt haben und außerdem die enormen Vorteile zunehmend erkannt wurden. Vieles geht eben mit den neuen Techniken wesentlich schneller, effizienter, flexibler, billiger.

Genau diese Kriterien spielen bekanntlich in der Arbeitswelt eine zentrale Rolle. In der von hoher Dynamik, Fusionen, Globalisierung, kurzen Innovationszyklen und damit insgesamt raschen Veränderungsprozessen geprägten Geschäftswelt ist hohe Flexibilität überlebensnotwendig. Der rasante Wandel entwickelt sich in den Unternehmen vom früheren Ausnahmezustand hin zu einem Dauerzustand als Selbstverständlichkeit (Vahs & Leiser, 2003; Comelli, 1995). Im Zentrum der Strategien zur Bewältigung dieser neuen Qualität des Veränderungstempos stehen dabei eine adäquate Informationsverarbeitung und die schnelle Verfügbarkeit von Informationen. Bei der Optimierung des Informationsmanagement war selbstverständlich die Informationstechnik von Anfang an die entscheidende Schlüsseltechnologie.

Computer dienten dabei zunächst der Automatisierung von routinemäßigen Geschäftsaufgaben wie Lohn- und Gehaltsabrechnungen. Die Programmierung übernahmen interne Mitarbeiter der Informationssystem-Abteilungen. Es zeigte sich jedoch bald, dass die interne Programmierung der Geschäftsanwendungen oft zu teuer und ineffizient war (Shields, 2002). Mitte der 70er Jahren wurden dann die ersten Versuche gestartet, von Individuallösungen der Unternehmen auf generell gültige Geschäftsanwendungen zu schließen und diese über eine entsprechend standardisierte Software abzubilden. Man ging davon aus, dass viele Prozesse in den Unternehmen ähnlich verlaufen und sich deshalb wenig voneinander unterscheiden, so dass die einmal für ein Unternehmen programmierten Geschäftsanwendungen auf andere Unternehmen übertragbar sind.

Vor diesem Hintergrund entstanden die ersten Standardsoftware-Entwicklungen im Sinne von „Best Practice"-Industrielösungen. Der Vorteil für die Unternehmen liegt vor allem darin, bereits programmierte und getestete Software einkaufen zu können, mit deren Hilfe sie die für ihre jeweiligen Kernbereiche wichtigen Geschäftsprozesse abbilden können. Verschiedene Softwareanbieter konzentrierten sich in den 80er Jahren auf die Entwicklung von Anwendungsmodulen für bestimmte Kernbereiche, wie z. B. das Finanzwesen (Shields, 2002), später dann wurden integrierte Anwendungen entwickelt, die die meisten Funktionen und Prozesse von Unternehmen unterstützen (Appelrath & Ritter, 2002).

Man nennt diese umfassenden modular aufgebauten Standardsoftware Pakete ERP-Systeme (Enterprise Ressource Planning). Seit Anfang der 90er Jahre wurden solche ERP-Systeme sukzessive flächendeckend in nahezu allen Unternehmen weltweit eingeführt und dieser Boom hält ungebrochen an. Am bekanntesten sind die Systeme von SAP, BAAN, J.D. Edwards oder PeopleSoft. Die Ursache für diese explosionsartige Ausbreitung liegt in der Annahme der Verantwortlichen, dass die extrem hohen Anforderungen im internationalen Wettbewerb nur mit Hilfe solcher umfassenden EDV-gestützten Systeme gemeistert werden können. Die Einführung von ERP-Systemen wird damit zur Existenzfrage hochstilisiert: Es geht nicht darum, ob solche Systeme implementiert werden, so die These der IT-Fachleute, sondern nur noch um die Frage, ob die Realisierung noch rechtzeitig genug gelingen wird, koste es was es wolle. Wer zu spät kommt, den bestraft das (Wirtschafts-) Leben.

Dieser Prozess muss in Zusammenhang mit der parallel verlaufenden Reorganisation der Geschäftsprozesse in vielen Unternehmen geschehen. Nach der Lean-Management- und Total-Quality-Management-Welle Anfang der 90er Jahre in Anlehnung an das japanische Erfolgsrezept (Metzen, 1994; Bungard, 1995) wurden seit Mitte der 90er Jahre in vielen Branchen Business-Reengineering-Projekte durchgeführt (Hammer & Champy, 1996; Davenport, 1993; Brenner & Hammer, 1995), bei denen die bisherigen Prozesse radikal verändert werden. Ziel ist eine „vernetze Geschäftsarchitektur", bei der die Prozessoptimierung über die gesamte Wertschöpfungskette erfolgt (Österle & Winter, 2000). Bei diesen Brachialkuren kommt den ERP-Systemen eine wichtige Rolle zu: Der Veränderungsprozess als solcher kann nämlich mit Hilfe dieser ERP-Systeme bewerkstelligt werden, oder aber sie werden im Zuge der Reorganisation als konstituierendes Merkmal der neuen Strategie eingeführt, indem sie eine Vielzahl vorher parallel betriebener und nicht immer redundanzfrei funktionierender Altsysteme ablösen.

ERP-Implementierungen werden also häufig als zentraler Hebel für die organisatorische Veränderung des Unternehmens gesehen, sie mutieren zur „Deus ex machine" moderner Organisationsgestaltung (Scherer & Verbeele, 1999, S. 60). Problematisch ist, dass diese Projekte in der Regel als „reine" IT-Projekte aufgesetzt werden und die Prozessoptimierung implizit quasi durch die Hintertür dieses Projektes durchgeführt wird. Das Projekt und der Projektleiter stoßen hier sehr schnell an ihre formalen Grenzen, da der Einfluss auf die Fachbereiche nicht genügend groß ist.

Zwischenfazit: Die strategische Bedeutung von ERP-Systemen in der Arbeitswelt kann nicht hoch genug eingeschätzt werden, sie sind in den meisten Unternehmen nicht mehr wegzudenken, sie gehören genauso zum selbstverständlichen Arbeitsalltag wie der PC im Privatbereich. Die Betrachtung der Analogie beider Einsatzbereiche darf allerdings nicht darüber hinwegtäuschen, dass es auch gravierende Unterschiede gibt:

- Im privaten Bereich entscheidet z. B. prinzipiell jeder Einzelne für sich selbst, inwieweit er sich auf ein PC-Abenteuer einlassen möchte. Wer Angst vor dieser Technologie hat, wird sie eben nicht nutzen, keinen PC kaufen, das Surfen den nachkommenden Generationen überlassen. Bei einer unternehmensweiten Software müssen die Mitarbeiter mehr oder weniger geschlossen diese Technologie umsetzen, damit sie funktioniert. Es stellen sich zwangsläufig wichtige unternehmensinterne Akzeptanzprobleme.

- Hinzu kommt zweitens, dass die Folgen einer misslungenen „Einführung" extrem unterschiedlich sind. Wer im privaten Bereich mit seinem frisch gekauften PC nicht zurecht kommt, stellt ihn in die Ecke oder verschenkt ihn. Es wird selten zu einem persönlichen Offenbarungseid kommen, meistens bleibt nur ein traumatisches PC-Erlebnis und eventuell eine generalisierte Technik-Phobie zurück.

Ganz anders die Ausgangssituation bei der Implementierung eines ERP-Systems: Da hier die Software quasi das elektronische Zentral-Nervensystem einer Organisation darstellt, muss es bei Problemen bzw. Störungen zu erheblichen existenzbedrohenden Krisen kommen. Im Extremfall führt die gescheiterte Einführung eines ERP-Systems direkt in den Konkurs.

Angesichts dieser Überlegungen kann man nur mit Erstaunen folgendes Phänomen konstatieren: Trotz des strategisch hohen Stellenwerts von ERP-Systemen und angesichts der potenziellen Gefahren im Fall eines Scheiterns wird die Frage nach der Effizienz der Systeme in der Praxis stiefmütterlich behandelt. Die finanziellen Risiken sind dabei immens. So wurden allein im Jahr 2000 schätzungsweise zehn Milliarden US-Dollar für ERP-Systeme in den USA investiert (Mauterer, 2002). Die Lizenzgebühren kosten häufig ca. 30 Millionen US-Dollar. Die Beratungskosten können bis zu 200 Millionen US-Dollar betragen (Kirkpatrick, 1998).

Es scheint aber dennoch geradezu ein Tabu zu sein, die Frage zu untersuchen, ob die Einführung eines ERP-Systems wirklich nachhaltig gelungen ist. Der erfolgreiche return on investment (ROI) wird offenbar als selbstverständlich unterstellt, der sich quasi automatisch aus der Einführung als solcher ergibt. Regiert hier vielleicht eine unheilvolle Allianz zwischen den Software-Herstellern auf der einen Seite und den Verantwortlichen für den „Einkauf" bzw. den IT-Spezialisten, die die Umsetzung bewerkstelligen, auf der anderen Seite, um den hohen Anteil von „ERP-Leichen" in den Unternehmenskellern zu verschleiern?

Auch liegt in vielen Fällen ein konkreter „Business Case", der die Ziele, den Projektumfang und vor allem den Nutzen a priori definiert, nicht vor. Man musste das Projekt einfach durchführen. Heute wird dieser Business Case eher verlangt, da viele Unternehmen aus der Vergangenheit gelernt haben und die IT-Budgets knapper geworden sind. Dieser Business Case ist dann der Prüfstein für den Projekterfolg. Bemerkenswert ist in diesem Zusammenhang, dass man aus dem Bereich der Business-Reengineering-Projekte, die ja oft mit ERP-Systemen eng verknüpft sind, durchaus die Alarmglocken vernommen haben müsste: Nach relativ stark übereinstimmenden Berichten liegt die Misserfolgsquote bei ca. 70 Prozent, so z. B. das Ergebnis einer von McKinsey durchgeführten Analyse (Hall et al., 1997; vgl. weiterhin Bungard, 1996; Kleingarn, 1997). An dieser Stelle setzt die Zielsetzung dieses Beitrages an. Es sollen zunächst im 2. Abschnitt die Ursachen für das bisherige Defizit an Effizienzstudien erörtert werden. Im 3. Abschnitt wird die implizite Determinismusthese als ein wichtiger Erklärungsfaktor für die bisherigen Probleme dargestellt, um dann im 4. Teil die Grundgedanken einer Implementierung von ERP-Systemen im Rahmen eines umfassenden Change-Management-Prozesses zu beschreiben. Der Beitrag wird im letzten Abschnitt mit einem Fazit abgeschlossen.

2. Ursachen für das bisherige Defizit an Effizienzstudien

In diesem Abschnitt soll die Frage untersucht werden, warum es insgesamt angesichts der Relevanz der Fragestellung so extrem wenige Effienz-Studien gibt. Eine ähnliche Erfahrung kann man, nebenbei bemerkt, auch bezüglich der Effizienz von Weiterbildungsmaßnahmen machen, wo pro Jahr allein in Deutschland mehrere Milliarden Euros verausgabt werden, ohne dass man in vielen Fällen auch nur annähernd wüsste, ob sich diese Investitionen wirklich lohnen.

Die Gründe für diese Defizite sind wahrscheinlich die gleichen: Es gibt zu wenige Interessensgruppen, die ernsthaft an einer objektiven Bewertung der Effizienz der ERP-Systeme bzw. analog der Wertbildungs-Aktivitäten interessiert sind.

Bezogen auf ERP-Systeme wäre es z. B. für die Anbieter von derartigen Software-Paketen geradezu existenzgefährdend, wenn negative Erfahrungen publiziert und bei potenziellen Kunden kolportiert würden. Also werden entsprechende Hiobsbotschaften als höchst sensible „Sündenfälle" unter Verschluss gehalten und bestenfalls hausintern als geheime Kommando-Angelegenheit diskutiert. Die Produzenten von Standardsoftware sind also aus verständlichen Gründen an einer öffentlichen Diskussion zur Effizienz nicht interessiert, sie werden auch konsequenterweise keine entsprechenden Forschungsaufträge an Dritte erteilen.

Wer sollte sich innerhalb der Anwendungsfirmen eine solche Untersuchung wünschen? Wenn der Vorstand bzw. ein Mitglied des Vorstands oder der Geschäftsleitung die Einführung eines ERP-Systems aus strategischen Gründen beschlossen hat, dann sollte er zwar in einem nach rationalen Kriterien geführten Unternehmen ein vitales Interesse daran haben, die Richtigkeit dieser Entscheidung objektiv überprüfen zu lassen. Aber bekanntlich geht es in der Arbeitswelt doch nicht immer ganz so rational zu. Die „Rationalität" der Entscheider diktiert in der Praxis wohl eher eine Strategie, bei der es darum geht, das eigene Gesicht zu wahren und damit seine Machtposition zu halten. Die öffentliche Dokumentation einer Fehlentscheidung könnte ja nur den eigenen Kopf kosten, also benötigt man primär Beweise für die Richtigkeit der damals getroffenen Entscheidung, egal wie diese, mikropolitisch abgesichert, hervorgezaubert werden. Zu dieser Taktik gehört es auch, bei offensichtlichen Schwierigkeiten kurzfristig Schuldige zu identifizieren, um eine peinliche, möglicherweise entlarvende Diskussion des Gesamtprojekts zu vermeiden.

Da der hier angesprochene Personenkreis aus den oberen Führungsetagen zugleich auch derjenige ist, der eine Effizienzüberprüfung beschließen und die Finanzierungsmittel dafür freigeben muss, kann man sich bei einem solchen Interessenskonflikt leicht ausrechnen, dass die Wahrscheinlichkeit von Evaluationsprojekten eher gering ist. Diese zuvor aufgezeigte Konstellation reicht bereits als Erklärung für die Untersuchungsdefizite aus Anwendersicht aus, aber unabhängig davon sind auch andere Unternehmensbereiche an einer Offenlegung von Problemen nur mäßig interessiert.

Bei ERP-Projekten gibt es zum Beispiel in der Regel eigene hausinterne IT-Abteilungen, die sich mit der Adaptation und Einführung eines solchen Systems beschäftigen. Die Motivationslage ist hier ähnlich: Wenn es Probleme geben sollte, wäre das Eingeständnis quasi ein fachspezifisches Desaster, das unbedingt verhindert bzw. kaschiert werden muss. Das Gleiche gilt erst recht, wenn bei Kapazitätsengpässen externe Berater zur Unterstützung des Implementierungsprozesses hinzugezogen werden. Symptomatischerweise rekrutieren sich diese „Experten" ebenfalls schwerpunktmäßig aus den IT-Bereichen.

Bleiben letztlich nur noch die „fachfremden" Mitarbeiter, die im Alltag mit diesen ERP-Systemen arbeiten bzw. leben müssen, und die möglicherweise die Kluft zwischen Theorie und Praxis hautnah mitkriegen. Aber deren Kritik verstummt leider sehr schnell, wenn sie merken, dass negative Reaktionen nicht opportun sind, ihre Meinung erst gar nicht erfragt bzw. gehört wird, oder aber Kritik postwendend mit einer Infragestellung der Kompetenz der Mitarbeiter und Zweifel an ihrer Loyalität beantwortet wird. Der Unmut der EDV-Entmündigten artikuliert sich dann u. U. nur noch resignativ in ironischen Kantinengesprächen. Eine in diesem Kontext gern gestellte Frage lautet z. B.: Was bedeutet die Abkürzung SAP? Antwort: stopp all productivity! Oder: „Sanduhr-Anzeige-Programm!"

Soweit das eher ungünstige Motivationsumfeld für die Initiierung von Effizienzuntersuchungen. Daneben gibt es natürlich auch weitere Problembereiche, die derartige Forschungsaktivitäten tendenziell verhindern bzw. erschweren:

- Bei dem Zusammenhang zwischen Mensch und Technik handelt es sich grundsätzlich um äußerst komplexe, dynamische und offenen Systeme. ERP-Systeme sind dabei wiederum jeweils ein Teil des gesamten übergreifenden Organisationssystems und insofern sind Aussagen über mögliche Kausalketten methodologisch problematisch. Effekte entstehen aus der Interaktion verschiedener Faktoren, es existieren meistens komplizierte Wechselwirkungen. Insofern können Probleme auch immer noch auf andere Einflussfaktoren zurückgeführt werden, ERP-Systeme sind deshalb partiell gegenüber Kritik immun.

- Es besteht grundsätzlich das Problem, wie man den Erfolg einer ERP-Implementierung operationalisieren kann bzw. welche Indikatoren konkret gemessen werden sollen. Geht es um die Einhaltung des Zeit- und Kostenbudgets? Um die Akzeptanz bei den Mitarbeitern? Um Produktivitätssteigerungen? Um die Realisierung eines Personalabbaus? Oder steht die technische Zielerreichung im Vordergrund (Fitz-Gerald & Carroll, 2003)?

- Bei der Betrachtung von Kosten-Nutzen-Verhältnissen muss man den Prozesscharakter beachten: Die Einführung als solche kostet zunächst einmal Geld und reduziert in der Regel während der Startphase die Produktivität des Systems. Erst in einer späteren Phase wird der Nutzen anfallen (Sneed, 1993; Heilmann, 2003). Die übliche einjährige Budgetlogik greift also in den meisten Fällen mit Sicherheit zu kurz.

- Der ERP-Markt für Software ist schnelllebig. Als privater PC Nutzer kennt man das Dilemma: Man verlässt das PC-Geschäft mit dem neuesten Modell des bevorzugten Herstellers, bereits nach wenigen Wochen muss man mit ansehen, dass gerade dieses Modell leider überholt ist, spätestens nach einem Jahr wird man als PC-Muffel bemitleidet, weil man noch nicht, offenbar innovationsunfreudig, auf die ultimativ neueste Version des PC´s umgestiegen ist.
  Das gleiche Problem haben Unternehmen auch. Jede Entscheidung für eine Standardsoftware vor der Cebit ist eine „suboptimale" Lösung aus der Perspektive nach der Cebit. Aus diesem Konflikt heraus lässt sich ableiten, dass eine zeitlich verschobene Bewertung prinzipiell zu kritischen Ergebnissen kommen muss, weil Erkenntnisse über die Vorzüge des neuen Updates dann bekannt sind.

- Da weder Anbieter noch Anwender offiziell an der Vergabe von Aufträgen an Forschungsinstitutionen interessiert sind (s.o.), „flüchten" manche Forscher notgedrungen in ihre Simulationswelten. In Forschungslabors entstehen virtuelle Firmen, bei denen ERP-Systeme implementiert werden. Daraus abgeleitete Effizienzprognosen müssen mit Vorsicht interpretiert werden, weil möglicherweise gerade diejenigen Faktoren in einer sterilen Forschungswelt ausgeblendet werden, die in der Praxis die entscheidenden Stolpersteine bei einer konkreten Einführung repräsentieren. Fehlende Akzeptanz der Mitarbeiter lässt sich eben leider oder Gott sei Dank in einem Simulationsumfeld nur schwer darstellen bzw. integrieren.

- Schließlich resultiert eine stark eingrenzende Problematik daraus, dass die Forschungsfrage als solche zwingend notwendig einen interdisziplinären Ansatz erfordert: Informatiker, Techniker, Organisations-Experten und nicht zuletzt auch (Arbeits- und Organisations-) Psychologen müssten eigentlich gemeinsam eine solche vielschichtige Frage mit ihren heterogenen Theorien und Methoden untersuchen. In der Forschungspraxis neigen z. B. Informatiker eher dazu, aus ihrer Forschungsperspektive die Dinge zu sehen und blenden psychologische Faktoren entweder aus oder erklären diese mit ihrer eigenen hausgemachten Psychologie. Umgekehrt verstehen viele Psychologen nicht allzu oft etwas von ERP-Systemen mit den daraus resultierenden Konsequenzen für ihre Forschungsaktivitäten. Das Problem ergibt sich also zusammenfassend betrachtet daraus, dass auf beiden Seiten der bilateralen Kooperation unterschiedliche Instrumentarien der Mutterwissenschaft angewandt werden, folglich zwei verschiedene Realitäten analysiert werden, was der Lösung der Probleme nicht dienlich ist (Doujak et al., 2004).

Trotz all dieser Einschränkungen und Schwierigkeiten ist die Situation aber nicht so, dass es überhaupt keine Publikationen zur Effizienz von ERP-Systemen gäbe. Viele dieser Dokumente sind aber letztlich nicht verwertbar. Wenig aussagekräftig sind z. B., neben den vollmundigen Werbebroschüren der Software Hersteller und deren geschickt manipulierenden Publicitystrategien, die typischen pseudowissenschaftlichen Publikationen in (Manager) Magazinen, weil dort vornehmlich Erfolgsstories offeriert werden. Nicht nur die Software-Entwickler und die Anwendungsfirmen wollen sich in solchen öffentlichen Präsentationen positiv darstellen, auch die Herausgeber der Zeitschriften sind eher an marketingträchtigen Musterlösungen interessiert. Sie wollen lieber das Erfolgsunternehmen des Jahres küren, anstatt von einer desaströsen ERP-Pleite zu berichten. Problematisch sind auch anonyme Erfahrungsberichte, meistens gespickt mit Horrorszenarien, da diese prinzipiell nicht nachprüfbar sind.

Eine erste aufschlussreiche Fundgrube für Hinweise auf Implemtierungsprobleme sind gelegentliche Notizen in der Tagespresse z.B. über Lieferprobleme von Firmen, die sich vor den Kunden nicht verheimlichen lassen. So wurde z. B. öffentlich berichtet, dass das Logistik-System bei VW durch die Einführung eines ERP-Systems quasi zusammengebrochen sei, so dass mehrere Monate lang keine Ersatzteile aus dem Werk Kassel bezogen werden konnten. Da man aber in der Regel keine Hintergrundinformationen erhält, helfen einem solche Nachrichten auch nicht sehr viel weiter.

Am interessantesten sind für unsere Fragestellung natürlich im Gegensatz zu der breitgefächerten „grauen" Literatur die wenigen methodisch fundierten und vor allem von neutraler Perspektive aus initiierten Studien.

Darstellungen der wichtigsten Forschungsarbeiten finden sich in den verschiedenen Beiträgen in diesem Band, insbesondere bei Kohnke, so dass in diesem Artikel nicht näher darauf eingegangen wird. Exemplarisch sei hier das Ergebnis der Untersuchung von Cook et al. (2001) genannt: In ihrer Stichprobe wurden 20 Prozent der Projekte vorzeitig abgebrochen - man kann sich leicht ausmalen, welchen organisatorischen Gau dies ausgelöst hat, weitere 40 Prozent haben nach einem Jahr die erwarteten Ziele nicht erreicht. Martin (1998) berichtet z. B. aufgrund seiner Untersuchungen, dass in über 90 Prozent aller ERP-Implementierungsprojekte die Zeit- und Budgetgrenze überschritten wurden. Appleton (1997) geht davon aus, dass in 50 Prozent der Fälle der intendierte Nutzen sich nicht einstellt. Welche Gründe hierfür angeführt werden und welche Erfolgsfaktoren sich für die Implementierung von ERP-Systemen hieraus ergeben, wir in dem Beitrag von Kohnke in diesem Buch ausführlich behandelt.

Diese und andere Studien laufen zusammenfassend betrachtet darauf hinaus, dass im ERP-Alltag uni sono Einführungs- und Umsetzungsprobleme berichtet werden, mit mehr oder weniger gravierenden Konsequenzen für die Unternehmen.

3. Die implizite Determinismusthese der Akteure als zentraler Erklärungsfaktor

Die ernüchternde Bilanz bezüglich des ERP Milliarden-Markts sieht offenbar so aus: In einem für jede Organisation zentralen Bereich werden mit vielen Hoffnungen horrende

Summen investiert, obwohl es genügend Indizien dafür gibt, dass die Erwartungen nicht immer durchgehend erfüllt werden. Das Scheitern einer erfolgreichen Einführung solcher Systeme gefährdet dabei sogar allzu oft die Existenz eines Unternehmens. Erstaunlich ist vor dem Hintergrund dieser Situation die Tatsache, um es noch einmal zu wiederholen, wie wenig Aufmerksamkeit diesem Problem gewidmet wird. Die Investitionskosten sind bekannt, die Kosten für das Nichtfunktionieren und deren Folgekosten bleiben meistens im Dunkeln, über die ERP-Ruinen wird das Tuch des Schweigens gelegt.

Angesichts dieser durch Tabuisierungsstrategien abgesicherten Irrationalität stellt sich natürlich die zentrale Frage, welche Ursachen hierfür verantwortlich sind. Im letzten Abschnitt sind bereits zahlreiche Argumente aufgeführt worden, warum kein großes Interesse an Effizienzstudie bei allen Beteiligten zu erwarten ist.

Bei der Suche nach weiteren tiefergehenden Erklärungen gibt es Anhaltspunkte, die dafür sprechen, u. a. auf übergreifende Forschungsbefunde der Arbeits- und Organisationspsychologie zurückzugreifen. Ein Blick in die einschlägige Literatur zeigt nämlich, dass die hier zutage tretenden Symptome in der Tat periodisch immer wiederkehrend bei wechselnden Anwendungsfällen aufgrund einer identisch dahinter stehender Grundproblematik auftreten.

Es geht ganz allgemein um die impliziten Vorstellungen von Führungskräften/Technikern bei der Gestaltung bzw. Implementierung von Technologien. Zwei Paradigmen stehen sich hier gegenüber: Die erste Position vertritt die Meinung, dass die jeweilige Technik bei der Einführung Ausgangspunkt für alle weiteren Anpassungs- bzw. Gestaltungsmaßnahmen ist. Sie stellt primär die Technik in den Vordergrund, Organisationen und Menschen müssen sich dem unterwerfen. Technik determiniert die Rahmenbedingungen, deshalb kann man diesen „philosophischen" Standort als implizite Determinismusthese bezeichnen.

Langjährige Forschungsarbeiten haben eindeutig nachgewiesen, dass eine solche Konzeption nicht haltbar ist, sie führt zu einer ineffizienten Nutzung der jeweiligen Technik und provoziert darüber hinaus auch inhumane Arbeitsplätze, was mittelfristig den positiven Nutzen einer Technik zusätzlich noch torpediert. (vgl. hierzu die klassische Kontroverse im Bereich der Psychotechnik bereits zu Beginn des 20. Jahrhunderts (Giese, 1928; Ulich, 2003).

Die Begründung für das zweite Paradigma ergibt sich aus zwei Aspekten: Zum einen bietet fast jede Technik per se verschiedene Optionen einer Realisierung, die keineswegs automatisch (vor-) determiniert sind. Informations- und Kommunikationstechnologien lassen nämlich auf mindestens vier Ebenen unterschiedliche Anwendungsmöglichkeiten zu (Ulich, 2001):

- Unternehmensebene (Zentralisierung versus Dezentralisierung)
- Organisationseinheiten (ganzheitliche versus teilheitliche Strukturen)

- Gruppenebene (Fließband versus flexibles Fertigungssystem)
- Individuelle Ebene (Technik- versus Arbeitsgestaltung)

Welche Option gewählt wird, muss deshalb grundsätzlich vom Mensch entschieden werden.

Zweitens funktioniert eine Technik nur dann, wenn sie von den betroffenen Menschen akzeptiert wird. Gegen den Willen von Mitarbeitern, aus welchen Gründen heraus die Ablehnung auch resultieren mag, lässt sich ein technologisches Konzept nicht erfolgreich umsetzen. Insofern ist Akzeptanz ein „gleichberechtigter" Erfolgsfaktor. Man bezeichnet dieses zweite Paradigma im Gegensatz zur Determinismusthese und der daraus abgeleiteten Technikgestaltung als anthropozentrisches Modell bzw. als Position einer arbeitsorientierten Technikgestaltung.

Aus diesen Überlegungen heraus wurde bereits in den 50er Jahren des letzten Jahrhunderts der sozio-technische Ansatz entwickelt (Trist & Bamforth, 1951; Emery, 1959; Alioth, 1980; Ulich, 2001): Der Kerngedanke besteht darin, dass bei der Einführung einer neuen Technologie grundsätzlich die technischen und sozialen Systeme gemeinsam optimiert werden müssen („joint optimization").

Es würde den Umfang dieses Beitrages sprengen, näher auf diesen Ansatz einzugehen, der sich sowohl in der Praxis bewährt hat als auch wissenschaftlich bezüglich seiner Effizienz als überlegen erwiesen hat.

Für die weiteren Argumentationsschritte in diesem Abschnitt ist es wichtig festzuhalten, wo sozusagen die entscheidende Weichenstellung für eines der beiden Paradigmen erfolgt. Wie zuvor gezeigt ist der Ausgangspunkt der Prozesse der von der Technik völlig unabhängige „metatheoretische" Glaube der Akteure an den Determinierungs-Grad der jeweiligen Technologie. Kognitive Strukturen in den Köpfen der Entscheider beeinflussen deshalb maßgeblich die Art und Weise, wie eine konkrete Technik implementiert wird.

Wenn man sich nun die Befunde vor Augen führt, über die in den vorliegenden Forschungsarbeiten (vgl. hierzu insbesondere den Beitrag von *Kohnke* in diesem Buch) berichtet wird, so lassen sich die Probleme im Lichte des sozio-technischen Ansatzes wie folgt interpretieren: Bei der Einführung von ERP-Systemen hat offensichtlich der Determinismusansatz Pate gestanden. Wie anders ist es zu erklären, dass die Hauptprobleme für das Scheitern von ERP-Ansätzen vor allem im sozialen System lokalisiert werden können? Die unternehmensweite Software ist von IT-Spezialisten entwickelt und überprüft worden, bei der Einführung müssen Organisationen Prozesse adaptieren und die Mitarbeiter sich dem digitalen Diktat unterwerfen. Bei auftretenden Problemen, so die determinismus-immanente Denkweise, sind die organisatorischen Prozesse nicht optimal bzw. nicht ausreichend angepasst worden. Oder aber die Mitarbeiter sind nicht genügend qualifiziert bzw. demotiviert. Die mögliche Konsequenz daraus liegt auf der Hand: Mitarbeiter müssen weitergebildet, stärker durch (neotayloristische) Prozessrichtlinien reglementiert oder ausgetauscht werden. Bei Akzeptanzproblemen müssen die bestenfalls irrationalen und schlimmstenfalls pathologischen Technikängste (am besten von Psychologen) wegtherapiert werden, im Falle des Scheiterns einer solchen „kurativen" Intervention sollte man die Betroffenen durch „technikaufgeschlossene" Mitarbeiter ersetzen. Im Grunde genommen sind aber solche psychischen „Störfälle" im System eigentlich nicht vorgesehen und werden deshalb an Personalspezialisten weiterdelegiert. Am besten wäre es ohnehin, wenn man den Unsicherheitsfaktor Mensch ausschalten könnte, die Vision der menschenleeren Fabrik, die bereits Ende der 80er Jahre als CIM-Idee kläglich beerdigt werden musste, taucht immer wieder als Hoffnungsschimmer am ERP-Horizont auf.

An dieser Stelle zeigt sich also ein typisches Phänomen, dass man grundsätzlich bei Veränderungsprozessen immer wieder beobachten kann: Man konzentriert sich auf die „harten", sichtbaren, operationalisierbaren, schnell beeinflussbaren Faktoren. Die längerfristige Beeinflussung der „weichen" Faktoren wird systematisch vernachlässigt (McNish, 2002; Rosenstiel & Comelli, 2004; Cevey & Prange, 1998). Arbeits- und Organisations-Psychologen werden in solch einer Perspektive zu einem „Zulieferanten für Korrekturwissen zur Modernisierung", wie Beck (1982) es einmal bezeichnet hat, die „Beschwichtigungsforschung" betreiben sollten. Man muss sich mikropolitisch betrachtet darüber im Klaren sein, dass Psychologen in diesem Kontext leicht in die Rolle des primär ideologischen Kritikers gedrängt werden können, der den technischen Fortschritt als Hofnarr aufhalten wird (Beck, 1982). In solchen Konflikten steht dann auch schnell die Wissenschaftlichkeit der psychologischen Methoden zur Disposition, sie kommt gegenüber der etablierten Informatik in Legitimationszwänge.

Bei diesen Überlegungen lässt sich weiterhin innerbetrieblich eine interessante Determinismus-Koalition beobachten. Die Entscheidung für die Einführung eines ERP-Systems erfolgt in der Regel im oberen Management eines Unternehmens, in der z. B. in Deutschland vorwiegend Juristen und Techniker bzw. Naturwissenschaftler überrepräsentiert sind. Sie sind meistens keine IT-Spezialisten, aber auch keine Implementierungs-Experten. In wie vielen Organisationen haben im Vorstand „Personaler" das Sagen, wenn man unterstellt, dass diese die potenziellen Implementierungs-Experten sind? Zur Zeit muss man Controller sein, um hoch hinaus zu kommen, und die stehen nicht gerade im Verdacht, besonders sensibel mit Einführungsprozessen umgehen zu können, sie beschäftigen sich eher professionell mit „Ausführungs-Strategien".

Nach der grundsätzlichen Entscheidung für die Einführung eines ERP-Systems (weil die Konkurrenz es auch getan hat usw.), wird im Rahmen der funktionalen Arbeitsteilung die Realisierung an die externen und innerbetrieblichen Spezialisten übergeben. Mangels Sachkenntnis wird der interne Kreis der Spezialisten auf IT-Fachleute reduziert und damit ist das ERP-Kind bereits in den berühmten Brunnen gefallen, bevor es überhaupt losgegangen ist. Denn weder diese IT-Spezialisten innerhalb der Firmen noch die IT-Experten auf Seite der Anbieter sind primär Implementierungskünstler. Das gleiche gilt auch für die CIOs (Chief Information Officer), die häufig für diese Projekte verantwortlich sind, um u.a. das Budget zu verwalten. Nötig wäre ein CIO als „Chief Integration

Officer". Es geht bei ERP-Systemen ja häufig um Integration von Geschäftsprozessen und Daten (Standardisierung und Harmonisierung und das weltweit).

Die einseitige Perspektive der IT-Spezialisten hat viele Gründe:

- Bei der Ausbildung von IT-Spezialisten wird die Problematik der Adaptation der sozialen Systeme eher ausgeblendet. Psychologie ist kein konstituierendes Merkmal des didaktischen Ausbildungskonzepts. (Es gibt positive Ausnahmen wie z. B. die ETH Zürich).

- Die Selbstselektion bei der Auswahl einer IT-Ausbildung dürfte nicht dafür verantwortlich sein, dass Personen mit auffallend hoher sozialer Kompetenz überrepräsentiert sind. Denn diese favorisieren eher solche Berufe, bei denen sie es später „mit Menschen" zu tun haben werden.

- Die IT-Ausbildung fördert in Ergänzung zu anderen Linearisierungs-Instanzen das Denken in Ursache-Wirkungsketten. Unterentwickelt bleibt dabei das so genannte systemische Denken, das aber gerade bei Implementierungsprozessen entscheidend ist. D. h. mit anderen Worten: Die IT-Ausbildung präjudiziert quasi eine deterministische Weltsicht, sie fördert implizit eher eine technikorientierte Gestaltungsstrategie.

Welche Konsequenzen resultieren nun in der Praxis aus der allgegenwärtigen Dominanz der impliziten Determinismusthese? Die Antwort ist relativ einfach: Das technische und soziale System passen nicht zueinander, sie werden nicht sukzessiv in ihrer Interdependenz adaptiert bzw. optimiert, im Extremfall sind die Einflüsse aus dem sozialen System kontraproduktiv und torpedieren die Erreichung der Ziele. Eine zentrale Rolle spielen dabei die durch oben geschilderte Implementierungs-Vorgehensweise provozierten Widerstände der Mitarbeiter.

Cevey & Prange (1998 bzw. Roth, 2000) haben zu diesem Thema ein aufschlussreiches Phasenmodell der emotionalen Probleme bei Veränderungen publiziert (vgl. Abb. 1).

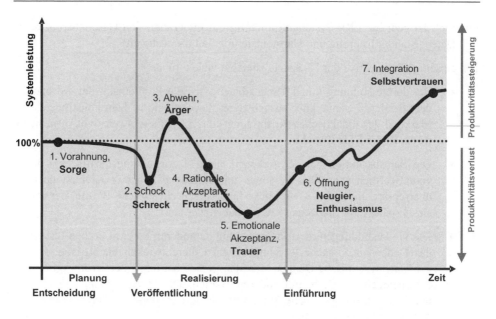

Abbildung 1: Phasenmodell nach Cevey und Prange (1998)

Es werden folgende 7 Phasen differenziert:

1. Bevor ein Veränderungsvorhaben wirklich in die Tat umgesetzt wird, haben die Mitarbeiter eine Vorahnung, dass etwas auf sie zukommen könnte.

2. Wird der anstehende Wandel offiziell angekündigt, werden die Mitarbeiter das erste Mal mit der auf sie zukommenden Situation konfrontiert. Nach Cevey & Prange (1998) versetzt sie dies in eine Art Schockzustand, da sie im ersten Moment nicht wissen, wie sie den neuen Anforderungen gerecht werden sollen. Dies äußert sich wiederum in Produktivitätseinbußen.

3. Auf die Schockreaktion folgt die Abwehrreaktion. Die in diesem Zusammenhang erhöhte Energie mündet in einem kurzfristigen Produktivitätsgewinn.

4. Die vierte Phase ist die der rationalen Akzeptanz. Die Mitarbeiter sehen ein, dass der Wandel notwendig ist, setzen sich jedoch innerlich, im Sinne einer Umsetzungsstrategie, noch nicht wirklich mit der Veränderung auseinander. Hier besteht die Gefahr, dass Gefühle der Frustration entstehen, da eine emotionale Verarbeitung noch nicht stattgefunden hat.

5. Nach der rationalen Akzeptanz stellt sich langsam die emotionale Akzeptanz ein. Die Mitarbeiter verabschieden sich von ihren gewohnten Verhaltensweisen, trauern diesen nach, beginnen sich dann aber in ihrem Verhalten neu zu orientieren. Das Aufzeigen von Handlungsempfehlungen hilft, die Neuorientierung zu vereinfachen.

6. In dieser Phase, in der sich die Produktivität wieder steigert, stehen die Menschen der Veränderung neugierig und enthusiastisch gegenüber. Sie versuchen sich in der neuen Situation zurecht zu finden und werden zu Akteuren. Die Mitarbeiter durchlaufen nach dem Prinzip „trial and error" einen Lernprozess.

7. Aufgrund der erlernten Handlungskompetenz gewinnen die Mitarbeiter an Selbstvertrauen. Sie integrieren nun die Veränderung in ihr Handeln und sehen in dem Wandel einen Sinn. Dies führt zum ersten wirklichen Produktivitätsgewinn seit Beginn des Veränderungsprozesses.

Da die einzelnen Phasen dieses idealtypischen Modells durch verschiedene emotionale Empfindungen und Verhaltensweisen geprägt sind, ist es für eine sinnvolle Begleitung und Unterstützung der Mitarbeiter in einem Veränderungsprozess wichtig, zu analysieren, in welcher Phase sich die Betroffenen befinden. Je schneller eine Organisation die Mitarbeiter durch diese Phasen „durchschleusen" kann, desto weniger wird die Produktivität und Leistung in Mitleidenschaft gezogen.

Vor dem Hintergrund dieses Modells wird deutlich, dass zumindest in den ersten drei Phasen massive Widerstände eines großen Teils der Belegschaft vorprogrammiert sind.

Doppler und Lauterburg (2002) verstehen unter Widerstand Folgendes: „Von Widerstand kann immer dann gesprochen werden, wenn vorgesehene Entscheidungen oder getroffene Maßnahmen, die auch bei sorgfältiger Prüfung als sinnvoll, „logisch" oder sogar dringend notwendig erscheinen, aus zunächst nicht ersichtlichen Gründen bei einzelnen Individuen, bei einzelnen Gruppen oder bei der ganzen Belegschaft auf diffuse Ablehnung stoßen, nicht unmittelbar nachvollziehbare Bedenken erzeugen oder durch passives Verhalten unterlaufen werden." Dieser Widerstand kann dabei verbal oder nonverbal, aktiv (Angriff) oder passiv (Flucht) erfolgen.

Bei ERP-Projekten scheint der Schwerpunkt, wie oben bereits gezeigt, eher auf passive Reaktionen hinzudeuten. Wenn der „ERP Wind" weht, bauen sich einige Veränderungsgewinner Windmühlen, andere (vermeintliche Verlierer) ziehen Mauern hoch. Eine derartige passive Verhaltensweise besteht typischerweise dann, wenn Mitarbeiter es unterlassen, relevante Daten in das System einzugeben und damit elementare Regeln nicht befolgen oder nach wie vor ihre Altsysteme, wie z.B. Excel-Tabellen quasi unter der Hand weiter nutzen. Ein nicht aktuelles, kontinuierlich „gepflegtes" ERP-System simuliert dann aber durch derartige unauffällige Boykott-Ansätze eine Scheinwelt, die sehr schnell zur Paralyse des Gesamtsystems führen kann. ERP-Systeme sind damit zum Scheitern verurteilt, denn sie leben davon, dass alle integrierten Bereiche die Funktionalitäten nutzen und notwendige Dateneingaben machen. Ansonsten „Garbage in, garbage out!"

Die Ursachen für die Widerstände sind ebenfalls leicht nachvollziehbar. Bereits in der Phase der Vorahnung werden Ängste vor drohendem Arbeitsplatzverlust evoziert, die sich dann in der zweiten Phase eher noch verstärken, verbunden mit der Angst, den

EDV-Anforderungen nicht gerecht werden zu können. In dieser Schockphase nehmen viele auch einen bedrohlichen Machtverlust wahr: Da ERP-Systeme eine unternehmensweite Datenabfrage ermöglichen, entsteht eine bis dahin nicht gekannte Transparenz im Unternehmen. Man kann jederzeit auf Daten anderer Bereiche zugreifen, was einen herben Verlust an Herrschaftswissen bedeutet.

Fazit: Werden in dieser Zeitspanne bei ERP-Projekten keine kompensatorischen Maßnahmen eingeleitet, darf es nicht verwundern, dass die Organisation paralysiert wird und der Sprung in die vierte Phase ausfällt oder zumindest erheblich verzögert wird.

4. Implementierung von ERP-Systemen im Rahmen eines umfassenden Change-Management-Prozesses

Die erfolgreiche Einführung einer unternehmensweiten Software ist ein so zentrales Thema für ein Unternehmen, dass es aus existenziellen Gründen unverantwortlich wäre, diesen Prozess allein den IT-Spezialisten innerhalb und außerhalb des Hauses zu überlassen, so die Botschaft der bisherigen Überlegungen. Ausgangspunkt aller Aktivitäten muss die Erkenntnis sein, dass sowohl das technische als auch das organisationale und soziale System mit den komplexen Interdependenzen simultan optimiert werden müssen. Tom Peters formuliert dieses Erkenntnis drastisch wie folgt: „Bei der Einführung einer neuen ERP Software liegt der Erfolg zu 2 Prozent bei den Bits und Bytes und zu 98 Prozent bei der Politik" (vgl. Scherer, 2001). Daraus folgt in der Praxis, dass der Implementierungsprozess durch zwei unterschiedliche Teilprojekte gesteuert werden muss.

Das erste Teilprojekt beschäftigt sich mit der technischen Adaptation der Software, der Schaffung der Hardware-Voraussetzungen u.s.w.. Dieser Punkt soll hier nicht weiter vertieft werden, zumal auf diesem Gebiet bisher nicht die Hauptprobleme lagen.

Das zweite Teilprojekt widmet sich der eigentlichen Implementierungsproblematik. Hier muss das Rad nicht zum zweiten Mal erfunden werden, denn die psychologischen Grundprinzipien beim so genannten Change Management sind schon seit vielen Jahren bekannt und erprobt (vgl. hierzu *Kohnke* in diesem Band; Njaa & Kohnke, 2002). Ihre Anwendbarkeit ist von den Details einer spezifischen einzuführenden Technik teilweise unabhängig.

Wenn z. B. in einer Fabrik die Produktion von herkömmlicher Fließbandarbeit auf teilautonome Arbeitsgruppen-Systeme umgestellt werden soll, wird auch dieser gravierende Veränderungsprozess nur dann funktionieren, wenn er synchron als Change-Management-Vorgang begleitet wird. Die zentralen Bausteine werden z. T. sehr ähnlich mit denen sein, die man bei der Einführung von Zielvereinbarungssystemen oder Balanced Score Card Konzepten einsetzen wird.

Je nach Sichtweise und persönlicher Präferenz kann man auch von begleitenden bzw. unterstützenden Personal- und Organisationsentwicklungs-Prozessen sprechen, deren Prinzipien in der Literatur ebenfalls ausführlich beschrieben worden sind (Gebert, 1995; Kotter, 1995; Comelli, 1995).

Das Ziel solcher Prozesse besteht darin organisatorische Veränderungen strukturiert ablaufen zu lassen. Es geht also um einen geplanten Wandel u. a. durch die Verwendung verhaltenswissenschaftlicher Erkenntnisse.

Reiß (1997) unterscheidet dabei drei verschiedene Fälle:

1. Wandel als Bedingung:
   Veränderungen in der Unternehmensumwelt haben auslösenden Charakter und generieren somit Handlungsbedarf. Diese Impulse stammen sowohl aus dem gesellschaftlichen Umfeld (z. B. Gesetzgebung), als auch aus dem Markt (z. B. Nachfrage des Kunden). Diesen Veränderungen muss durch geeignete Change-Management-Maßnahmen begegnet werden; Change Management ist hier als Anpassung an Umwelteinflüsse zu verstehen.

2. Wandel als Ziel:
   Change Management als Ziel verfolgt eine optimale Entwicklung des Unternehmens. Übliche Zielvorstellungen zur Positionierung eines Unternehmens auf dem Markt sind Wachstum, Konsolidierung und Wertsteigerung oder auch die lernende Organisation (Brentel, 2003).

3. Wandel als Instrument:
   In der dritten Verbindung soll Change Management geeignete Instrumente für die Begleitung eines Veränderungsprozesses liefern.

Bei der Implementierung von ERP-Systemen ist vor allem der dritte Fall relevant. Es geht nicht um die direkte Zielerreichung, sondern die Maßnahmen sollen als Instrumente einen Implementierungsprozess begleiten und deshalb nur mittelbar zur Erreichung der Ziele beitragen. Wichtig ist hierbei ein proaktives Veränderungsmanagement, denn es soll positive Rahmenbedingungen für die spätere Umsetzung von Veränderungsideen schaffen.

Exemplarisch für die Gestaltung eines Veränderungsprojekts sei an dieser Stelle das 8-stufige Modell von Kotter dargestellt, das er auf der Basis von acht Kardinalfehlern bei Transferprozessen entwickelt hat.

1. Gefühl von Dringlichkeit erzeugen:
   Was Doppler und Lauterburg (2002) mit „Kaltstart" bezeichnen, bedeutet, dass die Mitarbeiter nicht über die Notwendigkeit, das Ziel und den persönlichen Nutzen einer geplanten Veränderung in Kenntnis gesetzt werden. Hier muss eine umfassende Kommunikation und Information stattfinden.

2. Führungskoalition aufbauen:
   Veränderungsprojekte scheitern häufig aufgrund mangelnden Commitments von Seiten des Managements. Es muss Veränderungs-Sponsoren geben, die ihre Rolle als solche wahrnehmen. Das Engagement sollte aber nicht auf die Führungsebene beschränkt sein, vielmehr ist das Ziel eine Einbindung aller Hierarchieebenen.

3. Visionen und Strategien entwickeln:
   Es ist essenziell, dass vor dem Projektstart Klarheit über das Ziel der Veränderung herrscht. Ohne eine klar verständliche Vision und daraus resultierende Strategie fällt es schwer, ein Veränderungsprojekt erfolgreich durchzuführen.

4. Visionen des Wandels kommunizieren:
   Dieser Schritt ist so selbstverständlich, dass er trotzdem oder gerade deswegen häufig ignoriert wird. Führungskräfte müssen die Vision kommunizieren und auch selbst vorleben.

5. Empowerment auf breiter Basis:
   Allein das Wissen, warum eine Veränderung notwendig ist und eingeführt wird reicht nicht aus. Die Mitarbeiter müssen auch über die nötige Handlungskompetenz verfügen, soll ihr Commitment aufrecht erhalten werden. Sie müssen das Gefühl haben, in irgendeiner Form Einfluss auf das Vorhaben ausüben zu können.

6. Kurzfristige Ziele ins Auge fassen:
   Kurzfristige Ziele sind wichtig, weil sie zwischenzeitliche Erfolgserlebnisse erlauben. Veränderungsprojekte wie gerade ERP-Implementierungsprojekte sind sehr komplexe und zeitintensive Unterfangen. Gerade da ist es wichtig, überschaubare kleinere Schritte und Ziele zu setzen, die zwischenzeitlich erreicht werden können und die einzelne Personen in ihrem Vorhaben bestätigen. Wenn Erfolge erzielt werden, müssen diese auch entsprechend zur Kenntnis genommen werden. Hierfür eignen sich z.B. Anreiz- oder Zielvereinbarungssysteme, die auf Mitarbeiterebene kleine Zielerreichungen honorieren.

7. Erfolge konsolidieren und weitere Veränderungen ableiten:
   Wenn kurzfristige Ziele gesetzt werden, ist es ferner wichtig, dass diese erreicht werden. Durch belegbare Erfolge nimmt die Glaubhaftigkeit des Veränderungsprozesses zu.

8. Neue Ansätze in der Kultur verankern:
   Nach der Einführung der Veränderungen ist es wichtig, sie in der Unternehmenskultur zu verankern; nur so kann eine Nachhaltigkeit des Wandels gewährleistet werden. Um dies zu bewerkstelligen, sieht Kotter die Notwendigkeit, durch eine geeignete Personalentwicklung die Verbindung von Verhalten und Unternehmenserfolg offen darzulegen.

Wie könnte konkret in Ergänzung zu diesen acht Punkten ein Implementierungsprojekt bei der Einführung von ERP-Systemen aussehen? Im Folgenden hierzu einige stichwortartige Anmerkungen aus pragmatischer Perspektive:

Als erstes gilt es, eine entsprechende Projektgruppe zu konstituieren. Es dürfte klar sein, dass Fehlbesetzungen zu einer schweren Hypothek für das ganze Vorhaben werden können. Die Teilnehmer müssen die erforderlichen Kompetenzen abdecken (Training, Internetspezialisten, Personal, auch IT-Spezialisten, Anwender, Betriebsrat) (Barker & Frolick, 2003; Murray, 2001). Der Projektleiter sollte das Unternehmen möglichst gut kennen, interdisziplinär denken können, die Projektteilnehmer motivieren und die Projektarbeit effizient steuern bzw. moderieren können. Der Projektleiter sollte auch über genügend Autorität und Entscheidungskompetenz verfügen, um die integrative Aufgabe der ERP-Einführung bewältigen zu können. Manchmal werden Doppelspitzen in der Projektleitung etabliert, um sowohl die IT- als auch die Fachseite, z.B. Logistik oder Personal abzudecken. Dieser Gedanke ist im Grundsatz richtig, da es sich bei ERP-Implementierungen immer um Organisations- also Fachprojekte handelt und diese Expertise in das Projekt eingebracht werden muss. Dies schafft auch Akzeptanz gegenüber den Fachbereichen, wenn einer der „Ihren" für das Projekt verantwortlich ist. Dies birgt aber auch die Gefahr der Verantwortungsdiffusion in der Projektleitung.

Im Zuge der Einführung eines ERP-Systems muss desweiteren die besonders negativ wirkende Kluft zwischen Management und klassischen IT-Fachleuten und die daraus resultierenden Schuldzuweisungen überwunden werden. „Manager werfen IT-Fachleuten häufig mangelnden Geschäftssinn vor, diese wiederum behaupten, ihr Topmanagement schätze die Rolle der IT im Geschäft nicht richtig ein," so die Erfahrungen in vielen Unternehmen, über die (Doujak, Endres & Schubert 2004, S. 56-67) berichten.

- Die Projektgruppe sollte gleichberechtigt und autonom zum Technik-Teil-projekt, trotz aller Abstimmungs- und Synchronisationsbedürfnisse, arbeiten können. Sie muss quasi ein Veto-Recht besitzen und das funktioniert in der Praxis nur dann, wenn sie mikropolitisch unabhängig z.B. direkt beim Vorstand angesiedelt ist und kontinuierlich mit dem Top-Management über den Verlauf des Projekts kommunizieren kann (Umble et al., 2003). Zu dieser Autonomie gehört auch, dass die Projektgruppe über ausreichende finanzielle Ressourcen verfügt.

- Eine erste wichtige Phase im Sinne typischer OE-Projekte konzentriert sich auf die Akzeptanzabsicherung bei den Mitarbeitern. Hierzu bedarf es einer Fülle von Maßnahmen:
    - Formulierung und Darstellung einer Vision und einer daraus abgeleiteten Gesamtstrategie bezüglich des ERP-Projekts durch die Geschäftsführung (Al-Mashari u.a., 2003) und eindeutige Demonstration eines Commitments seitens des Top-Managements (Bingi et al., 1999; Umble et al., 2003).
    - Sensibilisierung der Belegschaft für die Notwendigkeit der Einführung ERP-Systems durch Informations- und Diskussionsveranstaltungen. Herausstellen der Nachteile, wenn es nicht eingeführt wird. Thematisierung der Vorteile aber auch der potentiellen Probleme bei der Implementierung (Delone & McLean, 1992; Smith, 2001; Czichdas, 1997). Ironisierend wird die zwiespältige

Erwartungslage in folgender Ankündigung zum Ausdruck gebracht, wie man sie in den Betrieben des oft hört. ERP hat einen Vorteil und einen Nachteil. Vorteil: Man kann jetzt überall und immer arbeiten. Nachteil: Man kann jetzt überall und immer arbeiten.

- Frühzeitige Aufklärung über den Einführungsprozess einschließlich eines Zeitplans. Maximale Transparenz als Handlungsmaxime.

- Die Mitarbeiter müssen darüber aufgeklärt werden, dass die neuen Systeme erlernbar und handhabbar sind (Heilmann, 2003).

• Die Akzeptanz bei den Mitarbeitern wird vor allem dann erreicht, wenn sie sich intrinsisch motiviert mit dem neuen System inhaltlich auseinander setzen. Es ist eine motivationspsychologische Trivialität, dass solche Kräfte vor allem durch die Schaffung von Mitsprache- und Gestaltungsmöglichkeiten freigesetzt werden. Scherer (2001) betont in diesem Zusammenhang die „politischen Komponenten": „Der Erfolg eines SAP-Projektes entscheidet sich im Tagesgeschäft. Können und wollen die Endanwender mit dem System umgehen und sich damit auseinandersetzen? SAP ist gewisserweise ein basisidemokratisches System, bei dem jeder Mitarbeiter selbst über Erfolg und Misserfolg entscheiden kann." (Scherer, 2001, S. 29).

In der Vergangenheit scheiterten solche partizipativen Ansätze an der rigiden, unflexiblen Software. Der Anbieter proklamiert die universelle Anwendbarkeit seines Produkts, Probleme werden der mangelnden Anpassung der Organisation angelastet. Für motivationsfördernde Mitsprachepotenziale bleibt da wenig Raum. Hinzu kommt, dass ERP-Systeme eine starke Zentralisierung der Prozesse fördern, was einen gewissen Widerspruch zu sonstigen Motivationsprogrammen impliziert, bei denen das „Geheimnis" des Motivationsschubs sich gerade aus der Dezentralisierung von Entscheidungsstrukturen ergibt.

Die Situation hat sich allerdings in letzter Zeit insofern verändert, als der Markt für Dienstleistungssoftware sich von einem Verkäufer- zu einem Käufermarkt entwickelt, nicht zuletzt wegen der in diesem Beitrag berichteten negativen Erfahrungen in der Praxis. Und im Zentrum der neuen Konzepte steht die vom Kunden schon seit langem gewünschte Änderbarkeit der Software (wie sie z.B. durch die Komponentenorientierung (Aßmann, 2003) oder durch sogenannte agile Entwicklungen, bei denen der Nutzen des Auftraggebers im Vordergrund steht (vgl. hierzu Coldeway, 2004)). Erfolgversprechend sind diesbezüglich sogenannte Open-Source-Entwicklungen, bei denen eine große Zahl von „Mitentwicklern" involviert sind, die zugleich auch Anwender des Produkts sind (Strahringer et al., 2003; Koch, 2003).

Mit diesem Paradigmenwechsel innerhalb der Software Engineers wurden die Produkte nicht nur kundenfreundlicher entwickelt, sondern sie ermöglichen aufgrund ihrer Flexibilität potenzielle wichtige Spielräume für die Mitgestaltung durch die Mitarbeiter vor Ort.

- Neue Technologien oder Organisationsstrukturen werden in der Regel eingeführt, um erwartete Rationalisierungseffekte realisieren zu können.
  Das bedeutet, dass im Zuge des Prozesses Arbeitsplätze wegrationalisiert werden und im Extremfall Mitarbeiter ihren Job verlieren. Eine klassische Todsünde bei Implementierungsprojekten wird häufig dahingehend begangen, dass dieser Rationalisierungsaspekt nicht frühzeitig und ehrlich kommuniziert wird. Wie will man Mitarbeiter für neue Konzepte gewinnen und deren Unterstützung bei der Umsetzung abrufen, wenn sie (noch) nicht wissen, ob sie den (Job-) Ast, auf dem sie sitzen, durch erfolgreiche Unterstützung absägen.
  Motivationskräfte können nur dann geweckt werden, wenn man sicher ist, nicht zu den Rationalisierungsverlierern zu gehören. Einschränkend muss man zu diesem Punkt allerdings sagen, dass in der Praxis ein derartiger Rationalisierungseffekt nur selten eintritt. Es gilt in vielen Fällen wohl eher das Gegenteil: Durch die Einführung eines ERP-Projektes müssen mittelfristig häufig mehr Mitarbeiter eingestellt werden, um die Systeme pflegen zu können.

- Der Umsetzungsprozess sollte einem strengen Controlling unterliegen, um im Sinne einer so genannten formativen Evaluation möglichst schnell festzustellen, ob man auf dem richtigen Weg ist, um andernfalls Kurskorrekturen vornehmen zu können (Aladwani, 2001). Im Zuge dieser Prozesskontrolle sollten auch die „Anwender" durch qualitative und quantitative Befragungen zu Wort kommen.

- Eine zentrale Aufgabe der Projekte bezieht sich auf alle notwendigen Informations-, Instruktions- und Weiterbildungsmaßnahmen. Man geht davon aus, dass allein für das Training ca. 15 Prozent des gesamten ERP-Implementierungsbudgets veranschlagt werden sollte, ein Volumen das meistens sträflich unterschätzt wird. Dabei sollten sich die Inhalte nicht nur auf „funktionale" Aspekte beschränken, die sich nur auf einen begrenzten Bereich des Mitarbeiters beziehen. Wichtig für das Gesamtverständnis und auch für die Akzeptanz sind in diesem Zusammenhang so genannte extrafunktionale Informationen. Das bedeutet, dass die Mitarbeiter frühzeitig erfahren, wie das gesamte ERP-System funktioniert, welche Abhängigkeiten innerhalb der Organisation bestehen und von welchen individuellen Verhaltensweisen der Erfolg abhängt. Hierbei muss der Raum geschaffen werden, um nötige Ängste und Vorbehalte einzeln aufzugreifen und zu diskutieren.
  Bei all diesen Maßnahmen sollte man bedenken, dass es in vielen Firmen heterogene Gruppen gibt, mit denen man entsprechend unterschiedlich kommunizieren sollte: Z. B. ältere Mitarbeiter mit langer Erfahrung im Hinblick auf die traditionellen Konzepten aber mit wenig Affinität zu den ERP-Systemen, auf der anderen „Seite" junge Informatiker mit aktuellen (IT-) Fachkenntnissen aber ohne langjährige Betriebserfahrungen.

- Ein besonderes Augenmerk muss man denjenigen Mitarbeitern bzw. Abteilungen widmen, die auf den ersten Blick von der Einführung des ERP-Systems nicht tangiert werden.

Die Implementierung eines solchen Systems muss zwangsläufig die Organisationskultur und nahezu alle Geschäftsprozesse verändern. Von daher können die Mitarbeiter bzw. Fachabteilungen nicht mehr wie gewohnt autonom agieren, sie müssen altbewährte Arbeitsweisen verändern, obwohl sie auf den ersten Blick gar nicht von dem ERP-System betroffen sind. Bei diesem Übergangsprozess entsteht ein erheblicher Aufklärungs- und Motivationsbedarf.

- Die Einführung eines ERP-Systems bedingt nicht zuletzt eine Neuorientierung bezüglich der Anforderungen an Führungskräfte. Es findet notwendigerweise eine Verschiebung dahingehend statt, dass Führungskräfte stärker als vorher Implementierungsaufgaben übernehmen müssen. Sie müssen dafür sorgen, dass die Mitarbeiter ganzheitlich in übergeordneten Projekten denken.

Die erfolgreiche Einführung eines ERP-Systems impliziert deshalb die erfolgreiche Etablierung eines adäquaten Führungsverständnisses. Das wiederum kann nur durch entsprechende Personal-Entwicklungs-Maßnahmen erreicht werden.

5. Fazit

Bei der Darstellung der Grundproblematik wurde zu Beginn des ersten Abschnitts auf das Modell von Kondratieff Bezug genommen, um die Thematik vor dem Hintergrund der Informationsgesellschaft als fünften Zyklus zu interpretieren. Nun sind sich die „Zukunftsexperten" dahingehend einig, dass sich die westlichen Industriegesellschaften zurzeit in einer Übergangsphase hin zum 6. Kondratieff befinden, dessen Konturen allmählich sichtbar werden. Neben dem Umweltmarkt, der Biotechnologie und dem Gesundheitsbereich wird auch in dem 6. Zyklus der Informationsmarkt eine zentrale Rolle spielen. Die Informationstechnik wird dabei aber nicht mehr wie bislang primär zur produktiven Gestaltung der Arbeit, der technischen Prozesse oder der strukturierten Informationsflüsse eingesetzt werden, sondern ihr Einsatzgebiet wird eher dort sein, wo Informationsflüsse wenig strukturiert sind, wie z.B. Beratung oder Kommunikation, wo es um mehrdeutige teilweise paradoxes Wissen geht (Nefiodow, 1999). Als Schlüsselqualifikation wird in vielseitiger Hinsicht die Kooperationsfähigkeit vermutet, so dass eine zentrale Aufgabe von Organisationen darin besteht, möglichst schnell den Übergang zu einer kooperativen Unternehmenskultur zu schaffen. Dies betrifft sowohl die Zusammenarbeit innerhalb eines Unternehmens als auch zwischen Unternehmen und die Kooperation mit den Kunden.

Vielleicht sind die in diesem Beitrag aufgezeigten Probleme bei der Einführung von ERP-Systemen paradigmatische Vorboten genau der Aspekte, die im nächsten Zyklus im Zentrum stehen könnten. Die neuen Einsatzgebiete erfordern höchst flexible Software-Systeme, bei denen erstens die Trennung zwischen Entwicklungern, Vertreibern und Anwendern teilweise wenig Sinn ergibt und zweitens die bisherige Dichotomie zwischen erfahrenen IT-Experten und eher hilflosen Nutzern zu Gunsten eines „kooperativen" Modells aufgehoben wird. Der gesamte Einführungs- und Entwicklungsprozess, aber auch die spätere Umsetzung dieser Ansätze wird dabei mit großer Wahrscheinlichkeit nur im Sinne des im 4. Abschnitts dargestellten Change-Management-Konzepts realisierbar sein. Die Zeiten der klassischen Vorgehensweise geprägt von Arbeitsteilung und linearen Reihenfolgen sind dann spätestens vorbei. Die neuen Anforderungen bei extrem gestiegener Komplexität der technischen und sozialen Systeme können nur bewältigt werden, wenn im Rahmen eines simultanen Ansatzes alle Beteiligten integriert in kleinen Schritten gemeinsam agieren, lernen und vor allem mitgestalten können. Es geht um einen kooperativen, aktiven Aushandlungs-und Entscheidungsprozess vor dem Hintergrund der Erkenntnis, dass die Implementierung des ERP-Systems ein tiefgreifender Veränderungsprozess für das gesamte Unternehmen bedeutet. Für diese Prognose braucht man kein Prophet zu sein, sondern es genügt ein kritischer Blick in die zurzeit wahrnehmbaren Symptome, über die in diesem Beitrag reflektiert wurde. Welchen Stellenwert ERP-System im 6. Zyklus letztlich tatsächlich inne haben werden, kann naturgemäß erst in 10 bis 20 Jahren beurteilt werden. Mit Sicherheit werden, wie in der Vergangenheit auch, vor allem diejenigen Erfolg haben, die als erste die neuen Zeichen erkennen und den Reorganisationsprozess der Betriebe bzw. der Gesellschaft mit entsprechenden Innovationen einleiten.

Oliver Kohnke

Change Management als strategischer Erfolgsfaktor bei ERP-Implementierungsprojekten

1. Einleitung 38
2. Kritische Erfolgsfaktoren in ERP-Projekten 40
   2.1 Gründe für das Scheitern von ERP-Projekten 40
   2.2 Beschreibung kritischer Erfolgsfaktoren 41
3. Change Management in ERP-Projekten 52
   3.1 Definition von Change Management 52
   3.2 Ergebnisse aus empirischen Studien zu Erfolgsfaktoren 53
   3.3 Bedeutung von Change Management für den Projekterfolg 58
4. Zukünftige Aufgaben für Change Management 61

1. Einleitung

Seit den 90er Jahren haben die meisten größeren Unternehmen „Enterprise-Resource-Planning (ERP)"-Systeme implementiert. ERP-Systeme sind modular aufgebaute Software-Lösungen, die eine prozessorientierte Sichtweise auf das Unternehmen ermöglichen. Durch die Integration aller wichtigen Unternehmensfunktionen, wie Rechnungswesen, Logistik, Produktion und Personal auf Basis einer integrierten, unternehmensweiten Datenbasis soll die Planung und das Controlling im gesamten Unternehmen wesentlich erleichtert werden. ERP-Systeme versprechen damit große Effizienzsteigerungen für Unternehmen.

Unternehmen verbinden deshalb mit der Implementierung von ERP-Systemen hohe Erwartungen, z. B. reduzierte Lagerbestände, kürzere Intervalle zwischen Bestell- und Bezahlungsvorgängen, eine Reduzierung von administrativem Personal oder einen besseren Kundenservice. Darüber hinaus wird mit der ERP-Implementierung häufig eine Vielzahl von parallel betriebenen Altsystemen abgelöst. Hierdurch können beispielsweise Redundanzen und Inkonsistenzen in der Datenbasis vermieden und Betriebs- und Wartungskosten reduzieren werden.

Die Implementierung eines ERP-Systems hat damit eine hohe Bedeutung für die Wettbewerbsfähigkeit. Sie wird gesteigert, indem präzise und zeitnahe Informationen für strategische Entscheidungsprozesse zur Verfügung stehen, Geschäftsprozesse optimiert werden und sich das Unternehmen stärker auf die Kundenorientierung ausrichtet (Fitz-Gerald & Carroll, 2003). ERP-Systeme bilden das Rückgrat für das strategische und operative Management des gesamten Unternehmens.

Um diese Vorteile zu realisieren, sind mit der ERP-Implementierung jedoch umfangreiche organisatorische Veränderungen verbunden (Bingi, Sharma & Godla, 1999). „One major benefit of ERP comes from its enabling role in reengineering the company's existing way of doing business" (Al-Mashari, Al-Mudimigh & Zairi, 2003, S. 355). Dies impliziert oft eine Harmonisierung und Standardisierung der Geschäftsprozesse über viele Organisationsbereiche hinweg – und dies zunehmend auch über Ländergrenzen in einem globalen Maßstab. Alle Geschäftsprozesse des Unternehmens müssen mit dem ERP-Modell konform sein. Unternehmen, die diese Philosophie nicht befolgen, werden mit größeren Problemen konfrontiert und ihre Ziele nicht erreichen (Davenport, 1998). Der damit verbundene Anpassungsprozess führt häufig zur Einschränkung von Gestaltungsspielräumen und damit auch zu Machtverlust der betroffenen dezentralen Bereiche.

Ein Beispiel hierfür ist die mit ERP-Projekten verbundene Zentralisierung und Standardisierung von Stammdaten. Verschiedene Fachabteilungen, die im Laufe der Zeit für ihre spezifischen Aufgaben ihre Datenbasis optimiert haben, sind nun aufgefordert, im Sinne einer übergreifenden, integrativen Lösung ihre „lieb gewonnenen" Systeme aufzugeben und sich den übergreifenden Standards anzupassen. Die betroffenen Mitarbeiter nehmen dies häufig als massive Einschränkung ihres Einflussbereiches und Beeinträchtigung ihres Tagesgeschäftes wahr.

Darüber hinaus werden ERP-Projekte mit kulturellen Herausforderungen konfrontiert. Gerade der integrative Charakter eines ERP-Systems verlangt eine extrem hohe Kommunikation und Koordination zwischen allen Unternehmensbereichen (Umble, Haft & Umble, 2003) und damit neue Denk- und Verhaltensweisen von den betroffenen Mitarbeitern und Führungskräften. Es wird nicht nur die Fähigkeit erforderlich, in Prozessen statt in Funktionen zu denken, sondern es werden vielfach völlig neue Formen der Zusammenarbeit notwendig. Bereiche, die bisher eher ein paralleles Arbeitsleben führten, sind nun stärker aneinander gekoppelt. Fehler eines Bereiches sind für andere sofort sichtbar. Die damit einhergehende Transparenz ist nicht von jedem Mitarbeiter gewünscht.

Dies alles führt dazu, dass die Kosten für die organisatorischen Anpassungen in der Regel sehr hoch sind, insbesondere dann, wenn das System weltweit ausgerollt werden soll (Al-Mashari et al., 2003). ERP-Implementierungen sind daher in ihrem Kern immer Organisationsprojekte. Sie werden zum Treiber für den organisatorischen Wandel, der jedoch mit hohen Risiken verbunden ist.

Wie einige Studien belegen, verfehlen viele ERP-Projekte ihre Ziele oder scheitern sogar ganz. Beispielsweise zeigt eine Studie auf Basis von 117 Unternehmen, die ERP-Implementierungen durchgeführt haben, folgendes Ergebnis (Cooke, Gelman & Peterson, 2001): Ein Viertel der Projekte liegt über dem veranschlagten Budget und 20 Prozent der Projekte wurde vor Abschluss der Implementierung sogar abgebrochen. Bei den abgeschlossenen Projekten gaben 40 Prozent an, dass sie ihre Ziele auch nach einem Jahr noch nicht erreicht haben.

In Folge dessen sind ERP-Implementierungen für viele Unternehmen fast schon chronische Großbaustellen, die mit einem traumatischen Erlebnis verbunden sind. Dahinter liegt häufig ein langer, schmerzhafter und auch teurer Implementierungsprozess, dessen Nutzen in manchen Fällen sogar überhaupt nicht ermittelt werden kann (James & Wolf, 2000; Somers, Nelson & Ragowski, 2000). Die hohe Misserfolgsrate von ERP-Implementierungen macht daher ein tieferes Verständnis für die Mechanismen erforderlich, die dem Implementierungsprozess derartig komplexer Systeme zugrunde liegen. Vor diesem Hintergrund leitet sich die Zielsetzung dieses Beitrages ab:

- Erstens soll aufgezeigt werden, welche Gründe für das Scheitern von ERP-Projekten verantwortlich sind.
- Zweitens sollen die generellen Faktoren herausgearbeitet werden, die den Erfolg von ERP-Implementierungen beeinflussen.
- Drittens soll auf Basis empirischer Studien dargestellt werden, dass Change Management unter der Vielzahl genannter Erfolgsfaktoren eine besondere – strategische – Bedeutung hat.

2. Kritische Erfolgsfaktoren in ERP-Projekten

2.1 Gründe für das Scheitern von ERP-Projekten

Im einleitenden Kapitel wurde berichtet, dass viele ERP-Implementierungen scheitern. Interessant ist es daher, zunächst zu klären, ab wann ein ERP-Projekt als erfolgreich gilt. ERP-Implementierungen können als erfolgreich angesehen werden, wenn in der vorgegebenen Zeit und im vorgegebenen Budget die geplante Funktionalität implementiert wird. Als nicht erfolgreiche Implementierungen gelten Projekte, die vor oder während der Implementierung aufgegeben werden. Dazwischen liegen Projekte, die zwar abgeschlossen worden sind, aber ihre Ziele nicht erreicht haben (Fitz-Gerald & Carroll, 2003).

Werden strenge Maßstäbe zur Bewertung des Erfolges von ERP-Projekten herangezogen, so müssen auch ERP-Projekte, die ihre definierten Ziele nicht erreicht haben, als nicht erfolgreich definiert werden. Nur aus dieser engen Definition erklärt sich die häufig in der Literatur erwähnte hohe Misserfolgsquote, da im Verhältnis zur Gesamtzahl der ERP-Implementierungen wohl die wenigsten Projekte gänzlich aufgegeben werden.

Aufgrund der hohen Anzahl von Fehlschlägen bei ERP-Implementierungen ist es lohnenswert, die Gründe für den Misserfolg näher zu betrachten. Umble et al. (2003) haben beispielsweise auf Basis vieler Fallstudien und Erfahrungsberichte die Gründe für das Scheitern von ERP-Projekten analysiert und in zehn Kategorien zusammengefasst:

1. Die strategischen Ziele des Projektes sind nicht klar definiert. Es sind weder die Ziele, noch die Erwartungen und Ergebnisse klar festgelegt worden.

2. Das Top-Management steht nicht hinter dem System. Die verantwortlichen Führungskräfte sehen nicht die großen Veränderungen, die mit der Implementierung verbunden sind und/oder bringen sich nicht aktiv in das Implementierungsprojekt ein.

3. Das Projektmanagement unterschätzt Umfang, Größe und Komplexität des Projektes:

   - Es werden unrealistische Zeitpläne entwickelt und utopische Erwartungen kommuniziert.
   - Es besteht kein Abgleich zwischen den Geschäftsanforderungen und dem ausgewählten System.
   - Unternehmen tendieren dazu, bestehende redundante oder nicht wertschöpfende Prozesse im ERP-System abzubilden.

4. Die Organisation steht nicht hinter den Veränderungen.

   - Mitarbeiter zeigen eine natürliche Tendenz, am Status quo festzuhalten und sehen keine Notwendigkeit für Veränderungen.
   - Mitarbeiter befürchten, dass das neue System ihre Arbeit erschwert, deren Stellenwert reduziert oder sogar den Arbeitsplatz überflüssig macht.

5. Es wird kein qualifiziertes Projektteam ausgewählt.

6. Schlecht konzipierte und/oder ungenügende Qualifizierungsmaßnahmen führen dazu, dass die Anwender nicht in der Lage sind, das System zufrieden stellend zu nutzen.

7. Es wird keine hohe Datenqualität sichergestellt. Ungenaue Daten führen dazu, dass das Vertrauen in das ERP-System verloren geht. Die Mitarbeiter ignorieren das neue System und nutzen ihre alten Systeme weiter.

8. Nach den prozessualen und organisatorischen Veränderungen werden die Leistungskennzahlen nicht entsprechend angepasst, um sicherzustellen, dass die gewünschten Verhaltensweisen konsequent eingehalten werden.

9. Die Einbindung vieler Standorte in die Projektarbeit ist nicht angemessen gelöst.

10. Technische Schwierigkeiten führen zu Implementierungsproblemen. Dies kann Softwarefehler, Probleme mit Schnittstellen zu anderen Systemen oder Hardware-Probleme beinhalten.

Aus dieser Auflistung wird deutlich, dass ERP-Implementierungen nicht nur auf Grund technischer Schwierigkeiten scheitern. Vielmehr beziehen sich viele der genannten Aspekte auf Akzeptanzprobleme, die mangelnde Einbindung der betroffenen Fachbereiche und Mitarbeiter, eine inkonsequente Anpassung der Organisation und das Projektmanagement. Aus diesen Ursachen für das Scheitern von ERP-Projekten lassen sich Hinweise für kritische Erfolgsfaktoren bei ERP-Implementierungen ableiten, auf die im nächsten Abschnitt näher eingegangen wird.

2.2 Beschreibung kritischer Erfolgsfaktoren

Da die Bedeutung von ERP-Systemen für die Wettbewerbsfähigkeit eines Unternehmens als sehr hoch eingeschätzt wird und gleichzeitig von hohen Misserfolgsraten bei der Implementierung von derartigen Systemen berichtet wird, ist es nicht verwunderlich, dass es eine Vielzahl von Berichten zu kritischen Erfolgsfaktoren gibt. Diese Berichte basieren jedoch meistens auf Fallstudien oder auf einzelnen Projekterfahrungen.

Die in den Praxisberichten und Fallstudien identifizierten Erfolgsfaktoren stammen aus verschiedenen Gebieten, wie z. B. dem Projekt- und Risikomanagement, der Softwareentwicklung oder dem Informationsmanagement, wobei es zwischen diesen Gebieten häufig Überschneidungen gibt. (Holland & Light, 1999; Fitz-Gerald & Carroll, 2003; Somers & Nelson, 2001).

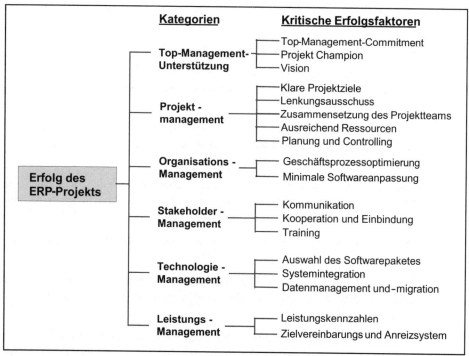

Abbildung 1: Kritische Erfolgsfaktoren in ERP-Projekten

Obwohl ERP-Implementierungen sich von der Implementierung traditioneller IT-Systeme in vielen Aspekten deutlich unterscheiden (z. B. Projektkomplexität und -umfang, Notwendigkeit umfangreicher organisatorischer Veränderungen), sind sowohl theoretische und konzeptionelle Entwicklungen als auch breit angelegte empirische Untersuchungen zu kritischen Erfolgsfaktoren (im Folgenden KEF) eher selten (Somers et al., 2000; Somers & Nelson, 2001). Auf die wenigen konzeptionellen und empirischen Berichte wird nachfolgend näher eingegangen.

Auf Basis umfangreicher Literaturanalysen haben Umble et al. (2003) und Al-Mashari et al. (2003) eine Vielzahl von kritischen Erfolgsfaktoren herausgearbeitet. Breite empirische Studien wurden von Somers und Nelson (2001; 2004) sowie von Nah, Zuckweiler & Lau (2003) durchgeführt. Diese Studien beziehen sich explizit auf Erfolgsfaktoren bei ERP-Implementierungen. Da ERP-Implementierungen in der Regel mit Veränderungen der Geschäftsprozesse einhergehen, kann darüber hinaus noch eine umfangreiche Studie zu Erfolgsfaktoren im Rahmen von Business Process-Reengineering-Projekten angeführt werden (Grover, Jeong, Kettinger & Teng, 1995).

Da sich diese Studien bei der Identifizierung kritischer Erfolgsfaktoren teilweise überschneiden und teilweise ergänzen, wurden sechs übergeordnete Kategorien herausgearbeitet, die verschiedene Erfolgsfaktoren beinhalten und in Abbildung 1 dargestellt werden.

Top-Management-Unterstützung (MU)

Die Kategorie Top-Management-Unterstützung beinhaltet drei Erfolgsfaktoren: Top-Management-Commitment, die Definition einer klaren Vision sowie die Etablierung eines einflussreichen Projekt Champions.

Top-Management-Commitment

Das Commitment des Top-Managements ist als einer der wichtigsten Erfolgsfaktoren für die ERP-Implementierung gut dokumentiert (Bingi et al., 1999; Nah et al., 2003; Somers & Nelson, 2001; Umble et al., 2003; Brown & Vessey, 2003). Das Top-Management muss nicht nur offen – und für das gesamte Unternehmen sichtbar – das Projekt mit einer hohen Priorität versehen, sondern auch den Willen haben, sich persönlich in das Projekt einzubringen. Ein Ausdruck des Commitments ist zudem die Bereitschaft, wertvolle Ressourcen für das Projekt zur Verfügung zu stellen und die strukturellen und kulturellen Veränderungen, die für eine erfolgreiche ERP-Implementierung notwendig sind, mit zu tragen (Nah et al., 2003).

Die sichtbare Unterstützung durch das Top-Management muss sich über alle Projektphasen erstrecken und nicht nur – durch symbolische Gesten – in der Anfangsphase des Projektes gezeigt werden. Die sichtbare Unterstützung des Projekts durch das Top-Management kann wiederum das Commitment aller betroffenen Mitarbeiter erhöhen und so zu organisationalem Commitment führen, das ein wesentlicher Faktor für den Erfolg von ERP-Projekten ist (Bingi et al., 1999).

Projekt Champion

Im Zusammenhang mit der Unterstützung durch das Top-Management wird auch häufig die Benennung eines Projekt Champions (oder auch Projektpaten) aus dem Top-Management genannt. Der Projekt Champion wird hierbei als eine der wichtigsten Faktoren für die erfolgreiche Implementierung strategischer IT-Systeme gesehen (Beath, 2003; Umble et al., 2003). Er hat die Aufgabe, sich während der gesamten Projektlaufzeit um das Implementierungsprojekt zu kümmern. Er überwindet Widerstände, beseitigt Hindernisse im Veränderungsprozess und vermarktet das Projekt in der Organisation (Beath, 2003; Fitz-Gerald & Carrol, 2003). „The project champion should be a visible senior manager (or team) committed to promoting the ERP implementation process and to enabling change in the process." (Nah et al., 2003, S. 17). Der Champion sollte sowohl den geschäftlichen als auch den organisatorischen und technischen Kontext des Implementierungsprojektes verstehen (Somers & Nelson, 2001).

Ein Vorteil der Positionierung eines Projekt Champions aus dem Top-Management ist, dass er die Autorität hat, große und komplizierte Projekte durch den gesamten Veränderungsprozess zu führen. Das Top-Management hat darüber hinaus die Möglichkeit, den Fortschritt des ERP-Projektes zu überprüfen, da der Champion die direkte Verantwortung für das Projekt hat (Somers & Nelson, 2001).

Vision

Die Einführung von ERP-Systemen führt in der Regel zu großen Veränderungen in den betroffenen Unternehmensbereichen. Eine klar definierte und verständliche Vision gibt allen Betroffenen Orientierung und Richtung im Veränderungsprozess. Die Vision muss aufzeigen, wie durch die ERP-Einführung in den nächsten drei bis fünf Jahren gearbeitet werden soll und welcher Nutzen sich hieraus ergibt (Al-Mashari et al., 2003; Umble et al., 2003).

Das Top-Management muss ein klares Verständnis für die Möglichkeiten und Grenzen von ERP-Systemen entwickeln, hieraus eine ansprechende Vision ableiten und diese an alle betroffenen Mitarbeiter kommunizieren (McKersie & Walton, 1999). Es muss weiterhin deutlich herausgestellt werden, warum das ERP-System eingeführt wird und welche kritischen Geschäftsanforderungen das System adressiert. „If a company rushes to install a enterprise system without first having a clear understanding of the business implications, the dream of integration can quickly turn into a nightmare" (Davenport, 1998, S. 3).

Projektmanagement (PM)

Die Bedeutung eines exzellenten Projektmanagements im Rahmen von ERP-Projekten ist ebenfalls gut dokumentiert. Der Umfang des Projektmanagements ist hierbei abhängig von den spezifischen Charakteristika des ERP-Projektes. Das Projekt wird mit einer vielfältigen Kombination aus Hard- und Software sowie aus organisatorischen und politischen Aspekten konfrontiert. Dies führt zu einer hohen Komplexität von ERP-Projekten, die besondere Anforderungen an das Projektmanagement mit sich bringen (Somers & Nelson, 2001).

Die Projektmanagementaktivitäten umfassen die Ableitung von Zielen aus der Vision, die Einrichtung eines Lenkungsausschusses, die Zusammensetzung des Projektteams, die einzusetzenden Ressourcen sowie die Planung und Steuerung des Projektes über alle Phasen hinweg:

Klare Projektziele

Die Definition von klaren Zielen, Erwartungen und Ergebnissen, die mit der ERP-Implementierung verbunden sind, ist ein weiterer Erfolgsfaktor (Umble et al., 2003). Die Ziele sollten spezifisch, realistisch, messbar und zeitlich festgelegt sein. Damit wird sichergestellt, dass dem Projektteam während des gesamten Implementierungsprozesses Orientierung gegeben wird (Welti, 1999). Zudem lassen sich der Projektfortschritt und der aktuelle Grad der Zielerreichung leichter überprüfen und „scope creep" vermeiden. Bei der Definition der Projektziele ist jedoch zu beachten, dass die drei Ziele Funktionsumfang („scope"), Zeitplan und Budget nicht nur voneinander abhängige, sondern oft auch konkurrierende Ziele sind, die in Einklang gebracht werden müssen (Somers & Nelson, 2001). Diese Aspekte sind Bestandteil des Projektauftrages bzw. -planes („Business Case"), der auch eine entsprechende Kalkulation des ROI beinhaltet.

Lenkungsausschuss

Um die ERP-Implementierung erfolgreich zu unterstützen, ist die Einrichtung eines Lenkunksauschusses notwendig. Der Lenkunksauschuss sollte aus Mitgliedern des Top-Managements bestehen, die alle von der ERP-Implementierung betroffenen Unternehmensbereiche repräsentieren. Der Lenkungsausschuss ermöglicht dem Top-Management, alle wichtigen Entscheidungen des Projektteams zu überwachen und zu genehmigen (Somers & Nelson, 2001).

Zusammensetzung des Projektteams

Die Implementierung von ERP-Systemen wird von vielen Entscheidungsträgern noch als überwiegend technische Herausforderung betrachtet. Übersehen wird häufig, dass die ERP-Einführung die Art und Weise, wie die gesamte Organisation in Zukunft arbeitet, fundamental verändert. Das ultimative Ziel ist nicht die Einführung einer Software, sondern die Verbesserung der Geschäftsprozesse. Der Implementierungsprozess sollte daher vor allem von den Fachbereichen und deren Anforderungen getrieben werden und nicht von der IT-Abteilung (Umble et al., 2003). Bei der Auswahl und Qualifikation des Projektleiters und der Projektmitarbeiter sollte nicht nur auf technisches Know-how, sondern vor allem auf ein Verständnis der jeweiligen Geschäftsanforderungen geachtet werden (Somers & Nelson, 2001).

Ein hoch qualifiziertes Projektteam ist wichtig, weil es die Verantwortung hat, einen detaillierten Projektplan zu erstellen, Arbeitspakete zuzuweisen und Meilensteine zu festzulegen. Der Projektleiter muss daher aus einer ausreichend hohen Führungsebene stammen und die notwendige Autorisierung haben, um alle operativen Entscheidungen schnell selbst treffen zu können (Umble et al., 2003).

Ausreichend Ressourcen

Ein häufiger Fehler im Rahmen von Reengineering-Projekten ist eine Unterschätzung des finanziellen und personellen Aufwandes (Grover et al., 1995). Insbesondere für die

Berücksichtigung der verschiedenen Geschäftsanforderungen ist es notwendig, dass ausreichend Personal aus den verschiedenen Fachbereichen für die Projektarbeit zur Verfügung steht. Ohne die Mitarbeit der Fachbereiche ist auch der Erfolg von ERP-Projekten gefährdet. Zudem werden die Ressourcen häufig sehr knapp geplant. Erfahrungen zeigen jedoch, dass der ursprünglich abgeschätzte Ressourceneinsatz oft überschritten wird, z. B. wenn eine Projektphase um mehrere Monate verlängert werden muss. Kann ein Unternehmen auf unerwartete Ressourcenforderungen dann nicht schnell genug reagieren, ist der Projekterfolg ebenfalls gefährdet (Somers & Nelson, 2001).

Eine Möglichkeit, auf Kapazitätsengpässe zu reagieren, ist der Einsatz von externen Beratern zur Unterstützung des Implementierungsprozesses (Bingi et al., 1999). Die Berater können Wissens- oder Kapazitätslücken beim Kunden schließen. Sie bringen spezifisches Produkt- und Branchen-Know-how in das Projekt ein. Berater können in unterschiedlichen Projektphasen eingesetzt werden. Sie unterstützen die Analysephase, die Entwicklung des Lösungsdesigns und das Management des Implementierungsprozesses. Die Verantwortung für das Implementierungsprojekt sollte jedoch für alle Projektphasen beim Kundenunternehmen liegen (Somers & Nelson, 2001).

Planung und Controlling

Insbesondere das Management des Projekt- und Funktionsumfanges ist kritisch für die Einhaltung des Budgets- und Zeitplanes. Die Projektziele müssen klar definiert werden, um einer schleichenden Ausdehnung des Projektumfangs („scope creep") vorzubeugen (s. o.). Ein sich verändernder Projektumfang führt meist zu einem höheren Aufwand für die Softwareanpassung und zu Projektverzögerungen (Umble et al., 2003). Hierzu ist im Projektmanagement ein entsprechendes „Change Control"-Verfahren einzuführen, dass jede Art von Änderung des Projektumfangs transparent macht. Die Projektleitung kann auf dieser Basis Entscheidungen zur Veränderung des Projektumfangs treffen oder entsprechende Gegenmaßnahmen einleiten.

Organisations-Management (OM)

Die Anpassung der Geschäftsprozesse an die Möglichkeiten der Softwarelösung ist ein weiterer Erfolgsfaktor für die ERP-Implementierung. Dies hat darüber hinaus zur Folge, dass notwendige Softwareanpassungen minimiert werden können, was einen weiteren Erfolgsfaktor darstellt:

Geschäftsprozessoptimierung

Eine Herausforderung bei der Implementierung von ERP-Software liegt im Abgleich der Unterschiede zwischen den Funktionalitäten der Software und den Geschäftsanforderungen. Die bestehenden Prozesse und Strukturen sind häufig nicht kompatibel mit der einzuführenden ERP-Software. Auch die flexibelste Software stößt irgendwann an ihre Grenzen und macht Anpassungen in den Geschäftsprozessen oder die Entwicklung neuer Prozesse erforderlich. Die Neugestaltung der Geschäftsprozesse erfordert wiederum eine Anpassung der organisatorischen Kontrollmechanismen und Strukturen. Weiterhin müssen formale Aufgaben- und Stellenprofile, Arbeitsanweisungen, Vorschriften etc. angeglichen werden. Hiervon sind letztendlich große Bereiche des Unternehmens und der Mitarbeiter betroffen (Umble et al., 2003). Das Reengineering der Geschäftsprozesse verspricht damit den höchsten ROI. Gleichzeitig werden aber auch die Komplexität, das Risiko und die Kosten des Projektes erhöht (Kirchmer, 1996).

Die mit der ERP-Implementierung verbundene Standardisierung und Harmonisierung der Geschäftsprozesse sowie die Zentralisierung der Kontrollmechanismen werden jedoch umso schwieriger, je mehr Unternehmensbereiche und Standorte von dem Projekt betroffen sind. Die häufig gewünschte Autonomie dezentraler Bereiche sowie kulturelle Unterschiede, z. B. bei weltweit verteilten Produktionsstandorten, erhöhen die Projektkomplexität und können sich als sehr kritisch bei der für den Projekterfolg auswirken (Sheu, Yen & Krumwide, 2003; Umble et al., 2003). Dieser Aspekt ist sowohl bei der Definition der Geschäftsprozesse (z. B. durch eine frühzeitige Einbindung) als auch bei der Wahl der Implementierungsstrategie (z. B. durch eine Roll-out-Strategie) zu berücksichtigen.

Minimale Softwareanpassung („Customizing")

Das Management hat prinzipiell die Wahl, den Geschäftsprozess an das ERP-System anzupassen oder umgekehrt das System an den Geschäftsprozess (Somers & Nelson, 2001; Umble et al., 2003). Um jedoch den größten Nutzen aus einen ERP-Software ziehen zu können, ist es unabdingbar, die Geschäftsprozesse auf die Funktionalitäten der ERP-Software abzustimmen und damit eine Optimierung der Geschäftsprozesse durchzuführen (Bingi et al., 1999; Somers & Nelson, 2001). Softwareanpassungen sind in der Regel mit höheren Implementierungskosten, einer längeren Projektlaufzeit und Einschränkungen bei der Softwarewartung durch den Softwarelieferanten verbunden. Anpassungen sollten also nur dann vorgenommen werden, wenn sie unabdingbar für den Geschäftsprozess sind oder wenn hierdurch ein klarer Wettbewerbvorteil nachgewiesen werden kann.

Stakeholder-Management (SM)

Das Management des Veränderungsprozesses ist die Aufgabe von vielen Personen, die in einem ERP-Projekt involviert sind. ERP-Implementierungen sind unternehmensweite Veränderungsprozesse, die zu Widerständen, Unsicherheiten und Ängsten führen. Es wird geschätzt, dass die Hälfte der ERP-Implementierungen ihre Ziele nicht erreichen, weil die Unternehmen die Anstrengungen für ein Stakeholder-Management unterschätzen (Somers & Nelson, 2001). Ein effektives Stakeholder-Management wird als kritisch für die erfolgreiche Implementierung von Informationstechnologie und die Durchführung von Reengineering-Projekten gesehen (Grover et al., 1995) und umfasst die Erfolgsfaktoren Kommunikation, Kooperation und Einbindung sowie Training:

Kommunikation

Eine intensive Kommunikation ist essenziell für die Projektarbeit. Die Kommunikation bezieht sich hierbei nicht nur auf die interne Projektkommunikation, sondern auch auf die Kommunikation zwischen den Projektteammitgliedern und den von der ERP-Implementierung betroffenen Mitarbeitern (Somers & Nelson, 2001). Eine ungenügende Kommunikation zwischen Projektteammitarbeitern und Mitarbeitern der betroffenen Organisationsbereiche wurde auch bei Reengineering-Projekten als problematisch identifiziert (Grover et al.,1995). Die Kommunikation sollte prozessnah und regelmäßig erfolgen. Den betroffenen Mitarbeitern müssen nicht nur die Projektinhalte und -ziele klar und verständlich vermittelt werden, sondern auch welchen Nutzen die ERP-Implementierung für sie bzw. ihren Fachbereich hat. Damit wird die Notwendigkeit und der Sinn des Projektes dargestellt und Orientierung gegeben.

Die Kommunikation in die Organisation muss darüber hinaus auf die einzelnen Zielgruppen (z. B. Führungskräfte, Endanwender, Betriebsrat) abgestimmt sein. Hierbei ist es besonders wichtig, die jeweiligen Erwartungen und Informationsbedürfnisse abzuschätzen und in geeignete Kommunikationsmaßnahmen einfließen zu lassen. Beispielsweise scheitern ERP-Implementierungen häufig daran, dass die Erwartungen, die von den betroffenen Fachbereichen an das ERP-System gestellt werden, über den vorhandenen Fähigkeiten des Systems liegen. Aus falschen Erwartungen können von Skeptikern oder Widerständlern leicht Argumente gegen eine ERP-Implementierung abgeleitet werden. Hier ist ein aktives Erwartungsmanagement erforderlich. Ginzbeg (1981) konnte zeigen, dass ein erfolgreiches Erwartungsmanagement in einem kausalen Zusammenhang mit einer erfolgreichen Systemeinführung steht.

Kooperation und Einbindung

Die Potenziale einer ERP-Implementierung können nur dann realisiert werden, wenn abteilungsübergreifend zusammengearbeitet wird. Von der ERP-Implementierung sind in der Regel viele Bereiche einer Organisation betroffen. Der Erfolg der Implementierung hängt maßgeblich davon ab, inwieweit sich diese Bereiche aktiv in die Projektarbeit einbringen und gemeinsam auf die Implementierungsziele hinarbeiten. Dies kann dadurch erreicht werden, dass den betroffenen Bereiche die Möglichkeit zur Mitgestaltung der neuen Prozesse und Systemlösung eingeräumt wird. Dies fördert die Akzeptanz und reduziert letztlich Widerstände bei der späteren Implementierung und Nutzung des ERP-Systems.

In diesem Zusammenhang kann auch der positive Einfluss der Organisationskultur erwähnt werden. Eine kooperative Organisationskultur, die auch durch eine vertrauensvolle Zusammenarbeit zwischen den Fachbereichen und dem IT-Bereich charakterisiert ist, wäre eine förderliche Rahmenbedingung für die ERP-Einführung. (Somers & Nelson, 2001; Nah et al., 2003).

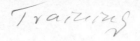

Training

Das Training der Endanwender mit Fokus auf die neuen Geschäftsprozesse, die technischen Aspekte des neuen Systems und die Bedürfnisse der Endanwender ist ein Schlüsselfaktor für den Erfolg der ERP-Implementierung (Parr, Shanks & Darke, 1999).

Ein unzureichendes Training bzw. ein fehlendes Verständnis der Endanwender für das neue System, dessen Funktionalitäten sowie der Bedeutung von korrekten Dateneingaben sind Gründe, warum ERP-Implementierungen Schwierigkeiten haben oder scheitern. ERP-Systeme erfordern ein großes Wissen der Endanwender über die vorhandenen Funktionalitäten und deren Nutzung zur Lösung von Problemen. Der volle Nutzen der ERP-Implementierung kann nur erzielt werden, wenn die Endnutzer das neue System richtig einsetzen (Somers & Nelson, 2001).

Häufig werden sowohl der Umfang als auch die Kosten für das Endnutzertraining von den Projektverantwortlichen unterschätzt. Es wird empfohlen, 10 bis 15 Prozent des gesamten ERP Implementierungsbudgets für die Konzeption und Durchführung von Trainingsmaßnahmen aufzuwenden (Umble et al., 2003; vgl. auch den Beitrag von *Kohnke, Bungard & Madukanya* in diesem Buch).

Das Training sollte möglichst frühzeitig beginnen, um den Endanwendern die Möglichkeit zum Lernen zu geben. Darüber hinaus sollten Ansprechpartner benannt werden, die bei Problemen oder Fragen kontaktiert werden können. Gemeinsame Besprechungen von Anwendern können ebenfalls helfen, Erfahrungen auszutauschen und Probleme zu lösen. Weiterhin sollte während des gesamten Implementierungsprozesses ein kontinuierlicher Know-how-Transfer von externen Beratern zu den Mitarbeitern sichergestellt werden (Umble et al., 2003).

Da mit der ERP-Implementierung Veränderung der Geschäftsprozesse verbunden sind, ist es außerdem wichtig, den von der Implementierung betroffenen Führungskräften und Endanwendern neben Systemkenntnissen auch ein tieferes Verständnis für die neuen Geschäftsprozesse zu vermitteln. Transparenz über die Notwendigkeit und Ziele der Prozessveränderungen kann helfen, die Unterstützung der Betroffenen für das Projekt zu gewinnen (Somers & Nelson, 2001).

Technologie-Management (TM)

Die Einführung einer ERP-Software ist mit einer Reihe von technischen Fragen verknüpft, die den Erfolg des Projektes beeinflussen. Diese Aspekte sind die Auswahl des Softwarepaketes und -lieferanten, die Integration der ERP-Software in die bestehende Systemlandschaft sowie das Datenmanagement und die Datenmigration in das ERP-System:

Auswahl des Softwarepaketes und -lieferanten

Die Auswahl eines geeigneten ERP-Softwarepaketes ist für eine möglichst hohe Abdeckung der Geschäftsanforderungen entscheidend. Je mehr Anforderungen durch die

Software abgedeckt werden, desto weniger Softwaremodifikationen sind notwendig und desto leichter kann die Software genutzt werden (Al-Mashari et al., 2003). Mit der Wahl des Softwarelieferanten wird auch eine langfristige Partnerschaft eingegangen, die für eine erfolgreiche Implementierung notwendig ist. Die Partnerschaft sollte insofern strategisch sein, als der ERP-Lieferant helfen soll, die Wettbewerbsfähigkeit und Effizienz des Kundenunternehmens zu verbessern (Somers & Nelson, 2001).

Da ERP-Systeme mit einem langfristigen Zeithorizont implementiert werden, ist auch die langfristige Unterstützung durch den Softwarelieferanten entscheidend. Bei der Auswahl des Softwarelieferanten ist zu berücksichtigen, ob z. B. neue, verbesserte Versionen, Updates, technische Unterstützung oder Trainingsangebote über einen längeren Zeitraum zur Verfügung stehen (Somers & Nelson, 2001).

Häufig bietet der Softwarelieferant auch spezielle Werkzeuge zur Unterstützung des Implementierungsprojektes an. Der Einsatz dieser Werkzeuge kann dazu beitragen, die Implementierungskosten und -zeiten zu reduzieren. Ein weiteres Ziel dieser Werkzeuge ist die Sicherstellung des Know-how-Transfers hinsichtlich der Nutzung der zu implementierenden ERP-Software, des Verständnisses der Geschäftsprozesse sowie der „Best-Practice"-Industriestandards. Darüber hinaus unterstützen sie die Prozessmodellierung, die eine Verknüpfung zwischen Geschäftsmodell und Software ermöglicht und liefern industriespezifische Prozessvorlagen (Somers & Nelson, 2001).

Systemintegration

Der Erfolg eines ERP-Projektes hängt nicht nur von den organisatorischen Veränderungen ab, sondern auch von der Wahl einer geeigneten IT-Plattform (Al-Mashari et al., 2003). Die entsprechenden Überlegungen sollten bereits in der Anfangsphase des Projektes durchgeführt werden und richten sich auf Kernfragen wie Dezentralisierung oder Zentralisierung, Kompatibilität zwischen dem ERP-System und bestehenden Systemen und deren Integration (Bingi et al., 1999; Somers & Nelson, 2001).

Datenmanagement und -migration

Eine fundamentale Anforderung für die Effektivität eines ERP-Systems ist die Verfügbarkeit, Korrektheit und Vollständigkeit von Daten. Probleme mit Daten (z. B. unterschiedliche Formate in den Stammdaten) können zu ernsthaften Verzögerungen von ERP-Projekten führen. Die Konvertierung der Daten in das notwendige Format und die Migration in das ERP-System kann ein sehr aufwendiger Prozess sein – insbesondere dann, wenn die Unternehmen nicht genau wissen, welche Daten notwendig und welche überflüssig sind. Darüber hinaus sind Schnittstellen zu anderen Systemen zu berücksichtigen, die die Fähigkeit erforderlich machen, mit komplexen Datentypen umzugehen (Somers & Nelson, 2001).

In diesem Zusammenhang hat auch das Testen des neuen Systems eine große Bedeutung (Al-Mashari et al., 2003; Nah et al., 2003). Es bezieht sich hierbei auf die neuen Funktionalitäten und vor allem auf das integrative Zusammenspiel aller neuen Systemkomponenten. Das Testen ist wichtig, um nicht nur zu überprüfen, ob das System technisch einwandfrei funktioniert, sondern auch, um sicherzustellen, dass die neuen Geschäftsprozesse vollständig und korrekt im System abgebildet sind und den Anforderungen der Fachbereiche entsprechen (Appelrath & Ritter, 2000). Es bietet darüber hinaus eine gute Möglichkeit, die jeweiligen Fachbereiche in das Projekt einzubinden.

Leistungs-Management (LM)

Für den Erfolg des ERP-Projektes ist ein konsequentes, projektbegleitendes Leistungs-Management notwendig. Hierunter wird ein ganzheitliches Konzept verstanden, das die gesamte Organisation umfasst und sich sowohl auf „harte" als auch auf „weiche" Faktoren bezieht. Das Leistungs-Management soll auf diese Weise nützliche Informationen für den Entscheidungsprozess gewinnen, um damit die Zielerreichung zu unterstützen (Al-Mashari et al., 2003; Nah et al., 2003). Zwei Erfolgsfaktoren sind hier zu nennen: Die Definition geeigneter Leistungskennzahlen und die Nutzung von Zielvereinbarungs- und Anreizsystemen.

Leistungskennzahlen

Für das Leistungs-Management sind geeignete Leistungskennzahlen zur Bewertung des Erfolges der ERP-Implementierung zu definieren. Diese Kennzahlen sollten nicht nur die Leistung des technischen Systems messen, z. B. Zuverlässigkeit. Sie müssen sich auch auf die Erreichung der Geschäftsziele und die geforderten Verhaltensweisen der betroffenen Fachabteilungen und Mitarbeiter beziehen, z. B. Kostenreduzierungen, höhere Produktivität und Termintreue, niedrigere Lieferzeiten, besserer Kundenservice, aber auch die Disziplin und Genauigkeit bei Dateneingaben.

Diese Kennzahlen sollten idealerweise bereits vor dem Projektstart, z. B. im „Business Case" (oder Plan) für das ERP-Projekt festgelegt werden. Damit wird sichergestellt, dass die im „Business Case" definierten Projektziele während des gesamten Projektes konsequent verfolgt und nach Abschluss des Projektes die Zielerreichung überprüft werden kann. Das Leistungs-Management kann durch die Durchführung regelmäßiger Audits und Benchmarks weiter unterstützt werden (Al-Mashari et al., 2003).

Zielvereinbarungs- und Anreizsystem

Das Leistungs-Management muss von Projektbeginn aufgesetzt und – wenn vorhanden – mit dem Zielvereinbarungs- und Anreizsystem verknüpft werden (Umble et al., 2003; Nah et al., 2003). Hierbei können zwei Richtungen der Verhaltenssteuerung unterschieden werden. Zum einen können Zielvereinbarungs- und Anreizsysteme zur Steuerung der Projektorganisation genutzt werden. Gerade in weltweiten Implementierungsprojekten mit einer großen Anzahl von Projektmitarbeitern können diese Instrumente die Ausrichtung der Projektaktivitäten auf die Projektziele flankierend unterstützen. Zum anderen können diese Systeme dazu genutzt werden, die mit der ERP-Einführung verbundenen Ziele im Zielvereinbarungsprozess der betroffenen Organisationsbereiche zu verankern (Njaa & Kohnke, 2002). Damit lassen sich gewünschte Verhaltensweisen positiv verstärken. Werden beispielsweise die Bonuszahlungen der Projektmitarbeiter sowie der betroffenen Führungskräfte und Mitarbeiter von der Projektzielerreichung abhängig gemacht, ist der Erfolg der ERP-Implementierung wahrscheinlicher (Umble et al., 2003).

Nach dem die KEF für ERP-Implementierungen beschrieben worden sind, ist nun die Frage zu klären, welche Rolle Change Management in ERP-Projekten spielt.

3. Change Management in ERP-Projekten

3.1 Definition von Change Management

Eine eindeutige Bestimmung des Begriffes Change Management fällt aus folgenden Gründen schwer (Njaa & Kohnke, 2002):

- Change Management wird für unterschiedliche Sachverhalte verwendet. Die Bandbreite reicht von „allgemeiner Veränderung" über „Coaching" bis zu „Beraten und Verkaufen". Oftmals wird auf eine begriffliche Auseinandersetzung mit diesem zugkräftigen Schlagwort verzichtet.

- Zudem finden unterschiedliche Begriffe im semantischen Feld „Change Management" Verwendung, wie z.B. Implementierungs-, Innovations- oder Veränderungsmanagement, ohne dass eine eindeutige Integration bzw. Abgrenzung der unterschiedlichen Konzepten stattfindet.

- Schließlich ist festzustellen, dass die Literatur zum Thema Change Management von Praxiserfahrungen dominiert wird, ein integrativer theoretischer Rahmen jedoch fehlt.

Diese Problematik trifft auch auf Change Management im Kontext von ERP-Implementierungen zu (vgl. zur Unterschiedlichkeit von Change-Management-Definitionen den Beitrag von *Kohnke, Bungard & Madukanya* in diesem Buch). Um ein einheitliches Verständnis des Begriffes Change Management sicherzustellen, wird im Folgenden eine Definition vorgestellt (Njaa & Kohnke, 2002):

Unter Change Management soll die Steuerung von tief greifenden, geplanten Veränderungen in Organisationen verstanden werden. Change Management bezieht sich in erster Linie auf die Menschen in Unternehmen, während der sachbezogene Aspekt durch das Projektmanagement abgedeckt wird. Dabei adressiert Change Management den Prozess einer Veränderung von deren Initiierung bis zu einer abschließenden Evaluation und macht keine Aussagen zu möglichen Inhalten (vgl. Abbildung 2).

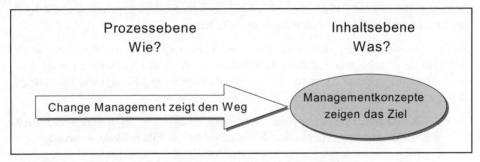

Abbildung 2: Change Management als Prozess (Njaa & Kohnke, 2002)

Kapitel 2.2) dargestellten Kategorien mit ihren zugehörigen kritischen Erfolgfaktoren differenziert zuordnen. Während sich die KEF der Kategorien „Organisations-Management (OM)" und Technologie-Management (TM)" eindeutig auf die Inhaltsebene beziehen und das Ziel der ERP-Implementierung aufzeigen, können die Kategorien „Top-Management-Unterstützung (MU)", „Stakeholder-Management (SM)", und „Leistungs-Management (LM)" auf den mitarbeiterorientierten Aspekt des Prozesses bezogen werden. Die Kategorie „Projektmanagement" deckt auch in ERP-Projekten den sachbezogenen Aspekt des Prozesses ab.

Diese Auffassung von Change Management wird auch von anderen Autoren geteilt (vgl. Kotter, 1995; Beer, Eisenstat & Spector, 1990). Vor diesem Hintergrund werden nun im folgenden Kapitel drei empirischen Studien zu kritischen Erfolgsfaktoren bei ERP-Implementierungen analysiert, um die Bedeutung von Change Management für den Projekterfolg herauszuarbeiten.

3.2 Ergebnisse aus empirischen Studien zu Erfolgsfaktoren

Ein Ziel dieses Beitrages ist die Überprüfung, welche Bedeutung Change Management im Vergleich zu anderen Erfolgsfaktoren bei ERP-Implementierungen hat. Es wird hierbei die Hypothese verfolgt, dass Change Management eine hohe Bedeutung hat. Im Folgenden werden drei empirische Studien zu Erfolgsfaktoren bei ERP-Implementierungen dargestellt. Die in diesen Studien identifizierten und bewerteten KEF wurden den in Kapitel 2.2 identifizierten Kategorien zugeordnet. Dies ermöglicht zum einen den Vergleich der Studien miteinander; zum anderen lässt sich damit die aufgestellte Hypothese leichter überprüfen.

1. Studie von Somers und Nelson (2001, 2004)

Somers und Nelson (2001) haben eine umfangreiche empirische Untersuchung zu Erfolgsfaktoren bei ERP-Implementierungen durchgeführt. Sie analysierten zunächst die Literatur zu IT-Implementierungen, zum „Business Process Reengineering", zum Projektmanagement sowie Fallstudien von 110 Unternehmen. Das Ergebnis sind 22 KEF, die einen Einfluss auf ERP-Implementierungen haben.

Auf Basis dieser Faktoren führten sie dann eine Befragung bei Unternehmen durch, die ERP-Systeme bereits implementiert hatten bzw. noch in der Implementierungsphase waren. Die Unternehmen erhielten die Liste der 22 relevanten KEF und wurden gebeten, die folgenden Angaben zu machen:

- Einschätzung der generellen Bedeutung jedes KEF im Rahmen der ERP-Implementierung. Hierzu wurde eine fünfstufige Likert-Skala verwendet (1 = gering, 2 = moderat, 3 = hoch, 4 = sehr hoch und 5 = entscheidend)
- Einschätzung, in welcher Phase der Implementierung jeder KEF wichtig gewesen ist

Von 700 Unternehmen beantworteten 86 den Fragebogen, was einer Rücklaufquote von 13,5 Prozent entspricht. Die Ergebnisse zur eingeschätzten Bedeutung der einzelnen KEFs sind in der Tabelle 1 aufgeführt.

Auffällig ist, dass unter den Faktoren, die in ihrer Bedeutung über 4.0 („sehr hoch") liegen, keine technischen Erfolgsfaktoren zu finden sind. Die meisten Faktoren beziehen sich einerseits auf mitarbeiterbezogene Aspekte im ERP-Projekt, wie z. B. Unterstützung durch das Top-Management, Projekt Champion, abteilungsübergreifende Kooperation und Kommunikation sowie das Management von Erwartungen oder andererseits auf sachbezogene Aspekte des Projektmanagements, wie klare Projektziele oder die Qualifikation des Projektteams.

Somers und Nelson (2001; 2004) haben – wie bereits eingangs erwähnt – ihre kritischen Erfolgsfaktoren für ERP-Implementierungen aus einer Vielzahl an Literaturquellen herausgefiltert. Kritisch anzumerken ist, dass einige dieser Faktoren nicht trennscharf sind. Zum Beispiel können die systemnahe Ausbildung und die Ausbildung hinsichtlich neuer Geschäftsprozesse zu einem KEF Training zusammengefasst werden. Eine Ausdifferenzierung nach unterschiedlichen Trainingsinhalten ist dann Bestandteil dieses Faktors.

Weiterhin sind einige Erfolgsfaktoren nicht aufgeführt, wie z. B. die Erarbeitung und Kommunikation einer ansprechenden Vision, die Durchführung von Systemtests oder die Anpassung der organisationalen Managementsysteme an die Ziele der ERP-Implementierung. Ein weiterer Kritikpunkt richtet sich auf die unterschiedlichen konzeptionellen Ebenen der aufgeführten KEF. Beispielsweise können das Management von Erwartungen oder die abteilungsübergreifende Kommunikation und Kooperation auch als eine Aufgabe des Change Managements gesehen werden.

Eine ähnliche Argumentation kann für das Projektmanagement geführt werden. Der Einsatz eines Lenkungsausschusses sowie von externen Beratern kann als struktureller Aspekt des Projektmanagements betrachtet werden. Die Definition klarer Projektziele und die Ressoucenplanung können ebenfalls als zentrale Aufgabe des Projektmanagements angesehen werden. Diese Defizite werden teilweise in der folgenden Studie von Nah et al. (2003) beseitigt.

Tabelle 1: KEF bei ERP-Implementierungen nach Somers und Nelson (2001)

Kritische Erfolgsfaktoren	Mittelwert	Kategorie*
1. Top-Management Unterstützung	4,29	MU
2. Qualifikation des Projektteams	4,20	PM
3. Abteilungsübergreifende Kooperation	4,19	SM
4. Klare Projektziele	4,15	PM
5. Projektmanagement	4,13	PM
6. Abteilungsübergreifende Kommunikation	4,09	SM
7. Management von Erwartungen	4,06	SM
8. Projekt Champion	4,03	MU
8. Unterstützung durch den Softwarelieferanten	4,03	TM
10. Auswahl des Softwarepaketes	3,89	TM
11. Datenanalyse und -konvertierung	3,83	TM
12. Ausreichend Ressourcen	3,81	PM
13. Einsatz eines Lenkungsausschusses	3,79	PM
13. Training der Endnutzer zum neuen System	3,79	SM
15. Training zu neuen Geschäftsprozessen	3,76	SM
16. Business Process Reengineering	3,68	OM
16. Minimale Softwareanpassung („Customizing")	3,68	OM
18. Wahl der IT-Architektur	3,44	TM
19. Change Management	3,43	SM
20. Partnerschaft zw. Softwarelieferanten und Kunde	3,39	TM
21. Einsatz der Werkzeuge des Softwarelieferanten	3,15	TM
22. Einsatz von externen Beratern	2,90	PM

* MU = Top-Management-Unterstützung; PM = Projektmanagement; SM = Stakeholder-Management; OM = Organisations-Management; TM = Technologie-Management; LM = Leistungs-Management

2. Studie von Nah, Zuckweiler und Lau (2003)

Auf Basis von zwölf Artikeln haben Nah et al. (2003) elf kritische Erfolgsfaktoren herausgearbeitet, die im Zusammenhang mit ERP-Implementierungen genannt werden (siehe Tabelle 2). In einer anschließenden Befragung wurden diese Faktoren durch CIOs der Fortune 1000 Unternehmen bewertet. Den CIOs wurde hierzu ein Fragebogen zugesandt, der zu jedem Faktor eine kurze Beschreibung enthielt und durch eine fünfstufigen Skala (5 = „extrem kritisch und wichtig für den Erfolg" bis 1 = „weder kritisch noch wichtig für den Erfolg) bewertet werden sollte. In die Auswertung sind 54 Fragebögen eingeflossen.

Aus Sicht der befragten CIOs wurden folgende fünf Faktoren als die wichtigsten bewertet: Top-Management-Unterstützung, Projekt Champion, Teamwork und Teamzusammensetzung, Projektmanagement und Change Management. Die Ergebnisse von Nah et al. (2004) decken sich im Kern mit denen aus der Studie von Nelson und Somers (2001, 2004). Unter den wichtigsten Faktoren sind wiederum Aspekte, die sich auf mitarbeiter- und sachbezogene Aspekte des Veränderungsprozesses beziehen. Genauso wie bei der vorherigen Studie ist die Top-Management-Unterstützung als der wichtigste Erfolgsfaktor bewertet worden.

Tabelle 2: KEF bei ERP-Implementierungen nach Nah et al. (2003)

Kritische Erfolgsfaktoren	Mittelwert	Kategorie
1. Top-Management-Unterstützung	4,76	MU
2. Projekt Champion	4,67	MU
3. Teamwork u. -zusammensetzung	4,65	PM
4. Projektmanagement	4,59	PM
5. Change Management Programm und Kultur	4,50	SM
6. Kommunikation	4,39	SM
7. Business Plan und Vision	4,31	PM/MU
8. Business Process Reengineering	4,22	OM
9. Softwareentwicklung, Systemtesten	4,20	TM
10. Controlling und Leistungsbewertung	4,19	LM
11. Altsysteme	3,48	TM

* MU = Top-Management-Unterstützung; PM = Projektmanagement; SM = Stakeholder-Management; OM = Organisations-Management; TM = Technologie-Management; LM = Leistungs-Management

Im Gegensatz zur Studie von Somers und Nelson (2001; 2004) haben Nah et al. (2003) die Vielzahl der in der Literatur aufgeführten Erfolgsfaktoren zu elf Kategorien zusammengefasst und damit die Komplexität reduziert. Allerdings ist die Kategorisierung ebenfalls nicht überschneidungsfrei. Zum Beispiel kann Kommunikation als Aufgabe des Change Management angesehen werden. Ein weiteres Beispiel ist die Kategorie „Business Plan und Vision", die ebenfalls zwei unterschiedliche Aspekte beinhaltet. Während die Vision den langfristig anzustrebenden Soll-Zustand des Unternehmens beschreibt, ist der Business Plan die konkrete Projektbeschreibung inkl. einer ROI-Betrachtung.

Da die Studie nur eine geringe Rücklaufquote hat und sich nur auf die Gruppe der CIOs bezieht, ist die Aussagekraft der Ergebnisse limitiert. Die Ergebnisse können daher nicht unbedingt als repräsentativ für andere Stakeholder-Gruppen gelten. Um ein vollständigeres Bild von der Bedeutung kritischer Erfolgsfaktoren zu erhalten, sind daher weitere Untersuchungen notwendig, z. B. mit Projektteammitgliedern oder Softwarelieferanten.

Die dritte hier aufgeführte Studie von Grover et al. (1995) nimmt eine andere Perspektive ein, indem Problemfelder bei Reengineering-Projekten analysiert werden. Sie hebt sich durch die klare Kategorisierung der Problemfelder hervor.

3. Studie von Grover, Jeong, Kettinger und Teng (1995)

ERP-Implementierungen führen in der Regel zu großen Veränderungen in den Geschäftsprozessen. Sie können daher im Prinzip auch als „Business Process Reengineering"-Projekte (im Folgenden BPR-Projekte) bezeichnet werden. Grover et al. (1995) haben in einer umfangreichen Studie die Probleme im Rahmen von BPR-Projekten analysiert. In einem ersten Schritt haben sie sowohl auf Basis von Literaturanalysen zur Implementierung organisatorischer Veränderungen als auch auf Basis von Praxiserfahrungen insgesamt 64 Probleme identifiziert. Diese Probleme wurden zu sechs Problemkategorien zusammengefasst, die stark mit den in Kapitel 2.2 herausgearbeiteten Kategorien übereinstimmen:

1. Mangelnde Management-Unterstützung,
2. mangelnde technischen Kompetenz,
3. mangelnde Definition und Abgrenzung des Prozessumfangs,
4. mangelnde Projektplanung,
5. mangelndes Change Management (Stakeholder-Management),
6. mangelndes Projektmanagement.

In einem zweiten Schritt wurde die Bedeutung dieser Probleme durch 239 Experten bewertet, die in BPR-Projekten involviert waren. Dies entsprach einer Rücklaufquote von 29,2 Prozent. Jedes der aufgeführten Probleme wurde von den Experten anhand einer fünfstufigen Skala bewertet (1 = „kein Problem"; 5 = „extremes Problem"). Die Tabelle 3 stellt einen Auszug mit den zehn am höchsten bewerteten Problemen dar.

Das Ergebnis zeigt deutlich die hohe Bedeutung, die Change-Management-Problemen im Rahmen von BPR-Projekten beigemessen wird. Sechs der zehn am höchsten bewerteten Probleme gehören in die Kategorie Change Management. Die Kommunikation der Notwendigkeit und des Nutzens des BPR-Projekts, die Bedeutung politischer Aspekte sowie die Akzeptanz neuer Werte und Arbeitsweisen sind Aspekte, die in der Studie identifiziert worden sind.

Um die relative Bedeutung der einzelnen Kategorien zu ermitteln, wurde für jede Kategorie zusätzlich der jeweilige Durchschnittswert berechnet. Das Stakeholder-Management wird hier insgesamt am höchsten bewertet. Die Ergebnisse zeigen, dass Change Management damit für Reengineering-Projekte die größte Herausforderung darstellt.

Darüber hinaus wurde der Zusammenhang zwischen den identifizierten Implementierungsproblemen und dem Projekterfolg analysiert. Auch hier zeigt sich deutlich die große Bedeutung der sozialen Dimension in BPR-Projekten. „...efforts devoted to solving these difficult change management problems should ‚pay off' in terms of reengineering project success. The warning is, however, equally striking – inability to manage organizational change in reengineering will most likely lead to project failure!" (Grover et al., 1995, S.136).

Tabelle 3: Bedeutung von Problemen bei der Durchführung von Reengineering Projekten nach Grover et al. (1995)

Probleme		Score*	Kategorie**
1.	Notwendigkeit zur Steuerung der Veränderung wird nicht gesehen	31,8	SM
2.	Fokussierung des Top-Managements auf kurzfristige Effekte und schnelle Lösungen	31,7	MU/PM
3.	Rigide hierarchische Organisationsstrukturen	30,1	SM
4.	Betroffene Fachvorgesetzte sind nicht offen für Innovationen	28,8	SM
5.	Keine Antizipation und Planung des Umgangs mit organisationalen Widerständen	27,7	SM
6.	Ungenügende Kenntnis über bestehende Daten, Anwendungen und IT innerhalb der Organisation	25,3	TM
7.	Mangelnde Abstimmung von Unternehmens- und IT-Planung	23,3	PM
7.	Keine Berücksichtigung politischer Einflüsse bei den Reengineering Bemühungen	23,3	SM
9.	Zu lange Dauer des BPR-Prozesses	23,1	OM
10.	Mangelhafter Aufbau von Unterstützung durch die betroffenen Fachvorgesetzten	23,0	SM

* Score berechnet sich aus dem prozentualen Anteil der Teilnehmer, die das jeweilige Problem mit 4 oder 5 bewertet haben
** MU = Top-Management-Unterstützung; PM = Projektmanagement; SM = Stakeholder-Management; OM = Organisations-Management; TM = Technologie-Management; LM = Leistungs-Management

3.3 Bedeutung von Change Management für den Projekterfolg

Die Ergebnisse aller drei Studien unterstützen die Hypothese, dass Change Management eine große Bedeutung für den Erfolg von ERP-Projekten hat. Im Folgenden werden die wesentlichen Ergebnisse zu den drei mitarbeiterorientierten Kategorien von Erfolgsfaktoren zusammenfassend dargestellt:

Top-Management-Unterstützung

Auffällig ist, dass in zwei Studien die Top-Management-Unterstützung unter allen aufgeführten KEF am höchsten bewertet wurde. Von ERP-Implementierungen sind in der Regel nicht nur große Bereiche der Organisation betroffen, sondern aufgrund des integrativen Charakters auch viele verschiedene Fachfunktionen. Um die notwendigen Veränderungen umsetzen zu können, ist die Unterstützung des Top-Managements unabdingbar. Die Unterstützung bezieht sich nicht nur auf die Bereitstellung benötigter Ressourcen, sondern auch auf den Veränderungsprozess selbst.

In diesem Zusammenhang wird auch die Rolle des Projekt-Champions gesehen. Er sollte nicht nur ein Mitglied des Top-Managements sein, sondern auch die formale Verantwortung und Möglichkeit zur Sanktionierung für alle betroffenen Bereiche haben. „… the role of a project champion is unique in that it is transformational – the champion not only promotes highly the ERP implementation and its associated changes throughout the organization, but also manages resistance to change" (Nah et al., 2003, S. 17).

Die Entwicklung einer Vision für das ERP-Projekt wurde in der Studie von Nah et al. (2003) im Vergleich zu den anderen KEF im mittleren Bereich angesiedelt. Dies sollte aber nicht darüber hinwegtäuschen, welche Bedeutung eine Vision zur Ausrichtung aller Veränderungsaktivitäten hat. Das Fehlen einer strategischen Vision wurde als Problemfeld bei Grover et al. (1995) daher auch relativ hoch bewertet.

Eine Vision stellt darüber hinaus auch eine langfristige Perspektive sicher. ERP-Implementierungen sind in der Regel langfristige Vorhaben, die bis zu fünf oder mehr Jahre beanspruchen können. Auch benötigen die damit verbundenen kulturellen Veränderungen Zeit. Dies spiegelt sich auch in dem von Grover et al. (1995) am zweithöchsten bewerteten Problemfeld wider: Eine zu kurzfristige Perspektive des Managements und der Fokus auf schnelle Lösungen sind für ein erfolgreiches ERP-Projekt hinderlich. Tiefgreifende Veränderungen brauchen ihre Zeit, und das Management muss der Organisation diese Zeit geben.

Stakeholder-Management

In der Studie von Grover et al. (1995) wurde von allen 64 Problemfeldern am häufigsten angegeben, dass die Notwendigkeit zum Management der Veränderungen nicht gesehen wird. Das Aufsetzen eines Change Management Programms wird auch in der Studie von Nah et al. (2003) als relativ kritisch für den Projekterfolg bewertet.

ERP-Implementierungen führen zu tief greifenden Veränderungen in den betroffenen Organisationsbereichen. Sie werden von den betroffenen Mitarbeitern unterschiedlich wahrgenommen, führen aber zu Unsicherheit und Ängsten und damit zu Widerständen, die sich negativ auf das Projekt auswirken können (Aladwani, 2001; McNish, 2001).

In der Projektpraxis wird diesen Widerständen allzu häufig nachgegeben, so dass die notwendigen organisatorischen Anpassungen im Rahmen der ERP-Implementierung nicht konsequent vorgenommen und lediglich die alten Prozesse im neuen System abgebildet werden. Die vermeintliche „Ruhe" im Projektverlauf wird letztlich mit dem ausbleibenden Nutzen des Gesamtprojektes bezahlt (Kohnke, 2004).

Die Kunst einer erfolgreichen ERP-Implementierung besteht deshalb darin, die betroffenen Bereiche und Mitarbeiter in den Veränderungsprozess einzubeziehen und damit vom Gesamtnutzen des ERP-Projektes zu überzeugen. „User involvement in the design and implementation of new business processes and the ERP system is recommended and formal education and training should be provided to help users understand how the ERP system will impact their jobs." (Nah et al., 2003, S. 11). Widerstände abzubauen und Akzeptanz für die neuen Arbeitsweisen und Systeme zu schaffen, ist der wichtigste Ansatzpunkt für ein projektbegleitendes Change Management. Diese Aspekte finden sich vor allem in der Studie von Grover et al. (1995) unter den ersten zehn Problemfeldern wieder.

Eine Organisation, in der die Mitarbeiter gemeinsame Werte und Ziele teilen und die offen für Veränderungen ist, wird die Erfolgswahrscheinlichkeit eines ERP-Projektes erhöhen. Change Management muss diese kulturellen Aspekte ebenfalls berücksichtigen (Nah et al., 2003).

Leistungs-Management

Aspekte des Leistungs-Management wurden in den Studien von Nah et al. (2003) und Grover et al. (1995) adressiert. Die Identifizierung von geeigneten Leistungskennzahlen wurde in beiden Studien im Vergleich zu den anderen Aspekten eher niedrig bewertet. Grover et al. (1995) führen hier die Schwierigkeit an, geeignete Leistungsziele für die implementierten Prozesse zu definieren und die Tendenz, sich eher auf leicht zu quantifizierende und zu messende Kennzahlen zu fokussieren. Die Herausforderung im ERP-Projekt liegt vor allem darin, auch für die notwendigen Verhaltensänderungen geeignete Kennzahlen zu definieren und regelmäßig zu überprüfen.

Beide Studien gehen auch auf die Verknüpfung von Leistungskennzahlen mit Zielvereinbarungs- und Anreizsystemen ein. In der Studie von Grover et al. (1995) liegen die Bewertungen der damit verbundenen Probleme im Vergleich zu allen 64 Problemen im oberen Drittel.

Insgesamt zeigen die hohen Bewertungen zudem, dass die mangelnde Berücksichtigung der mitarbeiterorientierten, „weichen" Erfolgsfaktoren eine häufige Ursache für das Scheitern von ERP-Projekten ist. Change Management wird in diesen Fällen offensichtlich überhaupt nicht oder nur unzureichend eingesetzt.

In der Projektpraxis starten ERP-Projekte in vielen Fällen ohne Change Management und kommen früher oder später an den Punkt, an dem Widerstände und Akzeptanzprobleme den Projektfortschritt massiv behindern. Dann erfolgt der Hilferuf nach einem Change Management, das im Sinne eines Feuerwehreinsatzes die Kastanien für das Projektmanagement wieder aus dem Feuer holen soll.

Einerseits kann eine derartige Projektkrise als Chance für das Change Management gesehen werden. Gelingt es in dieser Situation, die Probleme zu lösen, trägt das sicherlich positiv zum Stellenwert des Change Management im weiteren Projektverlauf und auch in zukünftigen Projekten bei. Andererseits können sich beispielsweise die Fronten zwischen Projekt und Fachbereichen bereits derartig verhärtet haben, dass die Probleme auch durch ein Change Management nicht gelöst werden. Dann besteht die Gefahr, dass dem Change Management auch noch die alleinige Schuld für die Akzeptanzprobleme des Projektes untergeschoben wird. Damit wird es zum Sündenbock für die Fehler instrumentalisiert, die am Projektanfang gemacht worden sind (Kohnke, 2004).

Letztlich ist der verspätete Einsatz eines Change Managements stets eine Gratwanderung zwischen Krisenbewältigung und Himmelfahrtskommando. Um diese Situation zu vermeiden, sollte ein Change Management von Anfang an in die Projektplanung und -durchführung einbezogen sein.

4. Zukünftige Aufgaben für Change Management

In diesem Beitrag wurde die Hypothese aufgestellt, dass Change Management ein strategischer Erfolgsfaktor für ERP-Projekte ist. Die Ergebnisse aus drei empirischen Studien zeigen die hohe Bedeutung, die Aspekten des Change Managements beigemessen wird und stützen damit diese Hypothese.

Für die Projektpraxis lässt sich hieraus die Forderung ableiten, in ERP-Projekten Change Management konsequenter einzusetzen und gezielt auf seine Wirksamkeit zu überprüfen. Auf welche Faktoren es dabei ankommt, wurde in diesem Beitrag herausgearbeitet: Top-Management-Unterstützung, Stakeholder-Management und Leistungs-Management. Sie müssen integraler Bestandteil des Projektcontrollings und Risikomanagements sein. Die Ausgestaltung dieser Faktoren erfolgt in der Regel durch ein Bündel von Change-Mangement-Maßnahmen, die im Rahmen des Projektes auf die kundenspezifische Situation angepasst werden müssen. Umfangreiche Beschreibungen zu diesen Maßnahmen finden sich in anderen Beiträgen dieses Buches sowie in der aufgeführten Literatur (vgl. Aladwani, 2001; Doppler & Lauterburg, 2002; Kotter, 1999; Larkin & Larkin, 1994; McNish, 2001; Mohr & Woehe, 1998).

Weiterhin stellt sich die Frage, welche Aussagekraft KEF haben. Viele Autoren verwenden KEF eher deskriptiv im Sinne von möglichen Einflüssen auf den Projekterfolg und nicht normativ im Sinne von kausalen Faktoren. Für Parr und Shanks (2000) sind KEF in ERP-Implementierungen definiert als Faktoren, die notwendig, aber nicht hinreichend für den Projekterfolg sind. Sie merken jedoch auch kritisch an, dass dem Konzept der Kausalität aufgrund der großen Komplexität von ERP-Projekten Grenzen gesetzt sind: „... both the concepts of causality, and necessity and sufficient conditions, are concepts so rigorous that they were regarded by the authors as unachievable in the analysis of complex social, organisational and technical interactions such as ERP implementation" (Parr & Shanks, 2000, S. 6).

An dieser Stelle sollten weitere empirische Untersuchungen durchgeführt werden, die nicht nur die Wirksamkeit von Change Management in ERP-Projekten näher beleuchten, sondern auch das Zusammenspiel mit anderen KEF untersuchen. Dazu wäre die Entwicklung eines übergreifenden Wirkmodells hilfreich, das auch entsprechende Theorien der Arbeits- und Organisationspsychologie stärker berücksichtigt. Die wenigen integrativen Modelle im Rahmen von ERP-Implementierungen lassen einen derartigen Bezug vermissen (vgl. Umble et al., 2003; Al-Mashari et al., 2003 und Somers & Nelson, 2001; 2004).

Wird der Blick in die Zukunft gerichtet, dann stellt sich die Frage, welche neuen Herausforderungen auf das Change Management im Rahmen von IT-Implementierungen zukommen werden. ERP-Systeme werden derzeit eher als monolithische Blöcke angesehen, deren Logik sich das Unternehmen unterzuordnen hat. „An enterprise system, by its very nature, imposes its own logic on a company's strategy, organization, and culture. It pushes a company toward full integration even when a certain degree of business-unit segregation may be its best interest. And it pushes a company toward generic processes even when customized processes may be a source of competitive advantage" (Davenport, 1998, S. 3).

Ändern sich in dieser Situation die Wettbewerbsbedingungen, die wiederum größere Anpassungen in den etablierten Geschäftprozessen notwendig machen, müssen auch die ERP-Lösungen angepasst werden. ERP-Systeme sind aber in dieser Hinsicht nicht sehr flexibel und können nur unter großem finanziellen und zeitlichen Aufwand verändert werden. Eine ähnliche Situation kann sich zum Beispiel nach einem Merger von zwei Unternehmen ergeben, deren unterschiedliche Geschäftsprozesse harmonisiert und standardisiert werden sollen. Auch hier können die zu Grunde liegenden IT-Systeme den Veränderungsprozess stark behindern.

Die technologischen Weiterentwicklungen setzen daher an einer vollständigen Integrationsmöglichkeit aller IT-Systeme sowie der Entkoppelung der IT-Infrastruktur bzw. Plattform auf der einen Seite und den Geschäftsprozessen auf der anderen Seite an. Dies soll dem Unternehmen eine höhere Flexibilität geben, um notwendige organisatorische Veränderungen schneller und kostengünstiger umzusetzen. Ein Beispiel für eine derartige Plattform ist die NetWeaver-Technologie von SAP (Woods & Word, 2004).

Wenn durch eine derartige Lösung der organisatorische Wandel beschleunigt werden kann, muss bei der Umsetzung noch stärker als bisher darauf geachtet werden, die betroffenen Mitarbeiter und Führungskräfte auf diesem Weg nicht zu verlieren. Sofern Geschäftsprozesse nicht vollständig automatisiert werden können, sind es immer noch die Mitarbeiter, die die Ergebnisse der Geschäftsprozesse beeinflussen. Vor diesem Hintergrund ist dem Change Management in Zukunft ein noch größerer Stellenwert für den Projekterfolg beizumessen.

Peter Peters

Wertgetriebenes Change Management für ERP-Einführungen

1. Bisherige Erfahrungen mit großen ERP-Lösungen 64
2. Erfolgreiche Implementierung: Fünf goldene Regeln 65
3. Zukünftige Change-Management-Herausforderungen
   bei ERP-Einführungen 71

1. Bisherige Erfahrungen mit großen ERP-Lösungen: Fehlschläge prominenter als Erfolge

Enterprise Resource Planning (ERP) ist für viele Manager schon fast ein Reizwort. Vor gut zwei Jahrzehnten erstmals aufgekommen, versprach dieser Ansatz hohe Effizienzgewinne durch Etablierung funktionsübergreifender Prozesse sowie Abbildung der verschiedenen Unternehmenseinheiten in ein und demselben IT-System – in der Regel unter dem Schlagwort „Prozessautomatisierung". Nachdem inzwischen zahlreiche Unternehmen ihre Erfahrungen damit gemacht haben, ist das Echo bislang wenig positiv: Umfassende ERP-Lösungen – so die verbreitete Meinung – seien nicht nur teuer und schwer zu implementieren, darüber hinaus stünde der erzielte Nutzen in keinem Verhältnis zum Aufwand. Viele Projekte mussten gar als kompletter Fehlschlag erkannt werden.

Empirische Untersuchungen scheinen die Anwenderkritik zu bestätigen: Eine Studie der Standish Group aus dem Jahr 2001 mit über 500 Software-Projekten ergab, dass umfangreiche IT-Projekte – und ERP-Projekte stehen hier in vorderster Linie – die geplanten Kosten um durchschnittlich 90 Prozent und den Zeitrahmen um 120 Prozent überschreiten. Und nach einer Umfrage von Robbins-Gioia aus dem Jahr 2002, an der über 200 Unternehmen teilnahmen, bringen über 50 Prozent aller ERP-Projekte nicht den erwarteten Nutzen, insbesondere weil die implementierten Systeme nicht mit der organisatorischen Realität in Einklang zu bringen waren. Derartige Meldungen, die auch in den Medien ausführlich behandelt wurden, haben unter Managern die Runde gemacht und die allgemeine Skepsis gegenüber großen ERP-Projekten geprägt.

Auf der anderen Seite gibt es aber auch beeindruckende Erfolgsgeschichten: So gelang es einem Elektronikunternehmen, mit ERP seine Lieferzeit von 14 auf einen Tag zu reduzieren; ein Hersteller von Baumaterial halbierte seine Lagerbestände. Und was die Anbieterseite angeht, so spricht die Entwicklung des Marktführers für sich: Als andere Softwarehäuser ins Trudeln gerieten, setzte SAP sein Wachstum fort und erzielte mit seiner erweiterten ERP-Plattform stetig steigende Umsätze.

Fehlschläge auf der einen, Effizienzsprünge auf der anderen Seite – welche Schlüsse sind daraus zu ziehen? Lohnt der Wertschöpfungsbeitrag nun den Aufwand oder nicht? Und wenn ja: Wie können ERP-Projekte zum Erfolg geführt werden? Der Autor dieses Beitrags hat darauf eine klare Antwort: ERP kann zu deutlichen Effizienzverbesserungen verhelfen – allerdings nur dann, wenn Change Management bei der Einführung als wesentliches Element zur Sicherstellung des Wertbeitrags erkannt wird.

2. Erfolgreiche Implementierung: Fünf goldene Regeln

Wichtigste Voraussetzung für den erfolgreichen Einsatz von ERP-Lösungen – und damit auch für das Zustandekommen des erwarteten Geschäftsnutzens – ist die strategisch richtige Positionierung nach dem „Commodity-Prinzip": ERP-Lösungen sollten primär für Geschäftsprozesse eingesetzt werden,

- die für das Nutzenangebot eines Unternehmens – seine „Value Proposition" – kein differenzierender Faktor sind,
- für die eine allgemein anerkannte „Best Practice" etabliert ist.

Die Prozesse sollten von der Geschäftsentwicklung unabhängig sein und nur bei grundlegenden rechtlichen oder organisatorischen Veränderungen adaptiert werden müssen. Unter diesen Prämissen ist man dann auch in der Lage, das ganze Potenzial vorhandener Prozess-Standards zu nutzen und den Wartungsaufwand zu minimieren. Dies ist allerdings nur möglich, wenn Change-Management-Maßnahmen sowohl struktureller Natur (z. B. Aufbau Shared Services) als auch operativer Natur (Training, Kommunikation) gleichermassen betrieben werden.

Ausgehend von dieser Positionierung haben sich bei den ERP-Implementierungen im letzten Jahrzehnt fünf Grundprinzipien („Goldene Regeln") herauskristallisiert. Ihre Nichtbeachtung war häufig der Grund, warum sich ERP-Projekte zu Multimillionen-Euro-Vorhaben mit ungewissem Nutzen entwickelten – ihre konsequente Einhaltung aber macht die Implementierung zu einem vorhersagbaren Vorhaben, das sich innerhalb von nur zwei Jahren amortisieren kann.

1. ERP ist sowohl ein Business- als auch ein IT-Projekt

Der Nutzen einer ERP-Lösung wird zu rund 80 Prozent im operativen Geschäft und nur zu 20 Prozent in der IT selbst realisiert.

Als Faustregeln für die Wertschöpfung lassen sich festhalten:

- Die jährlichen Einsparungen durch Harmonisierung und Standardisierung der IT-Systeme liegen bei 10 bis 20 Prozent der Projektkosten.
- Die reine Prozessautomatisierung schafft einen Mehrwert von 10 bis 20 Prozent der Projektkosten.
- Der verbleibende Nutzen ergibt sich aus der Anpassung von Prozessen an die jeweiligen „Klassenbesten" und/oder aus einer organisatorischen Konsolidierung, ggf. mit Auslagerung/Verlagerung (siehe auch nächstes Kapitel).

Nennenswerte Ertragssteigerungen sollten von einer ERP-Lösung nicht erwartet werden, da die meisten abgebildeten Prozesse nicht direkt mit dem Kundennutzen im Zusammenhang stehen. Ausnahmen sind vor allem dann möglich, wenn die Logistikkette oder der F&E-Prozess (z. B. bei regulierten Industrien wie der pharmazeutischen Industrie) deutlich verbessert werden.

Allerdings geschieht das nicht „automatisch" mit der Implementierung des Systems; vielmehr muss sich das gesamte Unternehmen auf die neue Situation einstellen – und das erfordert meist grundlegende Veränderungen im Verhalten, in den Prozessen und Strukturen. Sind diese Veränderungen einmal eingeführt, werden sie durch die automatisierten Prozesse „fest verdrahtet" – ein weiterer Nutzen des Systems, jenseits des eigentlichen Wertbeitrags.

Bei der Führung von ERP-Projekten ist aber typischerweise der erste Kardinalfehler zu beobachten, der effektives Change Management fast unmöglich macht: Drei von vier ERP-Projekten werden ausschließlich von IT-Managern geführt, die einen klaren Fokus auf die Realisierung des ERP-Systems haben. Eine balancierte Steuerung aus Business und IT-Managern, die sowohl die Systemrealisierung als auch das Change Management zur Realisierung des Geschäftsnutzens repräsentiert, findet in diesen Fällen nicht statt.

In einer solchen balancierten Steuerung wird auf allen Managementebenen klare Führerschaft im ChangeManagement auf drei Ebenen gefordert:

- *Direkte Steuerung durch die Unternehmensleitung* – eine unabdingbare Erfolgsvoraussetzung angesichts der großen Tragweite für das gesamte Unternehmen, der hohen Investitionen und der erforderlichen unternehmensweiten Konsolidierung von Prozessen und Strukturen
- *Verpflichtung der Bereichsleiter*, die definierten Verbesserungsziele zu erreichen und die erforderlichen Änderungen im Geschäftsbetrieb umzusetzen.
- *Operative Führung durch das Projektmanagement*, um eine optimale Unterstützung der Prozesse durch die ERP-Software sicherzustellen und die erforderlichen Change-Management-Maßnahmen zu orchestrieren und zu realisieren.

Diese geschäftsorientierte Leitung des Projekts muss allerdings weiterhin durch eine adäquate IT-Führung ergänzt werden, die in der Lage ist, das Management der internen IT-Resourcen oder des beauftragten Systemintegrators zu übernehmen und sämtliche Schnittstellen- und Migrationsfragen im Rahmen der ERP-Lösung anzugehen.

2. Organisation und Governance des Unternehmens bestimmen die ERP-Systemstruktur

Manager erliegen gelegentlich der Versuchung, ERP-Lösungen zur Standardisierung und Harmonisierung von Prozessen zu nutzen, die über ihren Einflussbereich hinausgehen – so planen sie etwa unternehmensweite Geschäftsprozesse für Bereiche, in denen die einzelnen Unternehmensbereiche eigene Ergebnis- und operative Verantwortung haben.

Oder sie nutzen das ERP-System, um „alte" Strukturen zu zementieren – beispielsweise durch regionale Lösungen, – während die Prozessverantwortung gerade nach globalen Geschäftsbereichen ausgerichtet wird. Solche Lösungen müssen über kurz oder lang wieder ausgetauscht werden: Da weder die Geschäfts- noch die IT-Organisation mit der Auslegung des IT-Systems harmonieren ist ein erfolgreiches Change Management fast unmöglich. Es muss zu vielfältigen, widersprüchlichen Spezifikationen, wiederholten und teuren Systemanpassungen sowie extrem komplexen Schnittstellen kommen, um organsiatorische Realität und systemische Realität in Einklang zu bringen.

Eine ERP-Lösung sollte daher unbedingt die angestrebte Unternehmensorganisation so weit wie möglich abbilden und dort flexibel sein, wo mittelfristig Änderungen zu erwarten sind. Oder umgekehrt formuliert: Jeder bewusste Schritt in Richtung Prozessharmonisierung und -standardisierung innerhalb der ERP-Lösung setzt voraus, dass die betroffenen Befugnisse und Verantwortlichkeiten angepasst werden Konstellationen wie bestimmte Formen der Matrixorganisation, in der die Verantwortung für Prozesse von der für das Geschäft entkoppelt ist, funktionieren auf Dauer fast nie.

Erfolgreiche Modelle im Zuge von ERP-Implementierungen sind so genannte Shared Services, die die Prozess- und Personalverantwortung von der ursprünglichen Organisation separieren und an einem Standort unter einer gemeinsamen Leitung mit dem Ziel der Effizienzmaximierung bei stabiler Leistungsqualität bündeln. Unterstützt durch Best-Practice-orientierter ERP-Software ermöglichen diese Shared Services oft enorme Leistungssteigerungen. Diese Erfahrung machte auch ein Unternehmen, das seine Back-Office-Prozesse standardisieren wollte und dabei eine bereichsübergreifend einheitliche ERP-Lösung für das Personalwesen anstrebte: Nachdem die Höhe der erforderlichen Investitionen zunächst für große Skepsis gesorgt hatte, konnte der Business Case für ein „Shared-Service-Center Personalwesen" schnell zu einem positiven Ergebnis geführt werden.

Die Effizienzvorteile einer Konsolidierung innerhalb des Unternehmens („In-house Shared Services") lassen sich durch zwei Ansätze noch weiter steigern:

- *Outsourcing*. Auf Grundlage der Standardprozesse, welche in der ERP-Software realisiert sind, lässt sich ein global einheitliches Serviceportfolio erstellen, dass auch vom externen Markt bedient werden kann. Kostspielige Variationen von Prozessen und Funktionalität, die wenig geschäftlichen Nutzen bringen, werden dabei weitestgehend unterbunden, da sie sonst teuer bezahlt werden müssten; zusätzlich bringt die Bündelung der Transaktionen auch entsprechende Größenvorteile mit sich. Ein Outsourcing der solchermaßen standardisierten Geschäftsprozesse (BPO – Business Process Outsourcing) kann damit eine attraktive Option darstellen, zumal das Risiko mangelhafter Performance gering gehalten wird. So verband ein Logistikdienstleister die Einführung einer ERP-Finanzlösung mit dem Outsourcing einer Reihe von Geschäftsprozessen (Accounting, Payroll, ...), um die hohen Investitionen in die ERP-Lösung abzufedern und die erwarteten Prozessverbesserungen und resultierenden Einsparungen durch den Auftragnehmer implementieren zu lassen.

- *Offshoring*. Die „Digitalisierung" von Prozessen in einem ERP-System schafft ein äußerst stabiles Prozessumfeld, das sich auch aus anderen Regionen heraus managen lässt – unabhängig davon, ob die Shared Services in-house gemanagt oder fremdvergeben werden. ERP schafft somit eine Voraussetzung für das Offshoring von Unternehmensfunktionen. Ein Chemieunternehmen, das die prozessübergreifende ERP-Plattform zum Outsourcing und Offshoring des Finanz- und Personalwesens sowie anderer Funktionen nutzte, erreichte damit deutliche Verbesserungen seiner Kostenstruktur.

Das Beispiel der Shared Services zeigt aber auch, welch hoher Aufwand im Change Management über mehrere Jahre hinweg betrieben werden muss, um den Geschäftsnutzen zu sichern.

3. „Follow the standard"

Die Kosten für ERP-Softwarelizenzen und Hardware liegen bei 20 bis 30 Prozent der Gesamtkosten eines gut geführten Projektes und sind, absolut gesehen, für einen gegebenen Projektumfang recht stabil. Werden aber bei der Implementierung von ERP-Software nicht die gegebenen Standardisierungs- und Harmonisierungsmöglichkeiten genutzt, so entstehen zusätzliche Ausgaben für die Anpassung von Software, für organisatorische Änderungen und Schulungen – insgesamt mitunter das Fünffache des „normalen" Aufwands, ohne dass damit ein nennenswerter Zusatznutzen für das Unternehmen geschaffen würde.

Um dagegen eine einfache, leicht zu managende IT-Lösung zu schaffen, sollte man eine möglichst weit gehende Übernahme so genannter Prozess-Templates anstreben – das sind branchenspezifische Muster für Geschäftsprozesse, die mit der ERP-Software „out of the box" zur Verfügung stehen. Da sich diese Prozessstandards an den Best Practices für Einführung, Maintenance und Upgrades orientieren, minimiert ihre Nutzung den Aufwand für Prozess- und IT-Wartung – andererseits sind sie durchaus in der Lage, die Besonderheiten einer Branche oder eines Unternehmens abzubilden.

Andererseits müssen von den betroffenen Führungskräften/Mitarbeitern „liebgewordene" Einzellösungen aufgegeben werden. Dies führt häufig zu Widerständen usw. in den betroffenen Fachabteilungen. Change Management kann hier helfen, den Nutzen einer Standardlösung herauszuarbeiten und für alle transparent zu machen.

Anstatt also grundsätzlich davon auszugehen, dass alle vorhandenen Spezifikationen für die Geschäftsprozesse eines Unternehmens schon optimiert sind, sollte man die „Beweislast" umdrehen: Entspricht eine Spezifikation nicht dem standardisierten Prozess-Template (und somit den standardmäßigen Möglichkeiten der ERP-Lösung), muss ein Business Case erstellt werden, der die „Total Cost of Ownership" mit dem geschätzten Nutzen des Systems über die gesamte Lebensdauer vergleicht. So lässt sich eine „saubere" ERP-Lösung mit geringen Entwicklungs- und Wartungskosten zusammenstellen.

Diese Vorgehensweise stellt sicher, das weitgehend standardisierte Lösungen geschaffen werden, die nicht nur kostengünstig zu implementieren sondern auch „benchmarkfähig" sind. Das Change Management lässt sich dann an Leistungszielen ausrichten, die die „Best Practice" – teilweise industrieübergreifend – definieren. Während diese quantitativen Leistungsziele eher indikativen Charakter haben, lassen sich durch die konkreten Maßnahmen, die in solchen „Best Practice"-Unternehmen umgesetzt wurden, wertvolle Anregungen für das eigene Change Management gewinnen.

Für Geschäftsprozesse, die für das Unternehmen ein Differenzierungsfaktor sind, kommen Prozessstandards aber meist nicht in Frage: Sie müssen – ebenso wie die unterstützenden IT-Systeme – ganz an den Erfolgsfaktoren und spezifischen regionalen Anforderungen des Geschäfts ausgerichtet werden. Zudem müssen sie so flexibel sein, dass sie schnell und effizient an die häufig wechselnden geschäftlichen Anforderungen angepasst werden können. Change Management ist hier eine kontinuierliche Aufgabe ausgerichtet an der Dynamik des Geschäftes. Dabei können auch für solche Prozesse unter Umständen Software-Pakete derselben Hersteller verwendet werden wie für die „Commodity-Prozesse" (z. B. SAP APO und SAP CRM in Ergänzung zu SAP R/3).

Derzeit ist bei den großen Plattformanbietern eine Tendenz zur Abdeckung einer immer größeren Funktionalität zu beobachten, so dass auch „Nicht-Commodity-Prozesse" unterstützt werden könnten. Allerdings ist der Nutzung dieses Angebots im Sinne der obigen Standardisierungsregel nicht immer zuzuraten, denn man läuft damit Gefahr, strategische Differenzierungsfaktoren durch standardisierte Lösungsansätze und IT-Systeme zu egalisieren.

4. Prozess- und Systemimplementierung sind eng miteinander verflochten

Typischerweise beginnt eine Systemimplementierung damit, dass ein Geschäftsprozess definiert und funktionale Spezifikationen erstellt werden, um anschließend die Software zu entwerfen, zu codieren und zu testen.

Dieses Verfahren gilt allerdings für ERP-Software nicht: Wie oben erwähnt, nutzen ERP-Pakete bereits die „Best Practice" für bestimmte Prozesse, so dass das Paket als Richtlinie für deren Design genutzt werden kann. Das Ziel ist eine Standardlösung. Daher müssen Spezifikationen stets mit den Möglichkeiten verglichen werden, die das ERP-Paket bietet. Um zusätzliche Anforderungen abzudecken, lassen sich ERP-Pakete vergleichsweise einfach anpassen („customizen"), so dass frühzeitig ein Prototyp eingerichtet und das jeweilige Design getestet und iterativ verfeinert werden kann.

Hier ergibt sich eine fundamentale Chance für effektives Change Management, die es im klassischen Software-Entwicklungszyklus bisher nicht gab. Durch die Einbindung von Fachpersonal der betroffenen Funktionsbereiche bis tief in die Designphase lässt sich die Umsetzbarkeit von Systemanforderungen gemeinsam prüfen und Anforderungen können gegebenenfalls angepasst werden. Durch frühzeitiges Testen der Prozessketten in so genannten „Conference Room Pilots" lässt sich die Systemakzeptanz steigern und der

Trainingsbedarf für die Nutzer frühzeitig und praxisnah definieren. Voraussetzung ist aber die Bereitschaft des Fachpersonals sich auf die teilweise recht detaillierte Festlegung von Abläufen einzulassen und für mehrere Monate einen signifikanten Teil ihrer Arbeitszeit zur Verfügung zu stellen. Dieses Fachpersonal kann dann im weiteren Verlauf des ERP-Projektes als Change Agent agieren und die Umsetzung neuer Prozesse und Organisationsstrukturen in seinen Einheiten begleiten. Häufig wird diese Chance aber durch einen zu geringen Zeitansatz oder die Delegation von unterqualifiziertem Personal vergeben.

5. Der angestrebte Geschäftsnutzen muss konsequent verfolgt werden

Wie bereits erwähnt, ging man in der Vergangenheit davon aus, dass der Nutzen einer ERP-Lösung mit der Einführung der Software an sich erzielt werde. Meist trifft das nicht zu: ERP-Lösungen schaffen nur dann signifikanten Nutzen, wenn ein klares Verbesserungsziel vorgegeben und die Implementierung auf allen Ebenen – ERP, Prozessänderungen, organisatorische Anpassungen – verfolgt und kontrolliert wird.

Es empfiehlt sich, bei der Definition der Wertschöpfungsziele eine Amortisierungszeit von weniger als zwei Jahren ab Beginn der flächendeckenden Umsetzung zugrunde zu legen. Diese Ziele muss das Unternehmen auf breiter Front unterstützen. Bei einem unserer Klienten wurde sogar eine Amortisierungsdauer von nur zwölf Monaten nach Roll-out festgelegt; die Erreichung der entsprechenden Wertschöpfungsziele wurde auf Bereichsleiterebene durch persönliche Incentives sichergestellt.

Um die angestrebte Wertsteigerung zu realisieren, müssen konkrete Verbesserungsmaßnahmen formuliert, deren potenzieller Nutzen definiert und Zuständigkeiten klar geregelt werden. Diese werden auf Spezifikationsblättern für jede Maßnahme aufgeführt und bilden die Grundlage für ein laufendes Maßnahmen-Controlling, um eine 100-prozentige Umsetzung sicherzustellen. Ein relativ neuer Trend bei großen Anwendern sind Nutzenbeurteilungen, die ex ante und ex post durchgeführt werden: Gemeinsam mit ihren ERP-Softwarelieferanten und Systemintegratoren – und teilweise moderiert durch neutrale Dritte – legen diese Unternehmen zu Projektbeginn den erwarteten Nutzen fest, wobei sich für beide Seiten wertvolle Erkenntnisse zur Sinnhaftigkeit und Umsetzbarkeit von Prozessänderungen ergeben. Zum Abschluss des Projektes wird dann gemeinsam beurteilt, ob und wie die Nutzenziele erreicht wurden – für den Kunden eine Leistungskontrolle, für den Anbieter eine nützliche Lernerfahrung für künftige Projekte.

Wesentliche Prinzipien für den Erfolg dieses Ansatzes ist die zentrale Definition der Maßnahmen und die dezentrale Umsetzung in den budgetführenden Organisationseinheiten. Basierend auf der Verankerung der Kostensenkungsziele in den Budgets der dezentralen Einheiten (s. o.), müssen pro Einheit Teams geschaffen werden, die die zentral definierten Maßnahmen für den eigenen Bereich anpassen und nachverfolgbar umsetzen. Bei größeren organisatorischen Änderungen, wie z. B. Shared Services hilft dies aber auch nicht: Hier muss ein eigenes Projekt etabliert werden, das den Aufbau des Shared Services gestaltet und die Migration unter Beachtung der definierten Ziele sicherstellt.

3. Zukünftige Change-Management-Herausforderungen bei ERP-Einführungen

Enterprise Resource Planning kann – ungeachtet der negativen Presse vergangener Jahre – vielen Unternehmen durchaus zu deutlichen Effizienzsteigerungen verhelfen. Voraussetzung dafür ist ein Change Management, das sich am Geschäftsnutzen orientiert, auf maximale Prozessstandardisierung bedacht ist und die erzielten Wertsteigerungen für das Unternehmen laufend kontrolliert. Schon deshalb darf ein ERP-Projekt nicht als reines IT-Projekt behandelt werden, sondern muss vom Management des Unternehmens selbst geführt werden.

Nach der Phase der klassischen Prozessautomatisierung lässt sich mit Hilfe von Harmonisierung durch ERP zusätzlicher erheblicher Nutzen für Unternehmen generieren: durch effiziente Neugestaltung globaler Prozesse, durch Bildung von Shared Services und durch Konsolidierung der ERP-Systeme der ersten Welle. Die intensiven Bemühungen großer Anbieter um noch stärkere Standardisierung und Modularität wird dazu beitragen, dass das Nutzenpotenzial weiter anwächst – mit anderen Worten: ERP wird künftig eher noch an Bedeutung gewinnen und die Change-Management-Herausforderungen durch Globalisierung und Standardisierung werden weiter wachsen. Die Trends, die es hier zu beachten gilt, sind vor allem:

- ERP als Plattform für die Etablierung effizienter globaler Prozesse
- ERP als Grundlage für Shared Services

Insgesamt hängt der Erfolg dieser Veränderungsprozesse von der Akzeptanz und Unterstützung der betroffenen Führungskräfte und Mitarbeiter ab. Change Management muss hier in der Zukunft einen wesentlichen Beitrag zur erfolgreichen Umsetzung dieser Veränderungen leisten!

ERP als Plattform für die Etablierung globaler Prozesse

Das schnelle Wachstum der 90er- und die dramatische Konsolidierung der letzten Jahre hatten zur Folge, dass Unternehmen wiederholt Restrukturierungen, Fusionen und Abspaltungen durchführten. Bei vielen blieben dabei die Organisation, die Prozesse und die IT-Infrastruktur hinter dem Veränderungstempo zurück; als Folge schlich sich ein hohes Maß an Ineffizienz ein. Eine unhaltbare Situation insbesondere für Akteure in globalisierten Geschäften wie z. B. der volatilen High Tech Industrie, denn hier ist es geradezu überlebenswichtig, globale Material- und Geldflüsse, Informationen und Kernprozesse zeitnah, effizient und einheitlich zu managen.

Hier ist die Hauptherausforderung an das Change Management, die Wertschöpfungsketten der Unternehmen „wirklich" zu globalisieren – also auf globaler Ebene ganz neu zu definieren und implementieren: Unabhängig davon, welche Elemente wo und wie historisch gewachsen bzw. neu hinzugekommen sind, werden übergreifende Prozesse strikt an maximaler Effizienz ausgerichtet und die IT-Landschaft entsprechend neu konzipiert. Eine ERP-Lösung kann für eine solche Neugestaltung eine äußerst effektive Basis sein.

Es ist allerdings Vorsicht geboten: Aufgrund der unterschiedlichen Faktorkosten und der regionalen kulturellen Unterschiede muss eine optimale Lösung für Europa nicht die Beste für Süd-Ost-Asien oder Westafrika sein! Das Change Management muss schon in die Systemplanung eingebunden werden (z. B. Definition der zu implementierenden Benutzersprachen, Umfang der durch die IT zu unterstützenden Prozessschritte) und bei der Implementierung entsprechend unterstützen. Hier gilt es, Sprachbarrieren zu überwinden und kulturspezifische Trainingsprogramme aufzusetzen.

Grundlage für Shared Services

Transaktionsprozesse wie Lohnbuchhaltung, Rechnungswesen, Finanzwesen sowie Einkauf und Materialmanagement sind typische Einsatzbereiche für ERP-Software: Gerade hier ist die Konsolidierung und Professionalisierung von Dienstleistungszentren (Shared Services) Schlüssel zum Erfolg. An einem Standort unter einer gemeinsamen Leitung gebündelt – und unterstützt durch Best-Practice-orientierte ERP-Software – ermöglichen diese Shared Services oft enorme Leistungssteigerungen. Diese Erfahrung machte auch ein Unternehmen, das seine Back-Office-Prozesse standardisieren wollte und dabei eine bereichsübergreifend einheitliche ERP-Lösung für das Personalwesen anstrebte: Nachdem die Höhe der erforderlichen Investitionen zunächst für große Skepsis gesorgt hatte, konnte der Business Case für ein „Shared-Service-Center Personalwesen" schnell zu einem positiven Ergebnis geführt werden.

Die Effizienzvorteile einer Konsolidierung innerhalb des Unternehmens („In-house Shared Services") lassen sich durch zwei Ansätze noch weiter steigern:

- *Outsourcing.* Auf Grundlage der Standardprozesse, welche in der ERP-Software impliziert sind, lässt sich ein global einheitliches Serviceportfolio erstellen, dass auch vom externen Markt bedient werden kann. Kostspielige Variationen von Prozessen und Funktionalität, die wenig geschäftlichen Nutzen bringen, werden dabei weitestgehend unterbunden, da sie sonst teuer bezahlt werden müssten; zusätzlich bringt die Bündelung der Transaktionen auch entsprechende Größenvorteile mit sich. Hier bestehen die operativen Hauptaufgaben des Change Managements darin, die Prozesskompetenz des Unternehmens in Kompetenz im Management von externen Anbietern umzuwandeln und den Betriebsübergang der entsprechenden Abteilungen zum Outsourcing-Partner durchzuführen.

- *Offshoring*. Die „Digitalisierung" von Prozessen in einem ERP-System schafft ein stabiles Prozessumfeld, das auch in Billiglohnländern implementiert werden kann – unabhängig davon, ob die Shared Services in-house gemanagt oder fremdvergeben werden. ERP schafft somit eine Voraussetzung für das Offshoring von Unternehmensfunktionen. Erfolgsvoraussetzung für ein Offshoring ist aber, dass das Change Management einen erfolgreichen Abbau der Arbeitsplätze im Ursprungsland und den Know-how-Transfer an den Offshoring-Standort ermöglicht. Da hier die Umsetzungsrisiken am höchsten sind, müssen die dazu notwendigen Change-Mangement-Maßnahmen über mehrere Jahre der Umsetzung hinweg vorbereitet werden.

In jeder Variante des Shared Services ist der Hauptaugenmerk nicht so sehr auf die integrativen Elemente zu setzen, sondern auf die Personalmassnahmen und den damit verbundenen Know-how-Transfer. Die hohen Verbesserungspotentiale, die durch Outsourcing und Offshoring angestrebt werden, deuten darauf hin, dass das Thema Servicekonsolidierung in der Debatte um ERP-Investitionen und damit auch im Change Management eine entscheidende Rolle spielen wird.

Joachim Niedereichholz & Jens Reske

Probleme bei der Einführung von Standardsoftware

1. Einleitung und Problemstellung 76
2. Individualsoftware vs. Standardsoftware 76
3. Problemidentifikation 78
   3.1 Einführungsprozess 78
   3.2 Kritische Erfolgsfaktoren 79
4. Customizing 80
   4.1 Identifikation als Problembereich 80
   4.2 Kernmerkmale 82
   4.3 Anwendung 83
5. Fazit 85

1. Einleitung und Problemstellung

Die Einführung komplexer informationstechnischer Lösungen ist eine Hauptaufgabe der Informationsverarbeitung. Neben der Möglichkeit der Verwendung einer eigenerstellten Individualsoftware bietet sich den Verantwortlichen insbesondere die Möglichkeit eine Standardsoftware einzuführen. Die vielfältigen Möglichkeiten des Customizing erhöhen deren Nutzen, da eine Anpassung an die unternehmensindividuellen Bedürfnisse ermöglicht wird, erschweren allerdings auch deren Implementierung. Die damit verbundenen Vorteile liegen klar auf der Hand. Im Rahmen dieses Beitrags soll jedoch auch kritisch hinterfragt werden, in welcher Form Probleme bei der Einführung von Standardsoftware auftreten können.

Als Vorgehensweise bei der Identifikation von Problembereichen bieten sich zunächst zwei Ansätze an. Zum einen kann eine prozessorientierte Vorgehensweise gewählt werden, zum anderen kann die Gruppe der am Prozess beteiligten Projektmitarbeiter untersucht werden. Im Rahmen dieser Untersuchung wird eine prozessorientierte Vorgehensweise gewählt, mit deren Hilfe in einem ersten Schritt mögliche Problembereiche identifiziert werden sollen. Die Wahl der prozessorientierten Vorgehensweise begründet sich auf der, durch die Einführung eines idealisierten Soll-Prozesses, erhöhten Allgemeingültigkeit der Ergebnisse. Hierdurch soll vermieden werden, dass die mit einer gruppenbasierten Untersuchung oft einhergehenden Schuldzuweisungen zu einer bestimmten Gruppe, seien dies nun unternehmensexterne Berater oder unternehmensinterne Projektmitarbeiter, in den Vordergrund gerückt werden. Dementsprechend erfolgt zunächst die Vorstellung eines idealisierten Einführungsprozesses für Standardsoftware und die dabei auftretenden Probleme.

Eine weitere Quelle der Identifikation von mit der Einführung von Standardsoftware einhergehenden Problemen stellen kritische Erfolgsfaktoren dar. Aus diesen können ebenfalls relevante Problembereiche abgeleitet werden.

2. Individualsoftware vs. Standardsoftware

Typischerweise wird Standardsoftware zu einem Festpreis angeboten, der sich um die unternehmensspezifischen Anpassungskosten erhöht. Im betriebswirtschaftlichen Bereich werden schon lange insbesondere die Bereiche Finanz- und Rechnungswesen, Personalwesen, Beschaffung, Produktion und Vertrieb unterstützt. Die unterstützten Tätigkeiten orientieren sich dabei entweder an den Tätigkeiten, die während eines Geschäftsprozesses anfallen oder aber an einem abgegrenzten Arbeitsgebiet.

Als Kernkennzeichen zur Abgrenzung der Individualsoftware von der Standardsoftware kann der Zweck der Entwicklung herangezogen werden. Während Individualsoftware entweder durch eigene oder beauftragte Programmierer für einen bestimmten Anwendungsfall entwickelt wurde, ist Standardsoftware nicht für einen bestimmten Anwendungsfall, sondern für das Lösen eines abstrakten Anwendungsfalls konzipiert (vgl. Stahlknecht & Hasenkamp, 2002, S. 217). Dies lässt es meist erforderlich werden, Anpassungen an der Software vorzunehmen, welche als Customizing bezeichnet werden. Hierunter können die Parametrisierung, die Konfigurierung und die Individualprogrammierung zusammengefasst werden. Sind die gewünschten ergänzenden unternehmensindividuellen Programmfunktionalitäten in der Standardsoftware vorhanden und auswählbar, können diese durch Setzen von Parametern aktiviert werden. Die Konfigurierung aktiviert lediglich die vom Anwender gewünschten und von der Standardsoftware zur Verfügung gestellten Programmbausteine. Als teuerste Form des Customizing besteht weiterhin die Möglichkeit der Individualprogrammierung, welche zu einer Veränderung der Standardsoftware führt und die flexibelste Form des Customizing darstellt (vgl. Stahlknecht & Hasenkamp, 2002, S. 303). In Extremfällen kann dies eine Neuprogrammierung darstellen.

Als Vorteile einer Standardsoftware sind in erster Linie die im Vergleich zur Eigenentwicklung erhofften Kosteneinsparungen zu nennen. Weiterhin soll durch die sofortige Verfügbarkeit der Standardsoftware eine schnellere Einführung erzielt werden, was in einem so schnelllebigem Umfeld wie der Informationstechnik von nicht zu unterschätzender Bedeutung ist. Wird der Annahme gefolgt, dass durch die Spezialisierung auf das Erstellen von Software auch ein erhöhter Erfahrungsschatz bei den Entwicklern des Anbieters vorhanden sein muss, kann sicherlich auch von einer, im Vergleich zu einer Individualsoftware höheren Programmqualität ausgegangen werden (vgl. Stahlknecht & Hasenkamp, 2002, S. 302f.). Folgt man der Annahme, dass die Entwickler nur „runterprogrammieren" und „Altes übernehmen", dann gilt dies nicht.

Weiterhin kann bei einem erfolgreichen Anbieter auch von der Sicherstellung einer Weiterentwicklung und Wartung der Software ausgegangen werden. Letztlich muss noch angefügt werden, dass durch die Einführung einer Standardsoftware auch betriebswirtschaftliches Know-how, welches die Standardsoftware repräsentiert, mit in das Unternehmen eingebracht wird (vgl. Schwarzer & Krcmar, 1999, S. 249f.).

Als ein Nachteil von Standardsoftware wird häufig die Diskrepanz zwischen den Anforderungen der Anwender und den bereits in der Basiskonfiguration enthaltenen Möglichkeiten der Standardsoftware hervorgehoben, welche ein umfassendes Customizing notwendig werden lassen. Nicht unbedingt als Nachteil zu sehen ist die eventuell notwendig werdende Anpassung der Ablauforganisation an die Gegebenheiten der Standardsoftware, da solche Änderungen auch zu Verbesserungen der Ablauforganisation führen können, allerdings im Widerspruch zu Chandlers altem Merksatz stehen. Ein weiterer mit dem Einsatz von Standardsoftware vorhandener Nachteil liegt in der den Nutzer zum Teil überfordernden Funktionalitätsüberfrachtung solcher Systeme. Diese kann aus dem wirtschaftlichen Entwicklungsziel, eine möglichst große Nutzergruppe anzusprechen, abgeleitet werden. Die schnelle Verfügbarkeit einer Standardsoftware kann dazu verleiten, eine Einführung ohne genaue Anforderungsanalyse überstürzt durchzuführen, was wiederum zu einem erhöhten Änderungsbedarf nach Einführung des Systems führt (vgl. Stahlknecht & Hasenkamp, 2002, S. 303). Dies führt häufig zu extrem hohen Einführungskosten.

3. Problemidentifikation

3.1 Einführungsprozess

Bei einer Betrachtung des Einführungsprozesses muss zunächst bezüglich des Umfangs der Einführung differenziert werden. Als Kriterium für den Umfang kann die Standardsoftware selbst und das unternehmerische Umfeld gesehen werden. Hinsichtlich der Standardsoftware kann eine komplette Neueinführung erfolgen oder nur eine Erweiterung um ein oder mehrere Module. Die Einführung der Standardsoftware kann schrittweise oder in einem Big Bang erfolgen. Auf Seite des Unternehmensumfeldes ist in eine Einführung innerhalb oder außerhalb eines Konzerns zu unterscheiden. Dementsprechend erwächst an ein Phasenkonzept zur Einführung von Standardsoftware der Anspruch der Flexibilität, da die Ausgangssituation sich entsprechend der Ausgestaltung der Kriterien ändert. Die Standardsoftwareauswahl soll an dieser Stelle dem Phasenkonzept nicht zugeordnet werden, da sie als eine Inputleistung des Einführungsprozesses angesehen werden kann und damit vor Beginn der Einführung bereits abgeschlossen sein muss. Eine klassische Einteilung bei der Einführung von Standardsoftware kann in die Phasen Projektvorbereitung, Systemplanung, Prototyping, Realisierung, Systemtest, Produktionsvorbereitung und Stabilisierung erfolgen. Innerhalb der Projektvorbereitung ergeben sich Probleme insbesondere hinsichtlich der Verpflichtung geeigneter Mitarbeiter für das Projektteam und den Lenkungsausschuss sowie bei der Auswahl eines geeigneten Beratungspartners. Beide Probleme resultieren aus der mit einem solchen Projekt verbundenen Neuartigkeit. Bei der Verpflichtung von unternehmensinternen Projektmitarbeitern muss angefügt werden, dass nicht immer die für das Projekt am besten geeigneten Mitarbeiter angeworben werden können, wenn diese in anderen Abteilungen eingebunden sind und nicht von ihren abteilungsbezogenen Tätigkeiten für das Projekt freigestellt werden. Typisch für die Phase der Systemplanung ist die erst später eintretende Wirkung der Probleme. Häufig anzutreffende Probleme sind Kooperationsschwierigkeiten einzelner Projektmitglieder, das Unterlaufen von Genehmigungen zum Customizing, falsches Abbilden der Unternehmensstruktur, Unterschätzung der Ausbildungskosten für das Team, Installationsfehler mit verspäteter Wirkung, mangelnde Abstimmung der Teams und eine mangelnde Beachtung der Überwachung und Qualitätssicherung. Innerhalb des Prototyping wird häufig ein wenig geeigneter Geschäftsvorfall herangezogen, Kommunikationsprobleme bei der abteilungsübergreifenden Integration und ein mangelndes Verständnis für die Gesamtlösung. Probleme innerhalb der Realisierungsphase treten insbesondere bei der Erweiterung und Änderung der Standardsoftware aber auch bei der Dokumentation auf. Ein Verzicht auf die Dokumentation wird häufig dem Verfehlen eines Termins vorgezogen. Oft wird auch der mit der Phase Systemtest verbundene Aufwand unterschätzt und auf die, nach Korrekturen erforderlichen, Nachtests verzichtet. Zusätzlich sind die mit den Tests betrauten Mitarbeiter nicht selten mit der fachlichen Durchführung überfordert. Innerhalb der Produktionsvorbereitung treten weniger spezifische Probleme auf, sondern vielmehr die Unzulänglichkeiten der vorangegangenen Phasen. Die Stabilisierungsphase, sofern diese durchgeführt wird, enthält weitgehend psychologisch begründete Akzeptanzprobleme von Software und neuer Situation (vgl. Jochem, 1997, S. 203 - 239).

Die SAP, als Marktführer bei der betrieblichen Standardsoftware, gibt die Empfehlung, innerhalb der Systemplanung die Sollkonzeption unter zuhilfenahme des „Referenced Based Business Process Reengineering" durchzuführen. Dieses Vorgehen beinhaltet die Prozessneugestaltung, die Modellierung der Neugestaltung durch geeignete Werkzeuge wie ereignisgesteuerte Prozessketten als Sollkonzept, die Gegenüberstellung des Sollkonzeptes mit der Modellierung der SAP-Standardsoftware und in einem letzten Schritt die Entscheidung, ob die Arbeitsabläufe der Standardsoftware oder die Standardsoftware an die Arbeitsabläufe angepasst werden. Häufig wird aus Kostengründen auf die ersten beiden Schritte verzichtet und lediglich die im Unternehmen vorhandenen Prozesse denen der Standardsoftware gegenübergestellt (vgl. Stahlknecht & Hasenkamp, 2002, S. 311f.). Die Empfehlungen der Anbieter müssen natürlich auch unter deren Verkaufsabsichten gesehen werden.

3.2 Kritische Erfolgsfaktoren

Neben dem Einführungsprozess als Grundlage für die Identifikation von Problemen können ebenso kritische Erfolgsfaktoren herangezogen werden. Bei der Einführung von Enterprise Resource Planning Standardsoftware wurden neben der Top Management Unterstützung und den Einführungswerkzeugen des Herstellers auch das minimale Customizing identifiziert (vgl. Somers & Nelson, 2001, S. 2 - 4). Hierzu ergab eine Studie unter den Fortune 1000 Unternehmen, dass lediglich fünf Prozent der befragten Unternehmen die Anwendung durch Customizing an ihr Unternehmen anpassten. Eine Anpassung der Prozesse nahmen 41 Prozent vor. Weitere 37 Prozent gaben an eine Lösung zu kaufen, die weitestgehend ihren Bedürfnissen entsprach und lediglich in geringem Umfang ein Customizing notwendig werden ließ (vgl. Davis, 1998, S. 57). Neben den bereits aufgeführten kritischen Erfolgsfaktoren sind als solche auch noch der Projekt Champion, die Endnutzer Schulung, die Nutzererwartungen, die Kunden-Hersteller Beziehung, die Softwareauswahl, das Projekt Management, der Lenkungsausschuss, die Güte der Berater, die Daten-Analyse und Übertragung, das Business Process Reengineering, die Architekturdefinition, die Ressourcen, die Projektteamkompetenz, das Change Management, die von Zielvereinbarungen, die Kommunikation neuer Geschäftsprozesse, die abteilungsübergreifende Kooperation und der Herstellersupport zu nennen (vgl. Somers & Nelson, 2001, S. 2 - 5).

Eine umfassende Untersuchung aller bereits in diesem begrenzten Rahmen aufgezählten Problembereiche würde sicherlich den Rahmen sprengen. So bietet es sich an dieser Stelle an, eine Auswahl aus den identifizierten Problemen zu treffen und einen Problembereich genauer zu untersuchen. Eine Auswahl des zu betrachtenden Problembereichs soll dabei mit Hilfe von Erfahrungsberichten und Studien erfolgen. Problematisch ist bei dieser Herangehensweise anzumerken, dass eine Weitergabe von Erfahrungen aus gescheiterten Projekten häufig aufgrund Widerstand bei den beteiligten Unternehmen nicht stattfindet.

4. Customizing

4.1 Identifikation als Problembereich

Aktuelle Informationen bezüglich der Probleme, die mit der Einführung von Standardsoftware verbunden sind, werden nur selten offengelegt. Die Interessen der Anbieter sprechen dagegen. Schätzungen bei einem Projekt der AOK gehen beispielsweise bei einem im Herbst 2000 gestarteten Projekt davon aus, dass die geplanten Einführungskosten sich von 360 Millionen Euro auf 540 Millionen Euro erhöhen und der Projektabschluss nicht wie geplant 2006, sondern erst 2009 stattfinden wird. Bezüglich der dahinter stehenden Problematik gehen die Meinungen entsprechend der dies zu verantwortenden Gruppen auseinander. Auf der einen Seite wird die Schuld für das Misslingen darin gesehen, dass die AOK die Prozesse der einzelnen Länderniederlassungen nicht standardisiert hat. Auf der anderen Seite wird zu bedenken gegeben, dass die Anforderungen an die Standardsoftware, eine Unterstützung der verschiedenen Organisationsformen der AOK-Länderniederlassungen zu gewährleisten, bereits zu Anfang des Projektes vorhanden war (vgl. Computerwoche, 2004, S. 12). Die Entscheidung, ob eine Anpassung der Prozesse oder der Standardsoftware stattfindet, muss immer vor dem Hintergrund der damit verbundenen Konsequenzen wohl überlegt sein. Der Bereich der Informationsverarbeitung in öffentlichen Unternehmen ist allerdings nicht charakteristisch für die gesamte Informationsverarbeitung, was jüngste Beispiele belegen. Die Gehaltsstrukturen der dortigen Mitarbeiter in der Informationsverarbeitung stehen schon immer der durchgängigen Verfügbarkeit von High Potentials entgegen.

Die hinreichend bekannte Problematik, die mit der Anpassung der Standardsoftware verbunden ist, führte bereits in den 70er Jahren dazu, dass Unternehmen mit erhöhten

Kosten bei der Einführung einer Standardsoftware rechnen mussten. Eines von vielen Beispielen hierfür, welches zusätzliche Kosten in siebenstelliger DM-Höhe verursachte, war die Einführung der Produktionsplanungs- und -steuerungssoftware COPICS bei der AEG Aktiengesellschaft Anfang der 80er Jahre. Nachdem sich dort herausstellte, dass die eingesetzte Lösung nicht für die Anforderungen ausreiche, fanden umfangreiche Modifikationen statt, die zur Folge hatten, dass Zusatzprogramme nicht mehr integriert werden konnten, weil diese eben nur in Zusammenarbeit mit der Standardvariante betrieben werden konnten. Die Folge der mangelnden Erweiterbarkeit der modifizierten Standardsoftware war der Wechsel zu einem anderen Anbieter und damit die Anschaffung eines zweiten PPS-Systems (vgl. Computerwoche, 1987). Bekanntlich waren die Mängel von COPICS und das Desinteresse von IBM an Anwendersoftware einer der Gründe des Erfolgs der SAP. Der Einsatz des COPICS-Zusatzproduktes CORMES soll zusammen mit COPICS – einem Ondit zufolge – mehrere Unternehmen an den Rand des Ruins gebracht haben. Vielleicht ist dieses aber auch nur eine der vielen, gerne kolportierten Nachrichten der EDV-Szene. Wie man sieht, ist die Problematik des Customizing nicht neu, sondern uralt.

Weitere Erfahrungsberichte zeigen, dass bei der Einführung von Standardsoftware, unabhängig vom gewählten Hersteller, einige Gemeinsamkeiten bezüglich der problemverursachenden Vorgehensweisen existieren. Untersucht wurde dabei die Einführung einer Standardsoftware bei sieben Unternehmen, die jeweils in unterschiedlichen Branchen tätig waren (unter den untersuchten Unternehmen befand sich bspw. Boeing aber auch Anheuser Busch). Als grundsätzliche Strategien für ein erfolgreiches Projekt wurde von Seite dieser Unternehmen empfohlen, dass neben der kostentechnischen Begründung der Softwareeinführung insbesondere eine Anpassung der Prozesse einem Customizing der Software vorgezogen werden sollte, um ein Scheitern des Projektes zu vermeiden (vgl. Sumner, 1999, S. 299 - 303).

Neben den Erfahrungsberichten zur Identifikation von Problembereichen kann auch eine Untersuchung der bereits dargestellten kritischen Erfolgsfaktoren unter einer zufälligen Auswahl der Fortune 500 und von 200 Organisationen des „Directory of Top Computer Executives" herangezogen werden. Diese branchenübergreifende Studie kam zu dem Ergebnis, dass die Unterstützung durch das Top Management als der wichtigste der kritischen Erfolgsfaktoren angesehen wird. Als hoch bis sehr hoch in seiner Bedeutung wurde weiterhin ein so gering wie mögliches Customizing angesehen. Auf einer Skala von eins bis fünf wurde dabei die Unterstützung durch das Top Management bezüglich seiner Bedeutung im Durchschnitt mit 4,29 und das minimale Customizing nur knapp darunter mit 3,68 bewertet (vgl. Somers & Nelson, 2001, S. 5 - 7).

Sowohl bei der Betrachtung von den Erfahrungsberichten als auch der Untersuchung der kritischen Erfolgsfaktoren treten der mit dem Customizing verbundene Aufwand sowie die damit einhergehenden Gefahren in Erscheinung. Innerhalb der Erfahrungsberichte wird das Customizing als eine Möglichkeit zur Sicherstellung gewährter Anforderungen aufgeführt. Erfahrungen aus der Vergangenheit haben jedoch die damit verbundenen Nachteile deutlich hervortreten lassen. Weitere Erfahrungsberichte belegen unabhängig vom Hersteller der Standardsoftware die Bedeutung des Customizing als für den Erfolg von enormer Bedeutung. Die Studie zur Einschätzung der kritischen Erfolgsfaktoren zeigt den relativ geringen Abstand zwischen der, als am kritischsten eingestuften, Top-Management Unterstützung und dem minimalen Customizing. So erscheint es an dieser Stelle lohnenswert, das Customizing als potenziellen Problembereich bei der Einführung von Standardsoftware näher zu untersuchen. Hinsichtlich der Beratung ist ein komplexes Customizing sicher ein gutes Verkaufsargument für die eigenen Spezialisten der Anbieter.

4.2 Kernmerkmale

Die Bedeutung des Customizing wird deutlich, wenn eine Untersuchung der verschiedenen, mit der Einführung von Standardsoftware verbundenen Kosten näher betrachtet wird. Eine Strukturierung kann hier durch die Bildung von drei Einflussgrößengruppen vorgenommen werden. Die erste Einflussgrößengruppe ist die zu implementierende Software, welche unter Beachtung ihrer Wirkungen auf die Ressourcen durch die Einflussgrößen Customizing-Umfang, Customizing-Komplexität und Softwarequalität beschrieben wird. Der Implementierungsprozess als zweite Gruppe wird durch die ablauforganisatorischen Maßnahmen und Customizing Methoden beschrieben und die eingesetzten Ressourcen als dritte Einflussgrößengruppe werden durch die Personalqualität und die Softwareverfügbarkeit abgebildet. Im Einzelnen können die verschiedenen Einflussgrößen des Customizing wie folgt umschrieben werden. Der Customizing-Umfang kennzeichnet den Umfang, der mit der Standardsoftware verbundenen Anpassungsmittel. Durch Messung geeigneter Werte, wie die Anzahl der Parameter, die variiert werden können oder der vorhandenen veränderbaren Funktionen, wird dieser bestimmt. Mit steigendem Customizing-Umfang kann auch von einem erhöhten Ressourcenbedarf ausgegangen werden. Der Funktionsumfang hingegen kann nicht als Bezugsgröße zur Bestimmung der Kosten der Implementierung herangezogen werden, da hier kein direkter Zusammenhang zur Implementierung besteht. Bezüglich der Customizing-Komplexität kann auch festgestellt werden, dass mit steigender Komplexität auch der Ressourcenbedarf zur Einführung zunimmt. Unter Customizing-Methoden wird die produktbezogene Software verstanden, die den Einführungsprozess unterstützt und deren Funktionsweise zusätzlich erlernt werden muss. Abschließende Aussagen, ob der einmalige Mehraufwand zum Erlernen der Methoden den zukünftigen Minderaufwand bei der Einführung kompensiert, existieren jedoch nicht. Den Einflussgrößen Customizing-Umfang, Customizing-Komplexität und Customizing-Methoden gemeinsam ist die Tatsache, dass sie bei jedem Standardsoftwareprodukt identisch sind und sich lediglich hinsichtlich ihrer Ausprägungen unterscheiden (vgl. Wellmeyer, 2000, S. 69 - 75).

Um die Customizing Komplexität zu verdeutlichen, sind die relevanten Faktoren in Abbildung 1 dargestellt. Die Komplexität ergibt sich aus der Forderung nach einer erhöhten Flexibilität der Standardsoftware, die bereits recht früh in der Entwicklungsgeschichte der Standardsoftware entstand (vgl. Arnold, 1996, S. 21f.).

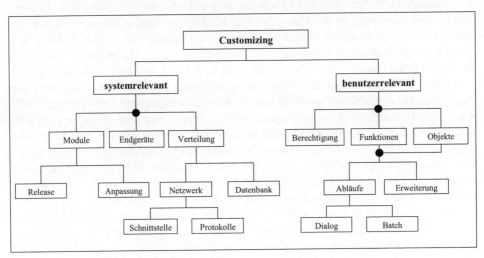

Abbildung 1: Customizing Faktoren im Überblick (Arnold, 1996, S. 22)

4.3 Anwendung

Bei Betrachtung des Customizing und dessen Kernmerkmalen wurde deutlich, dass mit der Möglichkeit der Anpassung der Standardsoftware an den individuellen Bedarf auch erhebliche Nachteile in Kauf genommen werden müssen. Neben den bereits genannten Nachteilen wie der mangelnden Kompatibilität mit Folgeversionen entsteht durch das Customizing auch eine Abhängigkeit vom Customizing und damit den Anbietern selbst. Wird das Customizing von Externen durchgeführt, bleibt das Unternehmen, bedingt durch einen Mangel an Know-how, auf das Wissen dieser angewiesen. Ein Vorhalten dieses Wissens im Unternehmen für den Fall, dass Änderungen am System notwendig werden, erscheint zumindest für Unternehmen mit geringem Änderungsbedarf unattraktiv, da dieses Wissen sehr schnell veraltet und damit einen hohen Schulungsbedarf entstehen lässt, der bei einem geringen Änderungsbedarf nur sehr schwer zu rechtfertigen ist. Es stellt sich also die Frage, in welchem Fall das Customizing und die damit verbundenen Nachteile einem Anpassen der Prozesse an die Standardsoftware vorzuziehen ist.

In einem ersten Ansatz erscheint es grundsätzlich richtig, den Einsatz von unmodifizierter Standardsoftware, aufgrund der mit dem Customizing verbundenen Nachteile, zu empfehlen. Überlegungen bezüglich der damit verbundenen Konsequenzen führen jedoch schnell zu dem Schluss, dass von einem solchen unmodifiziertem Einsatz innerhalb des strategischen Bereichs abzusehen ist. Begründet werden kann dies durch die mangelnde Differenzierung vom Wettbewerb, verbunden mit dem nicht individualisierten Einsatz der Standardsoftware (vgl. Hoch, 1996, S. 164). Eine intensivere Betrachtung dieses Ansatzes zeigt, dass die so durchgeführte Individualisierung der Standardsoftware zwar deren Vorteile teilweise nichtig werden lässt, aber dies nur für strategisch wichtige Teilbereiche notwendig ist. In allen anderen Bereichen kann aus wettbewerbsorientierter Sicht eine Verwendung der Standardsoftware im unmodifizierten Zustand stattfinden und damit verbunden eine Anpassung der Prozesse an die Standardsoftware. Bei einer Betrachtung der hierzu vorhandenen Alternative der Individualprogrammierung von strategisch wichtigen Teilen durch eine Individuallösung wird die Vorteilhaftigkeit der Anpassung von Standardsoftware im Vergleich dazu verdeutlicht (vgl. Schwarz, 2000, S. 42). Der Behauptung, dass der Einsatz von Standardsoftware generell für den strategischen Bereich aufgrund mangelnder Differenzierungsmerkmale vom Wettbewerb nicht erfolgen sollte, kann ebenfalls nicht gefolgt werden, da eine Abbildung der Prozesse auf die Standardsoftware stattfindet und damit unterschiedliche Prozesse auch zu unterschiedlichen Lösungen führen. Notwendige Voraussetzung hierfür ist die Möglichkeit, die Prozesse durch ein entsprechendes Customizing mit der Standardsoftware abbilden zu können (vgl. Keil & Lang, 1998, S. 853f.). Dieser Argumentation folgend kann ein Customizing für strategische Teilbereiche in einem ersten Schritt empfohlen werden, um die mit der Standardsoftware verbundenen Vorteile auch in strategisch wichtigen Teilbereichen zu erhalten.

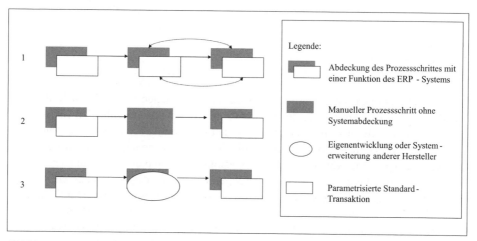

Abbildung 2: Individualisierung von Standardsoftware (vgl. Schwarz, 2000, S. 44)

Neben dem Customizing bestehen jedoch, unter Beachtung des Gesamtsystems, noch weitere Möglichkeiten zur Individualisierung von Standardsoftware. Dementsprechend kann durch Veränderungen am Geschäftsprozess eine Individualisierung der Standardsoftware erreicht werden. Grundlegende Möglichkeiten dazu sind die Veränderung der Reihenfolge der Geschäftsprozesse (Beispiel 1), das Einfügen eines zusätzlichen Prozessschrittes (Beispiel 2) oder aber der zusätzliche Einsatz von Eigenentwicklungen oder Systemerweiterungen in nicht unterstützten Prozessschritten (Beispiel 3) (vgl. Schwarz, 2000, S. 44f.). Eine Eigenprogrammierung als Ergänzung der Standardsoftware stellt letztlich auch einen Schutz gegen Outsourcing dar, da Outsourcing-Anbieter derartig veränderte Software, die sich beim Anwender über Jahre und Jahrzehnte eingenistet hat, wie der Teufel das Weihwasser scheuen.

5. Fazit

Der vorliegende Beitrag will zeigen, dass die mit der Einführung einer Standardsoftware verbundenen Problembereiche äußerst vielschichtig und komplex sind. Die genauere Untersuchung des Customizing als Problembereich muss dessen Potenzial zur Verursachung von Kosten und seine Komplexität aufdecken. Bei der Betrachtung der Anwendung des Customizing war zu erkennen, dass die Entscheidung, ob eine Anpassung der Prozesse oder der Standardsoftware erfolgen soll stark von dem Einsatzort und dessen Bedeutung für die Wettbewerbsfähigkeit abhängt.

Hinsichtlich der Anpassung der Prozesse darf nicht angenommen werden, dass dies ein generell einfacheres Unterfangen als das Customizing wäre. Die damit verbundene Komplexität und Änderung der Prozesslandschaft erfordert ebenfalls ein strukturiertes Vorgehen und den Einsatz unterstützender Methoden und Instrumente. Insbesondere dem Change Management kommt dabei, mit der Forderung nach einer Änderung der Prozesse, eine große Bedeutung zu.

Malte Brettel, Solveig Reißig-Thust & Martin Plag

Konzept für ein systematisches Change Management

1. Einleitung 88
2. Der Veränderungsprozess und seine Phasen 88
   - 2.1 Die Phase „Unfreeze" 89
   - 2.2 Die Phase „Move" 89
   - 2.3 Die Phase „Refreeze" 90
3. Die Akteursebenen eines Veränderungsprozesses 91
   - 3.1 Die Gesamtorganisation 91
   - 3.2 Die Gruppen 92
   - 3.3 Die Individuen 92
4. Die Bestimmungsgrößen des Handelns der Akteure 93
   - 4.1 Das Wollen 93
   - 4.2 Das Können 94
   - 4.3 Der Handlungsrahmen 94
5. Der Würfel des Veränderungsmanagements als Analyseraster für Erfolgsfaktoren 95
   - 5.1 Die Eingriffstiefen in die internen Modelle der Akteure 97
   - 5.2 Ableitung von Instrumenten und Maßnahmen des Veränderungsmanagements 98
   - 5.3 Der Projektplan für das Veränderungsmanagement 100
   - 5.4 Das Projektcontrolling/die Evaluuierung des Veränderungsmanagements 101
   - 5.5 Der Gesamtzyklus des Veränderungsmanagements 103
6. Zusammenfassung 104

1. Einleitung

Die Begleitung von komplexen Veränderungsprozessen, wie SAP-Projekten, mit Maßnahmen des Veränderungsmanagements ist für viele Organisationen und Unternehmen bereits gängige Praxis. Häufig werden jedoch unter dem Schlagwort „Change Management" bzw. „Veränderungsmanagement" eine Vielzahl von Maßnahmen durchgeführt, denen unzureichende systematische Überlegungen zu Grunde liegen. Infolge dessen werden zum Teil kostspielige Aktivitäten betrieben, die jedoch nicht an den wesentlichen „Stellhebeln" angreifen und daher auch nicht zum Erfolg des Veränderungsprojektes beitragen können. Symptomatisch für diese Vorgehensweise ist auch, dass in vielen Unternehmen und Organisationen die Kommunikation von Veränderungen durch journalistisch Pressearbeit geprägt ist. Maßnahmen der internen Kommunikation werden mit diesem Instrumentarium nicht zielgruppenspezifisch, sondern „breit in die Fläche" gestreut (vgl. Deekeling, 2003, S. 21).

Im Folgenden soll ein Konzept für ein Veränderungsmanagement vorgestellt werden, das eine systematische und effiziente Vorgehensweise ermöglicht. Es baut auf den Ergebnissen der Grundlagenforschung der WHU (Grundmodell für Veränderungsmanagement) auf. Darüber hinaus wurde es in zahlreichen empirischen Fallstudien überprüft und verfeinert, aus denen konkrete Ansätze für die Praxis des Veränderungsmanagements, insbesondere im öffentlichen Sektor abgeleitet werden konnten (vgl. Brettel, Endres, Plag & Weber, 2002). In der Praxis bildete das Modell bereits die Grundlage der Konzeptentwicklung zum Veränderungsmanagement im Rahmen von umfangreichen SAP-Einführungen.

In diesem Beitrag werden die Grundzüge des Modells dargelegt, das eine flexible und gleichzeitig zielgerichtete Gestaltung eines Veränderungsmanagements mit spezifischen Instrumenten erlaubt.

2. Der Veränderungsprozess und seine Phasen

Eine Veränderung ist stets als Prozess aufzufassen. Der Veränderungsprozess beschreibt den Übergang einer Organisation von einem gegenwärtigen Zustand A zu einem zukünftigen, angestrebten Zielzustand B (vgl. Beckhard & Harris, 1987, S. 29). Um diesen Prozess besser beschreiben und handhaben zu können, hat es sich im Veränderungsmanagement bewährt, eine Phaseneinteilung vorzunehmen.[1] Zur Strukturierung des Prozesses ist es für das Veränderungsmanagement notwendig, die verschiedenen Phasen inhaltlich zu spezifizieren.

2.1 Die Phase „Unfreeze"

Ausgangspunkt eines Veränderungsprozesses ist eine Situation, die Handlungsbedarf erzeugt. Es herrscht Unzufriedenheit in den Köpfen einiger Entscheidungsträger über den momentanen Zustand. In dieser Unfreeze-Phase wird eine Notwendigkeit zur Veränderung des Zustands empfunden. Die erzeugte Unzufriedenheit führt zu dem Entschluss, durch eine Veränderung die Situation zu verbessern. Zur Phase „Unfreeze" gehört neben der Analyse des (derzeitigen) Zustands A der Organisation auch die klare Bestimmung des angestrebten (zukünftigen) Zielzustands B. Weiterhin sind in dieser Phase eine „Koalition der Veränderer" (vgl. Kotter, 1995, S. 62f.) zu bilden und die gesamte betroffene Organisation auf die kommende Veränderung vorzubereiten.

Beispiele für typische, konkrete Arbeitsschritte und Aufgabenpakete in Veränderungsprojekten, die der Phase „Unfreeze" zuzuordnen sind:

- Festlegung eines konkreten Zielsystems für das Veränderungsprojekt
- Ausschreibung
- Auswahl der Projektmitarbeiter/Teambildung
- Auswahl von Beratungs- bzw. Kooperationsfirmen
- Schulung und Information der Projektmitarbeiter
- Grobplanung des Projektes
- Kommunikation mit den betroffenen Organisationsmitgliedern

Aufgabe des Veränderungsmanagements in der Phase Unfreeze ist es, sicherzustellen, dass eine notwendige Mehrheit (eine „kritische Masse") der Organisationsmitglieder den Nettonutzen aus der Veränderung positiv bewertet und die Entscheidung für den Veränderungsprozess mitträgt (die „Durchsetzungsmacht" muss größer sein als die „Verhinderungsmacht").

2.2 Die Phase „Move"

Ist der Entschluss zur Veränderung gefasst und wurde die betroffene Organisation auf die Neuerungen vorbereitet, so erfolgt die eigentliche Bewegung in der zweiten Phase, dem so genannten „Move". In dieser Phase bewegt sich die Organisation im Sinne eines „erstmaligen Ausprobierens" der Neuerung. Dem sollte eine klare Zielbestimmung vorausgehen, da die Klarheit der Definition des neuen Zustands über Art und Richtung der Bewegung in der Phase „Move" entscheidet.

Beispiele für typische, konkrete Arbeitsschritte und Aufgabenpakete in Veränderungsprojekten, die der Phase „Move" zuzuordnen sind:

- Schulung der von der Veränderung Betroffenen (z. B. derjenigen Mitarbeiter, die eine neue Software anwenden sollen)
- Erstes „Ausprobieren" der neuen Ansätze (z. B. erstmaliges Verwenden einer neuen Software)
- Erste Auswertung/Evaluierung der Anwendung der neuen Ansätze (verschafft die neue Software den Anwendern die erwarteten Vorteile?)

Das Veränderungsmanagement hat dafür zu sorgen, dass die „Bewegung" der Organisation tatsächlich stattfindet.

2.3 Die Phase „Refreeze"

Ist der neue bzw. ein anderer zufrieden stellender Zustand erreicht, so muss dieser gefestigt werden, ohne die Veränderungsfähigkeit aus der Organisation zu nehmen.[2] Vor allem praktische Erfolge verhindern ein „Zurückkippen" in den alten Zustand.

Beispiele für typische, konkrete Arbeitsschritte und Aufgabenpakete in Veränderungsprojekten, die der Phase „Refreeze" zuzuordnen sind:

- Verlassen des Status Pilotbetrieb und Übergang zum Wirkbetrieb der Neuerung wird vollzogen (z. B. flächendeckender Einsatzes der neuen Software)
- Externe Unterstützer verlassen die Organisation (z. B. die Firmen, die die neue Software implementiert haben)
- Beseitigung von „Rückkehrmöglichkeiten" zum alten Ansatz (z. B. durch Deinstallation der alten Software von sämtlichen Anwenderrechnern)
- Fortlaufende Evaluation des neuen Ansatzes im Wirkbetriebe (z. B. Ermittlung einer positiven/negativen Nettowirkung durch den Einsatz der neuen Software)
- Optimierung und Anpassung des neuen Ansatzes (z. B. Beseitigung von Fehlern in der neuen Software)

In der Phase „Refreeze" hat das Veränderungsmanagement sicher zu stellen, dass sich die Neuerungen in der Organisation fest verankern können und das „Zurückkippen" in alte Verhaltensmuster unterbleibt.

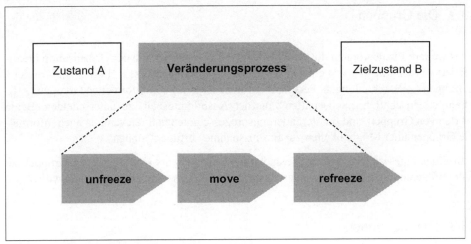

Abbildung 1: Ein Veränderungsprozess in Teilschritten

3. Die Akteursebenen eines Veränderungsprozesses

Für die bewusste Gestaltung eines Veränderungsprozesses ist es notwendig festzustellen, welche Akteure[3] für den Veränderungsprozess bedeutsam sind, d. h., welche Akteure den Veränderungsprozess positiv oder negativ beeinflussen können (so gen. „Stakeholder"). Hierbei sind die drei nachfolgend beschriebenen Ebenen von Akteuren zu unterscheiden.[4]

3.1 Die Gesamtorganisation

Oberste Ebene ist die gesamte jeweilige Organisation, die verändert werden soll, z. B. eine Behörde, ein Unternehmen, eine Stiftung oder ein Ministerium. Je nachdem, wie ein Veränderungsprozess durch die Definition des Zielzustands B inhaltlich angelegt ist, kann die zu verändernde Gesamtorganisation aber auch z. B. aus einer Abteilung innerhalb einer Behörde oder einem einzelnen Fertigungsbetrieb innerhalb eines Unternehmens bestehen.

Zur Gestaltung der Veränderung ist es notwendig festzustellen, welche „Ausdehnung" eine Veränderung haben soll, also was die Gesamtorganisation darstellt, die von der Veränderung betroffen sein wird.

3.2 Die Gruppen

Als weitere Ebene können die verschiedenen Gruppen innerhalb der Organisation identifiziert werden, die sich aus einzelnen Individuen zusammensetzen. Hierbei sind formelle Gruppen (z. B. Abteilungen, Personalvertretungsorgane) von informellen Gruppen (z. B. Fahrgemeinschaften, „Seilschaften" aus der Ausbildungszeit) zu unterscheiden. Beide Arten von Gruppen sind für Veränderungsprozesse potenziell relevant, da auch informelle Gruppen über Möglichkeiten zur Einflussnahme verfügen können.

Im Sinne eines zielorientierten Veränderungsmanagements sind diejenigen Gruppen zu identifizieren, die auf den Veränderungsprozess Einfluss nehmen können und wollen.

3.3 Die Individuen

Innerhalb der Gesamtorganisation und der Gruppen befinden sich als unterste Ebene einzelne Individuen. Es sind insbesondere diejenigen Individuen zu identifizieren, die den größten Einfluss auf den Veränderungsprozess haben. Dabei ist zu beachten, dass Individuen gleichzeitig Mitglieder in verschiedenen Gruppen sein können (und zumeist auch sind).

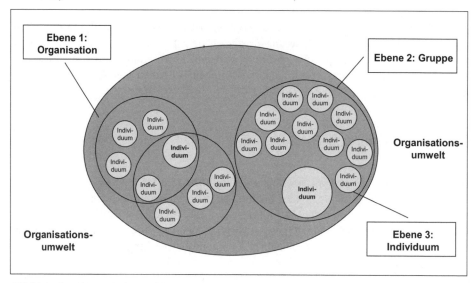

Abbildung 2: Akteure im Veränderungsmanagement

Es ist Aufgabe des Veränderungsmanagements, herauszufinden, welche Individuen sowohl positiv als auch negativ Einfluss auf den Veränderungsprozess nehmen können und wollen. Besonders wichtig ist es dabei festzustellen, welche Individuen gleichzeitig in mehreren Gruppen einen hohen Einfluss ausüben können.

Alle drei Ebenen werden differenziert betrachtet, um über einzelne einflussreiche Akteure die gesamte Organisation im Sinne des Veränderungsprozesses steuern zu können. Somit ist immer danach zu fragen, was ist die relevante, zu verändernde Gesamtorganisation, welche sind die bedeutsamen formellen und informellen Gruppen und wer sind die für den Veränderungsprozess wichtigen Individuen.

4. Die Bestimmungsgrößen des Handelns der Akteure

Die einzelnen Akteure müssen zur Steuerung eines Veränderungsprozesses näher beschrieben werden: Ihr Verhalten wird bestimmt von ihren internen Modellen (die „Denkmodelle in den Köpfen"), die dazu dienen, Komplexität besser zu bewältigen. Da ein Akteur nicht über alle Informationen verfügt, bildet er diese Modelle, auf deren Grundlage er zukünftige Ereignisse/Handlungen und deren Auswirkungen zu antizipieren versucht. Die internen Modelle werden durch drei Bestimmungsgrößen gebildet: Das Wollen, das Können und der Handlungsrahmen, dem die Akteure unterliegen.

Alle drei Komponenten sind Ansatzpunkte, um das Verhalten der identifizierten Akteure durch das Veränderungsmanagement im Sinne der angestrebten Veränderung zu beeinflussen.

4.1 Das Wollen

Das Handeln von Akteuren im Veränderungsprozess richtet sich maßgeblich danach, was der Akteur will, also nach seinen Handlungsmotiven, die individuell durchaus unterschiedlich sein können.

Wesentliche „Richtungen des Wollens" können Einkommenserzielung, Fortkommen auf der Karriereleiter, Selbstverwirklichung durch Erreichen von Leistungszielen, Freizeit, sozialer Status und Prestige, aber auch ein interessantes Aufgabenspektrum oder ein angenehmes, kollegiales Arbeitsklima usw. sein. Menschliches Handeln ist immer durch mehrere Wollenskomponenten geleitet, die zum Teil im Konflikt zueinander stehen können, wie z. B. Karrierestreben und Freizeitmaximierung. Zudem sind diese Wollenskomponenten mit der Zeit durchaus veränderlich, wie z. B. bei Mitarbeitern, die in der Familienphase oftmals der Freizeitmaximierung gegenüber dem Karrierestreben Vorrang einräumen, was in den Lebensphasen vor- und nachher durchaus anders sein kann.

Somit ist es Aufgabe des Veränderungsmanagements herauszufinden, was bedeutsame Akteure im Veränderungsprozess tatsächlich wollen, welches Wollen im Sinne des Veränderungserfolgs wünschenswert ist und wie groß die Differenz dazwischen ist.

4.2 Das Können

Handlungsweisen werden durch Fähigkeiten bestimmt, über die ein Akteur verfügt. Hierzu gehören körperliche und mentale Fähigkeiten (z. B. physische und psychische Belastbarkeit) ebenso wie Fachkompetenz, Methodenkompetenzen und soziale Fähigkeiten. Gerade in Veränderungsprozessen können Fähigkeiten von den Mitarbeitern gefordert werden, die bis dahin eine untergeordnete Rolle spielten (wie z. B. die wachsende Bedeutung betriebswirtschaftlicher Fähigkeiten im öffentlichen Sektor). Andere Fähigkeiten, die bis dahin für bestimmte Akteure von großer Bedeutung waren, können durch den Veränderungsprozess überholt sein (z. B. Kenntnisse eines DV-Systems, das im Rahmen einer SAP-Einführung abgelöst wird).

Daher ist es für die Gestaltung des Veränderungsprozesses wichtig zu wissen, welche Fähigkeiten für den Veränderungsprozess notwendig sind und über welche dieser Fähigkeiten die relevanten Akteure verfügen und damit, welche Fähigkeitslücke zu überwinden ist. Das Veränderungsmanagement hat dies herauszufinden.

4.3 Der Handlungsrahmen

Jeder Akteur unterliegt einem Handlungsrahmen, der ihm einerseits ein bestimmtes Repertoire an Handlungsmöglichkeiten erlaubt und der andererseits andere Handlungsmöglichkeiten ausschließt, womit der Handlungsrahmen den „Handlungskorridor" absteckt, innerhalb dessen sich der Akteur bewegen darf.[5]

Komponenten des Handlungsrahmens sind externe Regeln (z. B. Gesetze und Verordnungen), die außerhalb der zu verändernden Organisation gesetzt werden, sowie interne Regeln, die innerhalb der Organisation veränderbar sind (z. B. interne Weisungen). Sowohl bei externen als auch bei internen Regeln kann zwischen formellen Regeln (alles was in Wort oder Schrift explizit formuliert wurde, z. B. Dienstvorschriften) und informellen Regeln (alles was nicht explizit formuliert wurde, z. B. die Organisationskultur) unterschieden werden. Neben Regeln sind weitere Bestandteile des Handlungsrahmens z.B. die zur Verfügung stehenden Ressourcen, „politische Großwetterlagen" sowie Akteure, die „außerhalb" stehen, mit ihrem Verhalten aber Einfluss auf den Veränderungsprozess nehmen können.

Die Beschreibung und Analyse des Handlungsrahmens sind Grundlagen zu seiner gezielten Nutzung und/oder Gestaltung und sollten durch das Veränderungsmanagement erfolgen.

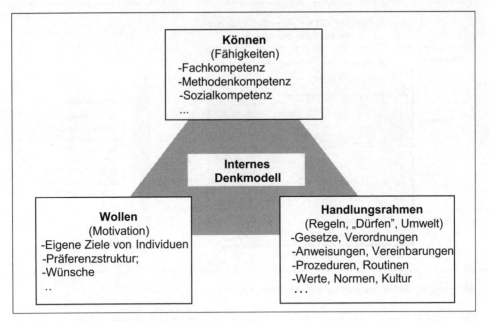

Abbildung 3: Bestimmungsgrößen des Handelns

5. Der Würfel des Veränderungsmanagements als Analyseraster für Erfolgsfaktoren

Die Veränderungen werden nach den drei bis hierhin vorgestellten Dimensionen strukturiert:

- Die Phasen: Unfreeze, Move und Refreeze
- Die Akteursebenen: Gesamtorganisation, Gruppen und Individuen
- Den Bestimmungsgrößen des Handelns: Können, Wollen und Handlungsrahmen.

Die Kombination der drei Dimensionen lässt sich als Würfel aus 27 Bausteinen darstellen. Die einzelnen Bausteine des Würfels sind potenzielle Stellhebel des Veränderungsmanagements, aus denen Erfolgsfaktoren für den Veränderungsprozess abgeleitet werden können.

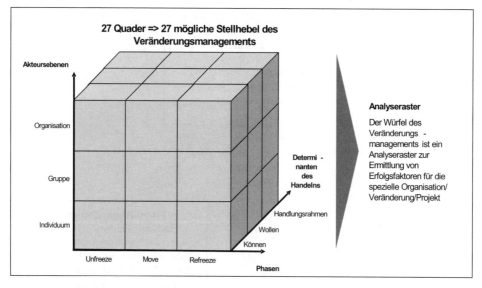

Abbildung 4: Der Würfel des Veränderungsmanagements

Der Würfel dient als Analyseraster, um jeweils zielgerichtet die Frage stellen zu können, „was muss ein identifizierter Akteur X in den einzelnen Phasen jeweils Wollen und Können und welchen Handlungsrahmen benötigt er?" Die Beantwortung dieser Frage führt zu den für den Veränderungsprozess gültigen Erfolgsfaktoren.

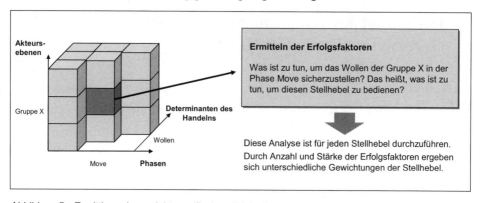

Abbildung 5: Ermittlung der projektspezifischen Erfolgsfaktoren

Beispielhaft soll dies für drei Gruppen erläutert werden, die aus Sicht des Veränderungsmanagements im Rahmen eines SAP-Projektes als relevante Zielgruppen ermittelt wurden[6].

- Für das „*Top-Management*" wurde in der Determinante „Wollen" als Erfolgsfaktor festgestellt, dass diese Zielgruppe als Machtpromotor durch ein starkes Commitment, insbesondere in den Phasen „Move" und „Unfreeze", den Fortschritt des Veränderungsprojekts maßgeblich beeinflussen kann.
- Für die Gruppe „*Nutzer eines neuen SAP-Moduls*" ergab die Zielgruppenanalyse, dass in der Determinante „Können" in den Phasen „Move" und „Refreeze" betriebswirtschaftliche Grundlagenkenntnisse vorhanden sein sollten, um die neue SAP-Software anwenden und verstehen zu können.
- Als Erfolgsfaktor für die Gruppe „*Interne Projektleiter Einführung*" wurde im Bereich des Handlungsrahmens ermittelt, dass ein geeignetes Anreizsystem das Engagement dieser Zielgruppe für den Projekterfolg in der Phase „Move" erhöht.

5.1 Die Eingriffstiefen in die internen Modelle der Akteure

Bevor Instrumente und Maßnahmen des Veränderungsmanagements abgeleitet und ergriffen werden, ist zu ermitteln, wie hoch durch die angestrebte Veränderung in die Denkwelt der betroffenen Akteure eingegriffen wird. Veränderungen unterschiedlicher inhaltlicher Art erfordern unterschiedlich starke Modifikationen der internen Modelle der Akteure. Für die Feststellung dieser Eingriffstiefe ist die eigene (subjektive) Wahrnehmung der betroffenen Akteure maßgeblich. Für solche Veränderungen, die die internen Modelle der betroffenen Akteure nur gering berühren (z. B. geringfügige Veränderungen von Urlaubsregelungen), sind andere Instrumente und Maßnahmen auszuwählen als für Veränderungen, die ein vollständig anderes internes Modell eines Akteurs erfordern (z. B. Privatisierung ganzer Leistungsbereiche).

Daher ist es Aufgabe des Veränderungsmanagements, die Eingriffstiefen in die internen Modelle der relevanten Akteure zu ermitteln.

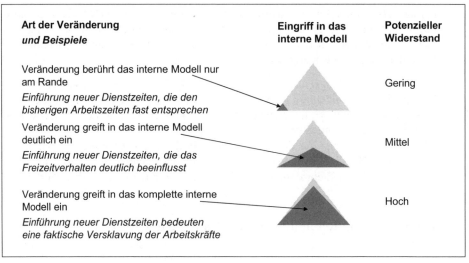

Abbildung 6: Eingriffstiefen und potenzieller Widerstand

5.2 Ableitung von Instrumenten und Maßnahmen des Veränderungsmanagements

Durch den Einsatz von Instrumenten und Maßnahmen des Veränderungsmanagements soll in allen Phasen auf diejenigen Komponenten des Wollens, Könnens und des Handlungsrahmens bei den relevanten Akteuren gezielt Einfluss genommen werden, die Erfolgsfaktoren darstellen.

Auf Basis der ermittelten notwendigen Erfolgsfaktoren und Eingriffstiefen bei den relevanten Akteuren können Instrumente und Maßnahmen gezielt ausgewählt, spezifiziert oder neu entwickelt werden. Hierzu können in der Praxis die für jeden relevanten Akteur identifizierten Erfolgsfaktoren der derzeitigen Situation gegenübergestellt werden. Aus den festgestellten Defiziten werden nun geeignete Instrumente und Maßnahmen abgeleitet.

Im oben gewählten Beispiel wurden bei der relevanten Zielgruppe „Top-Management" für die Determinante „Wollen" ein starkes Leitungscommitment als Erfolgsfaktor ermittelt. Die Analyse der Ist-Situation ergab jedoch, dass diese Zielgruppe selbst noch nicht ausreichend von den Vorteilen der neuen SAP-Software überzeugt ist und daher das Projekt nicht aktiv unterstützt. Als notwendige Maßnahme sollte daher das Top-Management über die Vorzüge in geeigneter Weise informiert werden. Hierzu bieten sich z.B. leitungsgerechte Kamingespräche oder auch Großveranstaltungen mit „Eventcharakter" und praktischen Demonstrationen an.

Rolle/Stake: Machtpromotor			
Ermittelte Eingriffstiefe: Mittel			
	Notwendige Erfolgsfaktoren	Derzeitige Situation	Geeignete Maßnahmen/ Instrumente
Können	...	...	...
Wollen	Commitment des Top-Managements für den Projekterfolge Insbesondere in den Phasen Unfreeze und Move	Derzeit zeigt das Top-Management noch kein ausreichendes Commitment für das Projekt, da es selbst mangels Information noch nicht von den Vorteilen der neuen Software überzeugt ist.	Durchführung von Informationsveranstaltungenü für das Top-Management, bei der die Vorteile der neuen SAP-Software leitungsgerecht präsentiert werden. (z.B. „Event"-Veranstaltung, oder Kaminabend mit Diskussion)
Handlungsrahmen	...	...	...

Abbildung 7: Ableitung geeigneter Maßnahmen und Instrumente für die Zielgruppe „Top-Management"

Für die Gruppe „*Nutzer eines neuen SAP-Moduls*" ergab die Analyse der derzeitigen Ist-Situation, dass noch nicht alle zukünftigen Nutzer über die erforderlichen betriebswirtschaftlichen Kenntnisse verfügen. Als geeignete Maßnahme des Veränderungsmanagements sollten deshalb noch vor Beginn der Phase „Move" Schulungsmaßnahmen für diese Zielgruppe durchgeführt werden.

Akteur: Nutzer eines neues SAP-Moduls			
Rolle/Stake: Betroffener			
Ermittelte Eingriffstiefe: Mittel (Ängste bzgl. Beherrschen/Handhaben des neuen Verfahrens)			
	Notwendige Erfolgsfaktoren	Derzeitige Situation	Geeignete Maßnahmen/ Instrumente
Können	Betriebswirtschaftliche Grundkenntnisse, insbesondere in den Phasen Move und Refreeze	Keine Grundkenntnisse vorhanden	Grundlagenschulung BWL
Wollen	...	...	...
Handlungsrahmen	...	...	...

Abbildung 8: Ableitung geeigneter Maßnahmen und Instrumente für die Zielgruppe „Nutzer eines neuen SAP-Moduls"

Als Erfolgsfaktor für die Zielgruppe der „Internen Projektleiter Einführung" wurde herausgearbeitet, dass geeignete Anreize für ein hohes Engagement im Projekt vorhanden sein sollten. Die Ist-Analyse zeigt jedoch, dass derzeit weder besonderer Einsatz im Projekt belohnt wird, noch unzureichendes Engagement sanktioniert wird. Eine geeignete Maßnahme des Veränderungsmanagements ist es daher, ein entsprechendes Anreizsystem einzuführen.

Akteur: Interne Projektleiter Einführung			
Rolle/Stake: Multiplikator, Umsetzer			
Ermittelte Eingriffstiefe: Niedrig (Projektleiter sind bereits stark im Projekt involviert. Ihre internen Modelle werden nur am Rande berührt).			
	Notwendige Erfolgsfaktoren	Derzeitige Situation	Geeignete Maßnahmen/ Instrumente
Können	...	...	...
Wollen	...	...	...
Handlungsrahmen	Geeigneter Anreiz für hohes Engagement im Projekt in der Phase „Move"	Im Moment werden weder Projekterfolge belohnt, noch mangelnder Einsatz sanktioniert.	Schaffung von geeigneten Anreizsystemen (z.B. Gehaltsboni, Personalentwicklungskonzepte, Möglichkeiten zur Sanktionierung von Fehlverhalten)

Abbildung 9: Ableitung geeigneter Maßnahmen und Instrumente für die Zielgruppe „Interne Projektleiter Einführung"

Auf diese Weise werden systematisch für jede relevante Zielgruppe Maßnahmen und Instrumente ermittelt, die geeignet sind, den Erfolg des Veränderungsprozesses maßgeblich zu beeinflussen. Somit kann ein Veränderungsmanagement betrieben werden, das als maßgeschneidert zu bezeichnen ist und dadurch einen möglichst geringen Ressourceneinsatz bei (ausreichend) hohem Wirkungsgrad gewährleistet. Somit werden die ökonomischen Anforderungen an ein Veränderungsmanagement, Effizienz (Wirtschaftlichkeit) bei ausreichender Effektivität (Wirkungsgrad), gewährleistet.

Aus den vorangegangenen Untersuchungen sowie aus der umfangreichen Literatur zum Veränderungsmanagement ist ein breites Repertoire an Instrumenten bekannt[7], das allerdings durch Spezifikationen und Neuentwicklungen für jeden Veränderungsprozess erweitert werden muss.

5.3 Der Projektplan für das Veränderungsmanagement

Um das Veränderungsmanagement systematisch durchführen zu können, sind die abgeleiteten Instrumente und Maßnahmen in einen detaillierten Projektplan[8] zu überführen. Auf diese Weise wird verhindert, dass Aktivitäten unkoordiniert von verschiedenen Akteuren der Organisation durchgeführt werden. Außerdem wird durch eine systematische Projektplanung des Veränderungsmanagements die Voraussetzung für ein laufende Erfolgskontrolle sowie ggfs. notwendige Modifikationen der Maßnahmen geschaffen. Der Projektplan für das Veränderungsmanagement sollte daher die folgende Elemente beinhalten:

- **Kontrollierbare Meilensteine** sind für die ausgewählten Instrumente und Maßnahmen des Veränderungsmanagements zu definieren.
- **Zeiten** und **Ressourcenbedarf** des Veränderungsmanagements sind für jedes Instrument bzw. jede Maßnahme festzulegen.
- Eine **eindeutige Zuweisung von Verantwortung** für die Erreichung der o. g. Meilensteine ist vorzunehmen.
- Die **organisatorische Verankerung** des Veränderungsmanagements ist abzubilden.

Der Projektplan ist verbindlich für alle Aktivitäten des Veränderungsmanagements und somit Grundlage für die Durchführung von Maßnahmen während des Veränderungsprozesses.

5.4 Das Projektcontrolling/die Evaluierung des Veränderungsmanagements

Das gesamte Veränderungsmanagement sollte durch ein Projektcontrolling begleitet werden. Die Aktivitäten des Veränderungsmanagements werden auf diese Weise in allen Schritten durch Controllingmaßnahmen kritisch hinterfragt und geprüft.

Neben dem Monitoring der Einhaltung und Umsetzung der Projektplanung bzw. der Erreichung der Meilensteine sind insbesondere die umgesetzten Maßnahmen einer Wirkungs-/Erfolgskontrolle zu unterziehen. Die Ergebnisse des Controllings sind im Sinne kybernetischer Feedbackschleifen den Entscheidungsträgern des Veränderungs-managements fortlaufend zur Verfügung zu stellen. Hierdurch soll eine permanente Anpassung des Veränderungsmanagements mit dem Ziel der Erhöhung von Effektivität und Effizienz der Maßnahmen erreicht werden.

Für das Projektcontrolling im Rahmen des Veränderungsmanagements haben sich drei Formen von Steuerungsinstrumenten bewährt:

1. Formelle standardisierte Berichte (z.B. monatlicher Kennzahlenbericht)
2. Formelle persönliche Reports (z.B. in regelmäßigen Sitzung der Projektleitung)
3. Informelle Berichterstattung (ad hoc aus dem Projekt)

Der Einsatz dieser drei sich ergänzenden Formen von Steuerungsinstrumenten stellt sicher, dass der Informationsbedarf zur Steuerung des Projekts auf allen relevanten Ebenen gedeckt wird.

Standardisierte Berichte sollten nach Möglichkeit eine überschaubare Anzahl von Kennzahlen zu den relevanten Erfolgsfaktoren enthalten. Formelle Formen des Projektcontrollings sind allerdings an offizielle Reports bzw. Sitzungen gekoppelt und bieten somit keine Möglichkeit für ad-hoc-Berichterstattung im Falle von akuten Problemfällen. Außerdem werden von den offiziell vortragenden Verantwortlichen nicht immer alle Informationen weitergegeben. In der Praxis besteht häufig die Gefahr, dass negative Entwicklungen und Probleme nicht offiziell berichtet werden. Aus diesem Grund sollte das Projektcontrolling um eine informelle Berichterstattung ergänzt werden. Gerade der so entstehende „kurze Draht" zum Geschehen vor Ort ermöglicht es, zeitnah auf Probleme aufmerksam zu werden und notwendige Entscheidungen zur Lösung dieser Probleme treffen zu können.

Auch in unserem Beispiel können die Maßnahmen des Veränderungsmanagements auf diese Weise durch ein Projektcontrolling begleitet werden. Mögliche Inhalte und Formen für die drei besprochenen Zielgruppen und Erfolgsfaktoren sind in der folgenden Abbildung dargestellt.

Zielgruppe	Erfolgsfaktor	Beispiele für Projektcontrolling/Evaluierung	Form des Projektcontrolling
Top-Management	Commitment für den Projekterfolg	• Anzahl durchgeführte Informationsveranstaltungen auf Leitungsebene • Persönliches Feedback des Top-Managements	• Formelle standardisierte Berichte • Informell
Nutzer eines neues SAP-Moduls	Betriebswirtschaftliche Grundkenntnisse	• BWL-Ausbildungsquote der Nutzer (Anzahl ausgebildete Nutzer / Anzahl Nutzer gesamt)	• Formelle standardisierte Berichte
Interne Projektleiter Einführung	Geeigneter Anreiz für hohes Engagement	• Stand der Einführung eines geeigneten Anreizsystems • Persönliches Feedback der internen Projektleiter Einführung	• Formelle Persönliche Reports • Informell

Abbildung 10: Beispiele für Projektcontrolling/Evaluierung des Veränderungsmanagements

5.5 Der Gesamtzyklus des Veränderungsmanagements

Zusammenfassend wurde ein Gesamtzyklus des Veränderungsmanagements beschrieben, der folgende Schritte enthält:

1. Phasen des Veränderungsprozesses sind zu spezifizieren, Ausgangszustand A der Organisation ist zu analysieren und der angestrebte Zielzustands B der Organisation ist klar zu definieren.
2. Die relevanten Akteure des Veränderungsprozesses sind zu ermitteln.
3. Mit Hilfe des Würfels des Veränderungsmanagements sind die Erfolgsfaktoren in den Bereichen Können, Wollen und Handlungsrahmen für alle relevanten Akteure und in allen Phasen zu ermitteln.
4. Für die relevanten Akteure sind die Eingriffstiefen in die internen Modelle zu bestimmen.
5. Es sind geeignete Instrumente und Maßnahmen des Veränderungsmanagements auszuwählen, zu spezifizieren oder neu zu entwickeln.
6. Es ist ein Projektplan für das Veränderungsmanagement zu erstellen, durch den Meilensteine definiert, Zeiten und Ressourcen geplant, Verantwortlichkeiten verbindlich festgelegt und die organisationale Verankerung geregelt werden.
7. Die Maßnahmen des Veränderungsmanagements sind durchzuführen.
8. Projektcontrolling/Evaluierung sorgen für die notwendigen kybernetischen Feedback-Schleifen.

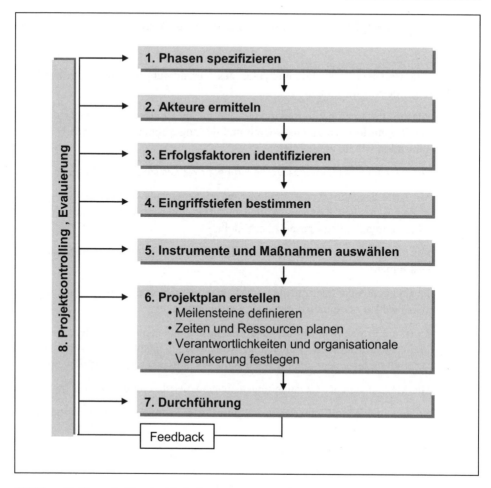

Abbildung 11: Gesamtzyklus des Veränderungsmanagements

6. Zusammenfassung

Die Erfahrungen in der Praxis des Veränderungsmanagements haben gezeigt, dass es durch einen systematischen Ansatz gelingt, Maßnahmen und Instrumente genau dort einzusetzen, wo sich die wesentlichen „Stellhebel" des Veränderungsprozesses befinden.

Die Kombination von drei Betrachtungswinkeln im „Würfel des Veränderungsmanagements" als Analyseraster ermöglicht einen maßgeschneiderten Ansatz, der durch

- geringe Komplexität,
- ressourcenschonenden Aufwand,
- schnelle Effekte sowie
- eine hohe Nachhaltigkeit der Wirkung

gekennzeichnet ist. Durch das Einbinden der Maßnahmen in eine strukturierte Projektplanung und die laufende Begleitung und Überwachung der Zielerreichung mit Hilfe eines Projektcontrolling kann somit der Erfolg der Veränderungsprozesse im Rahmen von SAP-Projekten maßgeblich beeinflusst werden.

Anmerkungen:

[1] Im vorliegenden Modell wird auf das „Urkonzept" der Phasenmodelle mit den drei Phasen „Unfreezing", „Moving" und „Refreezing" von Kurt Lewin aus dem Jahre 1947 zurückgegriffen. Vgl. Lewin, (1947), S. 34f. In den darauf folgenden Jahrzehnten erfuhr Lewins Modell eine Vielzahl von Modifikationen. Vgl. Lippitt, Watson & Westley, (1958), Watson, (1967), Beckhard, (1969), French & Bell, (1973), Beckhard & Harris, (1987), Kotter, (1995) und Krüger, (2000a). Diese Modelle enthalten alle mehr als drei Phasen, die sich sich letztlich jedoch immer in Lewins Modell integrieren lassen. Um die Komplexität des nachfolgend dargestellten Konzepts niedrig zu halten, wurde das Modell Lewins mit seinen drei Phasen zu Grunde gelegt.

[2] Veränderungen finden in Organisationen in unterschiedlichsten Bereichen permanent statt und stellen damit keine „Ausnahme von einem statischen Normalzustand" dar. Vgl. hierzu Schreyögg & Noss, (2000), S. 33-43.

[3] Zum Begriff des (ökonomischen) Akteurs vgl. Bach, Brettel, Grothe, Schäffer & Weber, (1998).

[4] Zur Differenzierung der Akteursebenen vgl. Kleingarn, (1997), S. 91-96.

[5] Der Handlungsrahmen wird in den meisten Konzepten des Change Managements nur unzureichend berücksichtigt. Vgl. hierzu White, (2000), S. 165-169.

[6] Zur Vereinfachung wird für jede Zielgruppe jeweils nur eine Determinante des Handelns betrachtet. In der Praxis sind selbstverständlich meist mehrere Determinanten von Bedeutung.

[7] Ein umfassendes Instrumentarium wird z.B. von Doppler und Lauterburg beschrieben. Vgl. Doppler, K.; Lauterburg, (1995), S. 171-455.

[8] Gemeint ist hier der Projektplan nur für das Veränderungsmanagement, nicht für den gesamten Veränderungsprozess, wie z.B. eine SAP-Einführung. Über die Berücksichtigung der Phasen des Veränderungsprozesses erfolgt allerdings die unverzichtbare Abstimmung der Projektplanung des Veränderungsmanagements mit der Gesamtprojektplanung.

II. Empirische Studien

Oliver Kohnke, Walter Bungard & Virginia Madukanya

Verbreitung und Stellenwert von Change Management im Rahmen von SAP-Projekten

1. Einleitung 110
   1.1 Hintergrund und Zielsetzung 110
   1.2 Methodisches Vorgehen 111
2. Ergebnisse 114
   2.1 Hindernise für einen reibungslosen Veränderungsprozess 114
   2.2 Definition von Change Management 117
   2.3 Change-Management-Strategie 119
   2.4 Nutzen von Change Management 136
3. Schlussfolgerungen 138
   3.1 Handlungsempfehlungen 138
   3.2 Ausblick 140

1. Einleitung

1.1 Hintergrund und Zielsetzung

ERP-Implementierungen sind teuer. In großen Unternehmen betragen die Einführungskosten typischerweise 50 bis 500 Millionen US-Dollar (Davenport, 1998). In der Unternehmenspraxis scheint häufig das Verständnis vorzuherrschen, man könne einen Mehrwert mit dem Erwerb von IT-Lizenzen der Softwareanbieter und der technischen Implementierung der Systeme erkaufen. Der Return on Investment (ROI) stelle sich damit quasi automatisch ein. Wenn neue IT-Systeme eingeführt werden, bleibt der Nutzen der Software allerdings häufig hinter den Erwartungen der Unternehmen zurück. Oftmals treten schon während der Implementierungsphase Probleme auf, die zu einem Scheitern des Einführungsprojekts führen können. Es stellt sich damit die Frage, warum die Ziele von ERP-Projekten häufig nicht erreicht werden (siehe auch den Beitrag von *Oliver Kohnke* in diesem Buch).

Es gibt sicher mehrere Gründe, die eine plausible Erklärung dieser Sachlage liefern können. Die Probleme sind jedoch häufig nicht, wie zunächst vermutet, rein technischer Art. Vielmehr werden der Einfluss und die Konsequenzen einer ERP-Implementierung auf die einführende Organisation und deren Mitarbeiter unterschätzt oder schlichtweg übersehen. Die Implementierung einer ERP-Software bringt meist einen tief greifenden Wandel in der Organisationsstruktur und -kultur sowie in den Geschäftsprozessen mit sich. Geschäftsabläufe werden neu definiert, die Prozesse entsprechend neu gestaltet (Schwarz, 2000). Der integrative Ansatz von SAP verlangt von den Mitarbeitern neue Denk- und Verhaltensweisen sowie neue Wege der Zusammenarbeit. Die Mitarbeiter müssen lernen, in Prozessen zu denken, um die neuen Arbeitsabläufe zu verstehen. Die Erreichung der mit einer ERP-Implementierung gesetzten Ziele erfordert eine den Vorgaben entsprechende Eingabe und Pflege der Daten in das System durch die Mitarbeiter.

Diese Aspekte führen zu Unsicherheit und Abwehrreaktionen, die ohne gezieltes Gegensteuern ernste Risikofaktoren für den Projekterfolg darstellen können. Es zeigt sich, dass das Verständnis von ERP-Projekten als reine IT-Projekte zu kurz greift. Ob sich der Nutzen einer kostspieligen Einführung von ERP-Software einstellt, hängt neben den technischen Aspekten auch stark vom Verhalten der von der Implementierung betroffenen Mitarbeiter und Führungskräfte ab. Es sind demnach auch psychologische Komponenten, die bei der Beantwortung der Frage nach den Ursachen für das häufige Scheitern der Projekte eine Rolle spielen.

Genau an dieser Stelle setzt die vorliegende Studie an. ERP-Projekte stellen komplexe Veränderungsprozesse dar, bei denen der Faktor Mensch eine zentrale Position einnimmt. Inwieweit kann Change Management dazu beitragen, Widerstände abzubauen und Akzeptanz für die SAP-Lösung zu schaffen? Fragestellungen dieser Art sind vor dem Hintergrund der Größe der getätigten Investitionen für eine ERP-Einführung von entscheidender Bedeutung. Vor diesem Hintergrund ist es Ziel der Studie, folgende Fragen zu beantworten:

1. Unter welchen Rahmenbedingungen wird Change Management in SAP-Projekten eingesetzt und welche Herausforderungen sind zu bewältigen?
2. Mit welchen Change Management-Maßnahmen kann diesen Herausforderungen begegnet werden?
3. Welchen konkreten Beitrag leistet Change Management zum Erfolg von SAP-Implementierungen?

Dazu wurde im Rahmen eines Kooperationsprojekts zwischen der SAP Business Consulting, der DSAG (Deutsche SAP Anwendergruppe) und dem Lehrstuhl für Wirtschafts- und Organisationspsychologie der Universität Mannheim eine Onlinebefragung zum Thema „Change Management im Rahmen von SAP-Implementierungsprojekten" in SAP-Kundenunternehmen durchgeführt. Damit wurde im deutschsprachigen Raum erstmals eine systematische und vor allem repräsentative Untersuchung des Einflusses von Change Management auf SAP-Projekte unternommen. Aus den erhobenen Daten lassen sich Handlungsempfehlungen für die Gestaltung von Change Management im Rahmen von SAP-Projekten ableiten.

1.2 Methodisches Vorgehen

Die Konzeption des Erhebungsinstruments erfolgte durch eine Kooperation der Universität Mannheim und der SAP Business Consulting. In einer Kombination aus geschlossenen und offenen Fragen wurden verschiedene Themenblöcke abgefragt:

- Allgemeine Angaben zur Organisation,
- Merkmale der Organisation,
- Angaben zum SAP-Projekt,
- Change Management im Rahmen des SAP-Projekts,
- Bedeutung des Change Management für den Projekterfolg.

Die Erhebung fand in Form einer Onlinebefragung statt. Im Zeitraum vom 22. Februar bis zum 8. April 2004 konnten interessierte Unternehmen und Organisationen an der Befragung teilnehmen. Die Beantwortung der Fragen sollten die Teilnehmer vor dem Hintergrund eines konkreten, von ihnen begleiteten oder betreuten SAP-Implementierungsprojekts vornehmen.

Beschreibung der Stichprobe

An der Onlinebefragung nahmen deutsche, schweizer und österreichische Mitgliedsunternehmen und -organisationen der DSAG teil. Die Stichprobengröße von n = 210 und eine für derartige Studien sehr zufrieden stellende Rücklaufquote von knapp 20 Prozent ermöglicht die Ableitung von allgemeinen Schlussfolgerungen (vgl. Bungard & Jöns,

1997; Trost, Jöns & Bungard, 1999). Durch die aggregierte Ergebnisbetrachtung sind an keiner Stelle Rückschlüsse auf einzelne Unternehmen möglich.

Die Stichprobe beinhaltet 134 Unternehmen, die Change Management im Rahmen ihrer SAP-Projekte eingesetzt haben und 76 Unternehmen, die auf den Einsatz verzichteten. Dies bietet die Möglichkeit, einen Vergleich von SAP-Projekten mit und ohne Change Management bzgl. des Projekterfolgs und anderer Kriterien vorzunehmen. Zur quantitativen Auswertung der Daten wurden sowohl Korrelationsanalysen, t-Tests für unabhängige Stichproben als auch Varianzanalysen berechnet (Bortz, 1993). Im Folgenden wird die Stichprobe der befragten Unternehmen kurz beschrieben.

Branchenzugehörigkeit

Die Branchenzugehörigkeit der befragten Unternehmen zeigt, dass alle gängigen Branchen in der Stichprobe vertreten sind :

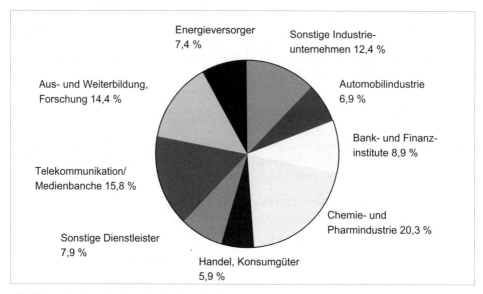

Abbildung 1:   Branchenzugehörigkeit der befragten Unternehmen

Anzahl der Beschäftigten

Fast zwei Drittel (ca. 63 Prozent) der befragten Unternehmen beschäftigen bis zu 5.000 Mitarbeiter. Bei fast jedem siebten Unternehmen (ca. 15 Prozent) liegt die Mitarbeiterzahl zwischen 5.000 und 10.000. Etwa sechs Prozent der Unternehmen geben an, zwischen 10.000 und 25.000 Mitarbeiter zu beschäftigen, während knapp 16 Prozent der Unternehmen mehr als 25.000 Mitarbeiter haben.

Jahresumsatz

Knapp 18 Prozent der befragten Unternehmen hatten im Jahr 2003 einen Umsatz von weniger als 100 Millionen Euro. 45 Prozent der Unternehmen liegen in ihrem Umsatz zwischen 100 Millionen und einer Milliarde Euro. Mehr als ein Drittel der Unternehmen machte im Jahr 2003 einen Umsatz von mehr als einer Milliarde Euro.

Rolle der befragten Experten

Abbildung 2 gibt einen Überblick über die Rolle, die die befragten Experten im Rahmen des SAP-Projekts einnahmen. Die überwiegende Anzahl der Teilnehmer übten entweder die Funktion eines Teilprojektleiters (ca. 28 Prozent) oder die eines Projektleiters (ca. 26 Prozent) im Rahmen der SAP-Implementierung aus. Knapp 20 Prozent agierten auf Gesamtprojektleiter- oder Programm Manager-Ebene. Jeder sechste Teilnehmer (ca. 17 Prozent) war Projektmitarbeiter und knapp 6 Prozent der befragten Personen waren Mitglied des Lenkungsausschusses. Die restlichen 5 Prozent der befragten Personen ordneten sich der Kategorie „Sonstige" zu.

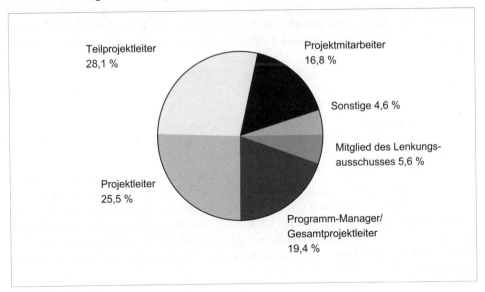

Abbildung 2: Rollen der befragten Experten

Implementierte SAP-Lösungen

Bei fast allen Projekten handelt es sich um SAP R/3-Projekte. Nur eine sehr kleine Anzahl der Projekte bezieht sich auf die Migration von R/2 auf R/3. Im Schwerpunkt werden die Module Finanzen (FI), Controlling (CO), Materialwirtschaft (MM), Produktionsplanung (PP), Vertriebsabwicklung (SD) sowie Personalwirtschaft (HR) implementiert.

Die Module FI, CO, MM, PP und SD werden in der Regel zusammen implementiert. Dies spiegelt den integrativen Grundansatz der SAP-Lösung wider. Hervorzuheben ist, dass das Modul HR häufig in einem separaten Projekt eingeführt wird.

Neben SAP R/3 Modulen werden die SAP-Anwendungen „Business Warehouse (BW)", „Enterprise Buyer Professional (EBP)", „Customer Relationship Management (CRM)" sowie „Advanced Planning Optimizer (APO)" und „Strategic Enterprise Management (SEM)" eingeführt. Diese Produkte werden sowohl im Rahmen von separaten Projekten als auch zusammen mit SAP R/3 implementiert. Darüber hinaus werden verschiedene Industrielösungen eingeführt, u. a. „Utilities", „Retail", „Healthcare" sowie „Public Sector".

Zusammenfassung

Insgesamt können zwei Ergebnisse festgehalten werden: Erstens ermöglicht diese Befragung – bezogen auf die Branchenverteilung und die Unternehmensgröße – die Ableitung generalisierbarer Aussagen zum Change Management. Zweitens verdeutlicht sowohl die hohe Rücklaufquote als auch der große Anteil von Unternehmen, die im Rahmen ihrer SAP-Projekte Change Management durchgeführt haben – fast zwei Drittel (64 Prozent) – die Relevanz und Aktualität dieses Themas für die hier angesprochenen Personengruppen.

2. Ergebnisse

In diesem Abschnitt wird auf die wesentlichen Ergebnisse der Befragung eingegangen. Zunächst wird dargestellt, welches die häufigsten Hindernisse im Einführungsprozess sind. Damit stellt sich die Frage, welche dieser Hindernisse durch ein Change Management reduziert oder beseitigt werden können. Hierzu wurden die Experten gefragt, was sie unter Change Management verstehen. Anschließend wird aufgezeigt, mit welchen Strategien Change Management in SAP-Projekten eingesetzt wird und welcher Nutzen hieraus resultiert.

2.1 Hindernisse für einen reibungslosen Veränderungsprozess

Die Experten wurden nach den größten Hindernissen für einen reibungslosen Veränderungsprozess innerhalb des SAP-Implementierungsprojektes befragt. Die Antworten der Teilnehmer wurden nach inhaltlichen Aspekten zusammengefasst und ausgewertet:

Tabelle 1: Die größten Hindernisse für einen reibungslosen Veränderungsprozess

Hindernisse		Prozent*
1.	Mangelhafte Projektarbeit	77,6%
2.	Vernachlässigung der Konsequenzen für die Betroffenen	68,6%
3.	Vernachlässigung der Konsequenzen für die Organisation	55,9%
4.	Mangelnde finanzielle, personelle und zeitliche Ressourcen	47,0%
5.	Mangelhafte Information und Kommunikation	22,3%
6.	Fehlende Unterstützung durch das Management	20,1%
7.	Vernachlässigung des Schulungs- und Trainingsaspekts	9,7%

* Mehrfachnennungen möglich

Mangelhafte Projektarbeit

Die mangelhafte Projektarbeit wird von drei Viertel der befragten Unternehmen als Hindernis für einen reibungslosen Veränderungsprozess genannt. Vor allem ein unzureichendes Projektmanagement, gekennzeichnet durch eine ständige Änderung der Anforderungen, das Fehlen eindeutiger Vorgaben und Ziele, langwierige Entscheidungsprozesse sowie eine unsaubere Dokumentation des Veränderungsprozesses erschweren die Durchführung des Projekts. Auch Aspekte der Zusammenarbeit innerhalb des Projektteams wie z. B. der ständige Wechsel der Beteiligten, eine unklare Rollenverteilung oder Differenzen zwischen den Projektmitgliedern stellen ein Hindernis für den Projekterfolg dar. Eng damit verknüpft sind Informations- und Kommunikationsdefizite innerhalb des Projektteams. Eine mangelnde Qualifizierung der Projektmitglieder bzgl. bestimmter Projektmanagementaufgaben und fehlendes SAP Know-how werden ebenfalls als Risikofaktoren für eine erfolgreiche Projektarbeit genannt. Auch der Einsatz zu vieler externer Berater, die einen internen Wissensaufbau verhindern und häufig Misstrauen gegenüber dem Projekt hervorrufen, wird von einigen Teilnehmern als hinderlich eingeschätzt.

Vernachlässigung der Konsequenzen für die Betroffenen

Mehr als zwei Drittel der Befragten sieht in der Vernachlässigung der Bedürfnisse, Erwartungen und Ängste der von der SAP-Einführung betroffenen Mitarbeiter ein potenzielles Hindernis für den Veränderungsprozess. Werden z. B. die Ängste der Mitarbeiter vor einem Verlust ihres Arbeitsplatzes, die fehlende Akzeptanz und die verbreiteten Vorurteile gegenüber SAP oder die geringe Motivation der Mitarbeiter zur Unterstützung der Einführung von SAP ignoriert, führt dies häufig zu passivem Widerstand und mangelnder Veränderungsbereitschaft in der Organisation. Darüber hinaus geben die Teilnehmer der Studie an, dass sowohl Machtinteressen als auch die Unklarheit über den Nutzen und die Notwendigkeit einer SAP-Implementierung zu einem Festhalten an den bisherigen Arbeits- und Verhaltensweisen führen.

Vernachlässigung der Konsequenzen für die Organisation

Mehr als die Hälfte der befragten Unternehmen sieht in der Missachtung der Konsequenzen der SAP-Einführung für die betroffene Organisation ein Hindernis für einen reibungslosen Veränderungsprozess. Die Unterschätzung des Einflusses bestehender Strukturen und Prozesse, des kulturellen Aspekts (z. B. kulturelle Verschiedenartigkeit, Denken in „Werks- und Fürstentümern") sowie die mangelnde Einbindung des Betriebsrats können einen guten Projektverlauf behindern. Aus Sicht der befragten Unternehmen ist es darüber hinaus wichtig, die Konsequenzen einer SAP-Implementierung für die einführende Organisation (z. B. neue Geschäftsprozesse, schlankere Organisation und Dezentralisierung der Verantwortung) zu berücksichtigen.

Mangelnde finanzielle, personelle und zeitliche Ressourcen

Die Hälfte der befragten Experten gibt die mangelhafte Ausstattung des Projektes mit finanziellen, personellen und zeitlichen Ressourcen als Hindernis für eine erfolgreiche SAP-Einführung an. Eine überhöhte Belastung der Projektmitarbeiter durch die unzureichende Freistellung vom Tagesgeschäft, der Mangel an Projektmitarbeitern aus den einzelnen Fachbereichen und die Durchführung zu vieler Parallelprojekte führen zu einer ungenügenden Projektbesetzung und gefährden den Projekterfolg. Eine unrealistische Budgetierung interner und externer Ressourcen verschärft die Problematik zum Teil dann noch zusätzlich.

Mangelhafte Information und Kommunikation

Etwas mehr als ein Fünftel der befragten Unternehmen sieht in der mangelhaften Information und Kommunikation ein Hindernis für den Veränderungsprozess. Informationen über das Projekt werden nicht rechtzeitig gegeben oder sind nur schwer verständlich (Fachsprache). Darüber hinaus wird zu wenig in direkter Dialog mit den Betroffenen gesucht.

Fehlende Unterstützung durch das Management

Die fehlende Unterstützung des Projektes durch das Management wird ebenfalls von einem Fünftel der befragten Unternehmen als ein Hindernis für den Veränderungsprozess gesehen. Hierzu werden eine ungenügende Identifikation des Managements gegenüber der SAP-Einführung sowie ein mangelndes Interesse an den Projektinhalten genannt. Weiterhin erschweren hinausgezögerte Entscheidungen nach Auffassung der Befragten den Verlauf des Projekts und damit die erfolgreiche Umsetzung des gesamten Veränderungsvorhabens.

Vernachlässigung des Schulungs- und Trainingsaspekts

Schulungs- und Trainingsmaßnahmen erfolgen nach Einschätzung der Teilnehmer manchmal nur unzureichend und (zu) spät. Auch die Höhe des Schulungsaufwandes, den die betroffenen Mitarbeiter aufgrund der starken Arbeitsbelastung oft nicht bewerkstelligen können, wird als Hindernis identifiziert.

Um herauszufinden, welche dieser Hindernisse durch Change Management adressiert werden können, ist zunächst die Frage zu klären, was die befragten Unternehmen unter Change Management verstehen.

2.2 Definition von Change Management

Change Management ist ein Begriff, der schon in den 90er Jahren in die Unternehmenswelt Einzug gehalten hat (Davenport, 1998; Hammer & Champy, 1996; Reiß et al., 1997). Auch heute noch ist der Begriff in aller Munde und – wie sich im Kontext von SAP-Implementierungsprojekten zeigt – auch von großer Relevanz (Aladwani, 2001; McNish, 2001).

Sowohl in der gängigen Fachliteratur als auch in der Praxis wird Change Management unterschiedlich definiert (vgl. Al-Ani & Gattermeyer, 2001; Doppler & Lauterburg, 2002; Heinbokel & Schleidt, 1993; Njaa, 2001; Reiß et al., 1997). Deshalb ist es wichtig zu erheben, was die befragten Unternehmen unter Change Management im Kontext von SAP-Projekten verstehen. Es zeigt sich, dass die Unternehmen hierunter verschiedene Aspekte subsumieren, die sich in vier Kategorien zusammenfassen lassen :

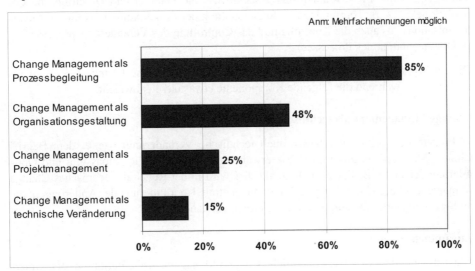

Abbildung 3: Definition von Change Management

Change Management als Prozessbegleitung

Die überwiegende Mehrheit der Teilnehmer definiert Change Management als Prozessbegleitung. Mit Hilfe von Change Management soll die Einführung von SAP begleitet und gesteuert werden. Die fachliche Ausgestaltung ist nicht Bestandteil des Change Management Verständnisses. Um den Einführungsprozess zu unterstützen, werden verschiedene Instrumente eingesetzt, z. B. zur Verbesserung der Information und Kommunikation über die Implementierung von SAP genannt. Die von der Veränderung betroffenen Mitarbeiter sollen mittels Change Management über den Nutzen, die Gründe und Notwendigkeit der SAP-Einführung informiert werden. Durch Change Management sollen die Mitarbeiter eingebunden und auf die Veränderung vorbereitet werden, um damit die Akzeptanz zu erhöhen. Darüber hinaus wurde in dieser Kategorie auch das Thema Schulung und Training der Endanwender erwähnt.

Change Management als Organisationsgestaltung

In 48 Prozent der Fälle wird die Gestaltung der Organisation als Bestandteil einer Definition von Change Management genannt. Dies bezieht sich sowohl auf strukturelle als auch prozessuale Änderungen der Organisation.

Change Management als Projektmanagement

Ebenfalls 25 Prozent der Teilnehmer sehen Change Management als Facette des Projektmanagements. Sie erwähnen hier Aspekte wie die Planung und Durchführung des SAP-Projekts (z. B. Terminplanung, Sicherstellung der Projektkommunikation, Projektorganisation), als auch die Kontrolle und das Controlling des Veränderungsprozesses (z. B. Dokumentation des Prozesses).

Die bisher dargestellten Aspekte entsprechen den gängigen Change-Management-Definitionen, während die folgende Komponente etwas davon abweicht:

Change Management als technische Veränderung

15 Prozent der Teilnehmer fassen auch technische Veränderungen unter dem Begriff Change Management zusammen. Sie erwähnen Aspekte wie die Anpassung und Optimierung der IT (z. B. Funktionalitäten). Dies wird in der Regel als technisches Change Management bezeichnet. Hierunter wird die zentrale Koordinierung der Änderungen, die an Soft- und Hardware vorgenommen werden, verstanden.

Zusammenfassung

Die Tatsache, dass es keine einheitliche Change-Management-Definition bei den Unternehmen gibt, weist darauf hin, dass Change Management unterschiedlich verstanden – und teilweise vielleicht auch missverstanden – wird. Allerdings gibt es in der Literatur gerade für den Kontext SAP-Implementierungen auch keine wirklich allgemein gültige und legitimierte Definition. Diese Erkenntnis sollte vor allem Berater (intern sowie extern) in zukünftigen Projekten dazu veranlassen, die Anforderungen der jeweiligen

Situation der Unternehmen und deren Verständnis von Change Management zu berücksichtigen. Aufbauend auf einem gemeinsamen Verständnis kann dann über die Inhalte, Ziele und Möglichkeiten von Change Management diskutiert werden, um den jeweils geeigneten Ansatz zu bestimmen. Je nach Definition lassen sich durch Change Management auch die genannten Herausforderungen adressieren.

2.3 Change-Management-Strategie

Die Definition einer projektspezifischen Change-Management-Strategie beinhaltet verschiedene Aspekte. Hier stellt sich die Frage, unter welchen Bedingungen Change Management in SAP-Projekten eingesetzt wird. Weiterhin sind die organisatorische Verankerung sowie die personelle und finanzielle Ausstattung zu klären. Letztlich sind geeignete Change Management Maßnahmen auszuwählen. Auf diese Aspekte wird in den folgenden Abschnitten näher eingegangen.

2.3.1 Rahmenbedingungen für den Einsatz von Change Management

SAP-Projekte sind in ihrer Größe, Komplexität und Reifegrad der Organisation sehr unterschiedlich. Um herauszufinden, inwieweit diese Aspekte den Einsatz von Change Management beeinflussen, werden im Folgenden Vergleiche zwischen Projekten mit und ohne Change Management hinsichtlich sieben verschiedener Bedingungen vorgenommen:

Abbildung 4: Bedingungen für den Einsatz von Change Management

Höhe des Gesamtprojektbudgets

Die meisten Projekte haben ein eher kleines Projektbudget. Zwölf Prozent der Unternehmen geben an, bis 0,5 Millionen Euro für das SAP-Projekt zu veranschlagen. Ein Drittel investiert zwischen 0,5 und 2,5 Millionen Euro. Bei 20 Prozent der Fälle liegt das Gesamtbudget zwischen 2,5 und 5 Millionen Euro und bei 18 Prozent zwischen 6 und 20 Millionen Euro. Projekte mit einem Gesamtbudget über 20 Millionen Euro kommen nur zu einem kleinen Teil in der Gesamtstichprobe vor (ca. 15 Prozent).

Werden Projekte mit und ohne Change Management hinsichtlich der Angaben zum Gesamtprojektbudget verglichen, zeigt sich ein klarer Zusammenhang (Abbildung 5): Je größer das Gesamtprojektbudget, desto eher kommt Change Management zur Anwendung.

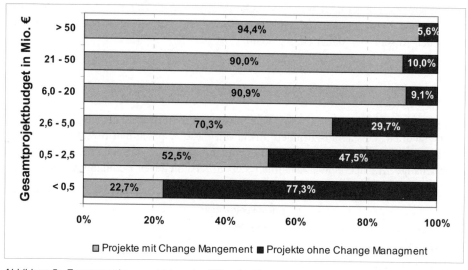

Abbildung 5: *Zusammenhang zwischen der Höhe des Gesamtprojektbudgets und dem Einsatz von Change Management*

Anzahl betroffener Personen

Die Anzahl der vom SAP-Projekt betroffenen Mitarbeiter ist im Schnitt eher niedrig. Bei einem großen Teil (fast 40 Prozent) der SAP-Projekte sind weniger als 250 Personen unmittelbar von der Einführung der SAP-Lösung betroffen. Bei 20 Prozent der Fälle sind zwischen 251 und 500 Mitarbeiter und bei 14 Prozent zwischen 501 und 1.000 Mitarbeiter vom Projekt betroffen. Die restlichen 23 Prozent verteilen sich auf die anderen Kategorien.

Ein Vergleich zwischen Projekten mit und ohne Change Management hinsichtlich der Anzahl betroffener Mitarbeiter zeigt einen deutlichen Zusammenhang auf: Je mehr Mitarbeiter von der SAP-Implementierung betroffen sind, desto eher ist Change Management Bestandteil des Projekts.

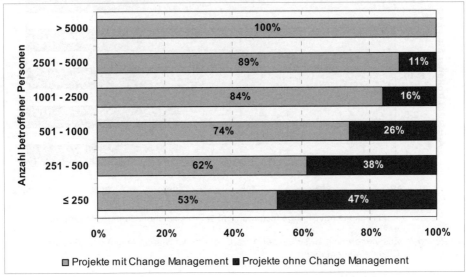

Abbildung 6: Zusammenhang zwischen Anzahl der vom SAP-Projekt betroffenen Personen und dem Einsatz von Change Management

Anzahl betroffener Standorte

Bei einem Fünftel aller Projekte wird SAP an nur einem Standort eingeführt. Bei 36 Prozent der Projekte sind zwischen zwei und fünf Standorte betroffen. Auf die Kategorien sechs bis zehn und elf bis 20 Standorte entfallen jeweils zwölf Prozent der Projekte und bei 18 Prozent der Projekte sind mehr als 20 Standorte von der SAP-Einführung betroffen.

Tendenziell lässt sich beim Vergleich zwischen Projekten mit und ohne Change Management ein positiver Zusammenhang zwischen der Anzahl der betroffenen Standorte und dem Einsatz von Change Management erkennen: Je mehr Standorte von der SAP-Implementierung betroffen sind, desto eher wird auch Change Management durchgeführt (Abbildung 7).

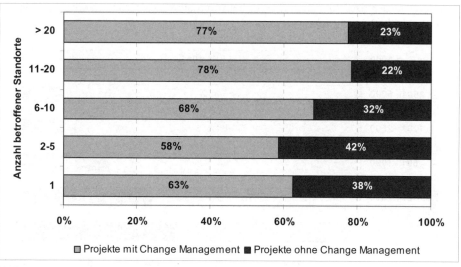

Abbildung 7: Zusammenhang zwischen der Anzahl betroffener Standorte und dem Einsatz von Change Management

Internationalität des Projektes

Hinsichtlich der Frage, ob bei internationalen SAP-Projekten eher ein Change Management eingesetzt wird, lässt sich nur eine leichte Tendenz erkennen. Bei 64 Prozent der Unternehmen, die ihre Projekte nur national durchgeführt hatten, wurde auch ein Change Management eingesetzt. Bei internationalen Projekten liegt der Anteil mit fast 70 Prozent etwas höher.

Tabelle 2: Change Management in Abhängigkeit der Internationalität des Projektes

In welchen Regionen wurde die SAP-Lösung implementiert?	Projekte mit Change Management	Projekte ohne Change Management
National (n = 126)	63,5 Prozent	36,5 Prozent
International (n = 72)	69,4 Prozent	30,6 Prozent

Wahl der Einführungsstrategie

Es gibt verschiedene Strategien, SAP in Unternehmen und Organisationen einzuführen (vgl. Davenport, 2000; Welti, 1999). Um einen Überblick über die in der Praxis eingesetzten Vorgehensweisen bei der Implementierung von SAP zu erlangen, wurden im Rahmen der Studie mehrere Aspekte abgefragt:

1. Wurde die SAP-Lösung durch einen „Big-Bang" oder „Roll-out" eingeführt?
2. Nach welchen Kriterien wurde der „Roll-out" durchgeführt?
3. Wie wurde der Funktionsumfang definiert?

Art der Einführung

Etwas mehr als die Hälfte der Unternehmen (ca. 56 Prozent) führte die neue SAP-Lösung mit einem „Big-Bang" ein, d. h. die ganze Funktionalität in der vorgesehenen Organisation in einem Schritt. Der Rest entschied sich für eine schrittweise Einführung („Roll-out"). Zwei Drittel der Unternehmen setzten Change Management ein, unabhängig davon, ob eine „Big-Bang"- oder eine „Roll-out"-Strategie gewählt wurde (vgl. Tabelle 3).

Tabelle 3: Change Management in Abhängigkeit der Art der Einführung

Welche Einführungsstrategie wurde gewählt?	Projekte mit Change Management	Projekte ohne Change Management
„Big-Bang" (n = 111)	67%	33%
„Roll-out" (n= 89)	65%	35%

„Roll-out"-Kriterien

In fast einem Viertel der Projekte rollten die Unternehmen die SAP-Lösung nach geographischen Aspekten aus, z. B. nach Standorten oder Ländern. In ähnlich vielen Fällen (21 Prozent) erfolgte der „Roll-out" nach Systemen (einzelne bestehende Systeme werden schrittweise durch die neuen Lösungen ersetzt). Nach Funktion (z. B. Einkauf, Vertrieb) wurde in 15 Prozent der „Roll-out" vorgenommen. Die Kriterien Geschäftsbereich (z. B. Kraftfahrzeuge) und Prozess (z. B. „Order to cash") waren in gut jedem zehnten Projekt für den „Roll-out" relevant. Weitere Kriterien, wie Kombinationslösungen verschiedener Kriterien werden nur vereinzelt genannt.

Bei fast allen „Roll-out"-Kriterien werden die Projekte zu zwei Drittel durch Change Management unterstützt. Lediglich bei Projekten, die ihren „Roll-out" nach Prozess durchführen, wird noch häufiger Change Management eingesetzt.

Definition des Funktionsumfangs

Die Definition des Funktionsumfangs, d. h. die Vorlage („Template", „Business Blueprint", „Master" o. ä.) der einzuführenden SAP-Lösung(en) kann grundsätzlich global oder lokal erfolgen. Bei einer globalen Definition des Funktionsumfangs werden alle wesentlichen Funktionalitäten und Prozesse verbindlich festgelegt, d. h. es gibt keine Abweichungen. Die lokale Definition zeichnet sich dadurch aus, dass jeder Implementierungsbereich seine Funktionalitäten und Prozesse selbst festlegt. Bei einem gemischten Vorgehen wird ein Teil der Funktionalitäten und Prozesse für alle Implementierungsbereiche verbindlich definiert, und ein Teil kann, z. B. auf Grund lokaler Besonderheiten wie rechtliche Rahmenbedingungen, lokal ergänzt werden.

Tabelle 4: Change Management in Abhängigkeit der Definition des Funktions- und Prozessumfangs

Wie wurde der Funktions- und Prozessumfang definiert?	Projekte mit Change Management	Projekte ohne Change Management
Global (n = 76)	74%	26%
Gemischt (n = 70)	67%	33%
Lokal (n= 52)	52%	48%

Von den Unternehmen, die ihren Funktionsumfang global festgelegt haben, setzen 74 Prozent auch Change Management ein. Bei den Unternehmen, die ihren Umfang gemischt definiert haben, waren es noch 67 Prozent. Bei der lokalen Festlegung erfolgte lediglich bei der Hälfte der Projekte eine Begleitung durch Change Management.

Dieses Ergebnis unterstreicht die Bedeutung eines Change Managements, wenn im Rahmen des SAP-Projektes ein globaler Standard festgelegt wird. Durch die Einschränkung von lokalen Freiheitsgraden und Gestaltungsfreiräumen ist hier mit größeren Widerständen zu rechnen.

Ausmaß der organisatorischen Veränderungen

Die Unternehmen wurden weiterhin danach gefragt, wie stark sich die Geschäftsprozesse durch das SAP-Projekt verändern (vgl. Abbildung 8). Mehr als zwei Drittel der Unternehmen geben dabei an, dass es zu sehr großen bzw. eher große Veränderungen kommt. Die Unternehmen, die von großen Prozessveränderungen betroffen sind, haben in der Tendenz auch häufiger Change Management eingesetzt.

Ein Grund kann darin gesehen werden, dass mit der Größe der Veränderungen in den Geschäftsprozessen aus Sicht der betroffenen Mitarbeiter auch die wahrgenommenen Risiken steigen. Mit der Einführung von SAP sollen u. a. Geschäftsprozesse optimiert werden. Dies kann auch bedeuten, dass Arbeitsplätze wegrationalisiert werden. Hinzu kommt die Anforderung, vertraute Hilfs- und Arbeitsmittel wie die bisherige Software, Formulare, Listen und Anträge etc. nicht mehr zu nutzen und ab einem bestimmten Zeitpunkt ausschließlich mit der neuen SAP-Lösung zu arbeiten. Hieraus können letztlich Ängste entstehen, die wiederum zu Widerständen führen.

In der Tat konnte auf Basis der Gesamtstichprobe ein signifikanter Zusammenhang zwischen der Größe der Veränderungen in den Geschäftsprozessen und dem Auftreten von Widerständen in SAP-Projekten aufgezeigt werden (r = , 230, n = 200). Um diesen Widerständen wirkungsvoll begegnen zu können, wird von den Unternehmen demnach auch Change Management eingesetzt.

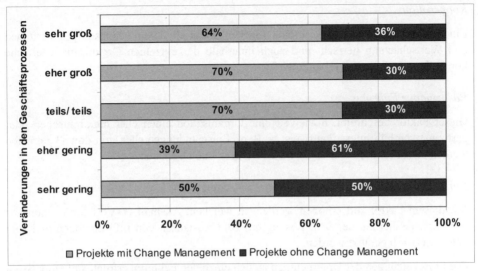

Abbildung 8: Zusammenhang zwischen der Größe der Veränderungen in den Geschäftsprozessen und dem Einsatz von Change Management

Reifegrad der Organisation

Um zu analysieren, welchen Einfluss der Reifegrad einer Organisation auf den Einsatz eines Change Management hat, wurden die Unternehmen nach der Ausprägung verschiedener kultureller Faktoren befragt (vgl. auch Fiol & Lyles, 1985; Kettinger & Grover, 1995):

Strategische Initiative

Unternehmen mit strategischer Initiative sind dadurch gekennzeichnet, dass sie Veränderungsprozesse aktiv anstoßen und Strategien entwickeln, um diese zu steuern. Darüber hinaus ermutigt die Unternehmensführung zu Veränderungen und partizipiert aktiv an den Veränderungsprozessen.

Wissensmanagement

Wenn in einer Organisation aus vergangenen Erfahrungen systematisch gelernt wird und erworbenes Wissen intern über etablierte Methoden und Prozesse weiter gegeben wird, kann von einem gut ausgeprägten Wissensmanagement gesprochen werden.

Kommunikation

Eng mit dem Aspekt des Wissensmanagement verknüpft ist die Kommunikation in einem Unternehmen. Herrscht dort Offenheit für andere Meinungen, gibt es einen offenen Informationsaustausch und haben die Mitarbeiter ausreichend Zugang zu den für sie wichtigen Informationen, so ist die Kommunikation stark ausgeprägt.

Kooperation

Eine Kultur der Kooperation ist dann gegeben, wenn allgemein gegenseitiges Vertrauen und Wertschätzung herrscht und auch innerhalb der einzelnen Organisationsbereiche konstruktiv zusammengearbeitet wird.

Partizipative Führung

Dieser Faktor beschreibt, inwieweit eine Organisation einen eher hierarchischen oder partizipativen Führungsstil aufweist, z. B. ob Entscheidungen eher „top-down" getroffen werden oder Freiräume zur eigenen Arbeitsgestaltung bestehen.

Nutzung von IT-Verfahren vor der SAP-Einführung

Mit diesem Faktor soll erhoben werden, in welchem Ausmaß IT-Verfahren schon vor der Implementierung der SAP-Lösung(en) zum Austausch von Informationen und zum Wissenserwerb genutzt wurden.

Die Einschätzungen der Unternehmen zu den einzelnen Faktoren erfolgte auf einer Skala von 1 = „trifft voll zu" bis 5 = „trifft nicht zu". Abbildung 9 zeigt die Mittelwerte zu diesen Faktoren im Vergleich zwischen Projekten mit und ohne Change Management.

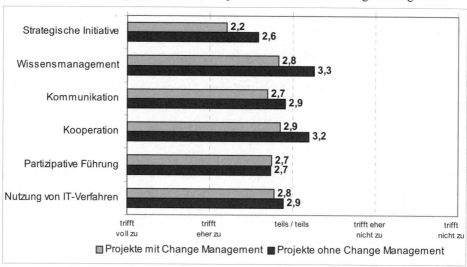

Abbildung 9: Vergleich der Mittelwerte der Projekte mit und ohne Change Management bezogen auf organisatorische Rahmenbedingungen

Unternehmen, die in ihren SAP-Projekten Change Management einsetzen, sind durch eine höhere strategische Initiative (p = ,001; F = 10,997; df = 207), ein stärkeres Wissensmanagement (p = ,000; F = 14,912; df = 208) sowie durch eine intensivere unternehmensinterne Kommunikation (p = ,033; F = 4,622; df = 207) und Kooperation (p = ,001; F = 12,099; df = 206) gekennzeichnet. Diese Unterschiede sind signifikant.

Bei den Faktoren partizipative Führung und Nutzung von IT-Verfahren ist hingegen kein signifikanter Unterschied festzustellen.

Zusätzlich wurde nach den Erfahrungen der Unternehmen mit Veränderungsprozessen allgemein gefragt. Wie Abbildung 10 verdeutlicht, setzen Unternehmen, die über höhere Erfahrungen mit Veränderungsprozessen verfügen, auch signifikant häufiger Change Management im Rahmen ihrer SAP-Projekte ein (p = ,023; F = 5,251; df = 205). Sie sind offenbar von der Notwendigkeit und auch dem Nutzen von Change Management überzeugt.

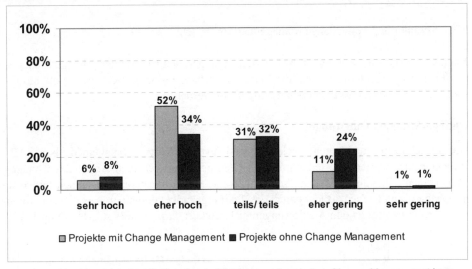

Abbildung 10:   Vergleich der Häufigkeiten bei Projekten mit und ohne Change Management bezogen auf die Veränderungserfahrung

Zusammenfassung

Auf die Frage, wann Change Management im Rahmen eines SAP-Projekts eingesetzt wird, lässt sich hinsichtlich der Projektgröße eine klare Tendenz ableiten. Je höher das Gesamtprojektbudget ist und je mehr Personen von der SAP-Implementierung betroffen sind, desto eher wird auch Change Management eingesetzt. Dieser Zusammenhang gilt tendenziell auch für eine steigende Anzahl betroffener Standorte sowie für internationale Projekte.

Die Wahl der Einführungsstrategie hat nur hinsichtlich eines Aspektes einen Einfluss auf die Einsatzhäufigkeit von Change Management: Unternehmen, die ihren Funktionsumfang global und gemischt definieren, setzen signifikant häufiger Change Management ein als Unternehmen, die den Funktionsumfang nur lokal definieren. Die Art der Einführung („Roll-out" vs. „Big Bang") und die Definition er Einführungskriterien haben dagegen keinen Einfluss auf den Einsatz von Change Management.

Weiterhin konnte gezeigt werden, dass mit zunehmender Größe der Veränderungen in den Geschäftsprozessen auch häufiger Change Management durchgeführt wird. Die Ergebnisse zeigen ferner, dass eine Reihe kultureller Faktoren den Einsatz von Change Managements im Rahmen eines SAP-Implementierungsprojektes begünstigen. Unternehmen, die bereits über eine höhere Erfahrung mit Veränderungsprozessen verfügen und diese Prozesse auch durch eine entsprechende Strategie unterstützen, setzen häufiger Change Management ein. Förderlich wirkt sich auch eine hohe unternehmensinterne Kommunikation und Kooperation aus.

2.3.2 Verankerung von Change Management im Projekt

Nachdem aufgezeigt worden ist, welche Bedingungen den Einsatz von Change Management begünstigen, stellt sich nun die Frage, wie Change Management im Projekt aufgesetzt wird und welche Maßnahmen durchgeführt werden.

Change-Management-Budget

Um einschätzen zu können, welchen Stellenwert Change Management bei SAP-Projekten hat, wurden die teilnehmenden Unternehmen nach dem Anteil des Change-Management-Budgets am Gesamtbudget gefragt. Erfahrungsgemäß ist jedoch teilweise im Change-Management-Budget auch das Trainingsbudget enthalten. Aus diesem Grund wird dies in den folgenden Ausführungen differenziert dargestellt (vgl. Abbildung 11).

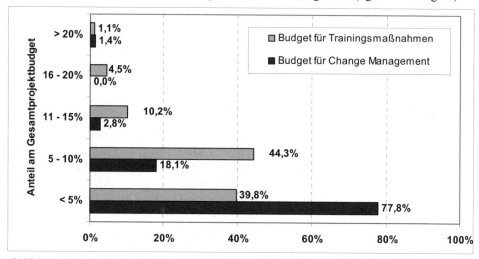

Abbildung 11: Anteile des Change-Management-Budgets am Gesamtprojektbudget

Bei fast 70 Prozent der Projekte wurde das Change-Management-Budget ohne das Trainingsbudget definiert. Bei den in dieser Studie hauptsächlich vorliegenden kleinen und mittleren SAP-Projekten werden von 78 Prozent der befragten Unternehmen bis zu fünf Prozent des Gesamtprojektbudgets für Change Management aufgewendet.

Bei den Projekten, die das Training unabhängig vom Change Management budgetiert haben, entfallen bei knapp 40 Prozent der Unternehmen bis zu fünf Prozent des Gesamtbudgets auf das Training der Endanwender. Bei 44 Prozent der Unternehmen wird zwischen fünf und zehn Prozent des Gesamtbudgets für das Training der Endanwender ausgegeben.

Change Management in der Projektorganisation

Gerade weil die meisten Unternehmen Change Management eine wichtige Rolle zuschreiben, sollte es bereits bei der Planung und dem Aufsetzen von SAP-Projekten berücksichtigt werden. Dadurch lassen sich in der Regel viele der genannten Hindernisse schon im Vorfeld ausräumen oder zumindest verringern. In der Praxis wird Change Management bei einem Drittel der Unternehmen jedoch erst später eingesetzt. In jedem Fall ist zu klären, wie Change Management in der Projektorganisation verankert werden soll.

Während in knapp zwei Drittel der Fälle ein eindeutiger Verantwortlicher für das Thema Change Management festgelegt ist, geben etwas mehr als ein Drittel der Befragten an, keine Person explizit für das Change Management benannt zu haben. Wird die Regelung der Verantwortlichkeit im Zusammenhang mit dem Change-Management-Budget gesehen, so zeigt sich, dass mit zunehmendem Budget, auch eher ein Verantwortlicher für das Change Management benannt wird. Dies spiegelt sich auch in der organisatorischen Verankerung des Change Managements wider (vgl. Abbildung 12).

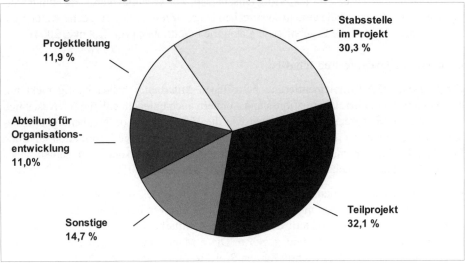

Abbildung 12: Organisatorische Verankerung von Change Management

In 60 Prozent der Unternehmen wird Change Management in Form eines Teilprojektes bzw. einer Stabsstelle in der Projektorganisation verankert. Hierfür gibt es in der Regel auch eine klare Verantwortungszuordnung. Unter der Kategorie „Sonstige" geben zehn Unternehmen an, dass das Change Management Aufgabe aller Projektmitglieder war bzw. „nebenher" erledigt werden muss.

Im Schnitt besteht das Team aus zwei bis drei Personen, die meistens Teilzeit zur Verfügung stehen. Darüber hinaus gibt es nur in 33 Prozent der Fälle einen dezentralen Change-Management-Verantwortlichen in den jeweiligen Implementierungsbereichen (z. B. Werke, Geschäftsstellen). Dies ist nicht verwunderlich, da es sich bei der Befragungsstichprobe überwiegend um kleine und mittlere SAP-Projekte handelt. Offenbar ist der Aufbau einer umfangreichen Change-Management-Organisation in diesem Fall nicht notwendig.

2.3.3 Gestaltung von Change-Management-Maßnahmen

Um bei zukünftigen SAP-Projekten von den Erfahrungen der befragten Unternehmen profitieren zu können, wurden verschiedene Change-Management-Maßnahmen untersucht. Dazu wurde die umfangreiche Literatur zu ERP-Implementierungsprojekten durchsucht, die sich insbesondere mit kritischen Erfolgsfaktoren beschäftigen (vgl. *Kohnke* in diesem Buch). Herausgefiltert wurden diejenigen Erfolgsfaktoren, die einen Bezug zum Change Management haben und aus denen sich entsprechende Maßnahmen ableiten lassen.

Die Unternehmen mit Change Management in ihren Projekten gaben für jede Maßnahmen an, ob sie diese in ihren Projekten eingesetzt haben und wie hoch sie die Bedeutung dieser Maßnahme für den Projekterfolg einschätzen. Zur vereinfachten Darstellung werden die analysierten Maßnahmen entsprechend ihrer Zielsetzung zu sechs Kategorien zusammengefasst und die Ergebnisse je Kategorie beschrieben (vgl. Kohnke, 2004):

Gemeinsame Orientierung schaffen

Die von einer SAP-Implementierung betroffenen Mitarbeiter haben häufig nicht nur einen unterschiedlichen Informationsstand, sondern auch unterschiedliche Interessen und Ziele. Change-Management-Maßnahmen wie die Vermittlung von Notwendigkeit, Zielen und Konsequenzen der SAP-Einführung oder die regelmäßige Information über den Projektverlauf tragen hier dazu bei, bei allen betroffenen Personen ein gemeinsames Projektverständnis zu schaffen (vgl. auch Somers & Nelson, 2001).

Um eine gemeinsame Orientierung hinsichtlich des Projektes zu erreichen, werden von den befragten Unternehmen nicht nur die Ziele, die Notwendigkeit und der Nutzen des Projektes kommuniziert, sondern den betroffenen Mitarbeitern auch ein regelmäßiges Feedback über den Projektverlauf gegeben. Diese Maßnahmen werden von den Unternehmen auch als besonders wichtig für den Projekterfolg eingeschätzt.

Die Entwicklung einer ansprechenden Vision und die Darstellung der Konsequenzen der SAP-Einführung für die Mitarbeiter werden weniger häufig eingesetzt. Die Einschätzung der Wichtigkeit für den Projekterfolg wird im Gegensatz jedoch als hoch bewertet.

Tabelle 5: Maßnahmen, um gemeinsame Orientierung zu schaffen

Maßnahmen	Häufigkeit des Einsatzes (Nennung in %)	Wichtigkeit für Projekterfolg (Mittelwert*)
Darstellung der Ziele der SAP-Implementierung zu Beginn des Projekts	93,2 Prozent	1,07
Vermittlung der Notwendigkeit der SAP-Implementierung gegenüber den Mitarbeitern	89,5 Prozent	1,11
Regelmäßige Information der betroffenen Führungskräfte und Mitarbeiter über den Projektverlauf	88,0 Prozent	1,12
Kommunikation des Nutzens der SAP-Implementierung	81,7 Prozent	1,18
Darstellung der Konsequenzen der SAP-Implementierung	69,8 Prozent	1,30
Entwicklung einer ansprechenden Vision der Veränderung durch das Management	65,1 Prozent	1,35

* 1 = „sehr wichtig"; 5 = „überhaupt nicht wichtig"

Überzeugung herstellen

Damit die betroffenen Mitarbeiter in die gewünschte Richtung handeln (z. B. die Daten entsprechend der Systemvorgaben einpflegen), ist es nicht ausreichend, dass sie über die Zielsetzung des SAP-Projektes informiert sind. Sie müssen auch von der Sinnhaftigkeit der SAP-Einführung überzeugt sein. Die sichtbare Unterstützung des Top-Managements kann zur Schaffung von Überzeugung genauso beitragen wie die aktive Einbindung der betroffenen Fachbereiche oder der Mitbestimmungsgremien in das Projekt (vgl. auch Appleton, 1997; Barker & Frolick, 2003; Ives & Olson, 1984).

Tabelle 6: Maßnahmen, um Überzeugung herzustellen

Maßnahmen	Häufigkeit des Einsatzes (Nennung in %)	Wichtigkeit für Projekterfolg (Mittelwert*)
Einbindung der Fachbereiche in die Projektarbeit (z.B. durch Keyuser)	96,2 Prozent	1,04
Unterstützung des Projekts durch ein oder mehrere Personen aus dem Top Management	78,5 Prozent	1,22
Einbindung der zuständigen Mitbestimmungsgremien (z. B. Betriebsrat) in die Projektarbeit	74,4 Prozent	1,26
Berücksichtigung der Erwartungen der von der SAP-Implementierung betroffenen Mitarbeiter	57,7 Prozent	1,42
Regelmäßige Analyse der Einstellungen und Bedürfnisse der von der SAP-Implementierung betroffenen Mitarbeiter	51,9 Prozent	1,48

* 1 = „sehr wichtig"; 5 = „überhaupt nicht wichtig"

Die Einbindung der betroffenen Fachbereiche wird im Vergleich zu allen anderen hier dargestellten Maßnahmen am häufigsten durchgeführt. Dies spiegelt sich auch in der extrem hohen Einschätzung der Bedeutung dieser Maßnahme für den Projekterfolg wider.

Obwohl nur drei Viertel der befragten Unternehmen die Mitbestimmungsgremien in die Projektarbeit einbinden, wird die Bedeutung für den Projekterfolg als fast ebenso hoch eingeschätzt wie die Unterstützung des Projektes durch das Top-Management.

Maßnahmen zum „Stakeholder"-Management (z. B. Management von Erwartung und Analyse der Einstellungen und Bedürfnisse) werden hingegen nur von etwas mehr als der Hälfte der Unternehmen eingesetzt. Die Bedeutung für den Projekterfolg wird allerdings als hoch eingeschätzt.

Befähigung sicherstellen

Für den Erfolg von SAP-Implementierungsprojekten sind nicht nur das Wissen und das Wollen der Mitarbeiter relevant, sondern sie müssen auch über die notwendigen Kompetenzen verfügen. Maßnahmen zur fachlichen bedarfsorientierten Qualifizierung und die Schaffung von Übungsmöglichkeiten (z. B. Trainings- und Testsysteme) für die betroffenen Endanwender sind daher wichtig (vgl. auch Abdinnour-Helm et al., 2003; Aladwani, 2001; Al-Mashari et al., 2003; Somers & Nelson, 2001).

Tabelle 7: Maßnahmen, um Befähigung sicherzustellen

Maßnahmen	Häufigkeit des Einsatzes (Nennung in %)	Wichtigkeit für Projekterfolg (Mittelwert*)
Durchführung bedarfsorientierter Trainingsmaßnahmen für die Endanwender	80,2 Prozent	1,20
Schaffen von Übungsmöglichkeiten für die Endanwender zur Entwicklung neuer Fähigkeiten	70,6 Prozent	1,29

* 1 = „sehr wichtig"; 5 = „überhaupt nicht wichtig"

Die Mehrzahl der Unternehmen führt bedarfsorientierte Trainingsmaßnahmen für die Endanwender durch. Darüber hinaus geben mehr als zwei Drittel der Unternehmen ihren Mitarbeitern auch genügend Zeit, die mit der SAP-Einführung verbundenen neuen Fähigkeiten zu entwickeln. Beide Maßnahmen werden auch als sehr wichtig für den Projekterfolg eingeschätzt.

Einheitliche Projektwahrnehmung sicherstellen

Darunter ist die gezielte Kommunikation nach außen und ein geschlossenes Auftreten der Projektmitglieder gegenüber der restlichen Organisation zu verstehen. Change-Management-Maßnahmen wie eine klare Aufgaben- und Rollenverteilung sowie eine regelmäßige Kommunikation innerhalb des Teams, das Training der Projektmitglieder zur Bewältigung von Veränderungsprozessen und das Vorleben der Projektziele können dazu beitragen, dass das gesamte Projekt in der Organisation einheitlich wahrgenommen wird (vgl. auch Ang et al., 1995; Barker & Frolick, 2003; Murray, 2001; Umble et al., 2003).

In fast allen Projektteams erfolgt eine regelmäßige Kommunikation und entsprechend hoch wird auch deren Wichtigkeit für den Projekterfolg eingeschätzt. Ähnlich fallen auch die Ergebnisse zum Informationsaustausch zwischen Projektteam und dem Management sowie zur Aufgaben- und Rollenverteilung innerhalb des Projektteams aus.

Andere Maßnahmen wie das einheitliche Auftreten des Projektteams, das Vorleben der Vision sowie das Training des Projektteams zur Bewältigung von Veränderungsprozessen werden weniger häufig durchgeführt. Die Wichtigkeit dieser Maßnahmen für den Projekterfolg wird hingegen als hoch eingeschätzt.

Tabelle 8: Maßnahmen, um eine einheitliche Projektwahrnehmung sicherzustellen

Maßnahmen	Häufigkeit des Einsatzes (Nennung in %)	Wichtigkeit für Projekterfolg (Mittelwert*)
Regelmäßige Kommunikation innerhalb des Projektteams	96,7 Prozent	1,03
Regelmäßiger Informationsaustausch zwischen der Projektleitung und dem Management	91,6 Prozent	1,08
Klare Aufgaben- und Rollenverteilung innerhalb des Projektteams	88,3 Prozent	1,12
Einheitliches Auftreten des Projektteams gegenüber der restlichen Organisation	66,7 Prozent	1,33
Vorleben der Vision durch das Projektteam	62,9 Prozent	1,37
Training des Projektteams zur Bewältigung von Veränderungsprozessen	52,5 Prozent	1,48

* 1 = „sehr wichtig"; 5 = „überhaupt nicht wichtig"

Ergebnisse erfahrbar machen

Die Mitarbeiter können sich häufig nicht vorstellen, was mit der SAP-Implementierung auf sie zukommt. Deshalb ist es hilfreich, Ergebnisse so früh wie möglich sichtbar und erfahrbar zu machen. Beispielsweise kann die Besichtigung einer bereits realisierten SAP-Lösung bei einem anderen Unternehmen oder das Ausprobieren einer Demo-Version von SAP dazu beitragen, die Vorstellungen der betroffenen Personen zu konkretisieren.

Tabelle 9: Maßnahmen, um Ergebnisse erfahrbar zu machen

Maßnahmen	Häufigkeit des Einsatzes (Nennung in %)	Wichtigkeit für Projekterfolg (Mittelwert*)
Kommunikation von Erfolgen (auch Zwischenerfolgen) der Veränderung	63,6 Prozent	1,36
Schaffung von Möglichkeiten, realisierte SAP-Lösungen anderer Organisationen anzusehen	59,5 Prozent	1,41
Schaffung von Möglichkeiten, eine Demoversion der SAP-Lösungen auszuprobieren	55,7 Prozent	1,44

* 1 = „sehr wichtig"; 5 = „überhaupt nicht wichtig"

Die Maßnahmen zur Darstellung der Ergebnisse des SAP-Projektes werden im Durchschnitt nur von ca. 60 Prozent der befragten Unternehmen durchgeführt. Die Maßnahmen werden jedoch als wichtig für den Projekterfolg eingeschätzt.

Nachhaltigkeit der Veränderung sicherstellen

Veränderungsprozesse wie die Implementierung einer SAP-Lösung sind erfolgreicher, wenn durch eine Veränderung der organisationalen Rahmenbedingungen das Verhalten der Mitarbeiter positiv verstärkt wird. Dazu kann beispielsweise ein Anreiz- oder Zielvereinbarungssystem oder auch ein Controlling der durchgeführten Change-Management-Maßnahmen hilfreich sein.

Tabelle 10: Maßnahmen, um eine Nachhaltigkeit der Veränderung sicherzustellen

Maßnahmen	Häufigkeit des Einsatzes (Nennung in %)	Wichtigkeit für Projekterfolg (Mittelwert*)
Controlling der getroffenen Change-Management-Maßnahmen	57,8 Prozent	1,42
Etablierung/Nutzung eines Zielvereinbarungssystems zur Unterstützung des SAP-Implementierungsprojekts	40,7 Prozent	1,59
Etablierung/Nutzung eines Anreizsystems zur Unterstützung des SAP-Implementierungsprojekts	35,5 Prozent	1,65

* 1 = „sehr wichtig"; 5 = „überhaupt nicht wichtig"

Von den befragten Unternehmen werden Maßnahmen zur Sicherstellung der Nachhaltigkeit der Veränderung im Vergleich zu den anderen hier analysierten Maßnahmen am wenigsten eingesetzt. Die Bedeutung dieser Maßnahmen für den Projekterfolg wird jedoch als sehr hoch eingeschätzt.

Zusammenfassung

Fast alle Change-Management-Maßnahmen werden in mehr als der Hälfte der Projekte eingesetzt. Hierbei zeigt sich auch ein tendenziell positiver Zusammenhang zwischen der eingeschätzten Wichtigkeit der Maßnahme für den Projekterfolg und deren Einsatzhäufigkeit. Allerdings wird die Wichtigkeit bei allen Maßnahmen als hoch bis sehr hoch eingeschätzt. Dies führt bei einigen Maßnahmen zu einer Diskrepanz zwischen eingeschätzter Wichtigkeit und Einsatzhäufigkeit, z. B. bei Maßnahmen zum „Stakeholder"-Management und zur Sicherstellung der Nachhaltigkeit der Veränderung sowie bei Maßnahmen, um Erfolge sichtbar zu machen. Hier kann Change Management ansetzen, um einen noch größeren Beitrag zum Projekterfolg zu leisten.

2.4 Nutzen von Change Management

Im nächsten Schritt interessiert der konkrete Einfluss von Change Management auf den Erfolg von SAP-Implementierungsprojekten. Dazu wurde analysiert, inwieweit sich Projekte mit und ohne Change Management hinsichtlich konkreter Erfolgskriterien unterscheiden. Im Rahmen der Studie wurden projektbezogene Erfolgsindikatoren untersucht, die sich im Grundsatz an den Erfolgskriterien von Kirkpatrick (1994; Goldstein, 2002) orientieren:

Gesamtprojekterfolg

Der Erfolg eines SAP-Implementierungsprojekts hängt davon ab, inwieweit sich die mit der SAP-Einführung gewünschten Effekte, z. B. erhöhte Effizienz in den Geschäftsprozessen, längerfristig einstellen.

Projektbezogene kurzfristige Erfolgsfaktoren

Unmittelbare Indikatoren, ob ein Projekt erfolgreich abgeschlossen wurde, sind die Einhaltung des Zeit- und Budgetplans sowie die Frage, ob der ursprünglich geplante Umfang der Funktionalitäten umgesetzt wurde.

Akzeptanz der SAP-Lösungen

Unter diese Dimension fallen Aspekte wie Akzeptanz und Zufriedenheit der Endanwender und des Managements.

Verhalten der Endanwender

Ob eine SAP-Implementierung den intendierten Nutzen erbringt, hängt vom Verhalten der Endanwender ab. Entsprechend stellen sowohl die Einhaltung der vorgesehenen Prozessabläufe und Regeln als auch die Eingabe der notwendigen Daten in das SAP-System Erfolgsindikatoren dar.

Lernerfolge der Organisation

Um diesen Erfolgsindikator zu messen, wurden die teilnehmenden Unternehmen befragt, inwieweit sie nach Projektabschluss in der Lage waren, selbstständig die Administration der implementierten SAP-Lösung zu übernehmen und Fragen zur implementierten SAP-Lösung zu beantworten.

In Abbildung 13 zeigt sich eine klare Tendenz dahin, dass SAP-Implementierungsprojekte mit Change Management erfolgreicher sind als Projekte ohne Change Management (mit Ausnahme der Einhaltung des Projektbudgets).

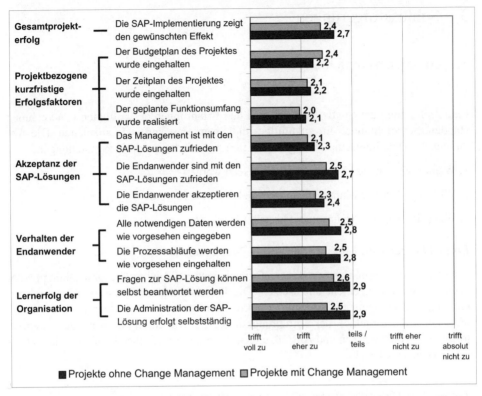

Abbildung 13: Vergleich der Mittelwerte der Projekte mit und ohne Change Management bezogen auf die Erfolgskriterien

Bei vier Erfolgsvariablen ist der positive Einfluss von Change Management signifikant:

- Zum Zeitpunkt des Projektabschlusses waren die Endanwender mit der/den implementierten SAP-Lösungen zufrieden (p = ,030; t = -1,809; df = 183)
- Nach Projektabschluss war die Organisation selbstständig in der Administration der implementierten SAP-Lösung(en) (p = ,024; t = -1,992; df = 180)
- Am Ende des Projekts halten die Endanwender die vorgesehenen Prozessabläufe und Regeln ein (p = , 036; t = -1;765; df = 183)
- Am Ende des Projekts geben die Endanwender, wie vom SAP-System vorgesehen, alle notwendigen Daten korrekt ein (p = ,016; t = -2,162; df = 183)

Change Management hat damit einen eindeutig positiven Effekt auf den Erfolg von SAP-Projekten. Dieses Ergebnis deckt sich mit der Einschätzung der befragten Experten, wie stark Change Management ihrer Meinung nach den Projekterfolg beeinflusst: Fast 80 Prozent schätzen den Einfluss von Change Management auf den Erfolg als sehr stark bzw. eher stark ein. Nur in ca. vier Prozent der Fälle weisen die befragten Unternehmen dem Change Management wenig Gewicht bzgl. des Projekterfolgs zu.

3. Schlussfolgerungen

3.1 Handlungsempfehlungen

Eine Zielsetzung der Studie lag darin, aus den Erfahrungen der befragten Unternehmen Handlungsempfehlungen für zukünftige Implementierungsprojekte abzuleiten. Die Ableitung von Handlungsempfehlungen orientiert sich hierbei an drei Fragestellungen:

1. Wann sollte Change Management eingesetzt werden?
2. Wie sollte Change Management im Projekt verankert werden?
3. Wie sollte Change Management gestaltet werden?

Empfehlungen zum Einsatz von Change Management

Generell kann empfohlen werden, mit zunehmender Projektgröße bzw. -komplexität auch Change Management einzusetzen. Die Projektkomplexität lässt sich anhand des Gesamtprojektbudgets, der Anzahl der betroffenen Standorte und Mitarbeiter, der Internationalität des Projektes, der Einführungsstrategie sowie durch die Größe der organisatorischen Veränderungen und Ausprägungen des organisatorischen Umfeldes charakterisieren (vgl. Tabelle 11):

Tabelle 11: Empfehlungen zum Einsatz von Change Management

Change Management sollte umso eher eingesetzt werden …
… je größer das Gesamtprojektbudget ist,
… je mehr Mitarbeiter von der SAP-Implementierung betroffen sind,
… je mehr Standorte von der SAP-Implementierung betroffen sind,
… je internationaler die SAP-Implementierung ist,
… je mehr globale Vorgaben bei der Definition des Funktionsumfanges bestehen,
… je größer die organisatorischen Veränderungen sind,

Empfehlungen zur Verankerung von Change Management im Projekt

Bei der Definition einer geeigneten Change-Management-Strategie ist auch zu klären, wie es in der Projektorganisation verankert und wie es personell und finanziell ausgestattet werden soll. Aus den Ergebnissen lassen sich hierzu eine Reihe von Empfehlungen ableiten, die allerdings teilweise vor dem Hintergrund der hier betrachteten kleinen und mittleren Projekte zu bewerten sind.

Tabelle 12: Empfehlungen zur Verankerung von Change Management

Die Verankerung von Change Management sollte erfolgen durch ...

- ... die klare Definition der Ziele, Aufgaben und Rolle,
- ... die Etablierung von Beginn des SAP-Projekts an,
- ... die Etablierung eines Teilprojektes oder einer Stabsstelle in der Projektorganisation,
- ... die Benennung eines klaren Verantwortlichen,
- ... die personelle Ausstattung des Change-Management-Teams mit zwei bis drei Personen bei kleinen Projekten,
- ... die Benennung dezentraler Ansprechpartner (z. B. Change Agents) bei großen Projekten mit mehreren betroffenen Standorten,
- ... die finanzielle Ausstattung des Budgets von mindestens fünf Prozent des Gesamtprojektbudgets,
- ... die finanzielle Ausstattung des separaten Trainingsbudgets von mindestens zehn Prozent des Gesamtprojektbudgets.

Empfehlungen zur Gestaltung von Change Management

Weiterhin lassen sich aus den Erfahrungen der befragten Unternehmen Empfehlungen für die konkrete Gestaltung von Change Management-Maßnahmen ableiten. Diese Empfehlungen orientieren sich an den am wichtigsten eingeschätzten Maßnahmen (vgl. Tabelle 13):

Tabelle 13: Empfehlungen zur Gestaltung von Change Management

Change Management sollte ...

- ... die betroffenen Fachbereiche aktiv und frühzeitig in die Projektarbeit einbinden,
- ... die betroffenen Mitarbeiter über Ziele, Inhalte, Nutzen und Konsequenzen des SAP-Projektes informieren,
- ... die Notwendigkeit der SAP-Implementierung vermitteln,
- ... die betroffenen Mitarbeiter regelmäßig über den Projektverlauf informieren,
- ... bedarfsorientierte Trainingsmaßnahmen durchführen,
- ... die Unterstützung des Projekts durch das Top-Management sicherstellen.

Zwischen Change Management und Projektmanagementaufgaben gibt es je nach Definition fließende Übergänge. Da in dieser Studie auch einige Aspekte zum Projektmanagement genannt und bewertet worden sind, werden die Empfehlungen zum Projektmanagement separat dargestellt (vgl. Tabelle 14):

Tabelle 14: Empfehlungen zur Gestaltung des Projektmanagements

Projektmanagement sollte ...

- ... eine regelmäßige Kommunikation innerhalb des Projektteams ermöglichen,
- ... einen regelmäßigen Informationsaustausch zwischen der Projektleitung und dem Management sicherstellen,
- ... die Zielsetzung und die Projektstruktur (v. a. Rollen- und Aufgabenverteilung) für alle Beteiligten klar und eindeutig festlegen,
- ... Projektmitarbeiter auswählen, die sowohl über ausreichend SAP- als auch Projektmanagement Know-how verfügen,
- ... für ausreichend finanzielle, personelle und zeitliche Ressourcen sorgen.

3.2 Ausblick

Wie die Ergebnisse dieser Studie verdeutlichen, fördern die aufgeführten Change-Management-Maßnahmen den Erfolg von SAP-Implementierungsprojekten nachhaltig, was sich in Erfolgskriterien wie Akzeptanz, Zufriedenheit mit den implementierten SAP-Lösung(en) und auch dem Verhalten der Endanwender manifestiert.

Die positiven Erfahrungen, die die befragten Unternehmen mit Change Management gesammelt haben, zeigen sich auch darin, dass über 90 Prozent von ihnen dazu tendieren, bei zukünftigen SAP-Projekten Change Management wieder einzusetzen (vgl. Abbildung 14).

Interessant ist das Ergebnis bei den Unternehmen, die bisher kein Change Management angewendet haben. Hier tendieren über zwei Drittel der Unternehmen dazu, bei ihren zukünftigen SAP-Projekten Change Management einzusetzen. Dieses Ergebnis ist ein Indiz dafür, dass sich durch Change Management eine Reihe von Hindernissen bzw. Risiken in einem SAP-Implementierungsprojekt reduzieren lassen und damit ein Beitrag zum Projekterfolg geleistet wird.

Mit der Durchführung dieser Studie wurde erstmals anhand einer großen und repräsentativen Stichprobe erhoben, ob und wie Change Management bei SAP-Projekten eingesetzt wird. Dabei konnte der positive Einfluss von Change Management auf den Projekterfolg aufgezeigt werden. Neben Change Management können jedoch noch weitere Erfolgsfaktoren für SAP-Projekte aufgeführt werden, u. a die IT-Architektur, Qualität der Stammdaten, die Kompetenz des Projektteams und der externen Berater sowie die eingesetzten Projektmanagement-Werkzeuge. Deshalb wäre es sinnvoll, den Effekt von Change-Management-Maßnahmen im Kontext anderer Erfolgsfaktoren zu bewerten.

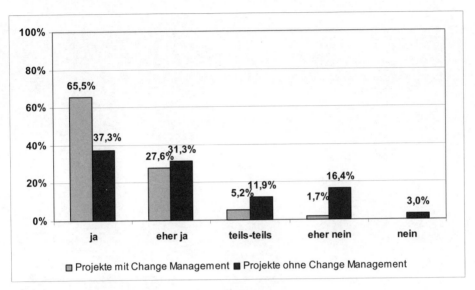

Abbildung 14: Zukünftiger Einsatz von Change Management

Die Ergebnisse dieser Studie basieren auf Einschätzungen von Experten, die für das Thema Change Management verantwortlich waren. Um die Wirkung von Change-Management-Maßnahmen noch aus einer anderen Richtung zu analysieren, wären ergänzende Befragungen der von einer SAP-Implementierung betroffenen Führungskräfte und Mitarbeiter sinnvoll. Dies könnte beispielsweise in Form von Fallstudien erfolgen.

Außerdem wäre es interessant, gezielt unterschiedliche Arten von SAP-Projekten zu untersuchen. Ähnliche Studien könnten sich beispielsweise auf spezifische Branchen oder SAP-Lösungen fokussieren. Insbesondere große, multinationale Projekte sollten stärker berücksichtigt werden, um die vorliegende Befragung zu ergänzen. Dabei können auch verstärkt interkulturelle Fragestellungen im Rahmen von globalen SAP-Implementierungen berücksichtigt werden.

Darüber hinaus wäre zu empfehlen, diese Befragung in zwei bis drei Jahren zu wiederholen, um zu untersuchen, wie sich das Thema Change Management weiter entwickelt.

Christoph Püttgen & Robert A. Roe

Change-Management-Praktiken und SAP-Implementierungserfolg – Eine empirische Studie mit SAP-Projektleitern

1. Einleitung 144
2. Hintergrund und Zielsetzung der Studie 145
3. Untersuchungsmodell und Hypothesen 149
4. Anmerkung zur Methodik 151
5. Ergebnisse 153
6. Diskussion 158
7. Schlussfolgerungen 165

1. Einleitung

Von einem richtig gewählten und implementierten ERP[1]-System profitieren Unternehmen durch eine signifikante Verringerung u.a. der Inventarisierungskosten, Rohstoffpreise, Produktionszeit und Produktionskosten (Gunn, 1998). Daher überrascht es nicht, dass ERP-Software einer der am schnellsten wachsenden Sektoren im Softwaremarkt ist, und eine der wichtigsten Entwicklungen der Informationstechnologie im letzten Jahrzehnt (Somers & Nelson, 2001). Da ein unternehmensweites Informations-Management zu einem entscheidenden Wettbewerbsvorteil geworden ist (Buck-Emden, 2000), ist die Informationstechnologie, wie z.B. ERP-Systeme, zu einem Hauptanlass für heutige organisatorische Veränderungsprozesse geworden. Anstatt bestehende Prozesse in einem ERP-System bloß abzubilden, bestimmt die IT heutzutage das Design der Arbeitsprozesse zu großen Teilen.

Die Implementierung von ERP-Systemen führt nicht grundsätzlich zu verbesserten Betriebsresultaten (Betz, 1998). Praxiserfahrungen zeigen eine Vielfalt von Implementierungsproblemen, die überwiegend mit den menschlichen Aspekten der Organisationsveränderung verbunden sind. Dies lässt sich durch die Funktionsweise eines ERP-Systems erklären. Für Mitarbeiter bedeutet die Einführung eines ERP-Systems häufig eine gravierende Veränderung[2], die Widerstand und eine höhere Fehlerquote auslösen kann (Somers & Nelson, 2001). Tatsächlich sind die möglichen Folgen organisatorischer Veränderung weitreichend.

Aus Mitarbeiter- und Organisationsperspektive listet Preece (1995) einige der Felder auf, auf die neue Technologien sich im Allgemeinen auswirken können: Anzahl der Mitarbeiter, Standorte, Arbeitsabläufe, Arbeitsinhalte, Kompetenzen und Training der Beschäftigten, Kondition der Anstellung, Aufbauorganisation, Personalrekrutierung und Personalauswahl. Wegen des großen Umfangs eines ERP-Systems, sind bei der Einführung viele dieser Effekte zu erwarten. Für die Mitarbeiter stellen solche Effekte oftmals eine ernsthafte Bedrohung dar. So machen die Beschäftigten eines Unternehmens sich laut Preece (1995) Sorgen, wie ihre Arbeit zukünftig aussehen wird oder ob sie ihren Arbeitsplatz verlieren. Schließlich ist es möglich, dass Beschäftigte nicht kooperieren oder sich sogar widersetzen. Appleton (1997) schätzt, dass die Hälfte aller ERP-Implementierungen den erwarteten Nutzen nicht erzielt, da Unternehmen den Stellenwert eines Change Managements signifikant unterschätzen.

Die Risiken einer fehlerhaften Implementierung haben zu einem wachsenden Interesse an Prozessen zur Organisationsveränderung geführt. Es stellt sich die Frage, welche Faktoren für den Erfolg von Veränderungsprozessen entscheidend sind und wie sich solche Prozesse optimieren lassen. Die vorliegende Studie knüpft bei dem Begriff *Organizational Change Management* (Change Management) an, unter dem seit Anfang der 1990er Jahre der systematische und planvolle Umgang mit Veränderungsprozessen verstanden wird. Change Management beschäftigt sich u.a. mit den emotionalen Reaktionen von Mitarbeitern auf eine Veränderung und zielt darauf ab, ein veränderungsfreundliches

Umfeld zu generieren (Reiss et. al., 1997). Hieraus folgt, dass die Gewährleistung einer veränderungsfreundlichen Umgebung entscheidend für den Erfolg einer ERP-Implementierung sein kann.

Diese Studie zielt darauf ab, das Verständnis der Beziehungen zwischen Change Management und dem Erfolg von ERP-Implementierungen zu verbessern. Das Ziel ist es, festzustellen, in welchem Maß die Anwendung von Change Management Prinzipien den Erfolg einer ERP-Implementierung bestimmt. Diese Frage wird durch eine Kombination von Literaturstudie und empirischer Erhebung beantwortet.

2. Hintergrund und Zielsetzung der Studie

SAP ist der größte Lieferant von ERP-Software und das viertgrößte Softwareunternehmen der Welt[3]. Die SAP eigene Implementierungspraxis – für mittlerweile mehr als 13000 Unternehmen – wurde noch nicht mit dem Fokus auf Change Management wissenschaftlich analysiert.

In der jüngeren Vergangenheit setzte sich die Idee durch, dass auf den menschlichen Faktor abzielende Services eine notwendige Ergänzung der SAP Serviceportfolio darstellen. Auf diese Art und Weise etablierte sich das Thema Change Management in der SAP. Im Rahmen der vorliegenden Studie galt es als Ziel, die langjährige Erfahrung von SAP-Projektleitern zu systematisieren und diese für eine zukünftige Anwendung im Change Managements nutzbar zu machen.

Literaturstudie

Im Folgenden geht es zunächst um die Frage, welche Erkenntnisse aus der Literatur über ERP-Implementierung mit den Prinzipien des Change Management übereinstimmen. Daraufhin wird beleuchtet, wie sich der Erfolg einer Implementierung messen lässt.

Kritische Erfolgfaktoren in ERP-Implementierungen

Durch eine umfangreiche Auswertung der Implementierungsliteratur identifizierten Somers und Nelson (2001) 22 kritische Erfolgsfaktoren (KEF) in ERP-Implementierungen[4]. Diese können Projektverantwortlichen als Orientierung dienen, wenn es darum geht, eine Prozessverbesserung zu erzielen. In diesem Sinn stellt ein KEF eine Praxis zur Förderung des gewünschten Effekts dar. Somers und Nelsons (2001) Review stellt eine Zusammenfassung jener kritischen Anforderungen dar, die von Experten aus

Wirtschaft und Wissenschaft auf dem Gebiet der Softwareimplementierung empfohlen wurden.

Nur ein Teil der von Somers und Nelson (2001) identifizierten KEFs gelten auch vom Change Management Standpunkt aus betrachtet als relevante Erfolgsfaktoren. Es folgt eine Auswahl und Diskussion jene KEFs, die sich auch aus Change Management Perspektive belegen lassen. Pro Erfolgsfaktor werden die Anknüpfungspunkte an die Change Management Literatur kurz aufgezeigt.

(1) *Top Management Support*. Die Rolle des Top-Managements in IT-Implementierungen umfasst die Entwicklung eines Verständnisses für die Fähigkeiten und Grenzen der IT, die Verankerung plausibeler Ziele für die IT-Systeme, die Demonstration starken Engagements für die erfolgreiche Implementierung der IT sowie die Kommunikation der unternehmensweiten IT-Strategie (Somers und Nelson, 2001) Vom Change Management Gesichtspunkt her entspricht Top Management Support einer Change Management-Leitlinie, die besagt, dass das Top Management sein Engagement für den Veränderungsprozess öffentlich zum Ausdruck bringen sollte (Mc Nish, 2001).

(2) *Veränderungsvorbilder*. Der Erfolg technologischer Innovationen wurde oft mit der Anwesenheit eines Vorkämpfers in Zusammenhang gebracht. Dieser lebt die entscheidenden Funktionen eines Transformationsführers und Sponsors vor und kümmert sich um das Marketing des Projektes im Hinblick auf die Endanwender (Somers und Nelson, 2001). Diese Darstellung entspricht einer anderen Change-Management-Leitlinie, die besagt, dass die Änderung vorgelebt werden sollte. (Mc Nish, 2001).

(3) *Learning und Training*. Bezüglich Learning und Training als KEF in ERP-Implementierungen erklären Somers und Nelson (2001), dass zumindest ein jeder, der die ERP-Systeme benutzen wird, frühzeitig darin geschult werden muss, wie diese funktionieren. Somers und Nelson (2001) betonen die Wichtigkeit von Schulungen, um die Fähigkeiten der Mitarbeiter zu verbessern. Vom Change-Management-Gesichtspunkt aus betont Rohe (1998) in ähnlicher Weise die Wichtigkeit, eventuelle Kompetenzlücken der Mitarbeiter zu schließen. In ihrer Diskussion typischer Change-Management-Probleme heben Grover et al. (1995) hervor, dass es entscheidend ist, (a) adäquate Trainings und (b) genügend Zeit zu Entwicklung der neuen Fähigkeiten zu bieten.

(4) *Erwartungsmanagement*. Laut Somers und Nelson (2001) zeigte sich, dass die Handhabe der Endanwendererwartungen mit dem Erfolg einer Systemimplementierung zusammenhängt. So können die Erwartungen in einem Unternehmen die tatsächlichen Fähigkeiten des Systems übersteigen, was eine Gefahr für die ERP-Implementierung bedeutet. Aus Change-Management-Sicht legt Rohe (1998) das Management von Mitarbeitererwartungen nahe, um eventuelle Widerstände zu bewältigen. Cummings und Worley (1993) weisen darauf hin, dass stets der erste Schritt in einem effektiven Umgang mit Veränderung sei, die Mitarbeiter durch die Kommunikation der Notwendigkeit zur Veränderung zu motivieren. Als eine Methode für das Sicherstellen von Veränderungsbereitschaft schlagen sie in diesem Zusammenhang die Kommunikation positiver, realistischer Erwartungen über die Vorteile der Veränderung vor.

(5) *Information über zukünftige Arbeitsabläufe.* Die Information über zukünftige Arbeitsabläufe ist laut Somers und Nelson (2001) essenziell für den Erfolg einer ERP-Implementierung. Für Manager ist es ein Muss, über die Zielsetzung und die Langzeit-Perspektive der Einführung zu kommunizieren, um so die Unterstützung der von der Veränderung betroffenen Mitarbeiter zu gewinnen. Dies entspricht ebenfalls einer Change-Management-Leitlinie (Mc Nish, 2001), die besagt, dass die betroffenen Mitarbeiter gut informiert werden müssen über das, was von ihnen im neuen System erwartet wird. Wie Rohe (1998) bemerkt, bedingt das Nicht-Verstehen der Gründe für eine Veränderung eine verringerte Unterstützung durch die Mitarbeiter.

(6) *Unternehmensweite Kommunikation.* Unternehmensweite Kommunikation ist laut Somers und Nelson (2001) besonders erfolgsrelevant. So sei Kommunikation essentiell innerhalb des Projektteams, zwischen dem Team und dem Rest des Unternehmens sowie zwischen dem Softwareanbieter und dem Kunden. Vom Change-Management-Standpunkt aus betrachtet, unterstreichen Cushman und King (1995), dass der Einsatz von Change Management eines besonderen Kommunikationsflusses bedarf, in dem alle Zielgruppen der Veränderung klar ihre Bedürfnisse, ihre Sorgen sowie ihren potenziellen Beitrag artikulieren.

(7) *Unternehmensweite Kooperation.* Die Unternehmenskultur der einführenden Organisation kann die ERP-Implementierung positiv beeinflussen, insofern diese den Wert unternehmensweiter Kooperation fördert. Die erfolgreiche Implementierung eines ERP-Systems erfordert eine Unternehmenskultur, die den Wert eines gemeinsamen Ziels höher bewertet als die Individualziele und den Wert des Vertrauens zwischen Partnern, Mitarbeitern, Managern und dem Unternehmen betont (Somers & Nelson, 2001). Laut Rohe (1998) ist es eine vorrangige Aufgabe des Managements, den Veränderungsprozess zu unterstützen, in dem es die Reorganisation auf die Unternehmenskultur abstimmt. Dies zeigt die Relevanz der Unternehmenskultur aus der Change-Management-Perspektive. Hinzu kommt eine Übereinstimmung zwischen „Einbindung aller Betroffenen", die Somers und Nelson (2001) fordern, und dem Rat Rohes (1998), die von der Veränderung Betroffenen an der Gestaltung des Veränderungsprozesses teilhaben zu lassen. Die direkte Einbindung der betroffenen Mitarbeiter in die Planung und Implementierung der Veränderung, ist eine der ältesten und effektivsten Strategien zur Überwindung von Widerstand (Cummings & Worley, 1993).

Es wurden jene KEF ausgewählt und vorgestellt, deren Überlappungen sich auch aus Change Management Perspektive belegen lassen. Da diese Faktoren wesentliche Praktiken zur Förderung organisatorischer Veränderung darstellen, werden sie im Folgenden als *Change-Management-Praktiken* bezeichnet.

Es folgt ein kurzer Abriss der relevanten Literatur zur Messung des Erfolgs einer Softwareimplementierung. Die Implementierungsliteratur schlägt zwei Dimensionen des Erfolgs einer Softwareeinführung vor: (1) Kurzfrist- (2) längerfristiger Erfolg. Laut Kabat (1994) sollte ein Maß für den Erfolg sowohl kurzfristige als auch längerfristige Ergebnisse umfassen.

Erfolgsmessung in Implementierungen

(1) Kurzfrist-Erfolg. Ein Ansatz zur Erfolgsmessung in einer Softwareimplementierung ist die so genannte Zielerfüllungs-Perspektive (Grover et al., 1995). Eine typische Frage zur Kennzeichnung dieses Ansatzes wäre: In welchem Maß sind die Implementierungsziele erreicht worden? Es gibt drei klassische Kriterien, die das Projektmanagement einer Implementierung diesbezüglich überwacht: (a) die Einhaltung der zeitlichen Vorgaben, (b) die Einhaltung des Budgets und (c) die Realisierung des geplanten Umfangs[5]. (Welti, 1999; Kabat, 1994). Diese drei Projektmanagement-Erfolgskriterien werden im Folgenden unter dem Titel Projektmanagement-Zielerreichung bzw. Kurzfrist-Erfolg zusammengefasst. Sie stellen einen wesentlichen Teil eines jeden Vertrages zwischen Softwarelieferant und Kunden dar. Es geht um die Frage, in welchem Maß die definierten Projektziele einer Implementierung zum Zeitpunkt des Projektabschlusses tatsächlich erreicht wurden[6] *(2) Längerfristiger Erfolg.* Ob eine Implementierung erfolgreich war, zeigt sich häufig erst nach Projektabschluss. Laut Kabat (1994) genügt es nicht, den Erfolg in Termen der Zeit-, Budgeteinhaltung und der Realisierung des geplanten Umfangs zu messen. Die wirkliche Prüfung sei es, ob die neue Technologie tatsächlich zur Leistungssteigerung der Organisation beiträgt[7].

Das *Wahrgenommene Erfolgsniveau* ist ein weiterer Ansatz zur Messung des Implementierungserfolgs. Dieser Ansatz kann als subjektiv charakterisiert werden, verglichen mit der objektiven Zielerreichungsperspektive. Das Wahrgenommene Erfolgsniveau ist die am häufigsten benutzte Messgröße für Management-Informationssysteme (Grover et al., 1995).

Wenn man die längerfristigen Ergebnisse einer Implementierung berücksichtigt, spielen vier relevante Dimensionen des Wahrgenommenen Erfolgsniveaus eine Rolle. Die ersten beiden repräsentieren wirtschaftliche Erfolge, die auf eine Bewertung des Kosten-Nutzen-Verhältnisses der Implementierung abzielen. Demgegenüber stehen die letzten beiden für Soft Facts, wie die Akzeptanz und Zufriedenheit der Kundenorganisation.

(1) Die *Performanceverbesserung* ist ein Maß für die Leistungssteigerung der Kundenorganisation seit Systemimplementierung (Kabat, 1994): Idealerweise verbessert sich die Performance nach der Einführung. (2) Die *technologische Selbstständigkeit* ist ein Maß für die Selbstständigkeit der Kundenorganisation in der Steuerung des Softwaresystems. Laut Welti (1999) sollte das Softwareprodukt schnellst möglich der Linienorganisation des Kunden übergeben werden: Idealerweise ist der Kunde fähig, die IT ohne weitere Hilfe zu handhaben. (3) Die *Systemzufriedenheit* ist ein Maß für die Zufriedenheit der Kundenorganisation mit dem implementierten Softwaresystem. Laut Conner & Clements (1998) resultiert ein erfolgreich implementierter Veränderungs-prozess in Zufriedenheit der Kundenorganisation: Idealerweise werden sowohl das Management des Kunden als auch die Beschäftigten durch das neue Softwaresystem zufrieden gestellt. (4) Die *Systemakzeptanz* ist ein Maß für die Reife des Veränderungsprozesses. Nach Conner (1995), Tushman und O'Reilly (1999) kann man nicht von einer erfolgreich implementierten Veränderung sprechen, bevor nicht die psychologische Phase der Systemakzeptanz er-

reicht ist: Idealerweise nehmen sowohl das Management des Kunden als auch seine Angestellten das neue Softwaresystem an.

Zusammenfassend unterscheiden wir zwei Dimensionen von Messgrößen für den Implementierungserfolg: die *Projektmanagement-Zielerreichung* als Maß für den Kurzfrist-Erfolg einer Implementierung sowie das *Wahrgenommene Erfolgsniveau* als Maß für den längerfristigeren Implementierungserfolg.

3. Untersuchungsmodell und Hypothesen

Als empirische Studie zielt diese Untersuchung darauf ab, die SAP-Expertise im Change Management zu erweitern. Dabei wird das folgende Untersuchungsmodell verwendet, das die angenommenen Beziehungen zwischen Change-Management-Praktiken und SAP-Implementierungserfolg darstellt[8] (Abbildung 1).

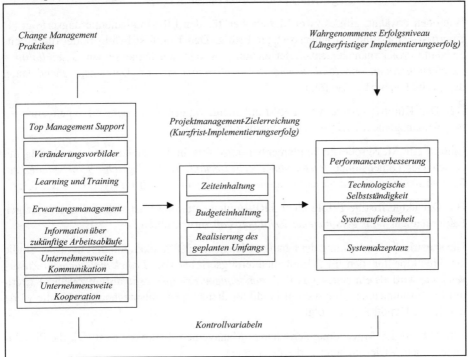

Abbildung 1: Untersuchungsmodell zu Change-Management-Praktiken und SAP-Implementierungserfolg

Hypothesen

Wie oben erwähnt, sind bestimmte Erfolgsfaktoren von ERP-Implementierungen als Change-Management-Praktiken identifiziert worden: *Top Management Support, Veränderungsvorbilder, Learning und Training, Erwartungsmanagement, Information über zukünftige Arbeitsabläufe, Unternehmensweite Kommunikation* und *Unternehmensweite Kooperation*.

Diese Studie nimmt an, dass sich Implementierungen in dem Maß unterscheiden, in dem ein systematischer Change-Management-Ansatz verfolgt wurde. Ob die sieben Change-Management-Praktiken im Rahmen einer ERP-Implementierung als systematisches Change Management zum Einsatz kamen, lässt auf einen zugrunde liegenden Change-Management-Faktor schließen. Dementsprechend lautet die erste Hypothese der Studie:

H1: Die sieben Change-Management-Praktiken lassen sich auf einen einzigen zugrunde liegenden Change-Management-Faktor zurückführen.

Wie oben erwähnt, gibt es zwei Messgrößen für den ERP-Implementierungserfolg: (1) Kurzfrist-Erfolg und (2) längerfristiger Erfolg. Den Kurzfrist-Erfolg bildet die bereits genannte Projektmanagement-Zielerreichung mit den drei Dimensionen *Zeiteinhaltung, Budgeteinhaltung,* und *Realisierung des geplanten Umfangs*. Dementsprechend lautet die zweite Hypothese wie folgt:

H2: Der Kurzfrist-Erfolg von ERP-Implementierungen lässt sich auf einen einzigen Projektmanagement-Zielerreichungsfaktor zurückführen.

Eine zweite Messgröße für Implementierungserfolg bildet der längerfristige Erfolg mit seinen vier Dimensionen *Performanceverbesserung, Technologische Selbstständigkeit, Systemzufriedenheit* und *Systemakzeptanz*. Analog lautet die dritte Hypothese wie folgt:

H3: Der längerfristige Erfolg einer ERP-Implementierung lässt sich auf einen einzigen Faktor namens *Wahrgenommenes Erfolgsniveau* zurückführen.

Die spezifische Anwendung der Change-Management-Praktiken fungiert in dieser Studie als Prediktor für den ERP-Implementierungserfolg. Die *Projektmanagement-Zielerreichung* wird als ein erstes, das *Wahrgenommene Erfolgsniveau* als ein zweites Kriterium im Zusammenhang mit diesem Prediktor dienen. Dementsprechend lauten die vierte und fünfte Hypothese wie folgt:

H4: Anhand der Anwendung der Change-Management-Praktiken lässt sich die Projektmanagement-Zielerreichung vorherbestimmen.

H5: Anhand der Anwendung der Change-Management-Praktiken lässt sich das wahrgenommene Erfolgsniveau vorhersagen.

4. Anmerkungen zur Methodik

Betrachtete Projekte

Insgesamt 48 Implementierungsprojekte wurden in diese Studie einbezogen. Um in die Analyse aufgenommen zu werden, muss die Phase des Projektabschlusses/Golive bereits erreicht sein. Fünf Projekte hatten noch nicht den Zeitpunkt zur Beurteilung des wahrgenommenen Erfolgsniveaus erreicht. Vier Projekte hatten den Zeitpunkt zur Bewertung der Projektmanagement-Zielerreichung nicht erreicht. Diese Projekte wurden von den betreffenden Analysen ausgeschlossen.

Im Folgenden werden weitere Merkmale der Projekte zusammengefasst: Von 48 Fällen handelte es sich beim Kunden in sechs Fällen um eine öffentliche Institution; in 42 Fällen um privatwirtschaftliche Unternehmen aus allen Branchen. Alle Implementierungen fanden innerhalb der letzten sechs Jahre (90 Prozent seit 2000) statt. Im Durchschnitt waren etwa 1.900 Endanwender von den Implementierungen betroffen (mit einer Spanne von 20 bis etwa 20.000 Endanwendern). Die Implementierungen dauerten zwischen vier und 36 Monaten (mit einem Durchschnitt von 16.5 Monaten).

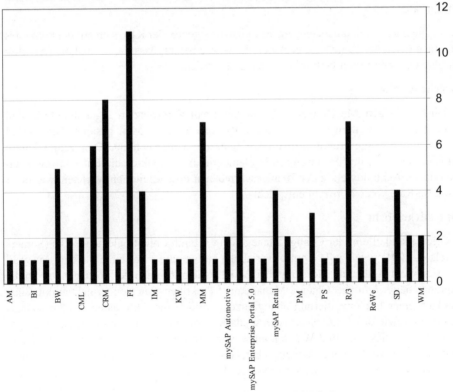

Abbildung 2: Übersicht der in den Projekten implementierten SAP-Software

Hinsichtlich der Projektdaten, der Größe des Kunden, seiner Branche, der Anzahl betroffener Endanwender, der Projektdauer, bildeten die Implementierungen eine repräsentative Stichprobe von SAP-Projekten. Abbildung 2 gibt einen Überblick über die in den Projekten implementierte SAP-Software.

Teilnehmer

Um den Verlauf und den Abschluss der ERP-Implementierung zu evaluieren, wurden SAP-Implementierungsprojektleiter befragt. Alle Projektleiter wirkten freiwillig und unbezahlt mit. Vor dem Hintergrund ihrer Arbeitserfahrung können Projektleiter qualifiziert beurteilen, welche Rolle die Change-Management-Praktiken im Verlauf eines bestimmten Implementierungsprojektes spielen. Gleiches gilt für die Einschätzung der Projektmanagement-Zielerreichung, zumal die betreffenden Variablen mit den relevanten Key Performance Indicators (KPI) in der Implementierungspraxis übereinstimmen.

Setting und Instrument

Mit Niederlassungen in mehr als 50 Ländern hat SAP derzeit etwa 28.000 Angestellte weltweit. Ungefähr 10.000 Angestellte arbeiten für SAP Deutschland. Um die SAP-Projektleiter in Deutschland zu erreichen, kam ein selbsterklärender E-Mail-Fragebogen zum Einsatz.

Die Teilnehmer wurden gebeten, zur Einschätzung genereller KEF sich auf ein konkretes von ihnen geleitetes Projekt zu beziehen. Es wurde betont, dass die Teilnahme freiwillig war, und dass alle Daten vertraulich behandelt wurden.

Vorgehensweise

E-Mail-Fragebogen. Mit Hinweis auf eine von ihrem Vorgesetzten angekündigte E-Mail wurde den Projektleitern der Fragebogen als Anlage zur E-Mail gesandt. Die E-Mail enthielt einige Hintergrundinformationen über die Untersuchung. Den Projektleitern wurde erklärt, dass ihre Erfahrung in Implementierungsprojekten die Basis für die Analyse bildete. Achtundvierzig der 70 angeschriebenen Projektleiter antworteten, was einer Response-Rate von 69 Prozent entspricht.

Kontrollvariabeln

Im Grunde sind alle in der Change Management Literatur nicht belegten KEFs (Somers & Nelson, 2001) potenzielle Kontrollvariabeln. Notwendigerweise musste eine Auswahl getroffen werden, da eine Messung aller 22 KEFs den Rahmen der vorliegenden Studie gesprengt hätte. Um die Change-Management-Praktiken von den projektstrukturellen Aspekten einer Implementierung abzugrenzen, wurden die Aktivitäten des *Projektmanagements* sowie des *Lenkungsausschuss* als Kontrollgrößen mit in die Analyse aufgenommen. Auf diese Art und Weise konnte untersucht werden, ob die Change-Management-Praktiken weiter gehen als ein adäquates Projektmanagement und ein Lenkungsausschuss, der die Entscheidungsprozesse des Projektteams überwacht.

Analyseverfahren

Um einen Überblick über die Beziehungen aller Variabeln zu erhalten, wurden mithilfe von SPSS[9] die Korrelationen, die Durchschnittswerte und Standardabweichungen berechnet.

Drei Faktorenanalysen wurden durchgeführt, um zu prüfen, ob sich die sieben Change-Management-Praktiken (Hypothese 1) bzw. die drei Dimensionen des Kurzfrist-Erfolgs (Hypothese 2) bzw. die vier Dimensionen des längerfristigen Erfolgs einer Implementierung (Hypothese 3) auf je einen einzigen Faktor zurückführen lassen.

Jeweils eine multiple Regressionsanalyse klärte, ob sich der kurzfristige (Hypothese 4) bzw. der längerfristige Implementierungserfolg (Hypothese 5) anhand der Change-Management-Praktiken vorherbestimmen lassen.

Die wesentlichen Ergebnisse der statistischen Analysen werden im Folgenden dargestellt.

5. Ergebnisse

Um einen Überblick über die Zusammenhänge aller Variabeln zu geben, werden zunächst die Durchschnittswerte, Korrelationen und Standardabweichungen präsentiert (Tabelle 1). Es folgt die Darstellung dreier Faktorenanalysen sowie zweier multipler Regressionsanalysen.

Durchschnittswerte

Ein Ranking der Durchschnittwerte führt zur folgenden aufsteigenden Rangfolge der Change-Management-Praktiken[10] (Tabelle 1): Unternehmensweite Kooperation (2.98), Erwartungsmanagement (3.19), Information über zukünftige Arbeitsabläufe (3.20), Veränderungsvorbilder (3.52), Top Management Support (3.61), Unternehmensweite Kommunikation (3.71) und Learning und Training (3.73). Je höher der Durchschnittswert der jeweiligen Variabel, desto stärker war diese Change-Management-Praktik in den Implementierungsprojekten laut Projektleiterauskunft zum Einsatz gekommen. Abgesehen von der erstgenannten Variabel bewegen sich die Durchschnittswerte im leicht positiven Bereich.

Im Fall der Dimensionen der Projektmanagement-Zielerreichung zeigte sich die folgende Rangfolge: Budgeteinhaltung (3.19), Zeiteinhaltung (3.20) und Realisierung des geplanten Umfangs (3.98). Je höher der Durchschnittswert der Variabel, desto erfolgreicher wurde die jeweilige kurzfristige Erfolgsdimension durch die Projektleiter bewertet. Demnach bewegen sich die Durchschnittswerte aller drei Variabeln im leicht positiven Bereich.

In Bezug auf den längerfristigen Implementierungserfolg, ergab sich das folgende Bild: *Technologische Selbstständigkeit* (2,83), *Performanceverbesserung* (3,42), *Systemzufriedenheit* (3,49) und *Systemakzeptanz* (3.85). Je höher der Durchschnittswert der Variabel, desto erfolgreicher wurde die jeweilige längerfristige Erfolgsdimension durch die Projektleiter bewertet. Abgesehen von der Technologischen Selbstständigkeit bewegen sich ebenfalls alle Durchschnittswerte im leicht positiven Bereich.

Korrelationen zwischen den Variabeln

Alle Change-Management-Praktiken korrelieren signifikant miteinander, mit Ausnahme von Top Management Support und Learning und Training. Außerdem korrelieren alle drei Dimensionen der Projektmanagement-Zielerreichung signifikant miteinander.

Abgesehen von der Technologischen Selbstständigkeit und der Systemakzeptanz hängen auch alle vier Dimensionen des längerfristigen Projekterfolgs signifikant zusammen.

Was die 49 Beziehungen zwischen den Change-Management-Praktiken, kurzfristigem und längerfristigem Implementierungserfolg angeht, gibt Tabelle 1 einen Überblick der signifikanten und nicht-signifikanten Korrelationen.

Um die Change-Management-Praktiken zu vergleichen, wurden sie nach Größe und Anzahl der jeweiligen Korrelationen nach dem kurz- und längerfristigen Implementierungserfolg geordnet. Folgende abnehmende Reihenfolge ergibt sich: Unternehmensweite Kooperation, Erwartungsmanagement, Veränderungsvorbilder, Unternehmensweite Kommunikation, Informationen über zukünftige Arbeitsabläufe, Learning und Training und Top Management Support. Im Folgenden wird dieses Ranking als Erfolgsrelevanz bezeichnet.

Informationen über zukünftige Arbeitsabläufe, Learning und Training und Top Management Support. Im Folgenden wird dieses Ranking als Erfolgsrelevanz bezeichnet.

Tabelle 1: Durchschnitt (M), Standardabweichungen (SD), Korrelationskoeffizienten für Change-Management-Praktiken Variabeln und SAP Implementierungserfolg

	Variable	M	SD	1	2	3	4	5	6	7	8	9	10	11	12	13
1	Top Management Support (N=48)	3,61	1,00													
2	Veränderungsvorbilder (N=48)	3,52	0,80	0,33*												
3	Learning und Training (N=48)	3,73	0,70	0,11	0,47**											
4	Erwartungsmanagement (N=48)	3,19	0,74	0,31*	0,66**	0,53**										
5	Information über zukünftige Arbeitsabläufe (N=48)	3,20	0,98	0,52**	0,52**	0,42**	0,57**									
6	Unternehmensweite Kommunikation (N=48)	3,71	0,84	0,49**	0,58**	0,28*	0,44**	0,54**								
7	Unternehmensweite Kooperation (N=48)	2,98	0,94	0,53**	0,48**	0,25*	0,66**	0,53**	0,41**							
8	Zeiteinhaltung (N=44)	3,20	1,53	0,32*	0,52**	0,06	0,58**	0,24	0,47**	0,51**						
9	Budgeteinhaltung (N=44)	3,19	1,68	0,19	0,41**	0,30*	0,52**	0,29*	0,40**	0,38*	0,59**					
10	Realisierung des geplanten Umfangs (N=44)	3,98	1,02	0,35*	0,42**	0,28*	0,32*	0,38*	0,53**	0,31*	0,36*	0,31*				
11	Performancesteigerung (N=43)	3,42	0,84	0,24	0,41**	0,44**	0,37*	0,39*	0,36*	0,33*	0,30*	0,32*	0,58**			
12	Technologische Selbstständigkeit (N=43)	2,83	0,89	0,07	0,32*	0,24	0,35*	0,40**	0,10	0,48**	0,25	0,44**	0,20	0,38*		
13	Systemzufriedenheit (N=43)	3,49	0,89	0,13	0,41**	0,42**	0,52**	0,32*	0,37*	0,53**	0,33*	0,42**	0,62**	0,64**	0,50**	
14	Systemakzeptanz (N=43)	3,85	1,03	0,64**	0,52**	0,29*	0,38*	0,55**	0,71**	0,51**	0,40**	0,33*	0,57**	0,59**	0,10	0,47**

Faktorenanalysen

Es zeigte sich, dass sich die Change-Management-Praktiken durch zwei unabhängige Faktoren repräsentieren lassen. Damit kann die angenommene Reduktion auf einen einzigen zugrunde liegenden Change-Management-Praktiken Faktor (Hypothese 1) nicht bestätigt werden. Als Konsequenz wurden die multiplen Regressionsanalysen mit zwei Change-Management-Praktiken Faktoren durchgeführt.

Außerdem stellte sich heraus, dass die Variabeln der Projektmanagement-Zielerreichung durch einen einzigen Faktor repräsentiert werden können. Damit wird die angenommene Reduktion auf einen einzigen zugrunde liegenden Faktor (Hypothese 2) bestätigt.

Schließlich zeigte sich in der dritten Faktorenanalyse, dass die Variabeln des längerfristigen Implementierungserfolgs ebenfalls durch einen einzigen Faktor repräsentiert werden können. Damit wird die angenommene Reduktion auf einen einzigen zugrunde liegenden Faktor (Hypothese 3) bestätigt.

Korrelationen zwischen den Faktoren

Tabelle 2 zeigt die Korrelationen der aus den Faktorenanalysen hervorgegangen Faktoren. Alle Faktoren korrelieren signifikant miteinander, mit Ausnahme von Change-Management-Praktiken Faktor 1 und Change-Management-Praktiken Faktor 2[11].

Laut Cohen (1988) sind Korrelationen um den Wert 0,10 niedrig, um den Wert 0,30 mittel und um den Wert 0,50 hoch. Change-Management-Praktiken Faktor 1 korreliert stark sowohl mit dem Projektmanagement-Zielerreichungsfaktor (0,55) als auch mit dem längerfristigen Implementierungserfolg (0,53). Change-Management-Praktiken Faktor 2 hängt moderat zusammen sowohl mit dem Projektmanagement-Zielerreichungsfaktor (0,37) als auch mit dem längerfristigen Implementierungserfolgsfaktor (0,27). Der Projektmanagement-Zielerreichungsfaktor und der längerfristige Implementierungserfolgsfaktor hängen stark zusammen (0,49).

Tabelle 2: Korrelationskoeffizienten für die extrahierten Faktoren

	Factor	1	2	3
1	Change Management Praktiken Faktor 1 (N=47)			
2	Change Management Praktiken Faktor 2 (N=47)	.10		
3	Projektmanagement-Zielerreichung (N=44)	.55**	.37**	
4	Wahrgenommenes Erfolgsniveau (N=43)	.53**	.27**	.49*

* signifikant auf 0,05 Niveau
** signifikant auf 0,01 Niveau

Multiple Regressionsanalysen

Um zu prüfen, ob Change-Management-Praktiken Faktor 1 und 2 den Projektmanagement-Zielerreichungsfaktor (Hypothese 4) bzw. das Wahrgenommene Erfolgsniveau (Hypothese 5) vorhersagen, wurden zwei multiple Regressionsanalysen durchgeführt. Zunächst diente der Projektmanagement-Zielerreichungsfaktor, später das Wahrgenommene Erfolgsniveau als Kriterium in der jeweiligen Analyse. Als Kontrollvariabeln wurden Projektmanagement und Lenkungsausschuss ebenfalls in die Regression aufgenommen.

Tabelle 3: Multiple Regressionsanalyse zum SAP Implementierungserfolg mit dem Change-Management-Praktiken Faktor 1

Kontrollvariablen	Koeffizienten	Kriterien für SAP-Erfolg	
		Faktor Projektmanagement Zielerreichung	Faktor Wahrgenommenes Erfolgsniveau
Projektmanagement	β	0,42**	0,20
Lenkungsausschuss	β	-0,12	-0.05
Prediktoren			
Change-Management- Praktiken Faktor 1	β	0,42**	0,46**
Change-Management-Praktiken Faktor 2	β	0,22	0,17
	R^2	0,51***	0,35**

* signifikant auf 0,05 Niveau, ** signifikant auf 0,01 Niveau, *** signifikant auf 0,001 Niveau

Wie Tabelle 3 zeigt, lässt sich anhand des Change-Management-Praktiken Faktors 1 der Projektmanagement-Zielerreichungsfaktor vorhersagen ($\beta = .42$, $p < .01$). Zusammen mit der Kontrollvariabel *Projektmanagement* ($\beta = .42$, $p < .01$) kann Change-Management-Praktiken Faktor 1 insgesamt 51 Prozent der Streuung[12] im Projektmanagement-Zielerreichungsfaktor ($R^2 = .51$, $p < .001$) vorhersagen. Folglich handelt es sich hier um einen großen Effekt. Change-Management-Praktiken Faktor 2 kann nicht zur Vorhersage des kurzfristigen Implementierungserfolgs genutzt werden. Da sich anhand des Change-Management-Praktiken Faktor 1 die Projektmanagement-Zielerreichung vorhersagen lässt, kann Hypothese 4 hiermit bestätigt werden.

Change-Management-Praktiken Faktor 1 fungiert ebenfalls als signifikanter Prediktor für das Wahrgenommene Erfolgsniveau ($\beta = .46$, $p < .01$), wie Tabelle 3 zeigt. Der Faktor erklärt 35 Prozent der Streuung im Wahrgenommenen Erfolgsniveau ($R^2 = .35$, $p < .001$). Folglich hat Change-Management-Praktiken Faktor 1 einen großen vorhersagenden Wert. Für Change-Management-Praktiken Faktor 2 konnte kein Effekt nachgewiesen werden Da sich anhand des Change-Management-Praktiken Faktor 1 das Wahrgenommene Erfolgsniveau vorhersagen lässt, kann Hypothese 5 ebenfalls bestätigt werden.

6. Diskussion

Im Folgenden werden zunächst die wesentlichen Ergebnisse interpretiert. Die Konvergenz bzw. Divergenz mit der relevanten Literatur wird besprochen. Eine Darstellung der Grenzen dieser Studie schließt sich an. Daraufhin wird die praktische Bedeutung der Untersuchungsergebnisse diskutiert. Schließlich werden mögliche zukünftige Studien vorgeschlagen.

Durchschnittliche Einschätzung zu Projektverlauf und -abschluss

Change-Management-Praktiken

Im Durchschnitt rangiert die Einschätzung der Projektleiter hinsichtlich der spezifischen Anwendung der Change-Management-Praktiken im Verlauf des Implementierungsprojektes zwischen einem neutralen „mehr oder weniger" und einem „eher ja". Im Durchschnitt gaben die Projektleiter an, dass *Unternehmensweite Kooperation* die am geringsten und *Learning und Training* die am stärksten zum Einsatz gekommene Change-Management-Praktik darstellte. Das entsprechende Ranking der Change-Management-Praktiken wird weiter unten im Detail besprochen, wo es um eine Übersicht der spezifischen Change-Management-Praktik und deren Beziehung zum Implementierungserfolg geht. Kurz gesagt, es gibt in den Implementierungen generell noch Verbesserungspotential in Sachen Anwendung der Change-Management-Praktiken.

Kurzfrist-Erfolg

In Bezug auf den Kurzfristerfolg der ERP-Implementierung (*Projektmanagement-Zielerreichung*) gaben die Projektleiter mit einer leicht positiven Tendenz an, dass die Projekte durchschnittlich innerhalb der geplanten Zeit (*Zeiteinhaltung*) und in den Grenzen des Budgets (*Budgeteinhaltung*) abgeschlossen wurden. Weiterhin stimmten sie mit einer eindeutig positiven Tendenz darin überein, dass die Projekte im geplanten Umfang vollendet wurden (*Realisierung des geplanten Umfangs*). Hieraus folgt, dass es auch in Bezug auf die Kurzfrist-Dimension des ERP-Implementierungserfolgs ein gewisses Verbesserungspotenzial gibt.

Längerfristiger Erfolg

Hinsichtlich des längerfristigen Erfolgs der Softwareeinführungen (*Wahrgenommenes Erfolgsniveau*), gaben die Projektleiter tendenziell an, dass die Kunden den Status technologischer Unabhängigkeit noch nicht erreicht hatten (*Technologische Selbstständigkeit*). Andererseits glaubten die Projektleiter, dass die ausgeführte Software zu einer gesteigerten Betriebsleistung in der Kundenorganisation geführt hatte (*Performanceverbesserung*), dass die Kundenorganisation einen Status der Zufriedenheit mit dem neuen Softwaresystem erreicht hatte (*Systemzufriedenheit*), und dass die Mitarbeiter und das Management der Kundenorganisation das neue Softwaresystem schließlich annahmen (*Systemakzeptanz*). Auch in Bezug auf den längerfristigen Erfolg folgt, dass ein gewisses Potenzial für weitere Verbesserung bleibt.

Beziehungen zwischen Change-Management-Praktiken

Change-Management-Praktiken. Jede Change-Management-Praktik hing in 71 Prozent der Fälle zumindest moderat mit den anderen zusammen, in 24 Prozent sogar stark. Nur die Beziehung zwischen Top Management Support und Learning und Training konnte nicht nachgewiesen werden. Mit anderen Worten kann man die Aussagen der Projektleiter so interpretieren, dass es zwischen dem Engagement des Top Managements für die Implementierung und dem Angebot adäquater Endanwender-Schulung keinen Zusammenhang gibt. Zusammenfassend lässt sich festhalten, dass die einzelnen Change-Management-Praktiken deutlich zusammenhängen.

Es stellte sich allerdings heraus, dass sich die Change-Management-Praktiken nicht auf einen einzigen verborgenen Change-Management-Faktor zurückführen lassen (Hypothese 1). Allerdings konnten zwei sich unterscheidende Change-Management-Faktoren nachgewiesen werden, die die wechselseitigen Beziehungen der Change-Management-Praktiken erklären. Dies legt den Schluss nahe, dass ein systematischer Change-Management-Ansatz sich auf zwei zugrunde liegende Faktoren zurückführen lässt. Um die Interpretation zu erleichtern, zeigt Tabelle 4 die Reihenfolge, in der die Change-Management-Praktiken zu den beiden identifizierten Change-Management-Faktoren beitragen. Da jene Variablen, die mit Change-Management-Faktor 1 übereinstimmen, diejenigen Praktiken zur Förderung des Veränderungsprozesses repräsentieren, die hauptsächlich die Erwartungen der Endanwender, ihre Schulung sowie das Verteilen von relevanten Informationen betreffen, wird Change-Management-Faktor 1 im Folgenden als Befähigung der Endanwender bezeichnet. Da jene Variablen, die sich Change-Management-Faktor 2 überlappen, hauptsächlich die Unterstützung des Top Managements, eine adäquate Informationspolitik sowie eine veränderungsfreundliche Unternehmenskultur betreffen, wird für *Change-Management-Faktor 2* der Titel *Begünstigendes Umfeld* vorgeschlagen.

Tabelle 4: Beiträge der Change-Management-Praktiken zu den jeweiligen Faktoren

Befähigung der Endanwender (a)	Begünstigendes Umfeld (a)	Kurzfrist-Erfolg (b)	Längerfristiger Erfolg (c)
1. Erwartungsmanagement	1. Top Management Support	1. Zeiteinhaltung	1. Performanceverbesserung
2. Veränderungsvorbilder	2. Information über zukünftige Arbeitsabläufe	2. Budgeteinhaltung	2. Systemzufriedenheit
3. Learning and Training	3. Unternehmensweite Kooperation		3. Systemakzeptanz
4. Information über zukünftige Arbeitsabläufe	4. Unternehmensweite Kommunikation		4. Technologische Selbstständigkeit
5. Unternehmensweite Kooperation			

Beachte: Variablen mit höherer Faktorladung befinden sich weiter oben in der Spalte. Die vorgeschlagenen Bezeichnungen sind kursiv geschrieben. (a) Change Management; „cutoff size" für Aufnahme der Ladung: 0.45. (b) Projektmanagement-Zielerreichung; „cutoff size" size für Aufnahme der Ladung: 0.45. (c) Wahrgenommenes Erfolgsniveau; „cutoff-size" für Aufnahme der Ladung: 0.45.

Grover et al. (1995) erforschten Implementierungsprobleme und die Erfolgsrelevanz von Change Management in diesem Zusammenhang. Zwar beziehen sich Grover et al. (1995) Business Process-Reengineering-Projekte, die Ergebnisse ihrer Untersuchung sind allerdings durchaus relevant, da Implementierungen von ERP-Systemen im Allgemeinen eine Veränderung der Unternehmensprozesse mit sich bringen. Grover et al. (1995) identifizierten 64 Implementierungsprobleme, kategorisierten diese und ließen 105 Unternehmen die Schwere der Probleme bewerten. Eine Faktor-Analyse zeigte, dass die zehn Probleme, die Grover et al. (1995) unter dem Titel *Change-Management-Probleme* präsentierten, auf zwei zugrunde liegende Faktoren zurückzuführen sind. Der erste Faktor umfasst unter anderem Aspekte wie die Antizipation und die Planung organisatorischer Widerstände gegen die Veränderung, die Kommunikation der Gründe für die Veränderung, und unternehmensweite Kooperation. Ganz offensichtlich ähnelt dieser von Grover et al. (1995) erwähnte Faktor dem *Begünstigenden Umfeld* dieser Studie. Der zweite von Grover et al. (1995) vorgestellte Faktor steht für Trainingsmaßnahmen, die Entwicklung der notwendigen Fähigkeiten, und die Förderung veränderungsfreundlicher Werte im Unternehmen. Dieser zweite Faktor überschneidet sich teilweise mit der *Befähigung der Endanwender* dieser Studie. Da auch die überprüfte Literatur zwischen separaten Change Management Faktoren unterscheidet, lässt sich folgern, dass Change Management tatsächlich nicht auf einen einzigen zugrunde liegenden Faktor zurückzuführen ist.

Implementierungserfolg

Kurzfrist-Erfolg. Hinsichtlich der Wechselbeziehungen zwischen den drei Dimensionen der Projektmanagement-Zielerreichung zeigen alle drei Variabeln mindestens einen moderaten Zusammenhang. Die Korrelation zwischen dem fristgerechten Projektabschluss (Zeiteinhaltung) und der Einhaltung des geplanten Budgets (Budgeteinhaltung) ist sogar stark. Da eine Verlängerung einer Implementierung normalerweise Mehrkosten bedeutet, überrascht dieses Ergebnis nicht. Es kann als eine Bestätigung der Konstrukt-Validität[13] interpretiert werden.

Bezüglich der angenommenen Kurzfrist-Dimension des Implementierungserfolgs stellte sich heraus, dass ein einziger zugrunde liegender Faktor die drei Dimensionen der Projektmanagement-Zielerreichung repräsentieren kann (Hypothese 2). Dieses Ergebnis stimmt mit Kabats (1994) Vorstellung überein, dass alle drei Messgrößen geeignete Kriterien kurzfristigen Implementierungserfolgs darstellen.

Wahrgenommenes Erfolgsniveau. Die Dimensionen längerfristigen Erfolgs von ERP-Implementierungen (Wahrgenommenes Erfolgsniveau) hängen alle stark miteinander zusammen, mit Ausnahmen von (1) der moderaten Beziehung zwischen der technologischen Unabhängigkeit der Kunden (Technologische Selbstständigkeit) und der Performanceverbesserung seit ERP-Implementierung (Performanceverbesserung) und (2) keinem Zusammenhang zwischen der technologischen Unabhängigkeit der Kunden (Technologische Selbständigkeit) und Akzeptanz der Software durch Mitarbeiter und Management des Kunden (Systemakzeptanz). Das letzt genannte kann so gedeutet werden, dass die Annahme eines neuen Softwaresystems nicht mit der Unabhängigkeit weiterer Hilfe durch SAP zusammenhängt.

Hinsichtlich der angenommenen längerfristigen Dimension des Implementierungserfolgs zeigte sich, dass ein einziger zugrunde liegender Faktor die vier Dimensionen des Wahrgenommenen Erfolgsniveaus repräsentieren kann (Hypothese 3). Auch dieses Ergebnis findet eine Entsprechung in der von Kabat (1994) postulierten Ergänzung der Kurzfrist um eine längerfristige Bewertung des Implementierungserfolgs.

Beziehungen zwischen Change Management und Implementierungserfolg

Vergleich der Change-Management-Praktiken und Erfolgsrelevanz

Die 49 Beziehungen zwischen den sieben Change-Management-Praktiken und den sieben Kriterien für Implementierungserfolg werden nicht im Detail diskutiert. Anhand des Vergleichs der Erfolgsrelevanz pro Change-Management-Praktik mit deren durchschnittlichen Anwendung im Projektverlauf (Tabelle 5), werden stattdessen im Folgenden die auffälligsten Muster in den Daten beschrieben.

Tabelle 5: Erfolgrelevanz pro Change-Management-Praktik und deren durchschnittliche Anwendung im Projektverlauf

Durchschnittlicher Einsatz der Change-Management-Praktik	Erfolgsrelevanz
1. Unternehmensweite Kooperation	1. Unternehmensweite Kooperation
2. Erwartungsmanagement	2. Erwartungsmanagement
3. Information über zukünftige Arbeitsabläufe	3. Veränderungsvorbilder
4. Veränderungsvorbilder	4. Unternehmensweite Kommunikation
5. Top Management Support	5. Information über zukünftige Arbeitsabläufe
6. Unternehmensweite Kommunikation	6. Learning und Training
7. Learning und Training	7. Top Management Support
Beachte: Variabeln mit geringerem Durchschnittswert befinden sich weiter oben in der Spalte	Beachte: Variabeln mit mehr und stärkeren Beziehungen zum Implementierungserfolg befinden sich weiter oben in der Spalte.

Die Change-Management-Praktiken mit einer geringen durchschnittlichen Anwendung in den Implementierungen, aber höherer Erfolgsrelevanz verdienen künftig mehr Aufmerksamkeit. Ihnen sollte eine höhere Priorität zugemessen werden, da sich zeigte, dass eben diese Change-Management-Praktiken weniger zum Einsatz kamen, obschon sie sich als relevanter für den Erfolg erwiesen. Beispiele sind *Unternehmensweite Kooperation* und *Erwartungsmanagement*, beide kamen im Projektverlauf bestenfalls „mehr oder weniger" zum Einsatz, sind zugleich aber eng verknüpft mit verschiedenen Dimensionen des SAP-Implementierungserfolgs.

Konvergenz der Ergebnisse mit der Change-Management-Literatur

Im Folgenden werden die Ergebnisse zur Erfolgsrelevanz der Change-Management-Praktiken im Vergleich mit der überprüften Literatur diskutiert (pro Change-Management-Praktik sortiert nach der Erfolgsrelevanz).

Im Ranking der 64 Implementierungsprobleme von Grover et al. (1995) wurden Schwierigkeiten mit unternehmensweiter Zusammenarbeit als das zwölft schwerste Implementierungsproblem identifiziert. Stefanou (1999) weist entsprechend darauf hin, dass der ERP-Implementierungserfolg eng zusammenhängt mit einer kooperativen Kultur, die den Wert eines gemeinsamen Ziels den individuellen Interessen vorzieht und den Wert des Vertrauens zwischen Partnern, Mitarbeitern und Managern betont. In diesem Sinn unterstützt die überprüfte Literatur die relativ hohe Erfolgsrelevanz der Change-Management-Praktik *Unternehmensweite Kooperation.*

Das Ergebnis, dass *Erwartungsmanagement* auch sehr erfolgsrelevant ist, entspricht der Beobachtung, dass eine Vernachlässigung der zu erwartenden organisatorischen Widerstände gegen die Veränderung (Rang 20) stark mit schwerwiegenden Implementierungsproblemen (Grover et al., 1995) assoziiert wurde. Unrealistische Erwartungen wurden als das fünft schwerste Problem genannt (Grover et al., 1995). Darüber hinaus stimmt die Erfolgsrelevanz der Change-Management-Praktik Erwartungsmanagement auch mit Ginzbergs (1981) Aussage überein, dass ein erfolgreiches Management der Endanwender-Erwartungen mit einer erfolgreichen System-Implementierung verbunden ist.

Die nachgewiesene Erfolgsrelevanz der *Unternehmensweiten Kommunikation* entspricht dem Befund, dass unternehmensweite Kommunikation für ERP-Implementierungserfolgen kritisch ist (Ang, Summe & Chung, 1995). Schlechte Kommunikation zwischen dem Projektteam und anderen Mitarbeitern war als das 35. schwerste Implementierungsproblem identifiziert worden (Grover et al. 1995).

In Bezug auf die Erfolgsrelevanz von *Veränderungsvorbildern*, legen Willcocks und Sykes (2000) dar, dass Vorbilder notwendig sind, wenn eine Implementierung Aussicht auf Erfolg haben soll.

Die aufgezeigte Erfolgsrelevanz von *Informationen über zukünftige Arbeitsabläufe* entspricht dem Befund Mahrers (1999), dass es eine Pflicht für Manager ist, ihre Mitarbeiter über die längerfristige Perspektive der ERP-Implementierung zu informieren, um so die Unterstützung aller Betroffenen zu gewinnen. Misserfolge in der Kommunikation der Gründe für die Veränderung wurden als das 29. schwerste Implementierungsproblem identifiziert (Grover et al., 1995).

Die Erfolgsrelevanz von *Learning und Training* wurde auch von Nelson und Cheney (1987) aufgezeigt. Sie betonen in ähnlicher Weise die Rolle des Endanwender-Trainings, um die Softwareeinführung zu erleichtern. Inadäquate Schulungen für das von der Implementierung betroffene Personal wurden als das 33. schwerste Implementierungsproblem identifiziert (Grover et al., 1995).

In Bezug auf *Top-Management-Support* als Change-Management-Praktik entspricht die nachgewiesene Erfolgsrelevanz den Untersuchungsergebnissen von Bingi, Sharma, und Godla (1999). So weisen sie darauf hin, dass sich anhand der Unterstützung des Top Managements der Erfolg einer ERP-Implementierung vorherbestimmen lässt. Das Versagen des Managements, sich zu neuen Werten zu bekennen, wurde als das 23. schwerste Implementierungsproblem identifiziert (Grover et al. 1995).

Zusammenfassend kann man sagen, dass die in dieser Studie gefundene Erfolgsrelevanz der Change-Management-Praktiken sich mit der überprüften Literatur deckt. Es fällt auf, dass Change-Management-Praktiken mit einer größeren Erfolgsrelevanz tendenziell auch einen höheren Rang in Grover et al.'s (1995) Ranking der schwerwiegendsten Implementierungsprobleme einnehmen.

Erfolgrelevanz der Befähigung der Endanwender

Es zeigte sich, dass der Change Management Faktor *Befähigung der Endanwender* stark mit beiden Dimensionen des Implementierungserfolgs zusammenhängt. Anhand dieses Faktors lassen sich sowohl Kurzfrist- auch als längerfristiger Erfolg vorhersagen. Alle sieben Change-Management-Praktiken – mit Ausnahme von *Top Managements Support* (weniger als 1 Prozent Überschneidung) – werden gut durch diesen Faktor dargestellt. Dies gilt insbesondere für die drei am besten durch diesen Faktor repräsentierten Change Management Praktiken, *Erwartungsmanagement* (69 Prozent Überschneidung), *Veränderungsvorbilder* (50 Prozent Überschneidung), und *Learning und Training* (38 Prozent Überschneidung). Die Analyse zeigte, dass *Befähigung der Endanwender* und ein erfolgreiches Projektmanagement[14] zusammen 50 Prozent der Unterschiede in *Projektmanagement-Zielerreichung* vorhersagen können. Per Definition überrascht es nicht, dass die Kontrollvariabel *Projektmanagement* eng mit dem Kurzfristerfolg (*Projektmanagement-Zielerreichung*) zusammenhängt. Dies kann man vielmehr als eine Bestätigung der Konstrukt-Validität[15] beider Variabeln auffassen. Dass sich anhand der *Befähigung der Endanwender* die Vorhersage des Kurzfristerfolgs noch verbessern lässt, zeigt deutlich, dass Change Management offensichtlich Mehrwert gegenüber dem Projektmanagement besitzt.

Erfolgrelevanz des Begünstigenden Umfeldes

Es zeigte sich, dass ein *Begünstigendes Umfeld* mit beiden Dimensionen des Implementierungserfolgs zusammenhängt. Allerdings eignet sich der Faktor *Begünstigendes Umfeld* nicht zur Bestimmung des Implementierungserfolgs.

Kurz gesagt, der Erfolg einer ERP-Implementierung lässt sich anhand der Change-Management-Praktiken, die durch den Faktor *Befähigung der Endanwender* repräsentiert werden (Tabelle 4) vorhersagen. Als Konsequenz verdienen jene Change-Management-Praktiken mehr Aufmerksamkeit in künftigen SAP-Implementierungen.

Methodische Grenzen der Studie

Zwei Anmerkungen zu den Grenzen der Studien sollen noch erwähnt werden.

Mit einer Stichprobe von 48 Projekten ist die Größe der Stichprobe unter dem empfohlenen Minimum[16]. Folglich können nur die stärksten Beziehungen zwischen den Variabeln entdeckt werden. Da es einer größeren Stichprobe bedarf, um kleinere Effekte nachzuweisen, wären in einer größeren Stichprobe gegebenenfalls mehr Prediktoren Effekte nachgewiesen worden. Andererseits birgt eine kleinere Stichprobe die Gefahr, dass zufällige Effekte überinterpretiert werden.

Außerdem sollte bemerkt werden, dass die unabhängigen und abhängigen Variabeln auf Selbsteinschätzungen der Befragten basieren. Da Menschen sich möglicherweise fehlerhaft erinnern oder manchmal sogar lügen (Babbie, 1998), kann ein so genannter Rater Bias nicht ausgeschlossen werden. Die Einschätzung der Befragten kann durch eine

Reihe von Effekten verfälscht sein: Fundamental Attribution Error, Social Desirability, Halo-Effekte oder „Ex-post facto Erklärungen". Der Fundamental Attribution Error bezeichnet die mögliche Neigung von Projektleitern, bei Projekterfolg den eigenen Beitrag zu überschätzen und Situationseinflüsse zu unterschätzen; für die Wahrnehmung eines Misserfolgs gilt das Umgekehrte. Social Desirability bedeutet, dass gegebenenfalls einige Projektleiter die Verwendung von Change Management Praktiken angaben, weil sie davon ausgehen, dass man dies von einem Projektleiter erwartet. Ein Halo-Effekt bedeutet, dass die generelle Wahrnehmung von Implementierungsprojekten die Beschreibung eines spezifischen Projektes überlagern könnte. Eine „Ex-post facto Erklärung" bedeutet, dass die Befragten den Projektverlauf verfälscht erinnern und beschreiben, da sie bereits den Abschluss des Projektes kennen. Mit anderen Worten können die Erinnerungen durch eine nachträgliche kausale Interpretation verfälscht sein.

7. Schlussfolgerungen

Die Ergebnisse zeigen, dass es bei Change Management nicht nur um „Soft Facts" geht. Change-Management-Praktiken hängen nachweisbar mit Kurzfrist- und längerfristigem Erfolg von SAP-Implementierungen zusammen. Wie diese Studie zeigt, geht die *Befähigung der Endanwender* in der Vorhersage des Implementierungserfolgs über bloßes *Projektmanagement* hinaus.

Manager sind zunehmend mehr gezwungen, ihre Ressourcen zu rechtfertigen, besonders wenn es um den Kauf einer ERP-Lösung geht. Wenn nach „Hard Facts" gefragt wird, wie z.B. wie viel die Implementierung kosten wird, wie lange sie dauern wird, und sie zufrieden stellend funktionieren wird, sollte der menschliche Faktor nicht vergessen werden – wie diese Studie demonstrierte. Im Folgenden werden einige Empfehlungen ausgesprochen hinsichtlich der Prioritäten, mit der sich Projektleiter den jeweiligen Change-Management-Praktiken zukünftig widmen sollten.

Wie oben erwähnt, verdienen die Change-Management-Praktiken mit geringem durchschnittlichen Einsatz, aber höherer Erfolgsrelevanz mehr Aufmerksamkeit und eine höhere Priorität in künftigen Implementierungen (Tabelle 5). Einerseits wurde aufgezeigt, dass die Change-Management-Praktiken stärker berücksichtigt werden können, andererseits rechtfertigt ihre nachgewiesene Erfolgsrelevanz, die generell knappen Ressourcen für den Einsatz jener Change-Management-Praktiken aufzubringen. Kurz gesagt, die vorliegende Studie demonstriert, welche Change-Management-Praktiken im Verlauf einer SAP-Implementierung im Focus stehen sollten – als Richtlinien für das Change Management in zukünftigen SAP-Implementierungen.

Die *Befähigung der Endanwender* hängt stark mit beiden Dimensionen des Implementierungserfolgs zusammen und kann sogar zur Vorhersage des Kurzfrist- und längerfristigen Erfolg dienen. Jene Change-Management-Praktiken, die sich in der *Befähigung der*

Endanwender widerspiegeln, sollte jeder Projektleiter überwachen. Diese werden im Folgenden aufgelistet; die in Klammern angegebene Überlappung ist ein Ausdruck für das Maß, inwieweit die *Befähigung der Endanwender* die jeweilige Change-Management-Praktik repräsentiert: *Erwartungsmanagement* (69 Prozent Überlappung), *Veränderungsvorbilder* (50 Prozent Überlappung) und *Learning und Training* (38 Prozent Überlappung).

Tabelle 6 zeigt die Change-Management-Praktiken priorisiert auf der Basis der Studienergebnisse. Projektleiter können diese Tabelle für ein Monitoring des Veränderungsprozesses verwenden.

Tabelle 6: Priorisierte Change-Management-Praktiken[17] als Richtlinien für künftiges Change Management

Durchschnittlicher Einsatz der Change-Management-Praktiken	Rangfolge der Erfolgsrelevanz	Überlappung mit Befähigung der Endanwender
Unternehmensweite Kooperation	1	22%
Erwartungsmanagement	2	69%
Information über zukünftige Arbeitsabläufe	5	28%
Veränderungsvorbilder	3	50%
Top Management Support	7	1%
Unternehmensweite Kommunikation	4	19%
User Training and Education	6	38%
Beachte: Variablen mit geringerem Durchschnittswert befinden sich weiter oben in der Spalte.	Beachte: Variablen mit einem höheren Rang besitzen eine größere Erfolgsrelevanz.	Beachte: Eine höhere Prozentzahl entspricht einem größeren predictiven Wert in Bezug auf Kurzfrist- und längerfristigen Erfolg.

Weiterführende Untersuchungen

Die Studienergebnisse legen weitere Untersuchungen über die Change-Management-Praktiken nahe. So könnte zukünftige Forschung das Thema Messbarkeit von Veränderungsmaßnahmen näher beleuchten. Solch eine Studie könnte die Wirkungsweise verschiedener Change-Management-Praktiken näher untersuchen. Durch eine longitudinale Zeitreihen-Untersuchung könnte der Wirkungsverlauf gemessen werden. In diesem Zusammenhang könnten folgende Aspekte erhoben werden: (1) die unmittelbaren Reaktionen der Mitarbeiter auf die Change-Management-Praktiken, (2) die Lernfortschritte der Mitarbeiter während der Implementierung und (3) das Job-Verhalten der Mitarbeiter. Durch eine Studie dieser zusätzlichen Ergebnis-Variabeln könnte ein vollständigeres Bild der dynamischen Wirkungsweise von Change-Management-Praktiken gewonnen werden.

In jedem Falle sollten weiterführende Untersuchungen die erwähnten methodischen Anmerkungen berücksichtigen. Eine größere Stichprobe ist unverzichtbar. Außerdem stellt die Erhebung der Kundenperspektive eine notwendige Vervollständigung des komplexen Bildes einer SAP-Implementierung dar. Folglich sollten sowohl das Management als auch einzelne Mitarbeiter der Kundenorganisation zu Wort kommen.

Basierend auf einem detaillierten Bild des Veränderungsprozesses einer SAP-Implementierung könnte zukünftig ein Instrument zur Messung des Implementierungsfortschrittes entwickelt werden. Solch ein Instrument könnte Projektleiter darin unterstützen, den Veränderungsprozess just-in-time zu steuern.

Anmerkungen:

[1] ERP steht für *Enterprise Resource Planning*. Bei ERP-Systemen handelt es sich um Standardsoftware für Businessapplikationen. Bis dato hat sich keine allgemein anerkannte Definition dieser Softwarekategorie durchgesetzt (Heinrich, Jacobs & Wunschick, 2000). Heinrich, Jacobs & Wunschick (2000) listen allerdings eine Reihe von Anforderungen auf, denen ein ERP-System entsprechen muss: Es muss sich um eine modular konstruierte Softwarelösung handeln, die eine prozessbasierte Sicht auf das Unternehmen erlaubt. Durch die Integration aller Funktionen und Bereiche einer Organisation soll zudem unternehmensübergreifende Planung und Controlling ermöglicht werden.

[2] Beispiele sind Veränderungen im Job, in den Arbeitsabläufen, in der Zusammenarbeit etc.

[3] Stand: 2003

[4] Die 22 KEFs sind im Beitrag von Kohnke in diesem Buch dargestellt.

[5] Mit Umfang ist der Funktionsumfang gemeint, der Aussagen über die Qualität der Implementierung zulässt.

[6] In diesem Sinne lassen sich Aussagen über die Effektivität der Implementierung treffen.

[7] Die Leistungssteigerung der Organisation wird in diesem Sinne als Maß für die Effizienz der Implementierung verwendet.

[8] Auf die Kontrollvariabeln wird weiter unten in den Anmerkungen zur Methodik näher eingegangen.

[9] SPSS = Statistical Package for Social Sciences. Bei SPSS handelt es sich um eine Software zur statistischen Analyse.

[10] Die Befragten konnten den Grad der Berücksichtigung einer Change-Management-Praktik im Projektverlauf jeweils auf folgender Fünf-Punkte-Skala bewerten: 1 = „Dem stimme ich absolut nicht zu", 2 = „Dem stimme ich eher nicht zu", 3 = „Weder Zustimmung, noch Ablehnung", 4 =„Dem stimme ich eher zu", 5 =„Dem stimme ich absolut zu"

[11] Da Change Management Faktor 1 und Change Management Faktor 2 als orthogonale (= von einer unabhängige) Faktoren aus der Faktorenanalyse hervorgingen, hängen diese per Definition nicht miteinander zusammen.

[12] Die R^2 ist ein Maß für die Effektgröße; laut Cohen (1988) steht ein R^2 von 0,26 bzw. 26 Prozent bereits für einen großen Effekt.

[13] Die Konstrukt-Validität ist ein Maß für den Zusammenhang einer Variabel mit solchen Variabeln, von denen auf Grund von logischen Annahmen ein Zusammenhang erwartet werden kann.

[14] Kontrollvariabel

[15] Die Konstrukt-Validität ist ein Maß für den Zusammenhang einer Variabel mit solchen Variabeln, von denen auf Grund von logischen Annahmen ein Zusammenhang erwartet werden kann.

[16] Tabachnik & Fidell (2001) nennen folgende Daumenregel zur Bestimmung der erforderlichen Stichprobengröße (N) zum Zwecke der Analyse individueller Prediktoren (= unabhängige Variabeln) in einer multiplen Regressionsanalyse: (N $\geq 104 + m$; wobei m der Anzahl Prediktoren entspricht. Demnach ergibt sich für die vorliegende Studie ein Minimum von 106 (= 104 + Change-Management-Praktiken Faktor 1 + Change-Management-Praktiken Faktor 2).

[17] Die Überlappung ist ein Ausdruck für das Maß, inwieweit die *Befähigung der Endanwender* die jeweilige Change-Management-Praktik repräsentiert.

Elisabeth Böhnke, Angela Lang & Lutz von Rosenstiel

Schritte einer SAP-Einführung aus psychologischer Sicht – Eine empirische Untersuchung

1. Einstieg 170
2. Theoretische und konzeptionelle Grundlagen 171
3. Empirische Untersuchung 172
4. Experteninterview: Ergebnisse SAP-Berater 173
5. Experteninterview: Ergebnisse Projektleiter SAP-Einführung
   in einem Facility-Management-Unternehmen 183
6. Ergebnisse Endanwender 192
7. Ausblick 199

1. Einstieg

Stellt man sich vor, dass in Zukunft z. B. das Holz – stammend aus einem Baumstamm in Kanada – über SAP-Dokumentation bis zum Bleistift nachverfolgt werden kann, der in Deutschland seinen Kunden findet, so erscheint dies als technisch genial. Auch der Kunde soll Einblick nehmen können, wo sich nun gerade das Holz für seinen bestellten Bleistift befindet und welche Fertigungsschritte schon durchgeführt wurden bzw. wann genau er mit seinem Produkt zu rechnen hat.

Runtergebrochen auf einzelne Arbeitsschritte, die von Mitarbeitern auszuführen sind und auf Wandlungsprozesse in Unternehmen, stellt sich dieses Vorhaben unter dem Blickwinkel der Aufgabengestaltung (Ulich, 1998, S.182) und der Gestaltung von Veränderungen in Unternehmen (v. Rosenstiel & Comelli, 2003) aus psychologischer Sicht etwas anders dar. Im Sinne von: Hier steht nicht mehr nur die technische Genialität im Vordergrund, sondern auch, ob die Mitarbeiter als SAP-Enduser diese Veränderung mittragen und sich die dann daraus resultierende Aufgabe als motivierend erweist. Nicht nur der Kunde soll den Mehrwert der SAP-Einführung begrüßen, sondern auch der Mitarbeiter als sog. SAP-Enduser.

Viele Organisationsbereiche werden über eine SAP-Einführung standardisiert. Diese Anpassung hat zur Folge, dass dezentrale Gestaltungsspielräume aufgehoben sind. Diese Gestaltungsräume waren zwar häufig gesamtunternehmerisch nicht effektiv für das Erreichen der Unternehmensziele. Sie trugen aber stark dazu bei, dass die Mitarbeiter ihre bisherige Aufgabe als motivierend empfanden. Die Mitarbeiter gestalteten sich quasi selbst ihre Aufgabe so, dass sie sie motivierte (Frieling & Sonntag, 1999, Gebert, 2004).

Folgenden Fragen wurden in der vorliegenden Studie untersucht:

- Wie gut sind die von einer SAP-Einführung betroffenen Organisationseinheiten überhaupt in der Lage, diesen Veränderungsprozess zu gestalten?
- Welche besonderen Anforderungen stellt eine SAP-Einführung an das Unternehmen?
- Welche Lösungsansätze (Ressourcen) hat das Unternehmen parat, um den Anforderungen einer SAP-Einführung gerecht zu werden?
- Welche Auswirkungen hat die Veränderung durch eine SAP-Einführung auf die Gestaltung der Arbeitsaufgabe?
- Welche Veränderungen in der Problemlösungsfindung werden von den Mitarbeitern gefordert?

Unter drei Perspektiven wurden dieser Veränderungsprozess und die oben genannten Fragen betrachtet und zueinander in Beziehung gesetzt: erstens der SAP-Seite, zweitens der Seite des Auftraggebers in Gestalt eines sog. SAP-Projektleiters in einer Niederlassung des untersuchten Unternehmens und drittens der Seite der Mitarbeiter, d.h. der SAP-Enduser.

2. Theoretische und konzeptionelle Grundlagen

Der Anstoß für Veränderungen kommt meist von außen, z. B. durch technologische Veränderungen, betriebswirtschaftliche Zwänge, Wettbewerbsdruck oder durch die Entscheidung veraltete IT-Systeme zu ersetzen und zusammenzuführen. Veränderungen bedeuten Auflösung eines bestehenden Gleichgewichts. Das bringt Unsicherheiten mit sich. Es gibt allerdings kaum eine Veränderung ohne Notwendigkeit, Problembewusstsein und ohne Schmerz. Ist die Entscheidung zur Einführung des SAP-Systems einmal gefallen, so führt dies für das Unternehmen und die Mitarbeiter zunächst zu einer Mehrbelastung durch die Projektarbeit.

Die neuen Aufgaben nach einer SAP-Einführung sollten den Merkmalen der Aufgabengestaltung nach Ulich (1998. S. 182) entsprechen. Die neue Aufgabengestaltung sollte stärkere Aufgabenorientierung bewirken bzw. intrinsische Motivation auslösen. Aufgaben sollten mit planenden, ausführenden und kontrollierenden Elementen ausgestattet sein. Es sollte die Möglichkeit bestehen, Ergebnisse der eigenen Tätigkeit auf Übereinstimmung mit der gestellten Anforderung zu prüfen (Ganzheitlichkeit der Aufgabe). Aufgaben sollten mit unterschiedlichen Anforderungen an Körperfunktionen und Sinnesorgane ausgerichtet sein (Anforderungsvielfalt). Die gestellten Aufgaben sollten die Möglichkeit zur sozialen Interaktion bieten, denn gegenseitige Unterstützung hilft bei Schwierigkeiten und Belastungen (Möglichkeit der sozialen Interaktion). Innerhalb der Aufgabe sollte es möglich sein, eigenständig Entscheidungen fällen zu können (Autonomie) (Volpert, 1990). Darüber hinaus ist es wichtig, dass die eigene Qualifikation mit der Anforderung übereinstimmt und neue Qualifikationen erworben werden können (Lern- und Entwicklungsmöglichkeiten). Eine gewisse Regulierbarkeit in der Abarbeitung der Aufgabe sollte gegeben sein, damit Freiräume für stressfreies Nachdenken und selbstgewählte Interaktionen vorhanden sind (Zeitelastizität und stressfreie Regulierbarkeit). Im weiteren Sinne sollte die Aufgabenstellung das Gefühl vermitteln an gesellschaftlich nützlichen Produkten beteiligt zu sein (Sinnhaftigkeit) (Ulich, 1998, S. 182).

Tabelle 1: Merkmale der Aufgabengestaltung, die Motivation auslösen (Ulich, 1998)

Gestaltungsmerkmale realisiert durch	
Ganzheitlichkeit	Aufgaben mit planenden, ausführenden und kontrollierenden Elementen.
Anforderungsvielfalt	Aufgaben mit unterschiedlichen Anforderungen.
Möglichkeiten der sozialen Interaktion	Aufgaben, deren Bewältigung Kooperation voraussetzt.
Autonomie	Aufgaben mit Dispositions- und Entscheidungsmöglichkeiten
Lern- und Entwicklungsmöglichkeiten	Problemhaltige Aufgaben, zu deren Bewältigung vorhandene Qualifikationen eingesetzt und erweitert oder neue Qualifikationen angeeignet werden müssen.
Zeitelastizität und streßfreie Regulierbarkeit	Schaffen von Zeitpuffern bei der Festlegung von Vorgabezeiten.
Sinnhaftigkeit	Produkte und Produktionsprozesse, deren ökologische Unbedenklichkeit und gesellschaftlicher Nutzen überprüft und sichergestellt werden kann.

3. Empirische Untersuchung

In der empirischen Untersuchung geht darum, verschiedene Sichtweisen bei der SAP-Einführung einander gegenüberzustellen und die jeweiligen psychologischen Aspekte herauszuarbeiten.

3.1 Stichprobe

Experteninterviews

Dazu wurden zwei Experteninterviews durchgeführt. Ein Interview erfolgte mit einem SAP-Berater, der über eine 10jährige Berufserfahrung im SAP-Bereich verfügt. In vielzähligen SAP-Einführungsrpojekten hatte er die Leitung der Projekte von der „Ersten Stunde" bis zum Abschluss. Das andere Interview wurde mit einem Projektleiter eines Facility Management Unternehmens geführt, das im Jahr 2001 bis 2003 eine SAP-Einführung vorgenommen hat.

Interviews Endanwender

Darüber hinaus wurden Mitarbeiter des Facility-Management-Unternehmens aus den Abteilungen: Building Service, Betriebsmanagement, Objektmanagement, Einkauf, Immobilienmanagement und Auftragsmanagement interviewt. Über SAP sind sie miteinander in ihrer Arbeit verbunden und aufeinander angewiesen.

3.2 Methode

Es wurde ein qualitatives Erhebungsverfahren – zum einen Teil die „Critical Incident Technik" (Flanagan, 1954) – aus folgenden Gründen gewählt:
Der Umgang mit den SAP-Prozessen soll nach allen Seiten hin ausgeleuchtet werden. Es wird das Ziel verfolgt, Hypothesen zu generieren, die als Hinweise auf konkrete Gestaltungsmöglichkeiten, Strategien zur Problembewältigung und weiteren Forschungsbedarf dienen können. Für den anderen Teil des qualitativen Erhebungsverfahrens wurde ein Interviewleitfaden konzipiert.

Bei der „Critical Incident Technik" wird z. B. folgendermaßen gefragt: Was läuft gut? Was ist verbesserungswürdig? Was lässt sich wie verbessern?". Dem Gesprächspartner werden keinerlei Vorgaben gemacht. Kennzeichnend für das qualitative Verfahren ist, dass der Gesprächsleiter zu Beginn nur global den Gesprächsrahmen andeutet und dann das Wort dem Gesprächspartner überlässt. Er geht geduldig und freundlich auf ihn ein und ist an dessen Problemen tatsächlich (nicht nur scheinbar) interessiert. Er spricht wenig und unterbricht auch Pausen nur selten. Er versucht sein Gegenüber zum Sprechen zu bringen: nonverbal, durch Kopfnicken, ein zustimmendes „Mhm", aufmerksames Zuhören und freundliche Zuwendung und verbal: dass er die Äußerungen akzeptiert: „Ja", „Verstehe", „klar", „sicher"). Er gibt keine Werturteile über die Äußerung seines Gesprächspartners ab, erteilt keine Ratschläge und hält seine eigenen Meinungen und Einstellungen zurück.

Gerade in Umbruchszeiten – charakterisiert durch Umstrukturierungen und Umorganisationen einhergehend mit Personalabbau – ist eine Studie mit äußerster Sorgfalt durchzuführen. Die Gesprächspartner befürchten aufgrund ihrer Äußerungen ihren Arbeitsplatz zu verlieren.

Dem gilt es mit einem hohen Grad an Empathie entgegenzuwirken. Der Gesprächsleiter spricht und fragt nur, um Ängste und Befürchtungen des Gesprächspartners abzubauen und seine freimütige Meinungsäußerung anzuerkennen, um ihn zum Sprechen zu ermutigen. Bei Pausen greift er Themen auf, die bereits angeschnitten wurden, um bei einem Thema nachzuhaken, das für den Gesprächspartner offensichtlich wichtig ist (auch wenn dies sich nur indirekt ausdrücken sollte). Dies sind vor allem Themen, bei denen der Gesprächspartner Emotionen zeigt bzw. eine normalerweise zu erwartende Emotion nicht zeigt. Damit deutet er an, dass hinter seiner ‚unauffälligen' Äußerung mehr steckt. Diese Andeutungen können nonverbal (z. B. Erröten) oder verbal (z. B. „eigentlich") erfolgen (Neumann, 2003).

4. Experteninterview: Ergebnisse SAP-Berater

Aus Sicht des SAP-Beraters durchläuft jedes SAP-Projekt fünf Phasen: Projektvorbereitung (Phase 1), Business Blueprint (Phase 2), Realisierung (Phase 3), Produktionsvorbereitung (Phase 4) und Go-Live und Support (Phase 5). Jede dieser Phasen enthält spezifische Umsetzungsschritte und schließt mit einer eigens zugeschnitten Qualitätsprüfung ab.

4.1 Projektphasen

In der Projektphase 1, der Vorbereitung, gilt es die vorgesehene Strategie an die Aufgabenstellung anzupassen. Eine Einführungsstrategie ist festzulegen und ein Projektplan zu erstellen. Es ist darauf zu achten, dass im Projektplan (Masterplan) das Budget, der Arbeits- und Einsatzplan enthalten sind. Der Masterplan enthält darüber hinaus Hinweise auf abhängige Projekte und mögliche gegenseitige Beeinflussungen.

Projektziele, Aufgaben und die erwarteten Ergebnisse sind definiert. Abhängig von den Projektzielen und der -strategie werden die Projektorganisation, Projektkommunikation, Qualitätsanforderungen, Dokumentation etc... und die Eskalationsebenen festgelegt.

Es ist wichtig, einen Ressourcen und Skillabgleich durchzuführen. Alle technischen Anforderungen und Kernprozesse einschließlich der Prozessvarianten, die für ein späteres Rollout wichtig sind, gilt es zu berücksichtigen. Die Einführungsstrategie wird festgelegt. Eine Änderung der gewählten Einführungsmethode im Projektverlauf ist mit erheblichem Mehraufwand und Qualitätseinbußen verbunden. Die angedachte Realisierung der Rollout-Strategie sollte schon während der Vorbereitung einer Überprüfung standhalten.

Projektphase 2 konzentriert sich auf die Modellierung der Unternehmensprozesse. Dies erfolgt i. d. R. anhand der in SAP hinterlegten Referenzmodelle. Die unternehmensspezifische Modellierung der Prozesse wird auch als „Business Blueprint" bezeichnet. Mit Abschluss der Phase 2 wird nochmals überprüft, ob alle wesentlichen Geschäftsprozesse transparent und zielkonform definiert sind, ob sich diese im System abbilden lassen, ob die geplanten Schulungen den neuen Anforderungen entsprechen, ob die Änderungen der Organisationsstruktur sich wiederfinden, ob die Systemstruktur ausreichend entwickelt ist und ob die Ziele des Change Management tatsächlich eingebunden sind und in den folgenden Projektphasen umgesetzt werden können.

Projektphase 3 umfasst die Realisierung. In dieser Phase werden die in Phase 2 modellierten Prozesse, Organisationsstrukturen und Funktionen in das SAP System implementiert. Steuerungsparameter werden eingestellt, die Daten ins SAP übertragen. Schnittstellenprogramme werden entwickelt, das Berechtigungskonzept wird festgelegt und Berichte und Formulare werden zusammengestellt. Ein Archivierungsverfahren wird eingerichtet. Die Dokumentationsunterlagen für die Endanwender werden angefertigt. Zum Abschluss wird ein Integrationstest durchgeführt. Mit diesen Integrationstests werden die Auswirkungen des Change Management im System sichtbar .

In der Projektphase 4 geht es um die Produktionsvorbereitung. Die Daten werden nochmals überprüft. Noch fehlende Daten werden manuell nachgetragen. Systemadministratoren und Benutzer werden zeitnah geschult. Eine langfristige Supportstrategie wird festgelegt und eine Endabnahme für den Produktionsanlauf durchgeführt. Die Rolle des Change Management für die Phase 5 Go-Live und Support wird definiert.

In der Projektphase 5 Go-Live und Support erfolgt die Umsetzung. Hierbei muss auf strukturelle Veränderungen geachtet werden. Die produktiven Geschäftsprozesse werden geprüft und an betriebswirtschaftlichen Erfolgskennzahlen festgemacht. Tauchen Fehler oder Probleme auf, so ist es wichtig, diese gleich offen zu legen. Alle Erkenntnisse aus der Umstrukturierung werden nochmals überprüft und zusammengefasst. Die SAP-Einführung als Change-Management-Aufgabe findet ihren Abschluss.

4.2 Einflussgrößen auf die Projektphasen

Verschiedene Einflussgrößen auf unterschiedlichen Ebenen kommen beim Durchlaufen der einzelnen Projektphasen zum Tragen.

Einflussgröße: Unternehmen

Auf der Ebene des Unternehmens sind es die unternehmerischen Ziele, die Organisation, die Prozesse und bestimmte Funktionen, die Einfluss auf das Projekt nehmen. Unternehmerische Ziele betreffen genauer die Wettbewerbslage, den Innovationscharakter und die Gewinnmarge, die das Unternehmen wahrnimmt bzw. setzt. Unternehmensleitbild und Unternehmenskultur sind als Einflussfaktoren ebenfalls zu beachten.

Einflussgröße: Projekt

Rahmenbedingungen, Ausgangssituation und Projektziele sind weitere Einflussgrößen. Welche Ressourcen stehen für das Projekt bei den Mitarbeitern an Zeit, Budget und Ausstattung zur Verfügung mit welcher räumlichen Zuordnung? Dies sind Fragen, die im Vorfeld zu klären sind. Bezogen auf das Projektmanagement spielen die Organisationsstruktur, die Projektkultur, die Planung und die Risiken bei der Durchführung, das Controlling und die Qualitätsanforderungen eine Rolle. Das Change Management sollte in das Projektmanagement eingebunden sein. Kontinuierliche Information und ständiger Austausch zwischen denselben sind unerlässlich.

Einflussgröße: Mitarbeiter

Die Interessen, Bedürfnisse und Kompetenzen der Mitarbeiter sind zu beachten: Erleben die Mitarbeiter die SAP-Einführung als unternehmens- und abteilungskonform, entspricht sie den eigenen Interessen und Bedürfnissen, verfügen sie über ausreichende Kompetenzen, die den Anforderungen gerecht werden? Sind die richtigen Mitarbeiter als Geschäftskenner, Prozesskenner und Systemkenner ausgesucht und eingesetzt worden?

Einflussgröße: Externer Dienstleister/Vertrag

Die Vertragsgestaltung zwischen dem SAP-einführenden Unternehmen und dem externen Dienstleister hat Einfluss auf den späteren Projektablauf, (Werkvertrag, Dienstvertrag, Festpreise oder Preisobergrenzen, Abrechnung nach Aufwand). Wird der Vertrag zu Beginn des Projektes geschlossen oder erst in einer späteren Projektphase unterzeichnet? Dies hat Auswirkungen auf das Projekt und die Beteiligten. Darüber hinaus spielt es eine Rolle, in welcher Funktion der externe Dienstleister für das Unternehmen tätig wird, ob als Managementberater, Prozess-Berater, Systemberater, Programmierer oder Coach. Hierbei ist zu klären: wem, welche Verantwortlichkeiten obliegen.

Einflussgröße: Technische Restriktionen

Hierunter subsummiert sich die Qualität, das Volumen, die Konsistenz und Integrationsfähigkeit der vorhandenen Daten. Fragen, die an dieser Stelle auftauchen, sind:

- Sollen die Daten in ein SAP-Standard Programm transferiert werden?
- Werden Eigenentwicklungen oder Modifikationen benötigt und vereinbart?

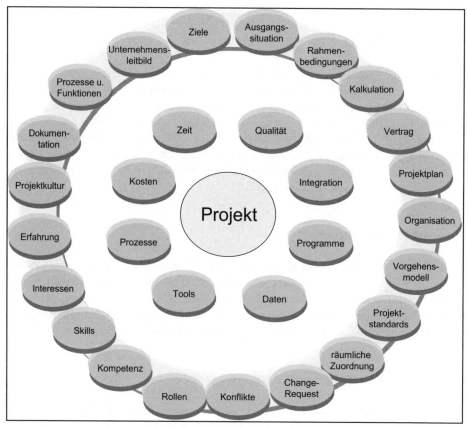

Abbildung 1: Einflussgrößen einer SAP-Einführung

4.3 Kriterien für eine erfolgversprechende SAP-Einführung

Für den Erfolg der Einführung von SAP sollte ein Lenkungsausschuß festgelegt werden, der die Projektziele und strukturellen Veränderungen festlegt. Er sollte über Ergebnisse und Maßnahmen und in Konfliktsituationen entscheiden. Dann gilt es eine Projektleitung einzuberufen, die sich um die Qualitätssicherung und das Projektcontrolling kümmert. Sie steuert das Gesamtprojekt mit seinen Inhalten, Kosten und Terminen. Desweiteren hat die Projektleitung über Lösungskonzepte abzustimmen und Auswirkungen zu überprüfen. Sie disponiert die Projektmitarbeiter. Für die Durchführung der Projektaktivitäten in allen Phasen: Analyse, Erarbeitung von konkreten Maßnahmen, Handlungsbedarfe und Dokumentation ist ein Kernteam (KT) zu bestellen. Als Querschnittsfunktion werden Controlling und Qualitätsmanagement etabliert. Zusätzlich zum Kernteam sollte es ein „Erweitertes Team" (ET) geben, das punktuell mitarbeitet. Hier sind neben der fachlichen Zuarbeit die Aufgaben zur Umsetzung des Change Managements anzusiedeln. Es ist dafür zuständig, dass auch kleinere Erfolge kommuniziert werden und die Motivation zu notwendigen Veränderungen gestärkt ist.

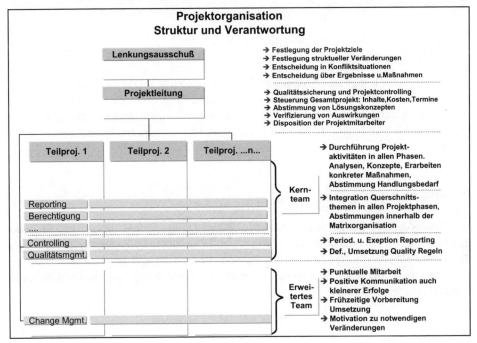

Abbildung 2: Überblick über eine Projektorganisation

Zielsetzung und Aufgaben

Bei der Zielsetzung geht es zunächst um das Zusammenführen von Geschäftssystemen und die Harmonisierung der Geschäftsprozesse unter Berücksichtigung der geschäftskritischen Anforderungen. Idealer Weise erfolgt dies anhand der SAP Referenzprozesse. Bestehendes Optimierungspotenzial ist aufzuzeigen und ein Ausbau der System-Plattform zu unterstützen. Neben der zeitlichen Komponente gibt es bei der Zielformulierung Angaben, mit welchen Ressourcen die Ziele zu erreichen sind. Die Aufgaben sind grob beschrieben. Die erwarteten Ergebnisse sind so formuliert, dass sie während der gesamten Projektlaufzeit als roter Faden und Gradmesser der Zielerreichung dienen.

Bei einer gelungenen SAP-Einführung werden verschiedene Rollen verteilt. Man spricht von SAP-Kennern (Verfügbarkeit > 60%), Prozesskennern (Verfügbarkeit >50 Prozent (Kernteam KT); > 20 Prozent (Erweitertes Team ET) und Geschäftskennern (Verfügbarkeit > 40 Prozent (KT); > 20 Prozent (ET). Die erforderlichen Verfügbarkeiten variieren allerdings nach Projekt und Projektphasen. Unterschiedliche Verantwortlichkeiten sind an die einzelnen Rollen geknüpft:

SAP-Kenner

Der SAP-Kenner bringt sein SAP-Know-how ein, beschafft SAP-technische Informationen und stellt Know-how Transfer sicher. Er erarbeitet SAP-technische Lösungen zu den im Kernteam definierten Harmonierungsbedarfen, prüft eigenständig Aufträge auf ihre Machbarkeit hin und stellt die spätere Umsetzung von konzeptionellen Entscheidungen sicher.

Prozesskenner

Der Prozesskenner vertritt die betroffenen Fachabteilungen und bringt seine Prozesskenntnisse aus Anwendersicht in das Projekt ein. Er stimmt die wichtigsten im Kernteam definierten Inhalte mit den betroffenen Fachabteilungen ab und beschafft fehlende Informationen aus den Fachabteilungen. Er erarbeitet eigenständig betriebswirtschaftliche Konzeptvorschläge.

Geschäftskenner

Der Geschäftskenner bringt sein Geschäftswissen in das Team ein. Er definiert die wichtigsten Geschäftsanforderungen an die Prozesse. Er delegiert und steuert die Umsetzung von Maßnahmen in seinem Verantwortungsbereich. Er informiert die betroffenen Mitarbeiter über Projektinhalte und versucht sie für die notwendigen Veränderungen zu motivieren.

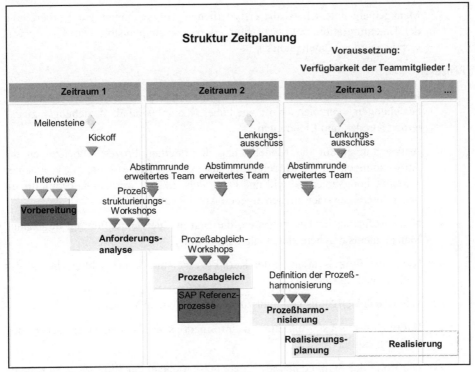

Abbildung 3: Überblick über die Aktivitäten im zeitlichen Ablauf

4.4 Probleme, die bei SAP-Einführungen immer wieder auftauchen

Probleme, die den reibungslosen Ablauf einer SAP-Einführung erschweren, sind:

Management

- Management-Entscheidungen sind bei den Projektverantwortlichen, -mitarbeitern und Endanwendern zu wenig bekannt.

- Gewählte Strategie (Standard-, Eigenentwicklungs- oder Modifikationsversion) und zu bearbeitende Aufgabenstellungen passen nicht zusammen.

- Meetings und Management-Attention erst, wenn das Projekt kippt.

- Wunschkonzert bei mangelnder Leistungsabgrenzung und beweglichen Projektzielen.
- Management unterschätzt die erforderlichen Aufwendungen zur Vorbereitung der Datenmigration, was dazu führt, dass auch unplausible Daten weiterverwendet werden (Datenqualität).

Prozesse

- Interne Geschäftsprozesse – die unternehmensinternen Kunden-Lieferantenbeziehungen – verzeichnen oft eine höhere Komplexität als Beziehungen zu externen Kunden und Lieferanten.
- Aufwendungen für die Modellierung der internen Prozesse übersteigen die Aufwendungen für die Modellierung der externen Prozesse um ein Vielfaches. Vereinfachungspotenzial will und kann nicht erkannt werden, da es um die eigenen Interessen oder um den eigenen Arbeitsplatz geht.
- Neue Aufgaben im Unternehmen, die sich aus der Durchführung des Change Managements ergeben, sind noch nicht definiert.
- Nicht alle Prozessvarianten der Kernprozesse sind berücksichtigt, die für das Rollout wichtig sind.
- Wie ist das Verhältnis von implizitem und explizitem Wissen?
- Informationsverluste bis hin zu Informationsverfälschungen zwischen den Hierarchiestufen.
- Die Rolle der Stammdaten als Steuerungsparameter für Prozesse wird oftmals zu spät erkannt. Qualitativ hochwertige und konsistente Stammdaten sind Basis für die Prozessqualität. Die Aufwendungen hierfür werden in vielen Projekten unterschätzt. Vorteile eines Stammdatenmanagements werden nicht genutzt. Wollte man durch die Einführung von SAP doch Mitarbeiter einsparen und nicht einstellen!
- Verlagerungen von Aufgaben von Team 1 an Team 2.
- Ungeklärte Fragen/Abstecken von Claims, wer macht was im künftigen System? Berechtigung, Kompetenz, Status und Verantwortlichkeiten.

Projektphasen

- Welches ist die richtige Detaillierungsstufe in der jeweiligen Projektphase?
- In der Phase „Business Blueprint" wird den Projektteammitgliedern ein hohes Abstraktionsvermögen abverlangt; bekannte Prozesse und Funktionen sollen unter Berücksichtigung der Projektziele neu modelliert/verändert und in einem (unbekannten) System integriert und abgebildet werden.
- Gewählte Strategie kann innerhalb des Projektverlaufs nicht geändert werden.

Projektteam

- Mitarbeiter des Projektteams versuchen Prozesse zu implementieren, die den Zielen des Change Managements entgegen stehen, alte Zöpfe und gewohntes Fahrwasser sollen (wollen?)beibehalten werden.
- Mangelnde Visualisierung von Projektinhalten, Aufgaben und Abhängigkeiten.
- Informelle Kommunikation zwischen den Projektmitgliedern ist wichtig, dies ist oftmals in der Arbeitsumgebung (Arbeitsumgebung für SAP-Einführung abseits des eigentlichen Arbeitsplatzes, des Tagesgeschäfts) nicht beachtet.
- Projekte entwickeln Dynamik; Strukturen nicht.
- Projektteamschulungen werden mit fachlicher Zielsetzung durchgeführt. Soft Skill Ausbildung als Grundstein für den Projekterfolg wird nicht erkannt.
- Verzicht auf regelmäßige Meetings.
- Verzicht auf Stimmungsbarometer.
- Keine oder zu wenig Feed Back Gespräche.
- Konflikte werden in die nächste Runde vertagt.
- Mangelnde Kenntnisse über Integration, Schnittstellen und abhängige Objekte bei den Projektbeteiligten.
- Zeitkonten (Urlaub und Erkrankung) der Projektmitarbeiter sind nicht berücksichtigt.
- Kick Off wird als Kostenfaktor, nicht als Grundsteinlegung für den Erfolg eines Projektes gesehen.

Mitarbeiter

- Kompetenz der Mitarbeiter stimmt nicht mit den neuen Rollen / Anforderungen überein.
- Widerstand bei den Mitarbeitern und mangelnde Identifikation mit der anstehenden Veränderung.
- Mitarbeiter negieren, dass Prozesse vereinfacht werden können.
- Mitarbeiter sind nicht ausreichend für die Projekttätigkeit freigestellt. Nicht planbare Aufgaben des Tagesgeschäfts, z. B. User Help Desk (Alt-Systeme) ermöglichen die Projektarbeit nur eingeschränkt.
- Mitarbeiter wechseln während der Einführung die Tätigkeit.
- Mitarbeiter werden mit den Auswirkungen des Change Management alleine gelassen mit der Folge des Identitäts- und Motivationsverlusts.

Software

- Sogenannte „Strukturleichen" aus bisherigen Systemen sollen exhumiert und umgebettet werden. Das Risiko hierzu ist groß, wenn in der Projektleitung oder im Lenkungsausschuss Anträge auf Modifikationen oder Eigenentwicklungen nachlässig oder gar nicht geprüft werden bzw. nicht begründet werden müssen.
- Die einmalige Chance zur Datenbereinigung und zur Qualitätsoptimierung der Daten in Verbindung mit der Datenmigration wird zu wenig genutzt.
- Integrationsverluste durch Eigenentwicklungen oder Modifikationen werden von den Beteiligten unterschätzt. Die Folge sind Mehraufwendungen zur Wiederherstellung der Transparenz.
- Dokumentation als Belastung; Kultur guter Protokolle als Erfolgsfaktor wird im Team zu wenig erkannt.
- Testzyklen dauern oft länger als geplant; iterative Prozessmodellierung während der Testzyklen.

SAP-Berater

- Zuverlässigkeit und Einschätzung von Statusberichten: Projekt hat einen Fertigstellungsgrad von 80 Prozent, die restlichen 20 Prozent benötigen nochmal 60 Prozent des ursprünglichen Budgets.
- Information als Holschuld.
- Zu wenig Pufferzeiten zur Lösung von Unvorhergesehenem.
- SAP-Berater hat Kontakt zum Projektteam, aber i. d. R. nicht zum Endanwender.
- Programmierer entwickeln Eigendynamik, die mit Projektzielen oder den Projektaufgaben nicht mehr viel zu tun haben.
- Vertrag und Umsetzung stimmen nicht über ein.
- Kostentreibendes ist nicht ausreichend bekannt.

Fragestellungen und Probleme, die immer wieder auftauchen, so der SAP-Berater, sind in der Kommunikation, Koordinierung und in den Absprachen anzutreffen. In der Phase „Business Blueprint" z. B. wird den Projektteammitgliedern ein hohes Abstraktionsvermögen abverlangt; bekannte Prozesse und Funktionen sollen unter Berücksichtigung der Projektziele neu modelliert, verändert und in einem (unbekannten) System integriert und abgebildet werden. Bisher ist es so, dass diese Probleme in Kauf genommen wurden und sich die Projekte entsprechend „durchstrampeln". Bei näherer Betrachtung der Probleme wird ersichtlich, dass es sich hierbei hauptsächlich um Fragestellungen aus dem so genannten Soft-Skill Bereich handelt, Fragestellungen also, die im Management-, Führungsbereich, in der Teamentwicklung und im Projektmanagement, in der Personal- und Organisationsentwicklung anzusiedeln sind. Dabei dreht sich vieles um Kommunikation und Information, aber auch um Abstimmungsprozesse und konstruktiven Umgang mit Konflikten (Spieß, 1996; Tiemeyer, 2002).

5. Experteninterview: Ergebnisse Projektleiter SAP-Einführung in einem Facility-Management-Unternehmen

Das Unternehmen wurde im Jahr 1997 als Immobilien-und Serviceunternehmen als 100 prozentige Tochter eines Konzerns gegründet. Das Angebot reicht von der Projektentwicklung über die Planung und Realisierung bis hin zu technischem, kaufmännischem und infrastrukturellem Facility Management. Das Unternehmen ist deutschlandweit in zwölf Niederlassungen und eine Zentrale organisiert. Es hat zum Zeitpunkt der Maßnahmen rund 8000 Mitarbeiter. Die weiteren Ausführungen beziehen sich exemplarisch auf Erfahrungen in einer Niederlassung mit 450 Mitarbeitern und 22 Führungskräften. Jede Niederlassung wird von einer Niederlassungsleitung geführt, bestehend aus dem Niederlassungsleiter und seinem Vertreter. Es sind rund 80 Prozent der Mitarbeiter des Unternehmens in der technischen Gebäudebewirtschaftung tätig. Die wirtschaftliche Lage zwang das Unternehmen, den Personalbestand zu reduzieren, damit einhergehend die Anzahl der Führungskräfte zu verringern, sowohl Zentralisierung als auch Dezentralisierung von Aufgaben zu optimieren, bestehende Geschäftsfelder der Wirtschaftlichkeitsprüfung zu unterziehen sowie neue gewinnbringende Geschäftsfelder zu entwickeln. Dies zieht Umstrukturierungen nach sich. Eine der Veränderungen war die Einführung von SAP. Die SAP-Einführung in das Facility-Management Unternehmen hat zwei Jahre gedauert. Mittlerweile kann festgestellt werden, dass das System recht stabil läuft.

5.1 Ziele der SAP-Einführung

Auf einen Nenner gebracht: Man wollte Transparenz in allen Unternehmensbereichen herstellen: Zum Beispiel feststellen, was jedes Objekt bringt, was bringt ein Mietvertrag, Ergebnis einer bestimmten Wirtschaftseinheit, jede Kostenstelle im Unternehmen, auch die Antwort auf die Frage, wie viel Stunden jeder Mitarbeiter, zum Beispiel ein Servicetechniker, im Monat an Produktionsstunden aufweist, sämtliche Wartungsvolumen, natürlich auch die Frage nach den Deckungsbeiträgen bei jedem Gewerk, bei jedem Kunden, bei jedem Geschäftsfeld. Gerade bei einem Unternehmen, das derartig vielfältige Produkte aufweist, und für derart viele verschiedene Wirtschaftseinheiten verantwortlich ist, ist es schwer, ohne eine integrierte Software für alle Unternehmenseinheiten die Kosten und letztendlich auch den Gewinn verlässlich auszuweisen.

5.2 Auswirkungen der SAP Einführung auf das Unternehmen

Der Interviewpartner formulierte es so: „Die Unternehmensmitglieder haben ihr Tun und Handeln an SAP angeglichen". Die Geschäftsprozesse wurden lange vor der SAP Einführung formuliert und eingeführt. Die SAP Software wurde anhand der Geschäftsprozesse modelliert. Und zum Teil erst dadurch wurden dann von den Geschäftsprozessen und von anderen Vorgaben, zum Beispiel Zeit für die Abwicklung von Aufträgen oder abweichende Arbeitsabläufe ans Tageslicht gebracht.

So sollen zum Beispiel Aufträge grundsätzlich über SAP laufen. Über das Fehleranalysetool ist jetzt feststellbar, wie viele Aufträge noch offen sind, d. h. noch nicht bearbeitet wurden und welche Unternehmenseinheit dafür verantwortlich ist. Ein anderes Beispiel ist, dass sämtliche Einkäufe, zum Beispiel von Material, Dienstleistungen, Schulungen über das entsprechende SAP-Modul zu beauftragen sind. Auch hier ist jetzt feststellbar, wie viele Einkäufe nicht prozessgerecht eingekauft werden. Ein anderes Beispiel für die Aussage des Interviewpartners sind die Zielformulierungen für die Führungskräfte. Natürlich werden jetzt nach der Einführung der integrierten SAP-Landschaft Individualziele vor allem so formuliert, dass sie mit Hilfe der SAP-Software überprüft werden können.

5.3 Projektstruktur

Interessanterweise war die SAP-Einführung für das Unternehmen so wichtig, dass für eine gewisse Zeit, also zeitbegrenzt, ein Geschäftsführer für die SAP-Einführung eingesetzt wurde. In der Zentrale des Unternehmens war darüber hinaus eine externe Firma beratend tätig. So gab es einen zentralen externen Projektleiter, für jede Niederlassung einen sog. Rollouter. Der externe Projektleiter bereiste jede Niederlassung und informierte über die SAP-Einführung, d. h. über die Module, den Zeitplan. In der Zentrale gab es weitere Fachberater jeweils für die verschiedenen Module (mehrere pro Modul). Zu den Rolloutern (seit 30.09.2003 wieder abgeschafft) ist festzustellen, dass auch sie eine Menge bei der SAP-Einführung gelernt haben. Sie waren sehr fit in der Standardsoftware, während sie anfangs zu den Modifikationen, also die Anpassung der Software an die Anforderungen der Firma, weniger beitragen konnten.

Der Interviewte war zunächst Vertreter des Projektleiters, später dann selbst Projektleiter bzw. SAP-Koordinator – so wurde der Projektleiter später „umgetauft". Diese Konstellation sollte möglichst vermieden werden, um das von Anfang an aufgebaute Wissen zu erhalten und weiterzuentwickeln.

Das SAP-Team in der Niederlassung zur Einführung von SAP nannte sich Projektgruppe. Diese Projektgruppe wurde in jeder Niederlassung auf Anregung des externen Beraters hin gebildet. Der Niederlassungsleiter bestimmte zunächst den Projektleiter, dann hat der Projektleiter zusammen mit dem Niederlassungsleiter seinen Vertreter sowie die

Poweruser ausgesucht. Ein Poweruser wurde pro SAP-Modul bestimmt, d.h. für CS (Technischer Betrieb), SD (Auftragsmanagement und Vertrieb), MM (Einkauf), FiCo (Finanzbuchhaltung, Controlling), CRE (Kaufmännisches Facility Management) und PS (Ingenieurbüro). Alle Module sind miteinander entsprechend der Geschäftsprozessen verbunden. (Im Personalmanagement wurde ein SAP-Modul bereits früher eingeführt, das allerdings bis heute mit den übrigen Modulen nicht verbunden ist.) Die Aufgaben der sechs Poweruser bestand darin, insgesamt die Einführung von SAP in der Niederlassung vorzubereiten sowie zu ihren Modulen Schulungen am Arbeitsplatz durchzuführen, Berichte aus SAP herauszuziehen und SAP-Modulanpassungswünsche von Endusern an den Projektleiter weiterzugeben und SAP „auszurollen". Sie stellen das Verbindungsglied zwischen dem operativen Bereich in der Niederlassung und der Zentrale dar. In die Projektgruppe wurde außerdem der Prozessmanager der Niederlassung (war gleichzeitig auch der Vertreter des Projektleiters und der Interviewpartner) sowie der IT-Berater der Niederlassung (der gleichzeitig auch als Betriebsrat der Gruppe angehörte) berufen. Insgesamt befanden sich zehn Mitarbeiter in der Projektgruppe, die alle ohne Freistellung von ihren Aufgaben, d. h. zusätzlich die Einführung von SAP in der Niederlassung organisierten und durchführten. Zu Anfang der Einführung von SAP in der Niederlassung traf sich das Projektteam alle zwei Wochen, die Häufigkeit der Treffen nahm dann mit der Zeit ab. Die Projektleiter aller Niederlassungen trafen sich in der „heißen Phase" monatlich für zwei Tage mit den externen Rolloutern.

Das Ziel bzw. die Aufgaben der Projektgruppe bestanden darin, in der Niederlassung alle Mitarbeiter über die Grobstruktur, d.h. die Funktionen der SAP-Module zu informieren, Schulungen in der Niederlassung zu organisieren, Verbindungsglied zwischen dem zentralen Projektteam und dem operativen Bereich in der NL zu sein, aber auch in der Rückwärtsrichtung Informationen über Probleme, Änderungswünsche an die Zentrale weiterzugeben.

Die Motivation der Poweruser, zur Projektgruppe zu gehören, war nach Darstellung des Projektleiters in der Niederlassung etwas ambivalent. Auf der einen Seite sah man durchaus die Notwendigkeit der Einführung einer integrierten Software ein. Auf der anderen Seite war man nicht begeistert, noch mehr Aufgaben zusätzlich zum „Tagesgeschäft" übernehmen zu müssen. Auch die Niederlassung war von dem gesamtunternehmerischen Personalabbau nicht verschont. Dabei war die Niederlassung sei jeher generell eher personell unterausgestattet, so dass im Vergleich zu anderen Niederlassungen der Firma die gleiche Arbeit von weniger Mitarbeitern geleistet wurde.

Erschwerend kam im konkreten Fall der Niederlassung hinzu, dass der zu Beginn eingesetzte Projektleiter über Fachwissen verfügte, das mitten im Prozess der SAP-Einführung an anderer Stelle dringend und existenzsichernd für die Niederlassung benötigt wurde: „Schweren Herzens" tauschte die Geschäftsleitung den Projektleiter für die SAP-Einführung aus. Die Bedenken der Geschäftsleitung waren berechtigt: Aus heutiger Sicht war – jedenfalls aus dem Blickwinkel einer erfolgreichen SAP-Einführung, ungeachtet weiterer existenzsichernder notwendiger Unternehmensentscheidung – der Austausch des Projektleiters eher schädlich: Trotz einer fünfstündigen Übergabe des Wissens und der Unterlagen durch den „alten" an den neuen Projektleiter entsteht im Laufe der SAP-Einführung, insbesondere am Anfang eines solchen Projekts, sog. „Erfahrungswissen" (Ulich, 1998, S. 8), das kaum in einer solchen Übergabe vermittelbar ist. Begünstigt wurde die Entwicklung des Erfahrungswissens außerdem durch die vielfältige Erfahrung des ursprünglichen Projektleiters in der Abfrage und im Umgang sowie in der Interpretation von Daten aus den Altssystemen vor der Einführung der integrierten SAP-„Landschaft".

Der Projektleiter sollte sich mit der einzuführenden SAP-Software gut auskennen, sowohl in den übergreifenden Zusammenhänge der integrierten Module, also auch in der Tiefe der einzelnen Module, um später anhand der Fehlerlisten eine qualifizierte Problemanalyse vornehmen zu können. Riesige Fehlerlisten wurden gezogen, der Projektleiter hat sie analysiert, musste feststellen, ob sie im Team oder in einem dem Team vorgelagerten Prozess verursacht wurden. Er hat sie dann entweder an die Teams zur Bearbeitung zurückgegeben oder an die Zentrale weitergeleitet, z. T. wurden die Fehlerlisten auch in Massenbearbeitungen in der Zentrale korrigiert.

Die Schulung der Projektgruppe in der Niederlassung wurde als spärlich empfunden. Die Poweruser erhielten Schulungen lediglich zusammen mit den Endusern in der Anwendung der entsprechenden SAP-Originalmodulen, die noch kaum oder unvollständig an die Anforderungen des Unternehmens angepasst waren. Der Projektleiter arbeitete sich in die neuen Systeme vor allem durch „learning by doing" ein, indem er selbst die Vor- und Endversionen der unterschiedlichen SAP-Module testete. Selbstverständlich wurde viel Information auch in den niederlassungsübergreifenden Treffen der Projektleiter mit dem zentralen Projektteam vermittelt. Bezeichnend für die gesamten Prozess der Einführung war auch hier, dass im Hinblick auf den Einführungsprozess oder die Anwendung der Software keine vorbereiteten Schulungsinhalte für die Projektleiter oder die Projektgruppe angeboten wurden. Der Grund dafür lag darin, dass die Software während der gesamten Einführung – ja sogar noch im Wirkbetrieb – ständig verändert und angepasst wurde an die Anforderungen eines in der Immobilienwirtschaft tätigen Unternehmens mit einem derart breiten Produktangebot von der Projektentwicklung über das kaufmännische Facility Management bis zu hin zum technischen Facility Management und dem sog. „infrastrukturellen" Facility Management. Diese Modifikationen und deren Umfang wirkten sich natürlich auch auf die Art und Weise der Einführung der Software ins Unternehmen aus, was anfangs kaum absehbar war. So mussten Schulungen verschoben und durch Poweruser vor Ort nachgeholt werden. Vor allem mussten die Enduser immer wieder aufgemuntert werden, an das neue integrierte System zu „glauben" und nicht angesichts kaum oder nur teilweise funktionsfähiger Module die „Flinte ins Korn" zu werfen und bei den Altsystemen zu bleiben. Diese wurden ja sicherheitshalber eine ganze Zeit lang weitergeführt, falls die neue Software nicht den Anforderungen genügte, daher wurde für eine gewisse Zeit lang doppelt gearbeitet. Daten wurden in das neue und das alte System eingegeben. Für diesen Mehraufwand die Enduser zu gewinnen bedeutete immer wieder Gespräche zu führen, sich Bedenken und Beschwerden anzuhören und die Perspektive auf das integrierte SAP-System mit allen seinen Vorteilen zu verteidigen. Hier schaltete sich insbesondere das Change Management ein. Die „Change Agents" wurden hierzu einmal im Jahr für diese Aufgabe in besonders aufbereiteten Workshops fit gemacht.

Für die Startversion der integrierten SAP-Landschaft wurden in der Zentrale Anforderungen an die Software formuliert; Grundlage hierzu waren die bereits formulierten Geschäftsprozesse. Es resultierte eine Startversion, die auf einem Extraserver als Testversion gestartet wurde, leider mit nur wenigen Daten gefüttert, etwa nur zu wenige Liegenschaften, so dass der Test nicht sehr repräsentativ für den Wirkbetrieb war. Die Poweruser meldeten dann ihre Anregungen an die Rollouter in der Zentrale nach dem Test dieser Startversion. Start der SAP Einführung war im März 2001, produktiv wurde das System September/Oktober 2001. Zum Jahreswechsel 2001/2002 wurde dann ein großes Update durchgeführt, zum Teil wurden auch Daten neu erhoben und neu eingegeben.

5.4 Change Management

Das Change Management wurde in dreierlei Hinsicht eingebunden: Zum einen gab es über das elektronische Mailsystem ein bis zwei Seiten über grundsätzliche Informationen, die die ganze Niederlassung betrafen, so wurde die Projektgruppe namentlich vorgestellt oder der Beginn der Schulungen angekündigt. Zum anderen wurde eine Telefonkonferenz eingerichtet, bei der der Niederlassungsleiter mit Change Managern und Führungskräften sprach. Darüber hinaus gab es Workshops für die Führungskräfte und Change Manager zum Thema allgemeine Veränderungen, konkretisiert am Beispiel der Einführung von SAP.

Tabelle 1: Ablauf eines Change-Agent-Workshops zur SAP Einführung

Zeit	Inhalte
9:00	Begrüßung: Vorstellungsrunde (ausgedehnt), „was Verrücktes"
	Vortrag: „Unser Unternehmen"
	Spielregel: (Dialog: „Wer nicht fragt, bleibt dumm!")
	Fragen an die Geschäftsleitung: zwei 15er Gruppen
12:00	Kaltes Mittagessen
	Mäusestrategie: Vorspielen
	Spielregel: „Was geäußert wird, bleibt im Raum!"
	Gruppenarbeit: Übungen
	„Wie gehe ich mit Veränderungen um?"
	„Wie reagieren die anderen auf Veränderungen?"
	„Wie reagiert das Unternehmen auf Veränderungen?"
	„Was sollen wir tun?"
	4-5 Leute pro Gruppe, jede Gruppe ein Plakat, und mehrere Räume
	Präsentation der Ergebnisse
	Zuordnung der Paten
18:00	Abendessen
	Hütte
9:00	Verständnis des CMA´s
	Gruppenarbeit
	SAP Projekt
	Wie können die CMA´s das Projekt fördern?
	Wie ist messbar, dass das SAP-Projekt erfolgreich ist?
	Gruppenarbeit
12:00	Mittagessen

5.5 Mitarbeitersicht

Im Unternehmen sind sehr unterschiedliche Qualifikationen vertreten, vom ungelernten Angestellten (z. B. interner Dienst, Hausmeister) über Servicetechniker mit technischen Ausbildungen bis hin zum Meister, weiter über kaufmännische Angestellten im Auftragsmanagement bis zu Architekten, Betriebswirten und Ingenieuren, ebenso alle Hierarchieebene, vom Tarifangestellten bis zum Niederlassungsleiter. Die Reaktion der Mitarbeiter auf die Einführung der integrierten SAP Software verlief in mehreren Phasen.

Zunächst herrschte Euphorie: Die Hoffnung war, dass mit SAP nun alles besser wird und manch ungeliebtes Altsystem verabschieden werden konnte.

Da sich die Einführung durch die Vielzahl an Modifikationen eher schwierig gestaltete, kam es zu einem Stimmungseinbruch bei den Mitarbeitern. Der Ruf nach der Rückkehr zu den Altsystemen wurde laut, insbesondere in der Zeit, als die beiden Systeme – neu und alt – parallel bedient werden mussten und die Überstunden sich ins Unermessliche aufsummierten. Dieser Stimmungseinbruch dauerte etwa sechs Monate. In dieser Zeit war insbesondere der zentrale Server an einem Standort in Deutschland für alle Niederlassungen sehr überlastet. Zum einen, da es sich um sehr viele Daten und komplexe Module handelt, zum anderen, da von zentraler Seite viele komplexe Auswertungen gestartet wurden – um Fehlerquellen zu entdecken und weitere Modifikationen vorzubereiten. Der Enduser spürte dies, da die Masken sehr langsam aufgingen, was wiederum eine zusätzliche Belastung darstellte (Frese & Brodbeck, 1989).

Dann wurde plötzlich allgemein erkannt, dass SAP schon gut sei, nur der Wechsel zwischen den Systemen nicht funktionierte, zum Beispiel die Datenüberspielung vom alten ins neue System (viele Daten mussten dann in Hauruckaktionen „von Hand" ins neue System eingeben werden) und massiv Schwierigkeiten an den Schnittstellen auftauchten. Das heißt, mit der Erfahrung mit dem neuen System wuchs auch die Differenzierung der Wahrnehmung und Bewertung bei den Mitarbeitern. Gut war, dass die Mitarbeiter direkt mit dem System arbeiten und die Vorzüge kennen lernen konnten. Das Vertrauen in das System wuchs dadurch und insgesamt wurde im Laufe der Zeit natürlich das System immer stabiler. Die Auswertungen waren nicht mehr so komplex, sondern standardisierter, was wiederum das gesamte System nicht mehr so belastete.

5.6 Schulungen

Hat es vorab einen Ressourcen (Austattung PC) und Skillabgleich gegeben?

Alle Mitarbeiter der Niederlassung wurden bezüglich ihrer Vorkenntnisse bewertet; jeder Leiter wurde von einem Poweruser (Mitglied der Projektgruppe) besucht und beurteilte seine Mitarbeiter nach folgenden Kriterien mit den Ausprägungen ausreichend bzw. nicht ausreichend:

- fachliche Qualifikation
- Grundkenntnisse PC
- Wie fit war der Mitarbeiter in den Altsystemen, mit welchen Altsystemen hat der Mitarbeiter gearbeitet?
- Grundkenntnisse SAP (Kenntnisse über Einstiegsmaske SAP)
- Grundkenntnisse in SAP-Modulen, die es damals bereits gab, die allerdings nicht miteinander verknüpft waren bzw. nicht mit Daten gepflegt wurden, da die Notwendigkeit nicht bestand.

Die Hard- und Softwareausstattung der Mitarbeiter war grundsätzlich den Anforderungen der neuen SAP-Software entsprechend.

Aus den Ergebnissen dieser Abfrage generierte der Projektleiter eine Schulungsliste, die an die „Rollouter" in der Zentrale weitergeleitet wurde. Generell kann festgestellt werden, dass die Schulungen zwar entsprechend dem ursprünglichen Zeitplan rechtzeitig, aber für die sich in ständiger Weiterentwicklung befindliche Software zu früh stattfanden. Dementsprechend schulten die Trainer auch nicht jeweils aktuelle Software, sondern die Standardsoftware, wie sie nach wenigen Modifikationen für die Firma programmiert war. Vorgenommene Modifikationen wurden demnach zu spät oder gar nicht geschult.

Das auf die Firma angepasste SAP wurde im Wirkbetrieb noch weiterentwickelt und auch danach sehr schnell weitermodifiziert. Manche Modulmaske änderte sich von einem Tag auf den anderen und der Endanwender wusste zunächst mit den neu programmierten Feldern nichts anzufangen.

Zusätzliches Problem bestand außerdem darin, dass bei manchen Stellen im Organigramm der Aufgabenzuschnitt nicht klar war. Dementsprechend erhielt eine bestimmte Stelle, der Objektmanager, zunächst überhaupt keine Schulung, da die Geschäftsführung noch nicht entschieden hatte, ob die Objektmanager zu den produktiven Kräften des Unternehmens oder aber zum sog. Overhead zu zählen sind und auch die Rolle der Objektmanager neu festgelegt wurde. Irgendwann sollten die Objektmanager dann doch ihre für den Kunden erbrachten Zeiten in ein SAP-Modul eintragen; daraufhin erhielten die Objektmanager eine Nachschulung.

Bei der Einführung von SAP gehen sicherlich Berater von klaren Aufgabenstellungen der Mitarbeiter aus, was, wie im obigen Beispiel dargestellt, nicht immer der Fall ist. Insofern sollte der Berater das Unternehmen gut kennen, zum Beispiel wie klar und stabil die Aufstellung der Mitarbeiter und ihrer Aufgaben sowie die Prozesse zum Zeitpunkt der SAP-Einführung sind, ebenso wie hoch die Entscheidungsgeschwindigkeit in der Geschäftsführung bzw. bei den maßgeblichen Führungskräften ist. Der Berater sollte nach Meinung des Projektleiters ins Management, d. h. in die Entscheidungsprozesse eingebunden sein, was bei der Firma auch der Fall war, allerdings blieben, wie obiges Beispiel zeigt, manche Unklarheiten weiterhin bestehen.

Eine weitere Schwierigkeit bei den Schulungen war, dass sich die Trainer jeweils nur mit dem Modul auskannten, das sie trainierten. Es gab anfangs keine Trainer, die imstande waren, zwei oder mehrere Module zu schulen bzw. in der Prozesskette aufeinander folgende Module. Grund dafür war die Komplexität, die das SAP-System – angepasst auf die Firma - mit der Zeit bekam. Die Trainer schulten daher sehr fachspezifisch, z. B. das Modul CS. Schnittstellen zu anderen Modulen wurden dabei nicht berücksichtigt. Daraus entstand eine Menge von Schnittstellenproblemen, da die nachfolgenden Module auf die Eingaben der im Prozess vorgelagerten Module angewiesen waren. Im schwerwiegendsten Fall kann dem Kunden keine oder nur eine geringe Rechnung gestellt werden, da zum Beispiel die Objektmanager ihre aufgrund ihrer Leistung für den Kunden erbrachten Zeiten nicht in SAP eingetragen haben. Aus dieser Not heraus wurden immer wieder riesige Fehlerlisten generiert, die der Projektleiter in der Niederlassung analysierte und dann an die Bereiche weiterleitete, die den Fehler beheben konnten, zum Beispiel in einzelnen Teams oder aber auch in der Zentrale; die in Massenbearbeitungen auftauchende Fehler beseitigen konnte.

Außerdem kann festgestellt werden, dass die Dokumentationen zu den Schulungen und zur Software insgesamt sehr gut sind. Im firmeneigenen Intranet finden sich gut strukturiert Informationen und Schulungsunterlagen zu allen Modulen. Ebenfalls werden dort die Änderungswünsche der User mit Stand der Abarbeitung dokumentiert. Auch der „change request" kann dort abgerufen werden.

5.7 Berechtigungskonzept

Wesentlicher Baustein der SAP-Einführung bildet das Berechtigungskonzept, das heißt, welcher Mitarbeiter, welche Art von Zugriff auf welches SAP Modul hat. Als Arten von Zugriffen werden schreiben, lesen und zurückmelden unterschieden. In der Niederlassung wurde eine Matrix erstellt, in der für jede Rolle/Funktion in der Niederlassung das Berechtigungsprofil niedergelegt ist. Es wurden 85 Berechtigungsprofile unterschieden. Der Prozessmanager der Niederlassung erstellt die Matrix gemeinsam mit dem jeweiligen Leiter auf der Grundlage von Prozessen und Stellenbeschreibungen. Diese Matrix wurde in jeder Niederlassung erstellt und kann somit in jeder Niederlassung etwas anders aussehen und auch weiter je nach aktuellen Anforderungen verändert werden. In der betrachteten Niederlassung wurde besonderer Wert darauf gelegt, dass sich in dem Berechtigungsprofil so genau wie möglich die Stellenbeschreibung widerspiegelt; hier sollten keine Veränderungen vorgenommen werden.

6. Ergebnisse Endanwender

Wie sieht nun ein in SAP abgebildeter Prozess im Einzelnen aus, und welche Abteilungen sind daran wie beteiligt? Am Beispiel eines im Facility-Management definierten Bauprozesses sollen die einzelnen Prozessschritte bzw. Schnittstellen zunächst aufgezeigt werden. In der Abwicklung sind die Abteilungen Auftragsmanagement, Building Service, Betriebsmanagement, Objektmanagement, Einkauf und Immobilienmanagement gefragt.

6.1 Beschreibung der Schnittstellen im Bauprozess des Facility-Unternehmens nach der SAP-Einführung

Wie sehen die Schnittstellen in einem solchen Prozess aus?

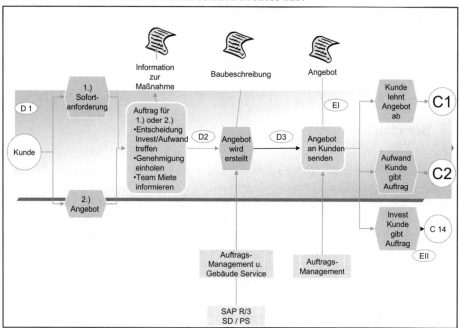

Abbildung 4: Schnittstellen D1-D3

An der Schnittstelle D1 sind der Kunde und das Auftragsmanagement beteiligt. Auftragsinhalte werden ins SAP R/3 Modul eingegeben, wie z. B. Auftragsnummer, Auftragsdatum, Name und Anschrift des Bestellers, Kostenstelle des Bestellers, Kostenstelle des Bedarfträgers, Bezeichnung der Organisationseinheit, Ort der Leistungserbringung, Auftragsposition: Positionsnummer, Produkt ID, Menge, Einheit, Preis, Realisierungszeitraum bzw. Terminvorgabe des Kunden.

Schnittstelle D2 beschäftigt den Bereich Auftragsmanagement und Building Service bzw. Betriebstechnik. Im SAP R/3 Modul wird der Ansprechpartner beim Kunden angefordert. Darüber hinaus sind eine Leistungsbeschreibung einzugeben ggf. nach Absprache mit dem Kunden und eventuell wird auch ein Beratungsauftrag mit dem Kunden abgeschlossen.

An der Schnittstelle D3 sind der Bereich Betriebstechnik bzw. Betriebsservice und das Auftragsmanagement beteiligt. Es muss ein Kostenangebot und eine Kostenschätzung nach DIN 276 erstellt werden; dabei ist eine detaillierte Baubeschreibung einzugeben. Die verbindliche Ausführungsdauer nach Auftragseingang ist zu schätzen. Ersteller des Angebots und veraussichtlicher Projektverantwortlicher sind namentlich zu nennen.

Das Auftragsmanagement sendet das gemeinsam mit der Betriebstechnik bzw. Building Service erstellte Angebot an den Kunden. Kommt es aufgrund des Angebots nicht zu einem Auftrag, wird das Angebot abgeschlossen. Ist für die Erstellung des Angebots eine Fakturierung vorgesehen, so wird dies in SAP R/3 eingegeben (siehe Schnittstelle D4 Abbildung 5). Erteilt der Kunde den Auftrag, so wird vom Auftragsmanagement das Budget in SAP R/3 eingeben. Ein Projekt ist zu erstellen, einschließlich der verbindlichen Termine. Meilensteine wie Beginn, Fertigstellung, Übergabe und Endfaktura sind zu pflegen (siehe Schnittstelle D5 Abbildung 5). Punkt D6 bezeichnet die Schnittstelle, an der die Bereiche Building Service oder Betriebstechnik und der Einkauf betroffen sind. Material und externe Leistungen, die für die Auftragsabwicklung benötigt werden, werden eingekauft. Der Einkaufsvorgang wird nach dem jeweiligen Prozess bearbeitet (siehe Schnittstelle D6 und D7, Abbildung 5).

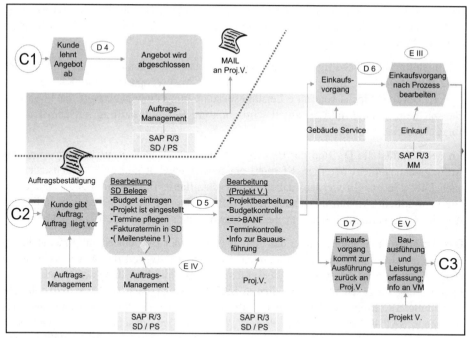

Abbildung 5: Schnittstellen D4-D7

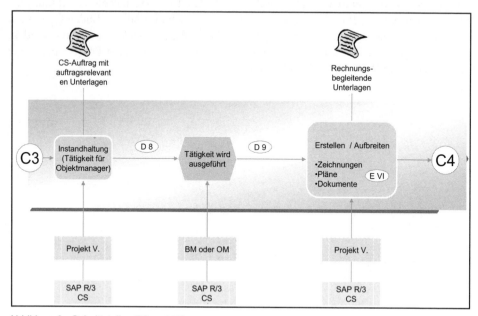

Abbildung 6: Schnittstellen D8 und D9

An der Schnittstelle D8 sind die Projektverantwortlichen, die Betriebstechnik bzw. Building Service, das Betriebs- und Objektmanagement beteiligt. Inhalte des Auftrags mit den auftragsrelevanten Unterlagen gehen von der Betriebstechnik bzw. dem Buildingservice an das Betriebs- und Objektmanagement über SAP R/3. Die auftragsrelevanten Unterlagen beinhalten Termine, Budget und im Langtext ausführliche Beschreibungen bzw. Pfadangaben für Pläne. Sie informieren ggf. über beteiligte Firmen und Sonderabsprachen. Die angeforderten Tätigkeiten werden ausgeführt.

Schnittstelle D9 gestaltet sich zwischen Betriebs- und Objektmanagement und Projektverantwortlichen, Betriebstechnik bzw. Building Service. In SAP R/3 werden unmittelbar nach Abschluss der Arbeiten die dafür aufgewandte Arbeitszeit und das benötigte Material erfasst. Der technische Abschluss ist zu dokumentieren. Rechnungsbegleitende Unterlagen, wie Fremdunterlagen und Serviceauftrag sind einzustellen. Bei Terminverschiebungen ist eine Auftragsverschiebung einzupflegen und eine Information an den Projektverantwortlichen zu leiten. Ist der Auftrag nicht durchführbar, so geht er an die Schnittstelle D8 zurück.

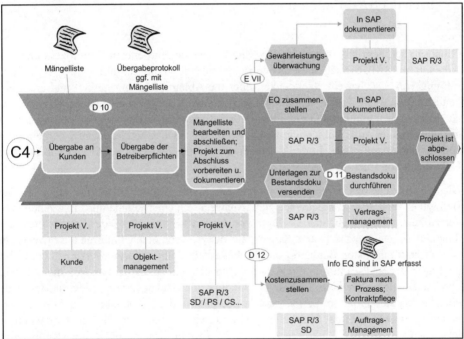

Abbildung 7: Schnittstellen D10 und D12

An der Schnittstelle D10 – der Übergabe an den Kunden – sind der Projektverantwortliche, das Auftragsmanagement bzw. der Kundenansprechpartner, das Objekt- und Betriebsmanagement und der Kunde beteiligt. Hier geschieht die Abnahme bzw. Übernahme einschließlich einer technischen Einweisung. Abnahmetermin, Plan- und Bestandsunterlagen, Abnahmeprotokoll einschließlich einer Mängelliste werden in SAP R/3 dokumentiert. Mängel werden meist umgehend beseitigt. Das Projekt kommt zum Abschluss.

Schnittstelle D11 betrifft die Bestandsdokumentation. Projektverantwortlicher und das Vertragsmanagement sind daran beteiligt. Plan- und Nutzungsänderungen sind nach den durchgeführten Maßnahmen zu tätigen und ins SAP R/3 einzutragen. Ein Übergabeprotokoll ist einzustellen.

An der Schnittstelle D12 geht es um die Kostenzusammenstellung. Alle Dokumente vom Auftrag bis zur Durchführung einschließlich dem Übernahmeprotokoll und der Bestandsdokumentation müssen an dieser Stelle lückenlos vorliegen, damit die Fakturierung erfolgen kann und das Projekt abgeschlossen wird.

6.2 Anmerkungen der Endanwender zum Bauprozess nach der SAP-Einführung

Grundsätzlich begrüßen die befragten Mitarbeiter den erarbeiteten Bauprozess und das Arbeiten mit SAP. Sie sehen es als den richtigen Weg in die Zukunft, denn erst die Einführung von SAP hat ein Nachdenken über die Abläufe in Gang gesetzt und anschließend Klarheit in die Prozesse gebracht. Jetzt besteht nicht mehr die Gefahr, dass Aktivitäten untergehen und deshalb nicht mehr zur Fakturierung kommen. Die Mitarbeiter sind gezwungen alles zu dokumentieren, auch wenn das nachstehende Beispiel den ein oder anderen schmutzeln lässt. In der Tat ist es ein großer Vorteil von SAP, dass alles seine Dokumentation findet.

Die Komplexität des dargestellten Durchlaufs (siehe Kapitel 6.1) zeigt sich – so die Befragten – am Besten an dem Beispiel „Auswechseln einer Glühlampe" in irgendeinem der zu betreuenden Gebäude. Verfügte vor der SAP-Einführung jeder Servicetechniker über eine sogenannte „schwarze Kasse", aus der er, wenn eine Glühbirne auszuwechseln war, diese im nächsten Baumarkt um die Ecke kaufte und sofort einsetzte, so läuft dies jetzt nach der SAP-Einführung anders ab. Zunächst einmal stelle man sich die Vielzahl von verschiedenen Glühbirnen in unterschiedlichsten Gebäuden vor und wisse, dass jede einzelne bis zu 600mal im SAP-System verankert werden muss, damit ein Auftrag „Erneuerung einer Glühbirne" in SAP durchgeführt werden kann. Der Nutzer stellt also fest, im Gebäude X ist eine Glühbirne zu erneuern. Er gibt dies an die Hotline (Kundeneingangsportal) weiter. Dieses stellt den Auftrag an das Auftragsmanagement des Facility-Management-Unternehmens. Betriebsmanagement werden beauftragt, der Einkauf beschafft die Glühbirne usw. (siehe Schnittstelle D1-D12).

Jedoch so, wie der Bauprozess jetzt dargestellt ist – bemängeln die Interviewten – sind die Schnittstellen nicht optimal gelegt. So ist z. B. die Betriebstechnik daran beteiligt, dass es überhaupt zu einem Auftrag kommt, indem sie den Kunden auf Mängel aufmerksam macht. Oder es ist an anderer Stelle wichtig bei der Ausarbeitung des Angebots den Einkauf gleich mit einzubeziehen, damit dieser die Möglichkeit hat, mit einer größeren Vorlaufzeit kostengünstiger einzukaufen. Sind bauliche Veränderungen an Gebäuden durchgeführt worden, wie z. B. das Versetzen einer Zwischenwand, so kann es vorkommen, dass dies Auswirkungen auf den Mietvertrag hat, so dass der bestehende Mietvertrag abgeändert oder ein neuer Mietvertrag erstellt werden muss. An- und Vermietung sind aber in diesem Prozess nicht eingebunden. So unterliegen auch die Prozesse in einem Unternehmen einer ständigen Anpassung an die geänderten Kundenanforderungen.

6.3 Wie haben sich das Problemlöseverhalten und die Aufgaben der Mitarbeiter seit der SAP-Einführung verändert?

Nach den Ergebnissen einer Mitarbeiterbefragung in 2002 mit einem an das Unternehmen angepassten Mitarbeiterbefragungsbogen in Anlehnung an Bögel & v. Rosenstiel (1999) suchen die Mitarbeiter des Unternehmens Probleme am Arbeitsplatz über die historisch gewachsene Kollegialität zu lösen (Böhnke & Lang, 2004). Sie nehmen Kontakt untereinander auf und versuchen Schwierigkeiten gemeinsam zu bewältigen. Gerade die gegenseitige Unterstützung unter den Kollegen könnte – nach den Ergebnissen der Mitarbeiterbefragung – als eine Stärke des Unternehmens bezeichnet werden, denn gegenseitige Unterstützung hilft Belastungen besser zu ertragen (Ulich, 1998). Jedoch, da sich das Unternehmen in einem ständigen Wandel befindet, einhergehend mit Personalum- und abbaumaßnahmen und Einführung eines SAP-Systems, ist damit zu rechnen, dass es einen Einbruch in der Kollegialität geben wird und die historisch gewachsenen Strukturen nicht mehr tragen.

Informationen bzw. Eingaben ins SAP-System sprechen in vielen Fällen nicht für sich selbst. Aufgrund des Berechtigungskonzepts hat der Mitarbeiter keinen Einblick in das Gesamte. Er weiß nicht, was vorher oder nachher von wem eingegeben wurde. Entsprechend der bisher gewohnten kollegialen Unterstützung versucht er fehlendes Wissen telefonisch zu erfragen. Es wird dabei vielfach auf frühere Kontakte, die vor der SAP-Einführung bestanden, zurückgegriffen. Wenn diese aber nicht zuständig sind, und der zuständige Ansprechpartner nicht ausfindig zu machen ist, kommt es zu Problemen. Diese Probleme können aufgrund mangelnder Transparenz und mangelnder Ansprechpartner nicht zeitnah gelöst werden, was zu Fehleinträgen bzw. Nichteinträgen im SAP-System führt. Aufträge können nicht weiter bearbeitet werden und bleiben im Prozess stecken. Die Fakturierung bleibt aus. Es kommt sogar vor, dass Aufträge gleich zu Beginn bei Auftragserteilung nicht eingegeben werden können, weil offene Fragen keine Beantwortung finden. Da der Personaleinsatz entsprechend den Auftragseingaben im SAP-System erfolgt, kann dies zu einem verzerrten Bild der Auftragslage und des benötigten Personals im weitesten Sinne führen. Mittlerweile sind diese Anfangsprobleme jedoch relativ selten geworden.

Durch die Festlegung des Berechtigungskonzepts ist eine ganzheitliche Sicht der Aufträge und der Auftragsabwicklung für alle Beteiligten nicht gegeben. Es fehlt die nötige Transparenz: Wer hat was, wann eingegeben? Dies gilt für alle Bereiche. Unterschiedliche Fähigkeiten bei den Mitarbeitern, Berichte und Abfragen zu erstellen, erschweren die Rückmeldung über die eigene Arbeit.

Das Berechtigungskonzept gibt dem Mitarbeiter nur die Möglichkeit über die eigenen Eingaben Bescheid zu wissen. Das führt dazu, dass er seine Arbeit nicht mehr in ein „großes Ganzes" einordnen kann. Dies funktioniert, solange keine Probleme bzw. Fehler auftreten. Treten solche auf, so wird es für den Mitarbeiter schwierig „richtig" oder „falsch" einzuschätzen. Er kann sich und seine Angabe nur aus sich selbst heraus überprüfen, aber nicht bezogen auf den gesamten Prozess. Er setzt seine Prioritäten nur aus dem Ausschnitt, der ihm zur Verfügung steht. Er kann sein eigenes Handeln nicht mehr in einen größeren Rahmen setzen. Neueingaben, Änderungen (was ist wichtig?) sollten auf einen Blick für ihn sichtbar sein. Dies war nicht gegeben. Die Problematik wurde erkannt und im Baubereich mit dem sog. „Baumonitor", der alle Vorgänge von größeren Projekten zusammenfasst, beseitigt.

Es besteht die Gefahr, dass das System dem Mitarbeiter „Hilflosigkeit" lehrt (Seligmann, 1979). Verantwortung wird an das System abgegeben: „Der Mitarbeiter gibt seine Zahlen ein, der Rest interessiert ihn nicht!" (Volpert, 1983). Es ist anzunehmen, dass mit dieser Einstellung die geistige Flexibilität der Mitarbeiter langfristig auf der Strecke bleibt.

Desweiteres ist davon auszugehen, dass die Lern- und Entwicklungsmöglichkeiten der Mitarbeiter insofern eingeschränkt sind, dass der „Tunnelblick" verstärkt wird. In dieser Richtung kann und darf er sich weiterbilden, wie z. B. Abfragen und Berichte über den eigenen Arbeitsausschnitt zu erstellen.

Zum Zeitpunkt der Befragung sah es so aus, dass das SAP-System immer noch mit alten anderen EDV-Systemen konkurrierte und Mitarbeiter noch nicht aufgegeben hatten, auch in ihr altes System zu schauen, um sich Aufschluss zu verschaffen. Diese Doppelarbeit schaffte sicherlich keine Freiräume. Heute mag dies anders sein.

6.4 Verbesserungsansätze der Mitarbeiter

SAP sollte interaktiv aufgebaut sein. Wer hat was, wann eingegeben? Wo sind Änderungen gemacht worden? Was ist hinzugekommen? Auf was muss Acht gegeben werden? Dies sollte sofort auf einen Blick sichtbar sein! Ähnlich wie hereinkommende Mails im Outlook.

Weiterbildung in SAP ist notwendig, vor allem in der Erstellung von Abfragen.

Abteilungsübergreifende Arbeitsgruppen sollten gebildet werden, gleich vom ersten Prozessschritt an, damit die Verantwortung für die Erfüllung der Anforderungen in den Prozessschritten nicht dem System SAP überlassen wird.

SAP-Module sind in der Zugänglichkeit abteilungsübergreifend zur Verfügung zustellen, damit mehr Transparenz geschaffen wird und somit bessere Abstimmungen möglich werde.

7. Ausblick

Bei Veränderungen in Unternehmen wird häufig übersehen, dass ein großer Teil der bisherigen Abläufe so bleibt, wie er vorher war. Es ist wichtig, das herauszustellen, denn das sind die „Felsen in der Brandung", an denen sich die Beteiligten festhalten können.

Das Wichtigste, die Veränderungsstrategie muss klar sein. Die SAP-Kultur sollte zur allgemeinen Unternehmenskultur passen. Das obere Management muss die Ziele für die SAP-Einführung setzen, kommunizieren und sie vorleben. Erst danach folgt die Beschäftigung mit dem Wandel in den Strukturen, Systemen, Normen und Werten.

Eine wichtige Rolle dabei ist es Schlüsselpersonen zu finden, die die Veränderung vorantreiben. Allerdings kann und darf die Planung einer Veränderung nicht die Sache eines Einzelnen sein:

Zum Start ist in der Regel eine Planungsgruppe (Projektgruppe) – möglichst repräsentativ – empfehlenswert. Darüber hinaus sollten weitgehend die Übrigen einbezogen werden. Eine Projektgruppe nimmt die Aufgabe der Umsetzung und des Transfers der SAP-Einführung wahr und führt die Mitarbeiter entsprechend ein, (aber nicht jeder kann einbezogen werden), denn je geringer die Einbeziehung, die gegebenen Freiräume und die Wahlmöglichkeiten, desto größer die Widerstände. Klagen, Beschwerden und Widerstände während der Umsetzung sind allerdings auch ein gutes Zeichen, denn sie bedeuten Engagement.

Bei jeder Veränderung muss man den Betroffenen genügend Zeit einräumen, noch nicht zu Ende gebrachte Aufgaben abzuschließen, und man muss auch tolerieren, dass sie in Bezug auf das: „was früher war" ihre Trauer ausleben und ihren Stolz pflegen. Deshalb darf nicht vergessen werden, ausdrücklich anzuerkennen, was bisher gut war.

Die meisten Mitarbeiter reagieren auf eine anstehende Veränderung als erstes mit der Frage: „Was bedeutet das für mich?" Die wichtigsten Regeln für jede Organisationsveränderung heißt Kommunikation, Kommunikation und nochmals Kommunikation.

Der Erfolg einer Veränderung steht und fällt mit der entschlossenen Unterstützung des Managements. Das Management muss die materiellen und personellen Ressourcen zur

Verfügung stellen, Pilote und Trainings fördern, die notwendige Kooperation forcieren, Vorbild sein und bei Bedarf Macht einsetzen.

Um den neu angestrebten Zustand zu stabilisieren, ist es notwendig: Strukturen und Ressourcen zu schaffen, die das neue Verhalten bzw. den neuen Zustand ermöglichen und ein passendes „Belohnsystem", das das neue Verhalten bzw. den neuen Zustand belohnt, bekräftigt und stabilisiert und zugleich alte bzw. überholte Verhaltensweisen und Zustände nicht mehr bekräftigt, bei Notwendigkeit sogar bestraft (v. Rosenstiel, 1997).

Der Change-Prozess ist eine schwierige und risikoreiche Aufgabe. Die Herausforderung kann mit Erfolgserlebnissen verbunden werden. Was gilt es also zu beachten:

- Mitarbeiter für den Wandel gewinnen,
- rechtzeitig informieren,
- die Notwendigkeit des Wandels erklären,
- zuhören und diskutieren,
- Stabilität im Wandel betonen,
- zur Veränderung motivieren,
- für neue Anforderungen qualifizieren,
- Betroffene in Entscheidungen einbeziehen,
- menschlich mit Verlierern umgehen,
- Veränderungsbereitschaft vorleben,
- Erfolge auf dem Weg zu Neuem feiern! (v. Rosenstiel & Comelli 2003).

III. Erfahrungsberichte aus verschiedenen Organisationen

Britta Buchhorn, Thomas Beyer & Oliver Kohnke

Change Management im Rahmen der SAP R/3 Implementierung am Beispiel eines Pilotwerkes der Hella KGaA Hueck & Co.

1. Wie sieht die Ausgangssituation des SAP-Projektes aus? 204
2. Welche Herausforderungen ergeben sich hieraus für das Change Management? 204
3. Wie gestaltet sich der projektspezifische Lösungsansatz? 207
   3.1 Das zugrunde liegende „Template" 207
   3.2 Change-Controlling 212
4. Welche Erfahrungen wurden insgesamt gesammelt? 214

1. Wie sieht die Ausgangssituation des SAP-Projektes aus?

In wirtschaftlich schwierigen Zeiten, die auch die Automobilzulieferindustrie betreffen, rücken Begrifflichkeiten wie Effizienz und Kosteneinsparungen zunehmend in den Fokus. Immer schnellere Produktlebenszyklen, immer rasantere Entwicklungen verlangen nach Prozessen und Strukturen, die ein flexibles, proaktives Agieren am Markt möglich machen (vgl. Doppler & Lauterburg, 2002).

In diesem Zuge wurde das Projekt SHARP 2001 ins Leben gerufen, das derzeit eines der wichtigsten strategischen Organisationsentwicklungsprojekte im Hause Hella darstellt. Die Zielsetzung reicht weit über ein reines IT-Projekt hinaus, vielmehr geht es um die Standardisierung und Harmonisierung von Prozessen hin zu einer konzernweit einheitlichen IT-Plattform im Bereich „order to delivery". Als Software-Tool fiel die Entscheidung für SAP aus, weil hier neben einer Vielzahl an Best-Practice-Ansätzen auch die größten Synergieeffekte gegenüber den wichtigsten Kunden bestehen und somit Schnittstellen nachhaltig optimierbar sind.

Aber „Neue Strukturen allein schaffen noch keine neuen Menschen. Viele haben die neuen Strukturen mit ihrer alten Mentalität gefüllt" (Doppler et al., 2002, S.13). Der tatsächliche Wandel beginnt in den Köpfen der Betroffenen und birgt eine weitaus komplexere Dynamik in sich als auf den ersten Blick erkennbar. Das Projekt SHARP stellt nicht nur allein aufgrund des Umfangs und der damit verbundenen konzernweiten Veränderungen für Hella ein Projekt dar, das prädestiniert ist für die Implementierung eines professionellen Change Managements, sondern auch durch die Zielsetzung, die Prozesse grundlegend zu verändern. Wie Blume (1999, S.21) richtig betont: „Wer Aspekte wie [...] Organisationsentwicklung bei der Einführung von SAP außen vor lässt [...], verpasst die Chance, einer lernenden Organisation näherzukommen". Ende 2002 wurde deshalb Change Management institutionalisiert und organisatorisch der Personalentwicklung zugeordnet. Hierbei wurde eine Ressource zentral für das Projekt SHARP eingesetzt.

2. Welche Herausforderungen ergeben sich hieraus für das Change Management?

Im Rahmen des Projektes SHARP und der damit einhergehenden Einführung der SAP-Software wird es konzernweit zu einer Reihe von organisatorischen Veränderungen kommen, die teilweise aufgrund der Komplexität und Reichweite des Projektes noch gar nicht in letzter Instanz plan- und kalkulierbar sind (vgl. Blume, 1999, S. 49). Auf der einen Seite wird sich natürlich die Softwarelandschaft radikal verändern – weg von „selbstgestrickten" Systemlösungen, die eine ganze Reihe von „Stilblüten" hervorgebracht haben, für eine Vielzahl an Schnittstellen sorgen und nicht selten zu Kompatibilitätsproblemen auf Kundenseite führen, hin zu einer einheitlichen Softwareplattform. Allerdings mit dem Manko, dass zunächst durch die Einführung des SAP-Standards ohne jegliche „Add-ons" nicht allein Vorteile entstehen wie bspw. erhöhte Transparenz des Materialflusses oder auch Abbau von Lagerbeständen, sondern auch ein zumindest in der Anfangsphase nicht zu unterschätzender Mehraufwand und erhöhter Qualifikationsbedarf.

Auf der anderen Seite gehen mit der Einführung von SHARP auch diverse Veränderungen in Prozessabläufen einher. Das heißt, nicht nur Masken oder Eingabemodi werden modifiziert, sondern teilweise kommt es zu viel nachhaltigeren Veränderungen wie bspw. der inhaltlichen Modifikation von Arbeitsplätzen, die in dieser Form natürlich unter Kommunikationsgesichtspunkten höchst sensibel zu behandeln sind.

Was verändert sich an unserem Standort? Was verändert sich für mich persönlich? Das sind drängende Fragen, die in diesem Zusammenhang immer wieder seitens der Mitarbeiter gestellt werden. Deshalb war es ein wichtiges Anliegen bezogen auf das Change Management, entsprechende Maßnahmen zu forcieren und größtmögliche Transparenz zu schaffen im Hinblick auf das, was kommen wird. Neben dem rein prozessorientierten operativen Strang existiert also noch eine weitere Ebene mit Betonung der zwischenmenschlichen Vorgänge, welche häufig fälschlicherweise negiert wird (vgl. Herbst, 1999, S. 20). Die im Kontext des Projektes SHARP anstehenden Veränderungen können als durchaus tiefgreifend bezeichnet werden, vor allem für solche Mitarbeiter, die seit vielen Jahren mit den Altsystemen gearbeitet haben bzw. solchen, die aufgrund ihres Alters wenig Bereitschaft aufbringen, sich mit einer neuen Software, mit neuen Abläufen und damit einhergehenden Veränderungen auseinander zu setzen. Aber nicht nur bei diesen Mitarbeitern wird es zu Ängsten und Widerständen gegenüber dem Neuen kommen. Schon Kant hat vor vielen Jahren formuliert „Alle Veränderung macht mich bange". Es ist also ein typisch menschliches Phänomen, auf Neuerungen, die mit zunehmendem Komplexitätsgrad oft nur schwer greifbar und von den Auswirkungen für den Einzelnen her kaum abschätzbar sind, mit Widerständen zu reagieren (vgl. Gairing, 1999, S. 219). Diese Ängste und Widerstände der Mitarbeiter gilt es ernst zu nehmen, denn nur so können die Energien in positive Bahnen umgelenkt werden. Andernfalls können sich derlei kontraproduktive Tendenzen durchaus nachhaltig negativ für das Unternehmen auswirken und die reibungslose Umstellung auf SHARP erschweren, indem an sich notwendige Ressourcen blockiert werden. Es reicht also nicht allein aus, anstehende Veränderungen weitestgehend transparent zu machen und für entsprechende Schulungen zu sorgen, damit der Mitarbeiter auf der operativen Ebene fit ist für das neue SAP-System und die Prozessveränderungen. Vielmehr gilt es, auf der zwischenmenschlichen sozialen Ebene ein sensibles Gespür zu haben für jeden einzelnen Mitarbeiter, für dessen Sorgen und Ängste. Befragungen von Führungskräften und Mitarbeitern ergeben immer wieder, dass fehlende oder mangelnde Kommunikation als einer der Hauptgründe für das Scheitern von Veränderungsprozessen angegeben wird (Mohr, 1997). Schon Luhmann (1984, S. 204f.) hat erkannt, dass in der Komplexitätsbewältigung von Systemen Kommunikation das Bindeglied zwischen der Organisation und ihrer Umwelt repräsentiert. Das heißt Mittelpunkt dieses sozial geprägten Strangs bildet der breite Themenkomplex der Kommunikation. Dabei geht Kommunikation *weit über reine* Information hinaus. Die Zielsetzung besteht darin, eine Dialogebene aufzubauen, auf der ein wechselseitiger Austausch sowohl Bottom-Up als auch Top-Down realisierbar wird.

Beide Stränge isoliert betrachtet – sofern überhaupt sinnvoll und möglich – sind wichtige Puzzleteile, die erst in der Summe ein optimales Change Management ermöglichen. Die methodische Herausforderung besteht darin, sowohl die operative prozessorientierte als auch die soziale zwischenmenschliche Ebene in symbiotischer Manier miteinander zu verknüpfen, d. h. Veränderungen weitestmöglich transparent zu machen bei gleichzeitiger Berücksichtigung der Bedürfnisse und Voraussetzungen der Mitarbeiter (Abb.1).

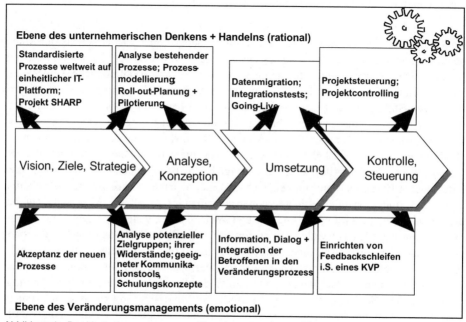

Abbildung 1: Der Veränderungsprozess – Verzahnung mehrerer Ebenen

Diese enge Verzahnung zeigt sich insbesondere an kritischen Phasenpunkten im Projektverlauf. Wenn sich bspw. auf der operativen Ebene Terminverschiebungen ergeben, stellt dies ein hochsensibles Thema dar, das in adäquater Weise kommuniziert werden muss, um Widerstände auf Seiten der Mitarbeiter idealer Weise gar nicht erst entstehen zu lassen.

3. Wie gestaltet sich der projektspezifische Lösungsansatz?

Im Sinne der nachhaltigen Nutzung spezifischer Erfahrungswerte wurde für den Rollout SHARP ein Hella-Standort (ca. 1.000 Mitarbeiter) als Pilotwerk gewählt. Zuvor wurde in einem internationalen Team ein sogenannter Master entwickelt, der analog einer Schablone Prozesse grundlegend festlegt und damit den Rahmen für einen Rollout vorgibt. Am Pilotstandort erfolgte der erste Komplett-Rollout SHARP, während an fünf weiteren Standorten innerhalb Deutschlands im ersten Schritt zunächst Vertrieb und Distribution fokussiert wurden und erst nach und nach eine vollumfängliche Umstellung auf SHARP im Bereich „order to delivery" (otd) stattfindet. Dieser Logik folgend wurden auch hier die ersten Change-Management-Aktivitäten angestoßen. Um einen Knowledge-Transfer für die zukünftigen SHARP-Umstellungen zu gewährleisten, ging es darum, eine Art „Template" zu definieren, das relevante Projektspezifika, eingesetzte Methoden und Instrumente sowie Erfahrungswerte fixiert.

3.1 Das zugrunde liegende „Template"

Im Sinne der bereits skizzierten symbiotischen Verknüpfung der operativen und sozialen Veränderungsebene, war es das zunächst primäre Anliegen des Change Managements, ein maßgeschneidertes Kommunikationskonzept zu erstellen für die Zeit bis nach dem Going-live-Termin. Abbildung 2 verdeutlicht die Vorgehenslogik, die quasi als eine Art „Template" für die Begleitung der weiteren Rollouts unter Berücksichtigung der spezifischen Erfahrungswerte Gültigkeit hat.

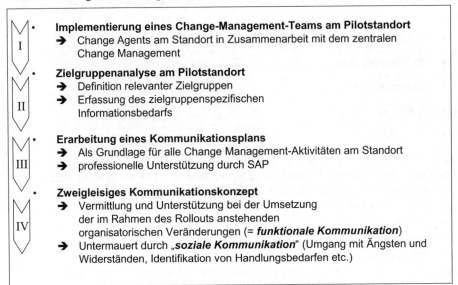

Abbildung 2: Vorgehensweise am Beispiel des Pilotstandortes

3.1.1 Projektorganisation des Change Managements am Pilotstandort

Um auf der einen Seite die Belange des Gesamtprojektes zu bedienen, auf der anderen Seite aber auch den standortspezifischen Bedürfnissen gerecht zu werden, wurde eine Aufbauorganisation zugrunde gelegt, die neben dem Change Management in der Zentrale auf so genannten Change Agents an den jeweiligen Standorten fußt. Hintergrund eines solchen Ansatzes liegt in der Nutzung von Multiplikatoren am Ort des Geschehens.

Der Change Agent am Pilotstandort war zuvor bereits in der Funktion eines Prozessbegleiters im Werk tätig. Er verfügt insofern über umfangreiche Kenntnisse in Bezug auf Veränderungsprozesse im Werk, darüber hinaus aber auch über ein entsprechend engmaschiges Netzwerk an Kontakten. Beide Aspekte sind wesentliche Erfolgsgaranten für ein gelungenes Change Management – nur so ist es möglich, ein annähernd authentisches Stimmungsbild des Werkes zu erhalten, Gerüchte, Widerstände und Ängste frühzeitig aufzunehmen und ggf. gegensteuernde Maßnahmen einzuleiten. Zur Sicherstellung des Kommunikationsflusses in Richtung Gesamtprojekt wurde eine regelmäßige wöchentliche Change-Management-Routine institutionalisiert, an der neben dem Change Agent und Vertretern des Change Managements aus der Linie auch der Projektleiter SHARP des Pilotstandortes teilnahm.

3.1.2 Zielgruppen- und Medienanalyse

Ausgangspunkt bildet nach Implementierung des oben skizzierten Change-Management-Teams eine Medien- und Zielgruppenanalyse, mittels derer die im Werk gängigen Medien aufgenommen sowie die betroffenen Mitarbeiter im Werk in spezifische Zielgruppen unterteilt wurden. Es konnten die folgenden Zielgruppen definiert werden:

- Führungskräfte,
- Fabrikenservice,
- Zentralbereiche,
- Logistik,
- Produktion.

Diese Informationen dienten als wesentliche Grundlage für eine Zielgruppenerhebung. Als methodisches Instrument wurde ein teilstandardisierter Fragebogen verwendet. Dieser wurde angelehnt an einen Beispielfragebogen, der seitens SAP zur Verfügung gestellt wurde. Der vorhandene Fragebogen wurde modifiziert, um das Instrument den Hella-spezifischen Bedürfnissen anzupassen. Inhaltlich ging es darum, in Form von überwiegend geschlossenen Fragen mit zumeist fünfpoliger Antwortskala zu ermitteln, welche Informationen hinsichtlich des Projektes SHARP bei den Befragten vorhanden waren, welcher Bedarf hier gegeben ist, sowie welche Kommunikationskanäle zielgruppenspezifisch die gewünschten sind, um entsprechende Informationen zu übermitteln. Die Zielsetzung bestand neben einer Standortbestimmung bezogen auf SHARP nicht zuletzt auch in der Integration der Mitarbeiterinteressen in den Veränderungsprozess. Zur Überprüfung der allgemeinen Verständlichkeit des Instruments wurde im Vorfeld eine kleine Vorstudie durchgeführt, in welcher der Fragebogen mit einigen Personen der Zielstichprobe durchgegangen und entsprechend der Anregungen modifiziert wurde.

In Form von moderierten Gruppendiskussionen konnte ein repräsentativer Querschnitt an quantitativen und qualitativen Daten von insgesamt über 70 Mitarbeitern der unterschiedlichen Zielgruppen zusammen getragen werden.

Basierend auf den Ergebnissen der Erhebung wurde in mehreren Workshopsequenzen unter Einbezug des Werksleiters, des Gesamtprojektleiters, des Projektleiters am Pilotstandort sowie des Leiters Personalentwicklung als Repräsentant der Linie gemeinsam mit dem Change-Management-Team und einem Change-Management-Experten von SAP ein Kommunikationskonzept erarbeitet und verabschiedet. In Anlehnung an die jeweiligen zielgruppenspezifischen Informationsbedürfnisse wurden relevante Inhalte, Informationstiefe, Kommunikationsfrequenz sowie einschlägige Medien zueinander in Bezug gesetzt.

3.1.3 Erarbeitung eines Kommunikationsplans

Das konkrete Vorgehen bestand darin, je Zielgruppe Ansatzpunkte zu identifizieren und Botschaften zu formulieren. Zu diesem Zweck wurde die Zielgruppe „Führungskräfte" weiter unterteilt in Interne Fabrikleiter und Meister. Hier ging es neben der Vermittlung eines „roten Fadens" in Bezug auf das Projekt SHARP sowie eines grundlegenden Denkens in Prozessen auch darum, vor allem die Internen Fabrikleiter – die Manager innerhalb des Standortes, die einen eigenständigen Produktbereich verantworten – als wichtige Multiplikatoren zu gewinnen. Unter Kommunikationsgesichtspunkten wurden hierfür Führungsrunden und Werksbesprechungen genutzt. Ein ganz spezifisches Tool bildete die Prototypenvorstellung, bei der die einzelnen Wertschöpfungsketten gemeinsam im System simuliert wurden.

Auch in Bezug auf die anderen wichtigen Zielgruppen Logistik, Zentralbereiche, Produktion und Fabrikenservice wurden im ersten Schritt Basisinformationen vermittelt. Hierfür wurden Abteilungsbesprechungen bzw. Gruppengespräche genutzt, in denen die Führungskräfte unterstützt durch den Change Agent das Projekt SHARP vorgestellt und erste wichtige Informationen vor allem in Bezug auf Ziele und Nutzen des Projektes sowie Stand der Schulungsplanung erteilten. Grundsätzlich war es den Mitarbeiterinnen und Mitarbeitern – vor allem im Produktionsbereich – wichtig, an kritischen Phasenpunkten im Projekt zeitnah informiert zu werden. Deshalb wurde bezogen auf diese Zielgruppen in erster Linie mit Infowänden in den jeweiligen internen Fabriken bzw. Info-Points (z. B. in der Kantine) mit Übungsmöglichkeiten im Hella-eigenen und eigens dafür geschaffenen SAP-Schulungsmandanten gearbeitet.

Grundsätzlich gab es darüber hinaus noch eine Reihe Kommunikationsmaßnahmen, die zielgruppenübergreifend eher auf Breitenwirkung fokussierten. Zum Beispiel wurde ein SHARP-Newsletter ins Leben gerufen, der in regelmäßigen Abständen per Email verteilt bzw. an den Infowänden im Werk ausgehangen wurde. Des weiteren wurden in regelmäßigen Abständen SHARP-Bildschirmschoner mit relevanten Informationen (z. B. Meilensteinpläne, Einladungsschreiben zu bestimmten Veranstaltungen, Hintergrundinformationen zum Projekt etc.) auf die Rechner im Werk gespielt.

Eine weitere übergreifende Maßnahme mit großer Breiten- wie auch Tiefenwirkung bildete die sogenannte „Info-Börse" – eine Art In-house-Messe, bei der die einzelnen Teilprojekte sich an Infoständen vorgestellt haben und mit relevanten Ansprechpartnern interessierten Mitarbeitern Rede und Antwort standen.

Die nachfolgende Tabelle zeigt beispielhaft einen Auszug aus dem zugrunde liegenden Kommunikationsplan für den Pilotstandort.

Tabelle 1: Auszug aus dem Kommunikationsplan

Was?	Wozu?	Wer?	An wen?	Womit?
Prototypen-vorstellung	Vermittlung von Detailwissen	Projektleiter und Teilprojektleiter, Orga durch CM	Führungskräfte	SAP-System
Aufzeigen der organisatorischen Veränderungen, Erarbeitung eines Maßnahmenplans	Transparenz über Veränderungen schaffen, nachhaltige Einbindung der FK	Werksleiter, Projekt- und Teilprojektleiter, CM-Team	Führungskräfte	Workshop
Ziele und Nutzen von SHARP vorstellen, Aufzeigen von Potenzialen	Basiswissen und roten Faden vermitteln	Projektleiter, CM-Team	Alle (zielgruppenspezifische Termine)	Präsentation
Informationen aus den Teilprojekten	Vermittlung von Detailwissen	Teilprojektleiter, CM-Team	Alle	Info-Börse
Artikel in der Werkszeitung	Transparenz über Projektfortschritt und Erfolge erreichen	CM-Team	Alle	Werkszeitung
Erstellung regelmäßiger Newsletter	Aufzeigen des Projektstandes und -fortschritts	Werkleiter, Projektleiter, CM-Team	Alle	Email, Aushang an Info-Wänden

Die skizzierten Tools repräsentieren Maßnahmen mit unterschiedlicher Reichweite wie auch Tiefenwirkung. Anzustreben ist natürlich im Gros ein ausgewogener Mix. In diesem Zusammenhang wurde parallel zu den ersten Change-Management-Aktivitäten begleitend eine wissenschaftliche Studie durchgeführt, die eine vergleichende Betrachtung der am Pilotstandort eingesetzten Kommunikationsmedien im Change Prozess unter Kosten-Nutzen-Gesichtspunkten zum Gegenstand hatte. Diese lieferte wesentliche ergänzende Informationen für das verabschiedete Kommunikationskonzept. In der folgenden Tabelle sind die umgesetzten Maßnahmen mit Blick auf den jeweiligen Aufwand sowie die Wirkung noch einmal zusammenfassend dargestellt:

Tabelle 2: Eingesetzte Kommunikationsmaßnahmen

	Maßnahme	Zielgruppe	Inhalt	Wirkung	Aufwand
Dialogorientierte Instrumente	Führungsrunden und Werksbesprechungen	Führungskräfte	Ziele und Nutzen des Projektes Organisatorische Veränderungen Schulungsplanung	Mittel	Kosten: mittel Nutzen: mittel
	Prototypenvorstellung	Führungskräfte	Vermittlung von Detailwissen Praxissimulation	Hoch	Kosten: mittel Nutzen: hoch
	Workshops	Führungskräfte	Organisatorischen Veränderungen Aktive Einbindung in den Veränderungsprozess	Hoch	Kosten: hoch Nutzen: hoch
	Abteilungsbesprechungen	Logistik, Zentralbereiche, Produktion, Fabrikenservice	Basiswissen und roter Faden zum Projekt	Mittel	Kosten: mittel Nutzen: mittel
	Info-Börse	Alle	Vorstellung der einzelnen Teilprojekte Stand der Einführung Zukünftige Prozessabläufe Austausch- und Diskussionsforum	Hoch	Kosten: hoch Nutzen: hoch
Aufklärungsorientierte Instrumente	Newsletter SHARP	Alle	Aktuelle Themen rund um SHARP Werk 5 (z.B. Stand der Einführung, erste Erfolge, Veranstaltungen etc.)	Mittel	Kosten: gering Nutzen: mittel
	Alle zwei Monate Artikel in der Unternehmenszeitung	Alle	Aktuelle Themen rund um das Gesamtprojekt SHARP	Gering	Kosten: gering Nutzen: gering
Aufmerksamkeitsverstärkende Instrumente	SHARP-Logo mit Slogan, Werbemittel (z.B. Tassen, Poster)	Alle	Identifikationsfläche	Mittel	Kosten: mittel Nutzen: mittel

3.1.4 Kommunikationskonzept

Das Kommunikationskonzept kann in Anlehnung an die oben skizzierte Betrachtung zweierlei Stränge im Change Management grundsätzlich als zweigleisig bezeichnet werden. Neben der Vermittlung und Unterstützung bei der Umsetzung der erforderlichen organisatorischen Veränderungen im Sinne einer funktionalen Kommunikation ging es natürlich auch um eine sozial geprägte Kommunikation mit dem Ziel, Ängste und Widerstände abzubauen und im Gegenzug Akzeptanz und Vertrauen in das SHARP-Projekt aufzubauen.

Weiterführende Maßnahmen im Bereich der funktionalen Kommunikation fokussierten darauf, die anstehenden organisatorischen Veränderungen möglichst transparent zu machen und die Führungskräfte in diesen Veränderungsprozess nachhaltig einzubinden. Methodisch geschah dies in erster Linie durch Workshops. Unter Einbeziehung von Führungskräften aller betroffenen Bereiche am Standort wurden die organisatorischen Veränderungen in Kleingruppen (z. B. zu den Themenfeldern Verpackungslogistik, Kunden-Lieferanten-Beziehungen, Buchungsdisziplin etc.) erarbeitet und ein Maßnahmenplan für die möglichst frühzeitige Vorbereitung und Umsetzung erstellt. Darüber hinaus wurden auch regelmäßig (ca. alle zwei Monate) stattfindende Info-Märkte genutzt, um den Fortschritt des Projektes SHARP am Standort zu dokumentieren und zeitlich relevante Themen zu platzieren. Bei einem Info-Markt werden Info-Wände mit wesentlichen Themen bestückt und zur Ansicht – in der Regel im Kantinenbereich – ausgestellt. Interessierte Mitarbeiter haben die Möglichkeit, den Info-Markt im Rahmen ihrer Arbeitszeit zu besuchen.

3.2 Change-Controlling

Als Herausforderung im Change Management erweist sich das Themenfeld Controlling. Im vorliegenden Fall stehen qualitativ ausgerichtete Zielsetzungen wie z. B. eine stärkere Einbindung der Führungskräfte, eine transparentere Information, eine Erhöhung der Akzeptanz oder auch eine Verbesserung der allgemeinen Stimmungslage hinsichtlich SHARP – um nur einige wenige zu nennen – im Vordergrund, deren Quantifizierung nicht ganz einfach ist, zumal im Rahmen eines so komplexen Projektes vielfältigste Störvariablen zum Tragen kommen.

3.2.1 Prozessbegleitendes Controlling

Die prozessbegleitende Evaluation in Form von beispielsweise Feedbacksystemen ist dabei ein ganz wesentliches Instrument, um trotzdem ein kontinuierliches Monitoring zu erzielen (Pfannenberg, 2003, S.113). In diesem Kontext wurden z. B. Stimmungsabfragen in den Gruppengesprächen durchgeführt sowie wiederholte informelle Gespräche mit verschiedenen Mitarbeitern geführt.

Aber ebenso wichtig ist es, quantitative Kriterien als normative Zielvorgaben zu schaffen. Der eingesetzte Fragebogen repräsentiert ein solches Instrument, anhand dessen eine nachvollziehbares kennzahlengestütztes Controlling zumindest in Ansätzen realisierbar wird. Durch die erste Baseline-Erhebung wurde quasi der Status ermittelt. Im Sinne einer formativen Evaluation erfolgte eine weitere Erhebung kurz vor dem Going-live-Termin. Voraussichtlich wird eine dritte abschließende Untersuchung einige Wochen nach der Umstellung auf SHARP erfolgen, so dass eine vergleichende Betrachtung über den Zeitverlauf möglich wird und die Ergebnisse auch im Sinne von „lessons learned" für nachfolgende Rollouts nutzbar gemacht werden.

3.2.2 Vergleichende Ergebnisbetrachtung zum zweiten Messzeitpunkt

Bereits zum zweiten Messzeitpunkt kurz vor dem Going-live-Termin für das Pilotwerk zeigen sich teilweise signifikant positive Veränderungen in den Wertebereichen fast aller erhobener Dimensionen (Bedeutung von SHARP, Wichtigkeit und Zufriedenheit mit Informationen zu SHARP, Chancen und Risiken aufgrund SHARP, Stimmung im Arbeitsbereich). Auffällig im Vergleich zur ersten Erhebung fast zeitgleich ein Jahr zuvor ist, dass die Führungskräfte dem Projekt insgesamt sehr viel positiver gegenüberstehen und kaum noch Risiken sehen, wohingegen Mitarbeiter des Bereichs Logistik wesentlich kritischer geworden sind. Hier spiegelt sich sehr deutlich der Umstand wieder, dass die Logistik bei weitem am stärksten von der Umstellung betroffen ist, sowohl in Bezug auf die Prozesse als auch die im Projektverlauf entbehrten Ressourcen. Aber auch die Produktionsmitarbeiter spüren so zeitnah zum Going-live die eigene Betroffenheit. Lag zum ersten Messzeitpunkt die Umstellung auf SAP noch in weiter Ferne, rücken nun Ängste und Befürchtungen in den Mittelpunkt. Viele der Produktionsmitarbeiter haben bislang nur sehr wenig Berührungspunkte mit einem PC gehabt und dementsprechend großen Respekt.

Greift man insbesondere den Aspekt der wahrgenommenen Wichtigkeit und Zufriedenheit mit Informationen zum Projekt SHARP heraus, verdeutlicht die nachfolgende Abbildung recht anschaulich die quantitativen Veränderungen über den Zeitverlauf. Abgebildet ist die gesamte Belegschaft, auffälligste positive Trends sind insbesondere bei der Zielgruppe der Führungskräfte zu verzeichnen.

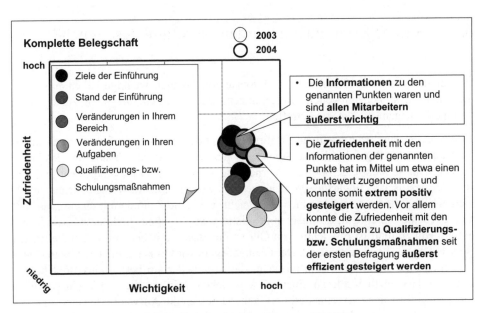

Abbildung 3: Wichtigkeit und Zufriedenheit mit Informationen zu SHARP

Als wesentliche Ergebnisse der Befragung lassen sich folgende Aspekte festhalten:

- Alle Beteiligten sind sich der **Wichtigkeit der SHARP-Einführung** für den Pilotstandort bewusst.
- Der **Großteil** der Mitarbeiter und Mitarbeiterinnen am Pilotstandort **fühlt sich gut vorbereitet** auf die anstehenden Veränderungen im Rahmen von SHARP.

- Die **Schulungen** sind **durchweg äußerst positiv aufgenommen** worden – die Zusammenarbeit mit den Trainern funktioniert aus Sicht aller Zielgruppen reibungslos.

- Die bereits angestoßenen **begleitenden Maßnahmen** zum Going-live **entsprechen in hohem Maße den von den Mitarbeitern und Mitarbeiterinnen gewünschten.**

- Die **eingesetzten Kommunikationsmaßnahmen** haben übergreifend zu einer **erhöhten Zufriedenheit** geführt. Zusammenfassend lässt sich also aus der heutigen Perspektive heraus festhalten, dass die eingesetzten Kommunikationsmaßnahmen (siehe Tabelle 2) insgesamt erfolgreich waren. Es konnten deutliche Steigerungen erzielt werden mit Blick auf den Informationsstand, die Stimmungslage sowie die allgemeine Akzeptanz und Bedeutsamkeit des Projektes SHARP. Vor allem auf Seiten der Führungskräfte als wesentliche Multiplikatoren konnten nachhaltige Effekte erzielt werden.

4. Welche Erfahrungen wurden insgesamt gesammelt?

Im Rahmen des SHARP-Rollouts am Pilotstandort konnten wichtige Erkenntnisse für die zukünftigen konzernweiten Umstellungen fixiert werden, die nicht zuletzt auch Change-Management-Aspekte betreffen.

Aufgrund der durchweg positiven Erfahrungen mit der eingesetzten Projektorganisation wird auch zukünftig mit Change Agents an den verschiedenen Standorten gearbeitet werden. Nur so kann eine optimale Vernetzung zwischen dem Gesamtprojekt und den standortspezifischen Bedürfnissen sichergestellt werden. Für die verschiedenen involvierten Standorte ist es nicht immer ganz leicht, wenn die Zentrale mit einem „Master" an die Töchter heran tritt, der insgesamt relativ wenig Freiheitsgrade lässt. Gerade vor diesem Hintergrund ist es wichtig, ein Ohr an der Basis zu haben und mit einheitlichen Botschaften nach außen zu treten. Der Change Agent vor Ort kennt die jeweiligen Gegebenheiten und kann abschätzen, wie man die Mitarbeiter am besten „ins Boot holen" kann, so dass letztlich alle an einem Strang ziehen. Mittlerweile wurde ein Anforderungsprofil für Change Agents definiert, anhand dessen die Auswahl erleichtert und vor allem optimiert wird. Geplant ist darüber hinaus ein Change-Agent-Programm mit entsprechenden Qualifizierungsinhalten.

Insgesamt hat sich das skizzierte „Template" als praxisfähig erwiesen. Ein ganz wesentliches Thema stellt immer wieder die Kommunikation dar. Je weniger Wissen vorhanden und je größer die Wissbegierde seitens der Mitarbeiter ist, umso größer ist der Nährboden für Gerüchte. Gerade bei so wichtigen und komplexen Projekten wie SHARP bedarf es einer zielgruppenspezifischen systematischen Kommunikation, um eine Informationsüberflutung genauso wie signifikante Informationsdefizite zu vermeiden. Die vergleichenden Evaluations-Ergebnisse belegen die Wirksamkeit der eingesetzten Change Management Maßnahmen. Besonders hohe zielgruppenübergreifende Akzeptanz fand die Maßnahme „Info-Börse". Hiermit konnten nicht nur eine große Anzahl von Mitarbeitern erreicht, sondern auch wichtige Themen adäquat transportiert werden. Wann immer sinnvoll und möglich, wird auch zukünftig mit solchen In-house-Messen gearbeitet werden.

Dies verweist nicht zuletzt auch auf die hohe Bedeutsamkeit der möglichst frühzeitigen Einbindung der Mitarbeiter in den Veränderungsprozess. Hier gilt es, das Motto „Betroffene zu Beteiligten machen" möglichst nachhaltig umzusetzen. Je stärker sich die Mitarbeiter in der Verantwortung sehen, umso weniger werden sie Neuerungen widersetzen. Beispielsweise wurden in den betroffenen Abteilungen Key-User definiert, die bereits frühzeitig im Projektverlauf mit den zukünftigen Prozessen von SHARP und Masken in SAP vertraut gemacht wurden, während der Integrationstests aktiv eingebunden waren und im kritischen Zeitfenster vor, während und nach dem Going-live als kompetente Ansprechpartner zur Verfügung standen.

Wichtige Multiplikatoren sind vor allem aber auch die Führungskräfte im Werk. Change Management ist vornehmlich Führungsaufgabe. Wenn diese ihren Mitarbeitern Hoffnung und Vertrauen in den Veränderungsprozess transportieren können und für die erforderliche Transparenz sorgen, sind wesentliche Hürden genommen. Deshalb ging es in dem zugrunde gelegten Kommunikationskonzept von Anfang an darum, die Führungskräfte für ihre Aufgaben als Motivatoren und Multiplikatoren zu sensibilisieren. An dieser Stelle wurde sehr viel mit Workshops gearbeitet, z. B. zur Vorbereitung der organisatorischen Veränderungen im Werk. Die Betrachtung der durchgeführten Zielgruppenerhebungen untermauert die gelungene Umsetzung. Waren vor allem die Führungskräfte zum ersten Messzeitpunkt noch skeptisch und zurückhaltend, waren sie es, die kurz vor dem Going-live ein hohes Maß an Zuversicht ausstrahlten und sich weitestgehend sehr gut auf die bevorstehenden Veränderungen vorbereitet fühlten.

Insgesamt bleibt damit festzuhalten, dass bei einem Projekt dieser Größenordnung eine Veränderung nur dann erfolgreich umgesetzt werden kann, wenn es gelingt, alle beteiligten Führungskräfte dazu zu befähigen bzw. darin zu unterstützen, tiefgreifende Wandlungsprozesse sowohl auf der Fachebene als auch auf der psychosozialen Ebene erfolgreich zu bewältigen. Die gewonnenen Erfahrungen sprechen eine deutliche Sprache und sind so positiv zu bewerten, dass der beschrittene Weg auch in den zukünftigen SHARP-Rollouts an den weiteren Standorten fortgeführt werden wird.

Frank Thiele

Change Management im Rahmen der Umsetzung des EuropeanBussinessModel der deutschen Goodyear/Dunlop Gruppen im SAP

1. Projektübersicht 218
2. Change-Management-Verständnis 219
3. Change-Management-Programm 220
   3.1 Transition Management 221
   3.2 Organisationales Change Management 224
4. Fazit 230

1. Projektübersicht

Software-Spezialisten lieben englische Bezeichnungen – und sie mögen Abkürzungen. Deshalb haben sie das standardisierte SAP-System, mit dem Goodyear in nahezu allen europäischen Ländern arbeitet, „EuropeanBusinessModel" getauft, kurz „EBM". Dieses System ist kein statisches Programm; es wird vielmehr in Projektarbeit ständig weiterentwickelt und neuen Anforderungen angepasst.

Im Herbst 2002 wurde das Projekt EBM 7 ins Leben gerufen: Die Neuorganisation von Goodyear Dunlop Tires Germany (GDTG) machte es notwendig, das bestehende SAP System komplett neu einzurichten und damit eine weitere Anpassung des EBM vorzunehmen. Auslöser war insbesondere die gesellschaftsrechtliche Reorganisation der Goodyear Dunlop Tires GmbH und der vier Verkaufsgesellschaften Goodyear GmbH & Co. KG, Dunlop GmbH & Co. KG, Fulda Reifen GmbH & Co. KG und Pneumant Reifen GmbH & Co. KG.

Es wurden die Geschäftsprozesse im Vertrieb, in der Administration und im Rechnungswesen sowie in der Logistik verbessert und harmonisiert. Ein Teil des neuen Systems konnte zu Beginn des Jahres 2004 live gehen. Etwa 1.000 Mitarbeiter der „German Operations" profitieren von dem neuen System.

Darüber hinaus hat das Projekt EBM 7 auch positive Auswirkungen auf die Kunden und das gesamte Unternehmen. So ermöglicht die Vereinheitlichung der Geschäftsprozesse, die einzelnen Geschäftsbereiche besser zu steuern. Das gilt etwa für administrative Prozesse und das Rechnungswesen, die mit dem einheitlichen System effektiver gestaltet werden können. Auch im Vertrieb erleichtert das neue System den Mitarbeitern die Arbeit. Ein Beispiel für diesen „mitarbeiterfreundlichen" Effekt im Verkauf:

Es gibt eine einheitliche Auftragsannahme und ein Auskunftssystem geben, mit dem sich die Mitarbeiter im Außendienst ein genaues Bild von den vorhandenen Reifenbeständen machen können. Über das Auskunftssystem kann der Mitarbeiter abfragen, wo und in welcher Anzahl Reifen eines bestimmten Typs gelagert werden. Fragt ein Kunde ein bestimmtes Modell nach, erhält er schnelle und genaue Auskunft, ob die gewünschte Ware in ausreichender Menge vorhanden ist und wie lange die Lieferung dauern wird. Durch diese Optimierung des Logistikprozesses verbessert sich die Produktverfügbarkeit und damit der Service für die Kunden.

Verbesserte Auftragsannahme und Auskunftssysteme tragen außerdem dazu bei, die Reifenbestände europaweit zu senken; kostspielige Überkapazitäten werden auf diese Weise zum Wohle des Gesamtunternehmens abgebaut.

Weiterhin erlaubt das System, große Mengen von Daten zu sammeln, die für detaillierte Analysen der Produkte und Kundensegmente genutzt werden können. So können künftig beispielsweise alle Gesellschaften des Unternehmens zentrale Dienste der GDTG, wie beispielsweise das Kreditmanagement, nutzen. Insgesamt hat die Einführung von SAP auf viele Bereiche des Unternehmens einen Einfluss (vgl. Abb. 1).

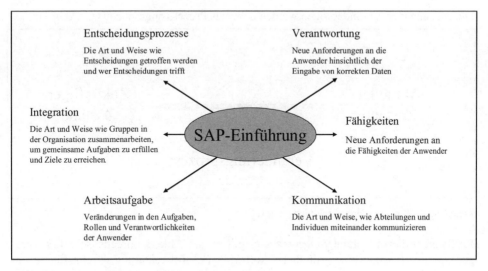

Abbildung 1: Auswirkungen von SAP auf die Organisation

2. Change-Management-Verständnis

Die oben beschriebene Einführung einer solchen betriebswirtschaftlichen Anwendungssoftware bedarf einer Begleitung und Unterstützung auf verschiedenen Ebenen. Dieser Herausforderung wurde durch ein maßgeschneidertes Change Management begegnet.

Change Management soll hier als die systematische Unterstützung des Veränderungsprozesses definiert werden, der durch die Einführung des SAP-Systems notwendig wird. Dafür wird ein umfassendes Konzept entwickelt, das konkrete Wege aufzeigt, um negative Reaktionen aufgrund der Veränderungen zu reduzieren und die Akzeptanz gegenüber dem neuen System zu erhöhen. Der Schwerpunkt lag insbesondere darauf, die im Laufe des Implementierungsprozesses zu erwartenden negativen Reaktionen zu reduzieren. Die Erarbeitung eines Change-Management-Konzepts erfolgte in drei Schritten:

- Analyse der potenziellen Veränderungen in der Organisation, die aufgrund der SAP-Einführung entstehen.
- Beschreibung der zu erwartenden Veränderungen für die verschiedenen betroffenen Personen(-gruppen).

- Ableitung gezielter Strategien und Maßnahmen, um die vorauszusehenden Veränderungen in den verschiedenen Personengruppen im Sinne der erwünschten Zielrichtung zu begleiten und zu unterstützen.

Die entstehenden Veränderungen werden dabei als Prozess angesehen (vgl. Abb. 2):

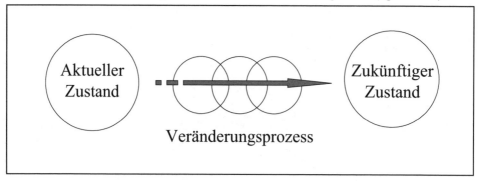

Abbildung 2: Change Management als Prozess

Im Rahmen dieses Veränderungsprozesses gilt es, am Anfang unrealistische Erwartungen zu dämpfen und eine gründliche Auftrags- und Rollenklärung durchzuführen. So wurde beispielsweise die Erwartung geäußert, dass das Change Management für die korrekte Eingabe und Pflege der Stammdaten verantwortlich sei. Dies ist de facto nicht der Fall. Die eigentlichen Veränderungen werden aber durch das Change Management in die Wege geleitet. So wird das Erstellen von Trainingshandbüchern sowie die Konzeption und Planung von Schulungen durch das Change Management begleitet oder das im Projektteam vorhandene Know-how weiter gegeben.

3. Change-Management-Programm

Um die Implementierung der notwendigen Veränderung zu begleiten, wurde ein Change-Management-Programm aufgesetzt. Zielsetzung dieses Programms war es, den Veränderungsprozess so einfach wie möglich zu gestalten, um die Unterstützung und das Committment der betroffenen Mitarbeiter für die Veränderungen zu gewinnen. Die Aufgaben im Rahmen des Change-Management-Programms werden in zwei Teilbereiche mit jeweils zwei Kernaufgaben gegliedert:

1. Transition-Management
   - Stakeholder-Management
   - Kommunikationsstrategie

2. Organisationales Change Management
- Organisationsanalyse
- Trainingsbedarfsanalyse

Diese beiden Teilbereiche wurden nicht nacheinander, sondern – in Abhängigkeit vom Bedarf und der konkreten Situation im Projekt – parallel bearbeitet. Dabei musste auch zum Teil von der ursprünglichen zeitlichen Planung abgewichen werden, weil sich beispielsweise die Positionen einiger Stakeholder im Laufe des Projekts wandelten.

3.1 Transition Management

Das Transition Management bezieht sich auf den Aufbau von Kommunikationsstrukturen. Er wird außen selten sichtbar. So wird im Projektteam in kleinen speziellen Gruppen analysiert, welche Stakeholder vom Projekt betroffen sind, wie diese Stakeholder gegenüber dem Projekt eingestellt sind und welche Kommunikationsmaßnahmen eingesetzt werden können, um auf deren Bedürfnisse eingehen zu können. Wichtig ist hier eine ganzheitliche Betrachtungsweise. Kommuniziert wird immer, aber ohne eine ganzheitliche Betrachtungsweise entstehen Informationsdefizite – die sich im Laufe des Projektes dann häufig schmerzlich bemerkbar machen.

3.1.1 Stakeholder Management

Im Rahmen des Stakeholder Managements wurden sensible Bereiche definiert, die bei der Auswahl der Projektteammitglieder bewusst berücksichtigt worden sind. Beispielsweise wurden die betroffenen Fachbereiche aktiv in das Customizing eingebunden. Auf externe Berater wurde weitestgehend verzichtet. Die interne EDV-Abteilung hatte zum Teil nur Coaching-Aufgaben. Für Entscheidungen wurden die Experten aus den Fachbereichen und die SAP-Experten an einen Tisch gebracht. Die Mitarbeiter aus den Fachbereichen hielten dabei engen Kontakt zu ihren Vorgesetzten, so dass diese bei wichtigen Entscheidungen eingebunden waren.

Stakeholder Management beinhaltet auch die gezielte Einbeziehung von Schlüsselpersonen, die dem Projekt positiv gegenüberstehen. Damit werden verschiedene Ziel verfolgt:

- Commitment und Unterstützung für den Veränderungsprozess wird Top-down an alle Ebenen der Organisation weitergegeben.
- Schlüsselpersonen im Projekt nutzen ihren Einfluss auf andere Personen und sind in der Lage, kompetent mit Widerständen umzugehen und Veränderungen in die gewünschte Richtung zu steuern.

- Promotoren der Veränderung handeln als Kommunikatoren, um die Vision des Projektes umzusetzen und die Veränderungsdynamik im Projekt aufrecht zu halten.

3.1.2 Kommunikationsstrategie

Die Reorganisation der GDTG und der damit verbundene Wechsel des SAP-Systems führte bei den betroffenen Führungskräften und Mitarbeitern zu vielfältigen Befürchtungen und Ängsten, insbesondere im Bereich des mittleren Managements. Insgesamt wurden folgende kritischen Bereiche identifiziert:

- Abbau von Arbeitsplätzen durch Rationalisierung,
- Versetzungen,
- Machtverlust,
- Verlust von Unabhängigkeit und Gestaltungsfreiräumen.

Neben der zielgruppenspezifischen Aufbereitung und Vermittlung von allgemeinen Informationen über das Projekt war es deshalb Aufgabe der Kommunikationsstrategie, diese Befürchtungen zu adressieren und ein realistisches Bild von den tatsächlich zu erwartenden Veränderungen zu schaffen.

Darüber hinaus wurde darauf geachtet, in regelmäßigen Abständen zu überprüfen, ob sich die Einstellung der verschiedenen Zielgruppen gegenüber dem Projekt geändert hat, um so den Erfolg der gewählten Kommunikationsmaßnahmen zu überprüfen und gegebenenfalls gegensteuern zu können.

Das in diesem Projekt gewählte Vorgehen beinhaltet insgesamt drei Schritte, die im Folgenden kurz beschrieben werden (siehe Abb. 3).

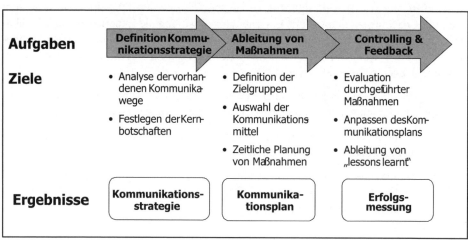

Abbildung 3: Vorgehen zur Kommunikation

Definition der Kommunikationsstrategie

Bestandteil der Kommunikationsstrategie ist die Betrachtung der vorhandenen Kommunikationswege und deren momentane Nutzung sowie die Analyse potenzieller Erweiterungsmöglichkeiten. Dies ist wichtig, um den verschiedenen Zielgruppen die benötigten Informationen möglichst effektiv zugänglich zu machen. Es macht zum Beispiel keinen Sinn, Informationen für Produktionsmitarbeiter über das Intranet zu verteilen, wenn diese Zielgruppe keinen Zugang zum Intranet hat. Grundsätzlich gilt bei der Wahl des Kommunikationsmediums, dass gewachsene Kommunikationsformen Vorrang haben vor künstlich aufgebauten. Unabhängig vom Kommunikationsmedium muss die Grundbotschaft an die Mitarbeiter lauten, dass jeder die Informationen bekommen kann und bekommen wird, die für seinen Arbeitsalltag wichtig und nötig ist.

Ableitung von Maßnahmen

Der Kommunikationsplan beinhaltet die zu vermittelnden Botschaften, die verwendeten Kommunikationswege und die anzusprechenden Zielgruppen. Beispielsweise wurden in den Kommunikationsplan die folgenden Zielgruppen einbezogen:
- Top-Management,
- Operatives Management,
- Mitarbeiter,
- Betriebsräte.

Das *Top-Management* ist eher an globalen Aussagen interessiert. Es wird vor allem bei wichtigen Meilensteinen eingebunden und muss gelegentlich auch offene Punkte entscheiden. Beispielsweise trifft sich das deutsche Management in regelmäßigen Abständen. Für das Projekt bedeutete dies, in dem entsprechenden Gremium regelmäßig einen Beitrag einzubringen. Dies war vor allem Aufgabe des Projektsponsors. Bei speziellen Themen wurde dann der jeweilige Fachmanager hinzugezogen und konnte über sein Thema referieren.

Im Projekt wurde eine Task-Force aus Prozessverantwortlichen des *Operativen Managements* gegründet, die die Einführung durch monatliche Meetings begleitet hat.

Der Internet-Auftritt als Kommunikationsmittel für die *Mitarbeiter* wurde weniger gut angenommen als Artikel zum Projekt in den Mitarbeiterzeitschriften. Insbesondere Fotos von Mitarbeitern erregten Aufmerksamkeit und stießen auf positive Resonanz. Obwohl die Mitarbeiter durchweg Zugriff zum Intranet hatten, scheint Papier doch für viele etwas griffiger zu sein.

Die *Betriebsräte* wurden regelmäßig vom Sponsor informiert. Eine spezielle Betriebsvereinbarung war nicht nötig, da SAP schon im Einsatz war.

Die nach außen präsentierten Informationen mussten jeweils zwischen dem Projektmanagement und den Führungskräften exakt abgestimmt werden – denn es ist besser, keine Information zu liefern als eine falsche! Ein Beispiel hiefür war der Go-Live-Termin. Dieser Tag wurde auf allen Ebenen abgesprochen, bevor er kommuniziert wurde. Trotzdem gab es anschließend in manchen Bereichen kritische Stimmen, weil dieser Tag einigen nun doch nicht passte. Die klare Darlegung des Termins mit einheitlichen Folien und dem Rückhalt durch die vorher erfolgte Abstimmung in allen maßgeblichen Gremien ließ jedoch keinen Raum für längere Diskussionen.

Controlling und Feedback

Das Feedback zu allgemeinen Informationen war in der Regel eher dünn. Zum Beispiel gab es kaum Rückfragen zu Artikeln im Intranet oder in Mitarbeiterzeitschriften. Bei der Präsentation von ganz konkreten Lösungen gab es dagegen durchaus Feedback, das durch emotionale Äußerungen begleitet wurde. Das gezielte Monitoring geschah durch Meetings in überschaubaren Gruppen.

Der Nutzen der Kommunikationsstrategie lässt sich wie folgt zusammenfassen:

- Die Angst vor dem Unbekannten wird reduziert,
- Gerüchte werden durch Fakten ersetzt,
- Widerstände werden abgebaut,
- in Zeiten der Unsicherheit wird Vertrauen aufgebaut,
- Feedback wird ermöglicht.

Eine wesentliche Erfahrung in diesem Zusammenhang ist, dass der Change Manager jederzeit ansprechbar sein muss. Er bekommt Feedback nicht durch Mails, sondern vor allem durch persönliche Gespräche.

3.2 Organisationales Change Management

Der Schwerpunkt der Arbeit für das Change Management lag in der Analyse der Prozesse. Als Ergebnis der Analyse leiten sich die Veränderungen im Bereich der Organisation und auch der Trainingsbedarf ab.

3.2.1 Organisationsanalyse

Die Organisationsanalyse wurde durchgeführt, um alle organisatorischen Veränderungen zu analysieren und zu beschreiben, die durch das Implementierungsprojekt entstanden. Es waren die organisatorischen Veränderungen aufzuzeigen und Hilfestellung (z. B. für Entscheidungsprozesse) anzubieten. Die Organisationsanalyse beinhaltete drei Aufgabenbereiche, die kurz beschrieben werden (vgl. Abb. 4).

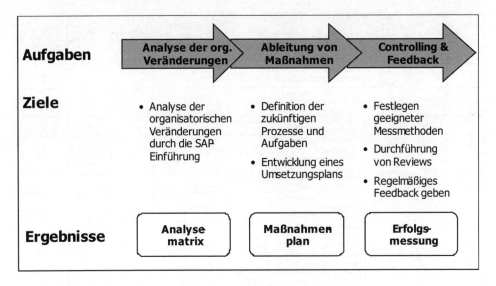

Abbildung 4: Vorgehen bei der Organisationsanalyse

Analyse der organisatorischen Veränderungen

In einem kontrollierten Prozess wurden alle betroffenen Abteilungsleiter zu Workshops eingeladen, um ihnen aus erster Hand Information über das Projekt zu geben, aber auch um die betroffenen Prozesse, Jobrollen (SAP-Rollen), Mitarbeiter und Trainingsbedarf zu erfassen. Das Ergebnis diente zum einen einer klaren Kanalisierung von noch benötigten Informationen bzw. offenen Punkten; zum anderen war es auch Grundlage für das Training und das Berechtigungskonzept. An diesen Workshops nahmen der Abteilungsleiter, ein Mitarbeiter seines Vertrauens und der Spezialist aus dem Projekt teil.

Als erstes wurde über die Ziele des Projekts und die erwarteten positiven Aspekte informiert und Fragen beantwortet. Danach wurden die Hauptprozesse der Abteilung erfasst – auch die nicht SAP bezogenen – und ein weiterer Workshop terminiert. Bis zu diesem zweiten Termin mussten die Prozesse verfeinert und insbesondere auf Transaktionsebene herunter gebrochen werden. Alle betroffenen Mitarbeiter wurden aufgeführt und die Tätigkeiten Jobrollen zugeordnet (vgl. Abb. 5 und 6).

#	SAP	NON-SAP	MACRO & FIRST LEVEL RESPON-SIBILITIES	TASK BREAK DOWN	ASSOCIATED SAP TRANSACTIONS	Controller (SAG)	Controller (S&F)	Controller (S&F Manager)
1		x	Monats-abschluss-prozess	Koordination & Kontrolle der Monatsabschlusstermine				x
	x			Eingabe der Boni- und Provisionsrückstellungen für O.E. und Export	VB01		x	
	x	x		Berechnung und Rechnungsstellung von SVC & SRI Fee	KE 30		x	x
	x			Kontrolle & Bearbeitung Fakturavorrat	VF04		x	
	x			Kontrolle Belegfluss (SD, MM, FI, CO)	VA03,KSB5,GD23, MM03		x	
	x	x		Prüfen und Buchen Rückstellungen SAG Kostenstellen	F-02, FB03	x		
		x		Prüfen und Eingabe der Frachtkosten	RFBILA00	x		
	x	x		Download aus COPA nach Excel	KE30		x	x
	x	x		Download der manuellen Buchungen aus COPA und Zuordnung auf Märkte/Produkte	KE30		x	x
				Abstimmung Net Sales, FERT und HAWA zwischen COPA & FI	KE30		x	x
	x	x		Eingabe GuV Daten (aus COPA) für Konsolidierung (Net Sales, COGS und SAG)	RFBILA00	x	x	x
		x		Gesamtergebnisabstimmung (EBIT) zwischen FI und COPA			x	x
2		x	Regionales Reporting	Erstellung & Überleitung von MIMO & Latest Estimate nach Brüssel (Essbase)			x	x
				Kontrolle und Eingabe der Retail 0802			x	x
	...			...	...	...	...	...

Abbildung 5: Ausschnitt aus der Prozessanalyse

#	JOB ROLE	NAME	ID	EBM License	Company Code*	Sales Organisation	Report PA	ASSOCIATED TRAINING SESSIONS
1	Controller S&F Manager	Nxxxx	Neic7621	1	03*,0156,0170-0176	2000-2400	*	Delta-Schulung, Schulung Monatsabschluss-Prozess
2	Controller (S&F)	Nxxxx	Neih1813	1	03*,0156,0170-0176	2000-2400	*	Delta-Schulung, *Schulung Monatsabschluss-Prozess*
3	Controller (S&F)	Nxxxx	Neih6070	1	03*,0156,0170-0176	2000-2400	*	Delta-Schulung, Schulung Monatsabschluss-Prozess, Erweiterte CO-Schulung
4	Controller (SAG)	Nxxxx	Neig6378	1	03*,0156,0170-0176	2000-2400	*	Delta-Schulung, Schulung Monatsabschluss-Prozess, Erweiterte CO-Schulung
5	Controller (S&F)	Nxxxx	Neic8192	1	03*,0156,0170-0176	2000-2400	*	Delta-Schulung, Schulung Monatsabschluss-Prozess, Erweiterte CO-Schulung
6	Controller (SAG)	Nxxxx	Nei32203	1	03*,0156,0170-0176	2000-2400	*	Delta-Schulung, Schulung Monatsabschluss-Prozess, Erweiterte CO-Schulung
7	Controller (SAG)	Nxxxx	Nei26553	1	03*,0156,0170-0176	2000-2400	*	Delta-Schulung, Schulung Monatsabschluss-Prozess, Erweiterte CO-Schulung

Abbildung 6: Zuordnung von Namen zu Jobrollen

Ableitung von Maßnahmen

In diesem Schritt ging es darum, die erarbeiteten Vorschläge mit dem Management abzustimmen. Hierzu wurde ein weiterer Workshop durchgeführt, der zur Klärung offener Punkte und der offiziellen Freigabe der Eintragungen führte.

Die Entscheidung über die umzusetzenden organisatorischen Veränderungen lag dabei nicht beim Change Management, das ja auch nur während der Projektlaufzeit aktiv ist. So wurden Personalentscheidungen vom Personalwesen und dem Top-Management getroffen.

Das Change Management beschränkte sich auf reine Information und Hilfestellung bei organisatorischen Überschneidungen. Der Grundsatz der Neutralität erwies sich als sehr nützlich – z. B. wenn es darum ging, auf Prozessverbesserungen hinzuweisen oder in Konfliktsituationen zu vermitteln.

Controlling und Feedback

Die Prozessworkshops mit den verantwortlichen Abteilungsleitern durchliefen einen Zyklus. Durch das Sammeln der Informationen über Hauptprozesse, Jobrollen und Benutzer bis hin zu den Trainingsanforderungen ließ sich ein gutes Bild zusammenstellen. Offene Punkte wurden angesprochen und an der richtigen Stelle platziert.

Die Workshops wurden sehr positiv aufgenommen. Im Mittelpunkt stand der jeweilige Abteilungsleiter mit seinen Sorgen, Gedanken und Ideen. Der Change Manager trat in den Schatten und ermöglichte durch das Zusammenführen von Mitarbeitern aus dem Projekt und den Fachbereichen in moderierten Workshops, dass alle zentralen Fragestellungen konstruktiv geklärt werden konnten.

Der Nutzen aus der Organisationsanalyse lässt sich wie folgt zusammenfassen:

- Die Analyse liefert konkrete Hintergrundinformationen zur Ableitung von Empfehlungen für die organisatorischen Veränderungen,
- wesentliche Informationen, um die bestehende in die neue Organisationsstruktur zu überführen,
- konkrete Ansatzpunkte für den Trainingsbedarf.

3.2.2 Trainingsbedarfsanalyse

Die Trainingsbedarfsanalyse liefert Informationen für die Entwicklung und Umsetzung eines bedarfsgerechten Endnutzertrainings. Hierzu wurden vier Schritte durchgeführt, auf die im Folgenden kurz eingegangen wird (vgl. Abb. 7):

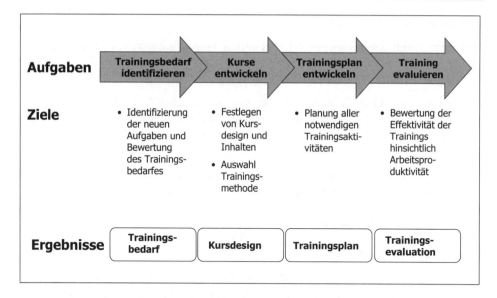

Abbildung 7: Vorgehen bei der Trainingsbedarfsanalyse

Identifizierung des Trainingsbedarfs

Durch die Erfassung der Prozesse bis auf Transaktionsebene in den oben erwähnten Workshops war es möglich, auch Berechtigungsvorgaben zu erhalten und Trainingsanforderungen abzuleiten.

Eine lokale Ausrichtung des Projektteams war hier sehr hilfreich. Redet man beispielsweise mit einem Verantwortlichen für den Verkauf von Eratzteilen Goodyear, ist es klug, den entsprechenden Team-Spezialisten aus dem Sales-Bereich von Goodyear mit einzubeziehen und den Trainingsbedarf mit dem zukünftigen Trainer gleich abzustimmen.

Entwicklung von Trainingskursen

Die Trainingsinhalte gliederten sich in drei Bereiche:

- Delta Release Training: Zielsetzung war das Heranführen der Mitarbeiter an das neue SAP-Release 4.6 (von 4.0).

- Grundlageninformation: Zielsetzung war die Vermittlung von Projektzielen, Organisationsstrukturen, Zuständigkeiten für Stammdaten, Besonderheiten der wichtigsten Prozesse.

- Prozessschulung: Zielsetzung war die fachspezifische Ausbildung der Deltas.

Das Training wurde zeitlich begrenzt angesetzt, in der Regel einen halben bis einen Tag. Details konnten elektronisch pro Transaktion abgefragt werden. Die ersten beiden Trai-

Change Management im Rahmen der Umsetzung des EuropeanBusinessModel 229

ningsblöcke wurden zentral ausgearbeitet und als *„Train the Trainer"* den Trainern vermittelt.

Die Trainingsunterlagen wurden nicht in gedruckter Form verteilt, sondern im SAP transaktionsbezogen als HTML hinterlegt.

Entwicklung und Umsetzung des Trainingsplans

Der Trainingsplan wurde vom Change Management in Absprache mit den Trainern aufgestellt (Abb. 8). Der Schulungsbedarf variierte zwischen einer Grundschulung von zwei Stunden für alle und einer Woche. Die Mehrheit der Schulungen dauerte einen Tag. Die Trainer kamen ausschließlich aus dem Projektteam und in den meisten Fällen wurde ein Trainer ausgewählt, der am gleichen Standort arbeitete wie die Mitarbeiter und somit auch auf die standortspezifischen Besonderheiten eingehen konnte.

Funktion	Jobrolle	Trainer	abgestimmt	Verantwortlicher	Name	ID	Delta Release	Delta Prozess	Prozess	Tag	Ort
Process Controlling	Controller (S&F), Controller Manager	Herr Schmidt	x	Vxxxx	Nxxxx	Neic7623	x	x		8.12.	Hanau
Process Controlling	Controller (S&F), Controller Manager	Herr Schmidt	x	Vxxxx	Nxxxx	Neih1812	x	x		8.12.	Hanau
Process Controlling	Controller (S&F), Controller Manager	Herr Schmidt	x	Vxxxx	Nxxxx	Neic8193	x	x		8.12.	Hanau
Process Controlling	Controller (S&F), Controller Manager	Herr Schmidt	x	Vxxxx	Nxxxx	Nei32204		x		8.12.	Hanau
Process Controlling	Controller (S&F), Controller Manager	Herr Schmidt	x	Vxxxx	Nxxxx	Nei26555		x		8.12.	Hanau
Process IT	IT-Controller	Herr Schmidt	x	Vxxxx	Nxxxx	neig9736	x	x		7.12.	Hanau
Process IT	IT-Controller	Herr Schmidt	x	Vxxxx	Nxxxx	nei27112	x	x		7.12.	Hanau
Process IT	IT-Controller	Herr Schmidt	x	Vxxxx	Nxxxx	nei32123		x		7.12.	Hanau
Process Marketing	Marktforscher	Herr Schmidt	x	Vxxxx	Nxxxx	NEIE123	x	x		9.12.	Hanau
Process Marketing	Marktforscher	Herr Schmidt	x	Vxxxx	Nxxxx	NEIC7823	x	x		9.12.	Hanau
Process Marketing	Advertiser;Presse	Herr Schmidt	x	Vxxxx	Nxxxx	NEIC9669	x	x		10.12.	Hanau
Process Marketing	Advertiser;Presse	Herr Schmidt	x	Vxxxx	Nxxxx	NEIC9610	x	x		10.12.	Hanau

Abbildung 8: Auszug aus einem Trainingsplan

Bewertung des Trainings

Die Bewertung des Trainings erfolgte in schriftlicher Form durch die Trainer und jeden Schulungsteilnehmer. Das Feedback diente als Grundlage für weitere Schulungsangebote zu einem späteren Zeitpunkt. Eine administrative Entlastung der Mitarbeiter des Change-Management-Teams durch eine spezielle Trainingsgruppe wäre hier hilfreich gewesen.

Der Nutzen des Trainings lässt sich wie folgt zusammenfassen:

- Den betroffenen Mitarbeitern werden alle notwendigen Fähigkeiten vermittelt, um den Anforderungen aus ihren veränderten Arbeitsaufgaben gerecht zu werden.

- Sie sind damit in der Lage, ihre Aufgaben effizienter zu erfüllen, da sie ein hohes Verständnis für die neuen Prozesse und Systeme haben.
- Dies verbessert darüber hinaus die Flexibilität der gesamten Organisation und verstärkt die Umsetzung der Unternehmensvision und -strategie.

4. Fazit

Change Management ist die Kunst Prozesse zu führen. Zur richtigen Beherrschung dieser Kunst sind einige Aspekte zu beachten:

- Wichtig ist eine situationsbedingte Ausrichtung der Maßnahmen. Ein Überstülpen einer speziellen Methode oder eines starren Konzeptes wird fehlschlagen.
- Auf Grund des temporären Aktionszeitraums des Change Managements ist eine aktive Einbindung der regulären Abteilungen z. B. der Trainingsabteilung und des Personalwesen zu empfehlen.
- In Bereichen mit einer positiven Eigendynamik ist Zurückhaltung seitens des Change Management zu empfehlen.
- Die von der SAP-Einführung betroffenen Mitarbeiter äußern häufig den Wunsch, möglichst frühzeitig geschult zu werden. Schulungen weit vor dem geplanten Go-Live durchzuführen, empfiehlt sich jedoch aus zwei Gründen nicht: Erstens sind die Prozesse mit den richtigen Daten noch nicht stabil und zweitens vergessen die Mitarbeiter den Schulungsinhalt. Eine Schulung für unkritische Prozesse ist durchaus nach dem Go-Live empfehlenswert.
- Letztlich besteht ein erfolgreiches SAP-Projekt eben nicht nur aus Systemen und Technik, sondern auch aus den betroffenen Menschen, die einen wesentlichen Beitrag leisten und die Veränderungen mittragen müssen.

Ulrich Königswieser & Wolfgang Kropiunik

SAP-Einführung mit Nebenwirkungen in einem Unternehmen der papierverarbeitenden Industrie

1. Ausgangssituation des Projekts 232
2. Herausforderungen im FIT-Projekt 233
3. Kulturanalyse 234
4. Der projektspezifische Lösungsansatz 236
   - 4.1 Kick-off-Meeting 237
   - 4.2 Erweiterte Steuergruppe 238
   - 4.3 Resonanzgruppenveranstaltungen 240
   - 4.4 Teamentwicklung und Schnittstellenworkshop 242
   - 4.5 Visionsworkshops 242
   - 4.6 Kommunikation 243
5. Zusammenarbeit Berater & Kundenteams 244
   - 5.1 Voneinander lernen 245
   - 5.2 Rollen 245
6. Zielerreichung des FIT-Projekts 246

1. Ausgangssituation des Projekts

Im folgenden Fallbeispiel beschreiben wir ein komplexes Veränderungsprogramm, das im Zuge einer umfangreichen Einführung der SAP Module FI, CO, MM, SD, PP und QM in einem produzierenden Werk aufgesetzt wurde. Das hier beschriebene Projekt bezeichnen wir mit dem Namen FIT im Sinne von „das Werk fit für die Zukunft machen". FIT bezeichnet somit das Gesamtprojekt innerhalb dessen Rahmen die SAP-Einführung, die prozessuale und organisatorische Veränderungen und die Change-Management-Initiativen liefen.

Wir geben in dieser Fallbeschreibung einen Überblick über die einzelnen Change-Management-Aktivitäten und jeweils eine Bewertung darüber ab, wie „gut" bzw. „schlecht" die einzelnen Maßnahmen in das Gesamtprojekt integriert wurden, bzw. ihre Wirkung zeigten.

Die betrachtete schwedische Papierfabrik blickt auf eine traditionsreiche 100-jährige Geschichte zurück. Wie viele schwedische Grundstoffindustrien wurde auch dieser Betrieb im Laufe der Zeit verstaatlicht und wieder entstaatlicht. In der verstaatlichten Ära erlebte das Werk auch seinen Aufschwung: der schwedische Binnenmarkt wuchs für papierverarbeitende Betriebe ständig und Konkurrenz aus dem Ausland war wegen der hohen Transportkosten und Zölle rar. Mitte der Neunziger Jahre mit der EU Öffnung begann auch der Umbruch für das Unternehmen durch die Übernahme des Werkes durch einen internationalen Papierkonzern. Im Zuge der Konzernintegration wurde der Hauptsitz von Schweden in die Konzernzentrale verlegt und das Spartenmanagement von „Österreichern" besetzt. Auch das schwedische Managementteam wurde im Zuge der Reorganisation verjüngt und die lokale an die Konzernorganisation angepasst.

Beeinflusst von Qualitätsmängeln, auftretenden Produktionsineffizienzen, aufwändigen Prozessen und vom alten Management nur spät erkannt, verlief die wirtschaftliche Entwicklung der Fabrik entgegen den Erwartungen der „Shareholder" rapide nach unten und mündete in zwei verlustreichen Jahren. Im Sommer 2002 wurde als Antwort darauf ein Turn-around-Projekt von der Konzernzentrale initiiert, um Optimierungspotenziale im Werk zu heben und die vorhandenen Stärken der Fabrik wie die besondere technische Ausstattung, die hervorragende lokale Lage und den Größenvorteil gegenüber Bewerbern zu fördern.

Gleichzeitig stand das bereits seit langem geplante EDV-Projekt – die Einführung eines zentralen SAP-Systems basierend auf einem konzernweit gültigen „Template" an. Im Template sind bereits die wichtigsten und weltweit gültigen Prozesse abgebildet, so dass im Idealfall nur die lokalen gesetzlichen Vorschriften im SAP-Projekt erfüllt werden müssen.

Vorausgegangen waren diesem schwedischen SAP-Projekt mehr als 24 Monate Projektarbeit um das Template zu entwickeln. Die erste Implementierung auf dieser Basis erfolgte in einem deutschen Werk, wo die Kinderkrankheiten erkannt und behoben werden sollten.

Entgegen besseren Wissens der Projektleitung wurde auf ein Re-engineering der Prozesse im Unternehmen verzichtet. Durch die intensive Mitarbeit vieler Prozessexperten waren alle der Annahme, dass das SAP-Template die optimalen Prozesse im Unternehmen abbilden wird.

2. Herausforderungen im FIT-Projekt

Die Erfolgsaussichten für das Vorhaben in der Produktionseinheit wurden von der österreichischen Geschäftsführung aus folgenden Gründen als sehr kritisch eingestuft.

- Die Mitarbeiter hatten in letzter Zeit mit Imageverlusten zu kämpfen, da die Einheit noch vor wenigen Jahren unter dem Voreigentümer die Zentrale der Organisation gebildet hatte. Dieser Status fiel weg seit dem die Einheit von der österreichischen Zentrale übernommen worden war. Innerhalb des neuen Konzerns wurde die Einheit erst nach mehreren Monaten an die heutige Divisionsstruktur eingegliedert. Dies wiederum trug dazu bei, dass der Prozess der Neufindung der Identität zu diesem Zeitpunkt noch sehr gering ausgeprägt war. Die „Trauerarbeit" war noch lange nicht abgeschlossen.

- Die bisherigen Kontakte zwischen dem Management der Zentrale und der Einheit verliefen oft konfliktreich. Die Zentrale hatte den Eindruck, dass Ideen nicht aufgenommen und stets als undurchführbar abqualifiziert würden. Das Management der Einheit verstand sich als Beschützer und versuchte die „Angriffe" der Zentrale abzuwehren bzw. zu entschärfen. Beide Seiten bauten dadurch vermehrte Klischees über die Unternehmens- und Führungskultur des anderen auf. So wurden Befürchtungen laut, dass die scheinbar unterschiedlichen Werthaltungen hinsichtlich Führung, Entscheidungsfindung, Arbeitsklima etc. nicht miteinander vereinbar wären.

- Das Vorhaben innerhalb des Projekts „FIT" den SAP Roll-out vorzunehmen, hatte für die Einheit weitreichende Auswirkungen auf die IT-Systeme, die Prozesse, die Organisation, die Kommunikationsstrukturen und die Zusammenarbeit. Veränderungen an einer Stelle machten somit Anpassungen an anderen Stellen notwendig. Diese vernetzten Abhängigkeiten erhöhten die Gesamtkomplexität des Projekts.

- Die Veränderungsbereitschaft seitens der Mitarbeiterschaft war nur gering ausgeprägt. Da die jeweiligen Eigentümer in der Geschichte des Unternehmens kaum größere Veränderungen durchgeführt hatten, gab es wenig Erfahrungen wie mit solchen Prozessen umzugehen ist. Ein Teil der Mitarbeiter sah die Notwendigkeit eines Turnaround nicht, andere versprachen sich vom Projekt die Lösung aller Probleme, andere wiederum trauten sich den Wandel nicht zu.

Aufgrund der oben angeführten Faktoren entschied sich die zentrale Geschäftsführung und Projektleitung für eine Begleitung im Bereich des Change Managements. Im Zuge des Auftraggesprächs mit den Beratern wurden hierzu folgende Ziele festgelegt, die mit Hilfe der Aktivitäten im Change Management unterstützt werden sollten:

- Die eingeleiteten Veränderungsprozesse sollten von den Mitarbeitern nachhaltig akzeptiert werden.
- Die Kooperation zwischen dem lokalem und divisionalem Management sollte auf eine konstruktive Basis gestellt werden.
- Die Implementierung des SAP-Systems sollte rasch und reibungslos verlaufen.

Aufgrund der oben geschilderten Herausforderungen im Projekt schlugen die Berater Change-Management-Aktivitäten in Form von Bausteinen vor, die an dieser Stelle erläutert werden.

3. Kulturanalyse

Im Vorfeld des Projekt Kick-off-Meetings wurde zunächst eine Kulturanalyse durchgeführt, deren Ergebnisse am Kick-off vorgestellt wurden. Ziel einer Kulturanalyse ist es, das „Eigenleben" der Organisation zu erkennen. Dieses Eigenleben kann man nicht direkt beobachten. Es spiegelt sich in den Äußerungen und der Kommunikation der Mitarbeiterinnen und Mitarbeiter einer Organisation wider. Da Kultur hier in einem weiteren Sinne verstanden wird, kann man auch von einer (Organisations-) Systemdiagnose sprechen. Bei der Kulturanalyse liegt das Augenmerk darauf zu erkennen,

- welche Instrumente (z. B. im Bereich des Managements, der Kunden, der Mitarbeiter, Produktion etc.) welche Wirkungen erzeugen,
- welche Strömungen in der Organisation in welcher Weise wirksam werden (z. B. setzen sich im Allgemeinen eher die produktionsorientierten oder eher die marktorientierten Entscheidungen durch,
- welche Werte und offene bzw. verdeckten Leitlinien für den Umgang miteinander und mit den Aufgaben gelten,

- wie einzelne Gruppen z. B. Geschäftsführung, Führungskräfte, und Mitarbeiter zusammenwirken,
- welche Veränderungen in jüngster aber auch in weiterer Vergangenheit wirken und was sie in Gang gesetzt haben,
- welche „geheime Botschaft" den Kunden gegenüber wie auch nach innen gegenüber den Mitarbeiterinnen und Mitarbeitern transportiert wird und
- wie Organisationsveränderungen erfolgreich zu gestalten sind.

Hierbei ist immer zu unterscheiden zwischen den individuellen Werten der Mitarbeiterinnen und Mitarbeiter und den Werten, die im Wesentlichen dem Unternehmenshandeln zuzuschreiben sind, also den Werten der Organisation.

Kern der Systemdiagnose bildeten Gruppeninterviews und ergänzende Unterlagen. Diese wurden nach der konstruktiv-hermeneutischen Methode (vgl. Das qualitative Interview zur Analyse sozialer Systeme von Ulrike Froschauer, Manfred Lueger 1992) qualitativ ausgewertet.

Das Ergebnis der Kulturanalyse beleuchtete folgende zentrale Dimensionen, indem hierzu jeweils Zitate und abgeleitete Thesen der Berater angeführt wurden.

- Vision: Die Sicht auf wirksame visionäre Zukunftsbilder wurde durch den akut notwendig gewordenen Turnaround verstellt.
- Veränderungsbereitschaft: Die geringen Lernerfahrungen aus Veränderungsprozessen bisher und unrealistische Ansprüche an das Projekt – viele sahen im Projekt die Lösung für alles, während andere meinten: „das brauchen wir gar nicht" – beeinträchtigten die Veränderungsbereitschaft beim größten Teil der Mitarbeiter.
- Die Erwartungen der Mitarbeiter an die Projektleitung und das Change Management waren größtenteils überzogen und begünstigten die Tendenz, viele andere Themen in das Projekt „hineinzustopfen", die nicht mehr zum Kern der Aktivitäten gehörten.
- Die Beziehung zur Zentrale wurde von der Einheit als angespannt beschrieben ähnlich wie das Kaninchen, das vor der Schlange steht und sich vor Angst nicht bewegen kann.
- Der Führungsstil des Managements in der Einheit, der davon gekennzeichnet war, Freiräume zu lassen, stieß bei den Mitarbeitern auf Unverständnis, da diese mehr Involvierung und aktive Steuerung erwünschten.
- Trotz einer begonnenen Umorientierung in Richtung Kunde war die Produktorientierung noch überproportional ausgeprägt.
- Individuelle Optimierungsbestrebungen verhinderten eine effektive Teamarbeit in wichtigen Kernbereichen der Organisation.

- Weiteres stellte die Studie neben den wahrgenommenen Erfolgsfaktoren für das Projekt die Erwartungen an das Projekt seitens der Mitarbeiter und deren Bild von der eigenen Organisation dar.

Zum Abschluss der Diagnose stand ein Maßnahmenkatalog in Form von Erstvorschlägen hinsichtlich der zu setzenden Aktivitäten im Change Management. Die Interviewergebnisse wurden im Kick-off-Meeting den Projektmitgliedern und später den Mitarbeitern in Form einer Großgruppenveranstaltung (hierzu wird die „Resonanzgruppe" weiter unten im Detail beschrieben) zurückgespiegelt und dienten als Basis für die weiteren Begleitmaßnahmen im Change-Prozess.

Bewertung

Die Kulturanalyse wurde von Konzernseite, vom lokalen Management und von den Interviewten durchweg als sehr positiv eingestuft. Sie gab den lokalen Mitarbeitern eine anonyme Plattform in der sie ihre Bedenken und ihre Meinung zu den Entwicklungen der vergangenen Jahre und den zu erwartenden Veränderungen äußern konnten. Das Konzernmanagement hat durch die Ergebnisse erkannt, dass nicht nur Veränderungen der wirtschaftlichen Rahmenbedingungen notwendig sind, sondern auch, dass die Eigensicht der schwedischen Fabrik mit der Konzernsicht weit auseinander klafft. Aus Sicht der schwedischen Mitarbeiter war das eine Gelegenheit „Meinungen von sich geben zu können, die nicht auf Fakten basieren müssen, sondern aus dem Bauch heraus kommen". Besonders, da das österreichische Management als „kaltherzige Zahlenprofis" gesehen wurde, dem die „sozialverträglichen Schweden" sich gegenüber sahen.

4. Der projektspezifische Lösungsansatz

Der Erstvorschlag aufgrund der Analyseergebnisse für die Change-Management-Aktivitäten sind in der Abbildung 1 überblicksmäßig dargestellt. Jene Elemente die effektiv durchgeführt wurden sind mit einem Haken und jene Elemente, die zwar angedacht, aber schließlich nicht durchgeführt wurden sind mit einem X gekennzeichnet.

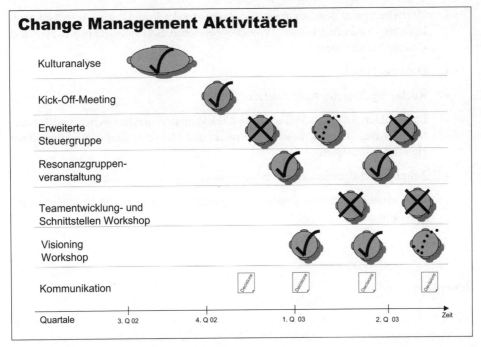

Abbildung 1: Change-Management-Aktivitäten

4.1 Kick-off-Meeting

Der erste Teil der Change-Management-Aktivitäten – abgesehen von der Wirkung, die die Interviews in der Organisation bereits hatten – stellte die Planung und moderative Begleitung des Kick-off-Meetings dar. Teilnehmer dieser Veranstaltung bildeten die SAP-Keyuser, Vertreter des Managements und die Projektleitung seitens der Zentrale und des Werks. Darüber hinaus nahmen die externen Berater seitens SAP teil. Moderiert wurde der Workshop von den Change-Management-Beratern. Wir erwähnen diesen Punkt an dieser Stelle, weil das Design des 1,5-tägigen Workshops neben dem klassischen Projektmanagement einige Impulse zur Verbesserung der Gruppenkohäsion und zur Identifikation der Teilnehmer mit dem Projektvorhaben vorsah. Folgende Agendapunkte standen auf dem Programm:

- Einführung,
- Persönliche Erwartungen, Position und Einstellung zum Projekt,
- Intensive Kennenlernrunde,
- Strategische Ziele und Hintergründe des Projekts,

- Herstellen eines gemeinsamen Verständnisses der Projektziele, Aufgaben, Rollen und Ergebnisse in den Projektteilbereichen SAP, Geschäftsprozesse und Change Management,
- Outdoorübung,
- Rückspiegelung der Kulturanalyse,
- Stakeholder-Analyse: Auflistung der relevanten Projektumwelten und Bewertung der Beziehungen dieser zum Projekt und Identifizierung der notwendigen Handlungsstrategien,
- Zeitplan und Feinplanung der ersten Phase,
- Festlegung der Team-, Verantwortungs- und Kommunikationsstruktur im Projektteam.

Bewertung

Die Notwendigkeit eines professionellen Projektstarts stand außer Frage. Wie üblich war die Skepsis gegenüber gruppenbildenden Übungen und nicht „sachlichen" Fragen sehr groß. Dennoch wurde die Kick-off-Veranstaltung von den Teilnehmern als sehr positiv und gelungen „inszeniert" bezeichnet. Die wichtigsten Ergebnisse wirken bis heute nach: ein Veränderungsbewusstsein und die Erkenntnis, dass die Aufgabe eine gewaltige ist. Letzteres hat auch die Projektarbeit „empirisch" bestätigt. Aus Sicht des Projektleiters hat sich der Mix aus Aufwärmübungen zur Gruppenbildung, Feststellen der Erwartungshaltung und Einschwören auf ein Projektziel so bewährt, dass diese Art des Projektstarts seither Standard innerhalb der Sparte ist und bereits zwei Mal erfolgreich wiederholt wurde.

4.2 Erweiterte Steuergruppe

Ein weiteres Change-Management-Element, das in der angedachten Form nicht zur Anwendung gelangt war, stellt die periodische Begleitung der erweiterten Steuergruppe dar.

Die *erweiterte* Steuergruppe sollte den Kern der Change-Management-Architektur und Schnittstelle zum SAP-Projekt bilden. Als Planungs- und Steuerungsgremium entscheidet sie die wesentlichen Umsetzungsmaßnahmen.

Die aufgrund der SAP-Einführung gebildete Steuergruppe setzte sich aus Vertretern des Managements und Mitarbeitern der Einheit, aus den Leitern der jeweiligen Teilprojekte, den Vertretern des SAP-Umsetzungsteams, Vertreter der Zentrale und den SAP-Beratern zusammen. Jede dritte bis vierte etwa zweistündige Sitzung der Steuergruppe sollte in einer etwa halbtägigen *erweiterten* Sitzung vom Change-Management-Berater begleitet werden.

Die um Entscheider, Know-how-Träger, informell Mächtige, und Betroffene erweiterte Steuergruppe dient der inhaltlichen und prozessualen Gestaltung, Reflexion und Koordination des gesamten Umsetzungsprozesses. Die bereichs- und hierarchieübergreifend gemischte Zusammensetzung ermöglicht eine differenzierte Sichtweise auf den Roll-out-Prozess.

SAP-Team:	4 Vertreter
Quick-Win-Projekt	1 Vertreter (Agent f. Refocus mit Business Know How)
Managementteam	3 Vertreter
Betroffene Mitarbeiter	3 Vertreter
Zentrale	1 Vertreter (alternierende Anwesenheit)
Change-Management-Berater	2 Vertreter (optional statt 2.Berater interner Begleiter)

Abhängigkeiten und Vernetzungen zwischen den Teilprojekten können in der Steuergruppe rasch und zeitnah identifiziert bzw. initiiert werden. Die erweiterte Steuergruppe sollte planmäßig periodisch etwa alle fünf bis sechs Wochen tagen. Sie überwacht und reflektiert die erzielten Wirkungen der einzelnen Teil-/Subprojekte bzw. Maßnahmen und nimmt allenfalls mit Korrekturen und Ergänzungen Einfluss auf den Gesamtprozess. Die Entscheidung über mögliche weitere Elemente/Subprojekte/Maßnahmen etc. wird von der Steuergruppe gefällt. Im Idealfall hat die Steuergruppe alle Kompetenzen eines Auftraggebers. Sie ist ein wichtiges Forum, indem durch Reflexion der eigenen Arbeit und der Zusammenarbeit im Steuerungsteam bereits kulturelle Veränderungen, latente Konflikte etc. thematisiert werden und bearbeitet werden können.

Bewertung

Aufgrund von Schwierigkeiten in der Terminkoordination, kurzfristigen Terminverschiebungen und eines geringen Bewusstseins über den Nutzen eines erweiterten Steuerungsgruppentreffens wurde dieses Konzept nicht bzw. nur einmal halbherzig – da ohne Change Management-Berater umgesetzt. Der einmalige Termin wurde in Eigenmoderation durch die Projektleitung abgehalten. Das Ergebnis war ein ca. siebenstündiger Workshop, in dem ausschließlich Detailprobleme im großen Auditorium besprochen wurden.

Dabei hatte das Projektteam Schwierigkeiten, die richtige Balance zwischen detaillierten Problembesprechungen und lenkenden Projektstatusmeetings zu finden. Resultat waren sehr oft Detaildiskussionen, die von Managern ohne Detailwissen geführt wurden. Aus Sicht des Change-Management-Beraters hat sich bei diesem Thema gezeigt, dass das Projektteam die positiven Erfahrungen des ersten Versuchs nicht alleine umsetzen konnte. Es fehlte ein Moderator, der aufgrund seiner Methodenkompetenz lenkend in die Diskussion eingreift und das Ziel des Steuerkreises vor Augen behält. Gerade in diesem Unternehmen gilt die Fähigkeit in einer Problemdiskussion auf detaillierter Ebene mithalten zu können als wesentliche Voraussetzung für „gutes Management" und daher kommen die Entscheider nicht zu ihrer eigentlichen Kernkompetenz – dem Entscheiden.

4.3 Resonanzgruppenveranstaltungen

Im Umsetzungsprozess ist es für die Projektsteuerung von großer Bedeutung so viel Feedback einzuholen wie möglich. Quellen von Feedback aus der Organisation können dabei sein:

- Schlüsselpersonen (Change Agents) aufgrund ihrer Gespräche mit Kollegen,
- Eindrücke der Berater über die Situation in Form von Gesprächen und Statusberichten,
- bilaterale Gespräche zwischen Steuergruppenmitgliedern und Mitarbeitern,
- Hotline und elektronische Stimmungsbarometer, etc.

Resonanzgruppenveranstaltungen dienen der direkten Kommunikation zwischen Betroffenen und den Steuerungsverantwortlichen und fördern somit ein gemeinsames Verständnis der Situation. Sie werden zu strategisch wichtigen Meilensteinen eingerichtet und dauern in der Regel zwischen einen halben und einen Tag. Neben Informationsaustausch zur Umsetzung selbst wird auf einer kollektiven Basis der Fortschritt der Umsetzung reflektiert. Somit werden Anregungen für Verbesserungs- bzw. Lösungsmaßnahmen zeitgerecht an die Steuerung vermittelt.

Resonanzgruppenveranstaltungen werden in Form von Großgruppenveranstaltungen organisiert und haben Event-Charakter. Sie sind besonders gut geeignet in kurzer Zeit eine große Anzahl von Mitarbeitern zu involvieren und zu bewegen. Aufgrund der Notwendigkeit einer genauen Planung (mit Hilfe einer Planungsgruppe kann der Wirkungsgrad um ein Vielfaches gesteigert werden), werden Veranstaltungen in periodischen Abständen durchgeführt. Die Funktion einer Großgruppenveranstaltung (GV) lässt sich wie folgt zusammenfassen:

- Resonanzen des Gesamtsystems einholen,
- Multiplikatoreneffekt der Teilnehmer nutzen,
- Beitrag zur Kulturveränderung leisten,

- viele Menschen gleichzeitig erreichen,
- Akzeptanz hinsichtlich des Veränderungsprozesses erhöhen,
- Durchbrechen der üblichen Informations- und Kommunikationsmuster – dadurch Impulse zur Weiterentwicklung setzen,
- Gemeinschaftserlebnis ermöglichen,
- Mobilisierung und Energiezufuhr für den Prozess.

Die Teilnehmer – zwischen 30 und 200 Personen oder auch mehr – setzen sich aus Vertretern aller Bereiche quer durch alle Hierarchien zusammen.

Die moderierten Resonanzgruppenveranstaltungen setzten auf dem bereits etablierten Freitagsmorgenrunden auf, die etwa alle zwei Monate zwecks Information der Angestellten durchgeführt wurden. Im Rahmen der Resonanzgruppe wurde der Teilnehmerkreis auf die Arbeiter erweitert. Die Veranstaltungen dauerten jeweils etwa drei Stunden. Informationen wurden nicht nur von der Unternehmens- und Projektleitung, sondern auch von involvierten Projektmitarbeitern gegeben. Die Inputs wurden reflektiert und diskutiert. Empfehlungen für das Projekt und Feedback über die Veranstaltung bildeten jeweils den Abschluss.

Bewertung

Im Rückblick erhielt diese Maßnahme die besten „Noten", sowohl von den Projektteilnehmern als auch von den späteren „Usern" und nicht aktiv am Projekt Beteiligten. Wesentliche Projektinhalte und Ziele wurden in diesem Forum auf einfache Weise und durch schwedische Mitarbeiter an alle kommuniziert. Gleichzeitig gaben diese Workshops den Anwesenden die Möglichkeit, ihre Bedenken und Fragen in einem großen Forum zu stellen.

Diese Workshops waren während der gesamten Projektlaufzeit und auch in der sehr intensiven Nacharbeitszeit notwendig, um Information aus dem Kernteam heraus an alle zu vermitteln.

Das lokale Management hat durch den Erfolg dieser Veranstaltungen die „Freitagsmorgenrunde" im Wochenrhythmus angesetzt und seither um eine Frage- und Antwortrunde ergänzt.

4.4 Teamentwicklung und Schnittstellenworkshop

Im Zuge der Diagnose wurde transparent, welche Gruppen und Schnittstellen besonderen Spannungen ausgesetzt waren. Aus diesem Grunde sah die geplante Change-

Management-Architektur eine Bearbeitung der Relationen zwischen Teams vor, deren Schnittstellen geklärt und Zusammenarbeit gefördert werden sollten.

Dazu sollten Teams, wie etwa Marktsupport, Produktion und Vertrieb, die im Arbeitsprozess eng miteinander verwoben sind oder wichtige Schnittstellen zu anderen Gruppen bilden, in etwa zweitägige Workshops zusammengefasst werden und strukturelle, prozessuale und kommunikative Themen bearbeiten. Dafür sollten Räumlichkeiten bereitgestellt werden, die sich außerhalb des Hauses befinden und gegebenenfalls auch Outdoor-Übungen zulassen. Ziel eines Teamentwicklungs- bzw. eines Schnittstellenworkshops ist es, die Arbeitsfähigkeit möglichst rasch herzustellen. Folgende Fragen werden dabei behandelt: Welche Erwartungen haben wir aneinander und an die relevanten Schnittstellen? Welches Verständnis der umgesetzten Struktur haben wir? Wie wollen wir die neuen Aufgaben und Abläufe untereinander aufteilen bzw. koordinieren? Wie können wir Konflikte rasch ansprechen und konstruktiv lösen? Wie können wir als Team mehr Zusammenhalt und Vertrauen erreichen?

Bewertung

Während der Projektlaufzeit hat das Team die Notwendigkeit dieser Workshops nicht erkannt oder aus Kapazitäts- und Budgetgründen nicht erkennen wollen. Fazit: Mehr Kommunikation zwischen den Projektteams hätte der Qualität des Projektes sehr gut getan, da die größten Produktivprobleme an den Schnittstellen zwischen den Teams entstanden. Aus Erfahrung des Projektleiters sind diese Diskussionen in homogenen Projektteams wesentlich einfacher zu führen, als in Teams bestehend aus mehreren Dienstleistern und Auftraggebern. In diesem Fall ging eine Diskussion sehr oft in die Richtung „mein Garten – dein Garten" und es wurden Konkurrenzängste im Projekt gepflegt.

4.5 Visionsworkshops

Da die strategische Ausrichtung für die meisten Mitarbeiter nicht bekannt waren und auch das Management kein klares Bild von der Zukunft ihrer Einheit hatte, wurden am Kick-off Visioning-Workshops vereinbart, in denen ausgehend von den Werten und Grundüberzeugungen des Managements, die Vision und Strategie behandelt und aus denen die strategischen Maßnahmen abgeleitet werden sollten. Da sich das Managementteam aufgrund von personellen Veränderungen erst neu formieren musste, hatten die Visionsworkshops unter anderem auch das Ziel die Führungsgruppe als Team zu stärken und auf eine gemeinsame Vorgehensweise auszurichten. In der ersten Sitzung nahmen das Management und, da der neue lokale Geschäftsführer seine Arbeit noch nicht aufgenommen hatte, interimsmäßig der Divisionsverantwortliche der Zentrale teil. Hier wurde die Divisionsstrategie vorgestellt und reflektiert, Szenarien entwickelt, persönliche Bilder der Zukunft gegenübergestellt und die Führungswerte erarbeitet und diskutiert. Das zweite Meeting beschäftigte sich damit den neuen Geschäftsführer in die Mannschaft zu integrieren, eine SWOT-Analyse zu erarbeiten und die Kernkompetenzen zu identifizieren, die erste Vision zu beschreiben und jene Daten zu identifizieren, die noch zu klären sind, bevor im nächsten Workshop die Strategie für das Werk und die ersten Umsetzungsmaßnahmen im Sinne der Balanced-Scorecard-Dimensionen festgelegt werden.

Bewertung

Der neu nominierte, lokale Geschäftsführer, der erst beim 2. Termin teilnehmen konnte beurteilte die 2. Visionssitzung ambivalent: einerseits wurde das Ziel des Workshops aus seiner Sicht (Definition einer lokalen Unternehmensstrategie) nicht schnell genug erreicht, andererseits erkannte er, dass wesentliche Rahmenbedingungen der Firmenstrategie nicht bekannt und daher auch nicht verinnerlicht waren. Der Zeitpunkt und die Einbettung in die Unternehmens-Vision und -Strategie sind für einen solchen Workshop notwendige Voraussetzung, die aus seiner Sicht noch nicht gegeben war. Da der Change-Management-Berater an der 3. Sitzung zum vorgegebenen Termin nicht teilnehmen konnte, entschloss sich der neue Geschäftsführer dazu, den dritten Strategieworkshop selbst zu leiten. In diesem Workshop hat er die Konzernstrategie auf die lokale Strategie heruntergebrochen. Naturgemäß war er mit diesem konkreteren Ergebnis wesentlich zufriedener.

4.6 Kommunikation

Kommunikation stellte das letzte Element der Change-Management-Aktivitäten dar. Hier sollten je nach Zielgruppe wie zum Beispiel Projektmitarbeiter, zukünftige SAP-Anwender, Produktionsmitarbeiter ohne SAP-Kontakt projekt-, unternehmens- und konzernspezifische Informationen und Ereignisse leicht verständlich und zeitnahe kommuniziert werden. Einerseits sollten die bereits bestehenden bzw. eingerichteten Foren, Gremien, Veranstaltungen und Workshops genutzt werden, darüber hinaus aber auch über weitere Medien wie etwa Infoblatt, hauseigene Mitarbeiterzeitschrift und Intranet in den Kommunikationsplan aufgenommen werden.

Neben Veröffentlichungen von Projektergebnissen und Mitarbeiterstimmen auf den unternehmensinternen Anzeigetafeln, wurde das Intranet die wichtigste Kommunikationsplattform. Hier wurden folgende Inhalte dargestellt:

Infos über das FIT Projekt:

- Meilensteinplan mit automatisch angepasstem Countdown Zähler bis zum „Go-live"-Termin,
- Projektmitglieder mit Fotos,

- Projektfortschritt im Sinne von „was wurde bereits erreicht",
- Projektdokumentation,
- Benutzerdokumentation.

Die nach langen Jahren wieder aktivierte Mitarbeiterzeitung wurde neu aufgelegt. Das Layout wies Zeitschriftencharakter auf, die Themen wurden mitarbeiterorientiert ausgewählt und in einer leicht verständlichen Sprache verfasst. Exemplare erschienen immer dann, wenn es wichtige Informationen zu kommunizieren gab.

Bewertung

Die Summe der Projektkommunikation nach außen (in die Organisation) wurde vom Projektleiter als zufriedenstellend betrachtet. Die Intra-Projekt-Kommunikation hat unter der Struktur der Projektteilnehmer „gelitten": vier Beraterteams (SAP-extern, SAP-intern, CM, Berater Altsystem) müssen aus heutiger Sicht viel stärker zum Kommunizieren gezwungen werden und die Zeit- und Geldbudgets müssen das auch zulassen.

5. Zusammenarbeit Berater & Kundenteams (Zitate)

In der Zusammenarbeit zwischen den Berater- und den Kundenteams erkannten wir Faktoren, die sich im Laufe der Zeit als förderlich bzw. als hinderlich erwiesen.

Erfolgsfaktor gemeinsam verbrachte Zeit vor Ort: Anwesenheit versus virtuelles Projektteam

Gemeinsam erlebte Zeit förderte das Verständnis und die Zusammenarbeit beträchtlich. So übernachteten etwa die SAP-Berater aufgrund ihrer monatelangen Aufenthalte in Schweden vorwiegend in einer unternehmenseigenen Hütte im etwa 20 km entfernten Wald, in der auch immer wieder die Projektmitarbeiter der Zentrale untergebracht waren. Da die Change-Management-Berater nur punktuell anwesend waren, ergaben sich hier kaum gemeinsame Zeiten. Zudem kam hinzu, dass das Staff der Changemanagement-Berater, bestehend aus zwei Personen vor Ort, aus Kostengründen in der Mitte des Projekts auf einen Berater reduziert wurde. Ein adäquater Ersatz, der durch das Werk oder die Zentrale gestellt werden sollte, wurde nicht gefunden. Dadurch verlor das Change-Management-Beraterteam weiter an Gewicht. Eine Gegenüberstellung der Tage vor Ort, an denen von den Beratern Workshops durchgeführt wurden, machte deutlich, dass das SAP-Projekt etwa 20 bis 30 mal so viele Ressourcen benötigte wie die Change-Management-Aktiviäten.

5.1 Voneinander lernen (Normen, Sprache)

Sehr bewährt haben sich einige wenige Stehsätze, die als Projekt-Prinzipien Gültigkeit hatten, und in komplexen Diskussionen den Fokus zu bewahren halfen:

- „Eine Rolle ist eine Charge und eine Charge ist eine Rolle"
  heißt so viel wie: man verkauft in der Papierindustrie nicht 20.000 m² an seinen Kunden, sondern so viele m² wie beispielsweise auf acht Rollen drauf sind, und das können auch 21.308 m² sein.

Solche Stehsätze wurden von den lokalen Know-how-Trägern immer wieder verwendet, um auf die Besonderheiten der Papierindustrie hinzuweisen. Durch die häufige Wiederholung gingen sie in den Sprachgebrauch aller Projektteilnehmer über.

- „Stammdaten sind lokale Daten"
  Der einzelne Keyuser musste sehr schnell lernen, Verantwortung für die Qualität „seiner" Daten zu übernehmen, auch wenn ein zentrales System verwendet wird. In diesem Fall hat die lokale Organisation von der Projektorganisation lernen müssen, dass ein integriertes System wie SAP nur dann funktioniert, wenn jeder seinen Teil mit größter Genauigkeit und Schnelligkeit erfüllt.

Sowie der legendäre Satz (auf Englisch, um die Authentizität zu wahren)

- „The sqm of a reel do not change – even if you pee on it ..."
  Als Erklärung der Tatsache, dass sich das Gewicht einer Rolle mit der Zeit ändern kann, die Fläche aber gleich bleibt. Dieser Sachverhalt wurde einem Berater erst durch dieses sehr plastische Bild klar.
  Wie in jedem Projekt entstanden auch in diesem durch die intensive Zusammenarbeit und Anspannung im Team auch Aggressionen, die durch solche Aussagen, über die alle gemeinsam lachen können, in positive Energie umgewandelt werden konnten

5.2 Rollen

Aus Sicht des Projektleiters war das Projekt ein Mikrokosmos, bevölkert von:

- *Ameisen* – Das sind die Anwender des neuen SAP-Systems, die ohne ihre Königin viel herumlaufen und Lasten schleppen, aber kein Ziel vor Augen haben,
- *SAP-Berater-Eseln* – störrischen und arbeitsamen Helfern, die mit Zuckerbrot und Peitsche gesteuert werden müssen. Nach einiger Zeit wurde es klar, dass jedes der Eselbeine seinen eigenen Willen hat und nur schwer auf einen gemeinsamen Kurs zu bringen ist,

- einer *Projektleiter-Giraffe*, die versucht, von oben den Überblick zu behalten. Leider ist sie kurzsichtig und sieht daher die Ameisen nur, wenn sie den Kopf beugt. Zusätzlich steckt sie mit ihrem Kopf auch oft beim Essen in den Bäumen,
- einer *Change-Management-Eule*, die nur manchmal unter tags einfliegt, um allen Tieren ihren Rat zu geben. Sie sieht dabei sehr scharf, spricht aber mit ihrem Eulen-Huhuuu nicht die gleiche Sprache wie die Esel.

Welche Konsequenzen ergeben sich hieraus für die Projektleitung in Hinblick auf das Change Management für weitere Projekte?

- Gleiches Verständnis aller im Projekt tätigen Personen (Kunde, Berater) über die Aktivitäten des anderen herstellen und regelmäßige gemeinsame Reflexion darüber im Prozessverlauf,
- gegenseitige Erwartungen, Feedback, Wünsche und Anforderungen regelmäßig austauschen und vereinbaren,
- abgestimmte Terminkoordination sicherstellen; Etablieren einer parallelen fixen mittelfristigen und flexibler kurzfristigen Planung.

6. Zielerreichung des FIT-Projekts (Zusammenfassung)

Das FIT-Projekt wurde mit einer Nacharbeitphase von acht Monaten vor kurzem abgeschlossen. Zwei wesentliche Treiber sind aus Sicht des Projektleiters für den dadurch entstandenen Mehraufwand verantwortlich: zum einen die technisch komplexe Schnittstelle zwischen einem bestehenden Logistik-System und SAP, zum anderen die zögerliche Bereitschaft der lokalen Mannschaft das Projekt als eigenes Ziel zu akzeptieren und zu tragen.

Change Management hätte in dem zweiten Punkt noch stärker wirken müssen. Dennoch ist es durch die gesetzten Maßnahmen gelungen, die Veränderungsprozesse zu starten. Die Akzeptanz begann bei stark eingebundenen lokalen Keyuser leider erst in der heißen Phase der Go-live-Vorbereitung. Diese Identifikation mit den Projektzielen und Verinnerlichung („mein SAP-System") hätten wir durch Rollentausch, Training und andere Change-Management-Maßnahmen viel früher erreichen können.

Die Kulturanalyse im Vorfeld des Projekts hat stark zur Verständigung über die Ländergrenzen hinweg beigetragen. Sie war auch ein wesentlicher Grund für ein verstärktes Engagement des Konzernmanagements vor Ort in Schweden. Lokale und Konzernprobleme wurden von beiden Seiten erkannt, verstanden und auch respektiert.

Fazit: Hat Change Management eine schnelle und reibungslose SAP-Implementierung ermöglicht? Leider nein, aber es hat geholfen, die nicht-technischen Stolpersteine zu erkennen und konnte einige davon auch beseitigen. Ein Verständnis darüber, was Change Management bewirken kann, wurde punktuell erreicht, jedoch nicht ausreichend in einem weiteren Kreis in der Organisation. Dementsprechend konnte Change Management Wichtiges zum Gelingen des Projekts beitragen, die Potenziale wurden aber bei weitem nicht voll genutzt.

Axel Sacher

SAP-Einführung in der Baumarktbranche – ohne Change Management nicht möglich!

1. Einleitung 250
   - 1.1 Praxisbericht ohne konkretes Unternehmen? 250
   - 1.2 Change Management – Der Versuch einer Definition 251
   - 1.3 Die Branche/die Projektkunden 252
2. Change Management in der Projektstruktur 252
   - 2.1 Durchführende Personengruppen 252
   - 2.2 Projektvorgehen mit Berücksichtigung des inneren CMs 255
   - 2.3 Das CM-Team in der Projektorganisation – Aufbau und Ausstattung 256
   - 2.4 Change Management in der Projektorganisation – Tipps und Tricks 257
   - 2.5 Erweitertes Kernteam 257
3. Change-Management-Maßnahmen im Projektverlauf 258
   - 3.1 Identifizierte Zielgruppen 259
   - 3.2 Maßnahmen bzw. Instrumente 260
   - 3.3 Zeitpunkt und Botschaft 264
   - 3.4 Maßnahmen-Mix/Change-Strategie 265
4. Weitere Anregungen und Fazit 267

1. Einleitung

1.1 Praxisbericht ohne konkretes Unternehmen?

Gern würde ich über nur ein Unternehmen mit einer abgeschlossenen SAP-Einführung an dieser Stelle berichten. Um aber auch Verbesserungsvorschläge und aktuelle Erfahrungen mit einzubringen, gibt dieser Beitrag die Erkenntnisse von 3 SAP-Einführungen wieder. Es handelt sich bei den Unternehmen um Baumarkt/Baustoffunternehmen, die 2004 in Deutschland unter den Top 10 zu finden sind.

Bei den Kunden stand die warenwirtschaftliche Einführung im Vordergrund. Dies umfasste sowohl die zentralen, als auch die dezentralen (Filial-) Abläufe. Ziel war es hier die zentralen und dezentralen Systeme durch mySAP-Retail inklusive Business Information Warehouse abzulösen. Die Anzahl der Endanwender lag zwischen 1400 und 8000, wobei das letztere Projekt aktuell noch nicht abgeschlossen ist. Die Projektlaufzeit betrug jeweils für die Vorstudie ca. sechs Monate und die eigentliche Implementierungsprojektlaufzeit lag zwischen 12 und 16 Monaten.

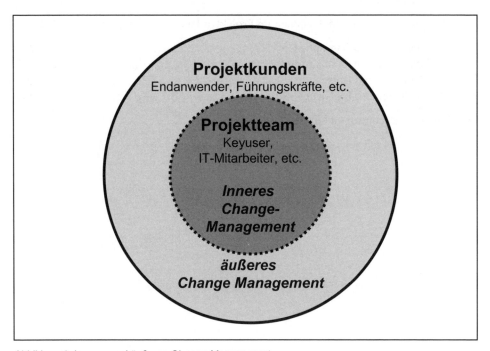

Abbildung 1: Inneres und äußeres Change Management

Strukturell wurden die beschriebenen Kundenprojekte zentral durchgeführt – die betroffenen Mitarbeiter-Zielgruppen sind aber auf viele Standorte verteilt (zwischen 70 und 220). Die Projektsprache war in jedem Fall deutsch, wobei bei einem Kunden die Übersetzung in 7 Sprachen erforderlich war. Die Projektteams hatten eine Größe von 70 bis 150 Kernteammitarbeitern, wobei die Tester nicht mitgerechnet wurden.

Im Folgenden möchte ich bei den hier dargestellten Change-Maßnahmen eine Unterscheidung zwischen dem Projektteam und den Endusern (und weiteren Stakeholdern) vornehmen. Aus Projektsicht können die Maßnahmen, je nach Wirkungsbereich/-Zielgruppen, in innere (innerhalb des Projektteams) und äußere (außerhalb des Projektteams) unterschieden werden.

Generell ist noch anzumerken, dass dieser Bericht das Endanwendertraining nur streift. Dies ist bewusst so gewählt, da dieses schon allein einen Artikel dieser Größe füllen würde.

1.2 Change Management – Der Versuch einer Definition

In der Literatur und im Internet gibt es viele Definitionen, was alles unter Change Management gesehen bzw. unter dem Begriff verstanden wird.

In den nachfolgenden Seiten wird das Change Management als „Managen des Veränderungsprozesses" erläutert. Bei der Software- und Prozesseinführung eines SAP-Projektes hat das Change Management die Aufgabe, die reibungslose Umsetzung der Konzepte/Prozesse zu gewährleisten. Dies bedeutet z. B. jegliche Widerstände, Hindernisse, die durch Mitarbeiter oder die Organisation/das System entstehen, zu entschärfen bzw. beiseite zu räumen.

Zum Managen gehört hierbei die Definition der Maßnahmen, die Planung des Einsatzes, die Begleitung der Umsetzung und die Überprüfung der Planung mit dem Ergebnis.

Die Bestimmung eines Anwendungsgrades („wie intensiv muss Change Management im Rahmen des Projektes betrieben werden?") ist zu Projektbeginn nach meiner Erfahrung nicht möglich. In den meisten Projekten entstehen erst während der Projektarbeit die Erkenntnisse, in welchem Umfang welche Maßnahmen wann eingesetzt werden müssen. Diese Erkenntnis gilt für viele Vorkommnisse in Projekten. Zu Beginn kann man die Situation eher gleich setzen mit dem Anzünden eines Teelichts am Beginn eines Tunnels. Erst im Laufe des Projekts erhellt sich allmählich das ganze Ausmaß. Gerade bei Einbezug aller Unternehmensbereiche hat in den von mir betreuten hier beschriebenen Unternehmen kaum jemand von Anfang an zugegeben, wo genau welche Probleme in seinem Verantwortungsbereich liegen.

1.3 Die Branche/die Projektkunden

Change Management ist nicht sinnvoll anwendbar, ohne sich die Branche und die Unternehmensstruktur zu verinnerlichen. Die Sortimentsstruktur im Baumarkt ist so gemischt, dass einige Artikel ganz ohne Beratung verkauft werden können; andere hingegen nur mit intensiver fachlicher Beratung – bis zur Handwerkervermittlung. Ein hoher Beratungsanteil ist jedoch kostenintensiv – und somit ist hier bei der Kundenschnittstelle im Baumarkt wie auch beim Sortiment eine Mischform der Qualifikation der Mitarbeiter erforderlich. Eine kaufmännische Ausbildung ist häufig nur im Marktmanagement oder im Marktbüro anzutreffen.

Die Prozesse, insbesondere auch mit SAP-Unterstützung, sind hingegen so optimiert, dass jede am Prozess beteiligte Stelle ihre Aufgabe vollständig und einwandfrei ausführen sollte. Dies bedeutet, dass auch der Mitarbeiter im Markt z. B. am Wareneingang trotz möglicher geringerer Qualifikation seine Rolle und seine Wichtigkeit im Gesamtkontext verstehen muss. Erst dann können aus Unternehmenssicht die Benefits voll ausgeschöpft werden.

Eine Einsparung z. B. bei der Qualifizierung der Mitarbeiter hinsichtlich Prozess- oder Systemkenntnisse hat sich nach meiner Erfahrung als Bumerang erwiesen. Die Mehrkosten zur Beseitigung der fehlerhaften Prozessobjekte kann ein Unternehmen in eine sehr schwierige Lage bringen. Beispielsweise können bei nicht oder fehlerhaft verbuchten Wareneingängen in den Filialen die Lieferantenrechnungen nicht einwandfrei geprüft werden. Folglich verzögert sich auch die Zahlung – was dann wieder Auswirkungen auf das Verhältnis zum Lieferanten hat.

Im Nachfolgenden wird die Einbindung des Change Managements in die Projektstruktur und die hierfür erforderlichen Rollen dargestellt.

2. Change Management in der Projektstruktur

2.1 Durchführende Personengruppen

Im Projekt sind alle beteiligten Personen mit dem aktiven Change Management beauftragt:

Projektsponsor und Lenkungsausschuss

Es beginnt beim Projektsponsor und dem Lenkungsausschuss – der seine Entscheidung klar und eindeutig von Anfang an nach außen vertreten und kommunizieren muss. Vergleichbar ist dieser Anstoß der Veränderung mit dem Anstoß einer Dominosteinkette.

Erfahrungsgemäß hat das mittlere Management die höchsten Bedenken, da eine SAP-Einführung aus deren Sicht ein nicht kalkulierbares Risiko bedeutet – noch viel schlimmer – nur die Horrornachrichten z. B. von Lieferanten wurden gespeichert und diese werden gern verbreitet. Hier muss der Vorstand durch geschlossenes und überzeugtes Auftreten die Mitarbeiter motivieren und ihnen ihre Ängste nehmen. Im Falle von massiven Widerständen bei dieser Gruppe gilt es leider manchmal auch ein Exempel zu statuieren. In einem Projekt hatte ein Mitarbeiter aus dem mittleren Management durch Blockieren das Projekt soweit gefährdet, dass er entlassen werden musste.

Doch woher kommen diese Ängste? Viele Mitarbeiter haben sich über viele Jahre ihre Position z.B. durch Wissensherrschaft (Prozesswissen, IT-Systemwissen) erarbeitet. Jede Veränderung dieses Status bedeutet natürlich Gefahr für den Einzelnen – bis hin zur Existenzangst. Diese Ängste werden in der Regel nicht kommuniziert – sondern durch Widerstände entweder offen (Fernbleiben von Veranstaltungen) oder verdeckt (nicht Anwenden der neuen Prozesse oder des neuen Systems; keine Weitergabe von Informationen) ausgelebt. Im Folgenden werden einige Maßnahmen vorgestellt, um diese Ängste zu reduzieren.

In vielen Unternehmen funktioniert das mittlere Management als eine Art Filter sowohl von oben nach unten als auch entgegengesetzt. Dieser „Lehmschicht" gilt die besondere Aufmerksamkeit bei allen CM-Maßnahmen. Der Grad der Mitarbeit kann den Change-Aufwand exponentiell verändern, da jede Führungskraft viele weitere Mitarbeiter vertritt. Durch eine frühe und intensive Einbindung dieser Führungskräfte als Multiplikator werden aber auch die Change-Management-Aufwände im Rahmen des Projekts reduziert.

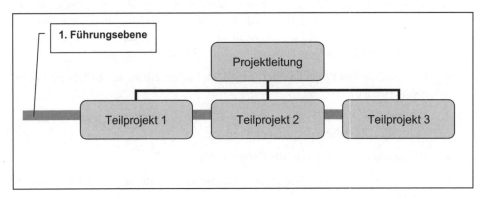

Abbildung 2: Einbindung des mittleren Managements in die Projektarbeit

Ein Beispiel zur Vermeidung dieses „Lehmschichtverhaltens" wurde bei einem Kunden realisiert. Hier wurden die relevanten Bereichsverantwortlichen direkt auch mit der Verantwortung für die Projektlösung betraut. Ihre Rolle wurde in der Projektorganisation als Integrations- und Entscheidungsgremium verankert. In regelmäßiger Abstimmung mit der Projektleitung (ca. vier Stunden pro Woche) konnten diese Mitarbeiter der 1. Führungsebene (z.B. Vertreter des Merchandisings, der Marktorganisation, der Logistik) intensiv in das Projekt einbezogen werden. Mauern zwischen den Bereichen konnten aufgrund der hohen notwendigen Integration in der SAP-Software gebrochen werden. Zusätzlich unterstützten diese Mitarbeiter die Teilprojektleiter mit schnellen Entscheidungen und hohem Interesse am Design ihres Bereichs in der Zukunft.

Projektteam

Das Projektteam selbst hat in jeglicher Außenkommunikation einen CM-Auftrag. Dies bedeutet, mit der Ernennung zum Projektmitglied darf der Projektmitarbeiter keine Negativ-Kommunikation – aber schon eine realistische Sicht – in die Organisation bzw. an die Kollegen vertreten.

Die Projektteamzusammensetzung spielt eine große Rolle aus Akzeptanzgründen im Unternehmen. In verschiedenen Projekten kam die Besetzung zum überwiegenden Teil aus der IT-Abteilung. All diese Projekte sind letztlich an der Akzeptanz bei den Endanwendern gescheitert bzw. haben nach dem Go-Live erhebliche Probleme verursacht. Denn schon zu Beginn wurde festgelegt, dass die Endanwender etwas von der zentralen IT vorgesetzt bekommen. Aus meiner Erfahrung ist das Projektteam im Idealfall gleichermaßen mit Vertretern der IT, des Fachbereichs und der Beratung besetzt.

Das Projektteam selbst durchläuft auch einen Change-Prozess (inneres CM). Dieser muss im Wesentlichen durch die Projektleitung und die Berater betreut werden. Warum das Projektteam? Die wenigsten Kundenmitarbeiter, sei es vom Fachbereich oder der IT, haben Erfahrung mit der Bearbeitung derartig komplexer Projekte. Und hier wird meist schon der erste Fehler gemacht: Es wird zu viel vorausgesetzt.

Ein Mitarbeiter aus dem Fachbereich hat meist seine Stärken in der Abwicklung oder im Fachlichen. In seiner täglichen Arbeit wird von ihm kaum verlangt, in ganzen Prozessketten zu denken. Ebenfalls wird er die Details der Prozesse in den Nachbarabteilungen nicht kennen. Mit Projektstart wird aber oft von dem Mitarbeiter erwartet:

- Beherrschen von Projektarbeit (zielgerichtet innerhalb kurzer Zeiträume Ergebnisse erstellen)
- Beherrschen aller Projektprozesse (z. B. Aktivitätenplanung und Fortschrittscontrolling, Handling der offenen Punkte)
- Beherrschen von diversen MS-Office-Tools
- Verstehen und Beherrschen einer Einführungsmethodik, ggf. sogar mit speziellen Tools
- Prozessdenken und Verstehen von Prozessdarstellungen aus Helikopterperspektive
- Genaue Kenntnis der Abteilungsabläufe und der Schnittstellen
- Schnelles Einfinden in eine neue Arbeitsumgebung, z. B. mit externen Beratern

- Verstehen und später Beherrschen der SAP-Software
- Softskills im Umgang mit Konflikten, z. B. auch mit Kollegen bei Workshops
- Präsentationssicherheit

Die Erfahrung zeigt, dass, alleine bis die Projektmitarbeiter voll einsatzfähig sind und die aufgezählten Disziplinen beherrschen, mindestens sechs Monate nötig sind. Der Beginn in einer der Projektarbeit kann 1:1 mit dem Beginn in einer neuen Abteilung verglichen werden, wobei sogar die Abteilungsprozesse noch nicht eingespielt sind.

Es muss eine Art Lernkurve entwickelt werden, wann in welchen Portionen was den Projektmitarbeitern vermittelt wird und wann diese Fähigkeiten abgerufen werden. Also kann weitergefasst festgestellt werden, dass gerade das Projektvorgehen Change-Elemente mit Bezug auf das Projektteam beinhalten muss.

2.2 Projektvorgehen mit Berücksichtigung des inneren CMs

Helfen kann hierbei ein Vorgehensmodell, welches schrittweise die Projektmitarbeiter an ihre Aufgabe heranführt. Eine Detailausbildung am SAP-System zu Projektbeginn führt z. B. eher zur Überforderung. Es reicht zunächst ein Überblick. Viel wichtiger ist es, das jeweilige Verständnis der eigenen Abteilung zu stärken – z. B. durch eine Rahmendefinition der zu bearbeitenden Abteilung (Ziele, regionale Verteilung, Prozessketten/Geschäftsvorfälle auf hohem Niveau, Kennzahlen des Bereichs etc.). Diese Heranführung dauert nicht lange (ca. 1-2 Wochen), hilft aber ein gemeinsames Verständnis vom Bereich zu bekommen. Durch eine Bestätigung der Definition durch den Fachbereichsverantwortlichen per Unterschrift wird auch hier von Beginn an die Verbindlichkeit der Aussagen manifestiert.

Im Folgeschritt müssen dann die Prozessketten im Detail beschrieben werden; möglicherweise erst einmal im IST (ist auch einfacher und schärft den Blick für die Prozesse); dann im SOLL (hierbei hilft der Berater, die SAP-Kenntnisse einzubringen).

Bevor es in die Detailausprägung geht, sollten die Mitabeiter per Prototyp an das System herangeführt werden. Hierbei lernen sie bei der Abbildung ausgewählter Prozessketten, wie die Software funktioniert. Bei diesem „schnellen Prototyping", welches auch z. B. unter dem Begriff „Customizing-Werkstatt" oder „Hothouse" bekannt ist, eignet sich als Change-Maßnahme am besten eine kurze Präsentation am Ende vor dem Auftraggeber oder sogar einem größeren Auditorium.

Bei der Detailausprägung bewährt es sich immer wieder, die Mitarbeiter über eine Meilensteinpräsentation dazu zu bringen, ihr Wissen zielgerichtet aufzubauen und auch wiederzugeben. Dadurch können die Mitarbeiter die Prozesse zunächst aus der Vogelperspektive betrachten. Nachdem sie sich den nötigen Überblick verschafft haben, gilt es, in den Details die Prozesse auszuprägen.

2.3 Das CM-Team in der Projektorganisation – Aufbau und Ausstattung

In der Projektorganisation empfiehlt es sich, für die Change-Management-Maßnahmen außerhalb des Projekts bei den Projektkunden, wie den Endusern, ein eigenes CM-Team aufzubauen. Dies sollte direkt der Projektleitung zugeordnet – gegenüber den Anwendungsteams aber als Serviceteam definiert sein. Seine Aufgabenstellung ist:

- Ermöglichen der reibungslosen Prozess- und Systemumstellung
- Konzeption und Durchführung eines Schulungs- und Rolloutkonzept
- Ggf. auch Betreuung des Projektteams in Bezug auf Ausbildung

Das Team sollte als Fausregel ungefähr eine Größe von 5-10 Prozent der gesamten Projektmannschaft (intern+extern) ausmachen und mit Rollen ausgestattet sein, wie:

- Kommunikationsspezialist
- Berater mit Projektmanagement- und Produktkenntnissen
- Web-Designer (z. B. für Intranetauftritt)
- Veranstaltungsorganisationsprofi
- Schulungs-/Rolloutspezialist
- Jemand mit hohem Networkinggrad im Unternehmen
- Administration z. B. für Change-Controlling

Bei der Aufwandschätzung sind neben den reinen Personalkosten im Change-Team auch zu berücksichtigen:

- Produktionskosten für z. B. Computerbased Trainings-Videos,
- Veranstaltungskosten,
- Werbematerial,
- Schulungslogistikkosten,
- Reisekosten (bei verteilten Standorten).

Zusätzlich sind auch die Aufwände für die Informationsbereitstellung bei den Anwendungsteams in der Budgetierung einzuplanen.

2.4 Change Management in der Projektorganisation – Tipps und Tricks

Vor fünf Jahren wurden noch viele Projekte mit Teamtrennung nach Applikationen aufgebaut. Der Projektleitung waren verschiedene Teilprojekte zugeordnet und diese Teilprojekte hatten entsprechend die Außenwirkung zu vertreten.

Heute werden schon beim Aufbau der Projektstruktur verschiedene Change-Aspekte berücksichtigt. Ein Punkt wurde schon bei der Einbindung der ersten und zweiten Führungsebene beschrieben. Ein weiterer Aspekt um der Veränderung Rechnung zu tragen sind z. B. Processowner, die immer wieder teamübergreifend die Integration überwachen und verantworten. Bestenfalls ist jeder Processowner für eine oder mehrere übergreifende Prozessketten verantwortlich. Den einzelnen, nach Funktionsbereichen gegliederten Teams (und meist ja auch aufgrund der Abteilungsstruktur so gelebt) wird hierdurch Schritt für Schritt der Prozessgedanke ohne Abteilungsbarrieren näher gebracht.

Ein weiterer Aspekt ist eine Mischung von innerem und äußerem CM: das erweiterte Kernteam. In der Literatur existiert häufig die Vorstellung von der Beteiligung aller Unternehmensmitarbeiter am Veränderungsprozess, z.B. durch große Veränderungsveranstaltungen. So etwas ist in SAP-Projekten meist nicht möglich. Einzelne Schritte zu einer möglichst hohen Beteiligung können jedoch gemacht werden. Neben dem Kernteam unterstützt hierbei ein erweitertes Kernteam das Anwendungsteam.

2.5 Erweitertes Kernteam

Das erweiterte Kernteam sollte möglichst repräsentativ durch Endanwender/Endkunden des jeweiligen Anwendungsteams besetzt sein. Es sind sowohl die geographischen, sprachlichen und Aufgabenaspekte zu berücksichtigen. Eine Besetzung z. B. durch das mittlere Management nützt an dieser Stelle wenig, da sie das notwendige detaillierte Feedback meist nicht geben können.

Die Mitglieder des erweiterten Kernteams haben folgenden Aufgaben:

- Regelmäßige Mitarbeit im Projekt und entsprechende Definition der Anforderungen aus ihrem Bereich
- Sehr frühes Testen des Systems, um dem Projektteam Feedback über die Nutzbarkeit der Lösung zu geben
- Teilnahme an Projektveranstaltungen wie Prototypenpräsentation

- Multiplikator der Projektbotschaft in die Herkunftsregion (kann noch unterstützt werden z. B. durch Nennung der Mitglieder in Unternehmenszeitung). Dies ermöglicht dann z. B. dem Mitarbeiter auf der gleichen Ebene aus dem Nachbarstandort die ungezwungene Kommunikation mit einem Mitarbeiter auf „gleicher Ebene"
- Kommunikationsbrücke zwischen dem „Feld" und dem Projekt
- Im Rahmen der Go-Live-Vorbereitung – Change Agent vor Ort
- Bei Go-Live – Superuser/First-Level-Mitarbeiter

Der Einsatz der Mitarbeiter beschränkt sich meist auf zwei bis drei Tage pro Monat im Projekt.

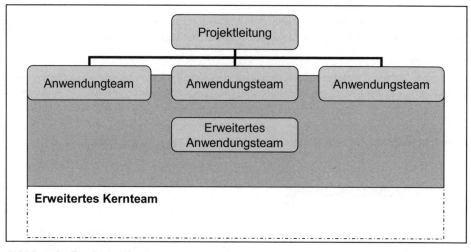

Abbildung 3 : Erweitertes Kernteam

3. Change-Management-Maßnahmen im Projektverlauf

Bei dem Einsatz der Change-Maßnahmen oder -Instrumente gilt es, sowohl den Zeitpunkt als auch die Botschaft zielgruppenspezifisch festzulegen.

Hierzu werden zunächst die folgenden Elemente beleuchtet:
- Zielgruppe
- Instrumente

- Zeitpunkt und Botschaft
- Zielgruppenanalyse

Zu Projektbeginn sind einige Zielgruppen wie z. B. Vorstand, Lieferanten, Mitarbeiter sehr einfach zu identifizieren. Jede dieser Gruppen splittet sich jedoch weiter in unterschiedliche Zielgruppen auf – wie z. B. Mitarbeiter der Abteilung Einkauf; Mitarbeiter im Markt. Diese Gruppen splitten sich noch weiter auf – wie z. B. im Markt in Mitarbeiter im Wareneingang, Mitarbeiter im Verkauf, Kassierer.

3.1 Identifizierte Zielgruppen

Jedes Mitglied einer der o. a. Mitarbeitergruppen muss unterschiedlich angesprochen werden – wobei die nächst höhere Ebene über den Inhalt der Informationen an ihre Mitarbeiter in Kenntnis gesetzt werden möchte.

Die Analyse der Struktur bringt meist nur die offiziell sichtbare Hierarchie zum Ausdruck. Wie im asiatischen gibt es auch im europäischen Unternehmen zusätzlich noch informelle Führer. Diese herauszufinden ist ebenfalls sehr wichtig – aber meist nur mit entsprechendem Aufwand möglich – teilweise in einigen Abteilungen sogar unmöglich.

Etwaige Ansätze, dies alles im Detail zu analysieren und zu beachten, sind in den hier dargestellten Projekten leider mangels Zeit und Aufwand nicht zum Tragen gekommen. Stattdessen fokussiert man sich meist auf die wichtigsten Zielgruppen. Dieser Erfahrung sollte im Rahmen eines möglichen Vorprojektes bereits Rechnung getragen werden. Bestenfalls wird bereits beim Start die Zielgruppenanalyse durchgeführt.

Zusätzlich zu den direkt betroffenen Mitarbeitern gibt es eine Reihe weiterer Zielgruppen, die ebenfalls in zeitlichen Abständen angesprochen werden müssen, wie z. B.:

- Aufsichtsrat
- Betriebsrat
- Lieferanten (falls ein schwieriger Umgang zu erwarten ist)
- Kunden (falls ein schwieriger Übergang zu erwarten ist)

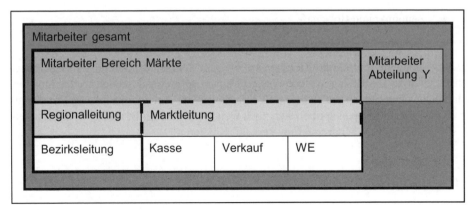

Abbildung 4 : Identifizierte Zielgruppen

3.2 Maßnahmen bzw. Instrumente

Im Folgenden werden einige Maßnahmen erläutert wie sie in den verschiedenen Projekten eingesetzt wurden. In einigen Fällen wurde mangels Erfahrung die Notwendigkeit und Ernsthaftigkeit dieser Maßnahmen im Unternehmen nicht zeitnah erkannt. Dies bedeutete Zeitverlust und höherer Aufwand als nötig (im Change-Bereich, im Rollout oder in der Go-Live-Nachbetreuung).

Bei vielen Maßnahmen gilt es zu beachten, dass mit dem Projekt das Umfeld vieler Mitarbeiter beeinflusst wird. Dieses weckt bei vielen Existenzängste, die es aufzufangen gilt. Schon mit Projektbeginn müssen sich die Projektmitarbeiter auf eine neue, „unsichere" Basis einlassen. Vielleicht haben sie schon in der Vergangenheit erlebt, wie verschiedene Projekte gestorben sind? Warum sollen sie also ihr ganzes Vertrauen gerade in dieses Vorhaben stecken? Warum sollen sie ihre Existenzberechtigung im Unternehmen aufgeben?

Das Projektlogo und der Projektname

Mit Projektbeginn hilft den Projektmitarbeitern ein Projektname (evt. in den Mitarbeiterköpfen auch als Fortführung des Abteilungsnamens) und ein Projektlogo zur Förderung des Gemeinsamkeitsgefühls und der Identifikation mit dem Vorhaben. Wenn das Projekt gut läuft werden die Mitarbeiter dieses mit Stolz nennen.

Bei der Logoerstellung tauchten bei meinen Projekten die ersten Verzögerungen auf, da die verschiedensten Abteilungen ihr Mitspracherecht beanspruchten, wie z. B. Marketing, CI-Abteilung, Vorstand, usw. Hier war es wichtig, einen schnellen und pragmatischen Weg zu finden. Selbst die Beauftragung einer Agentur kann dabei Kosten und Zeit sparen. Ein verspätet freigegebenes Logo bzw. Projektname erzeugt zusätzlich Mehraufwand, da alle bereits erstellten Dokumente entsprechend angepasst werden müssen. Zusätzlich fehlt den Mitarbeitern der anfangs angesprochene Halt. Das Logo in Verbindung mit dem Namen muss ganz zu Anfang am besten als Inhalt der Initialbotschaft des Sponsors veröffentlicht werden.

Das Projektkickoff

Aus meiner Erfahrung legen die Unternehmen viel zu wenig Wert auf das Kickoff. Häufig wird mit einer Rede des Projektsponsors als Kickoff „das Team zusammengeschweißt" … doch weit gefehlt.

In einem der Projekte in der Baumarktbranche wurde das Kickoff über vier Tage mit 60 Personen durchgeführt. Bei diesem Kickoff wurde besonderen Wert auf eine Mischung aus Teamaktivitäten und Vermittlung der Projektprozesse und der Projektrahmenbedingungen gelegt. Im Rahmen der Teamaktivitäten wurden die Mitarbeiter zunächst teamintern zusammengebracht. Im weiteren Verlauf haben die Teams ihre Identifikation per „Mission Statement" und Identifikationswand erstellt und dies den anderen Teams vorgestellt. Ein gemeinsam erstelltes „Werk" zum Abbau von Berührungsängsten hat hier den beteiligten Personen im weiteren Verlauf sehr geholfen.

Diese Investition hat sich im Projektverlauf schnell amortisiert, da die Mitarbeiter keine Kontaktängste mehr hatten. Die klassische Demotivationsphase („Tal der Tränen") nach einigen Monaten Projektlaufzeit konnte hierdurch verhindert werden. Der „Return on Investment" einer solchen Maßnahme ist kaum beweisbar, was natürlich bei der Argumentation zu Schwierigkeiten führt.

Mit dem Kickoff bewegt sich etwas im Unternehmen, was auch den anderen Mitarbeitern meist nicht verborgen bleibt. Folglich ist mit dem Kickoff auch ausreichend Information an die weiteren Unternehmensmitarbeiter weiterzugeben.

Intranet-Auftritt

Ein Intranet-Auftritt kann aus vielerlei Perspektiven helfen:

- Bei Einarbeitung neuer Projektmitarbeiter (um generelle Informationen zu bekommen)
- Als Informationsmedium beim äußeren CM
- Verteilung von Informationen über viele Standorte
- Erreichen verschiedener Benutzergruppen

Es ist jedoch ein passives Medium, da die Beteiligung und Informationswahrnehmungsnutzung nur schwer gemessen werden kann. Als Grundversorgung leistet es jedoch wertvolle Dienste. Bei einem Kunden konnte über Monate die höchste Hit-Rate auf den Projektseiten verzeichnet werden.

Beispiel für mögliche Inhalte:

- Projektziele
- Projektstruktur
- Projektmitarbeiter (bestenfalls mit Fotos zur Vertrauensbildung)
- Aktuelles
- Schulungsprogramm

Wie bei allen Maßnahmen gilt auch hier – nur die konsequente Durchführung und Pflege des Mediums schafft den Erfolg. Die Pflege (Aufwand ca. drei Tage/Woche) übernahm hier ein Mitarbeiter aus der Multi-Media-Abteilung.

Projekt-Newsletter

In der Baumarktbranche können nicht alle Mitarbeiter mit einem Intranet-Auftritt erreicht werden. Als zusätzliches Massenmedium hat sich in einem Projekt der Newsletter bewährt. Dieser war bewusst auf eine Seite begrenzt und wurde alle sechs Wochen herausgegeben. Diese Newsletter wurden an den „Schwarzen Brettern" an den Standorten ausgehängt. Hierdurch wurden auch die Mitarbeiter informiert, die keinen Intranetzugang hatten.

Der Aufwand zur Erstellung darf auch hier nicht unterschätzt werden. Neben der eigentlichen Erstellung kommt im mehrsprachigen Umfeld noch die Übersetzungsarbeit hinzu.

Medien der internen Unternehmenskommunikation

Das Projekt als Bestandteil des Unternehmens gehört natürlich auch in die herkömmlichen Kommunikationsmedien. Als Beispiel seien hier Mitarbeiterzeitung oder auch Unternehmens-TV genannt.

Eine Unternehmenszeitung gehörte in den Unternehmen zum Standard. Hier wurde im Rahmen einer Erstinformation zunächst der Projektstart verkündet. In späteren Artikeln wurde dann der aktuelle Projektstand in wenigen Worten über das Medium verbreitet.

Unternehmens-TV ist nicht in allen Unternehmen üblich. In einem der beschriebenen Unternehmen gehörte es glücklicherweise zum Standardmedium. Durch Beiträge im Unternehmens-TV lassen sich überzeugender und mit vergleichsweise geringerem Aufwand (aus Projektsicht) die wesentlichen Botschaften an alle Mitarbeiter senden. Mit Projektbeginn kommunizierte z. B. der Projektsponsor das Projekt mit den dahinterstehenden Erwartungen der Unternehmensleitung an alle Mitarbeiter.

Jedoch stellen beide Medien nur eine Grundversorgung mit Projektinformationen sicher und können die Veränderungsmaßnahmen nur ergänzen. Die Ansprache durch direkte Führungskräfte und auch Prozessschulungen können hierdurch nicht ersetzt werden.

Projektveranstaltungen

Im Projektplan sollten gerade bei diesen integrativen Projekten regelmäßig große Veranstaltungen eingeplant werden (ca. vier bis sechs im Projektverlauf) . Als Auditorium sind sowohl Mitarbeiter des erweiterten Kernteams, Mitarbeiter der ersten Führungsebene als auch der Vorstand zu wählen. Als Inhalte dienen z. B. bei der ersten Veranstaltung die grundsätzliche Projektvorstellung und die Scope-Definition. Ggf. auch noch das erste Zeigen des Systems, um das „Look & Feel" zu vermitteln.

In der zweiten Veranstaltung sollten erste Kundenprozesse im System gezeigt werden. Fokus sollte hierbei auf der Integration und der Identifikation (über Zeigen von Prozessen mit eigenen Daten) liegen. Eine hohe Wirkung kann erreicht werden, wenn die Prozesse und das System durch kundeneigene Mitarbeiter präsentiert werden.

Über diese Veranstaltungen muss entsprechend über die Massenmedien wie Intranet oder Unternehmenszeitung berichtet werden.

Roadshows/Projektmarktplätze

Zum Erreichen der Mitarbeiter an den vielen Standorten ist das Format der Roadshow und/oder des Marktplatzes zu wählen. Die Roadshow ist eher zielgruppenspezifisch ausgerichtet und informiert im Rahmen von Meetings die Mitarbeiter an den Standorten über das Projekt oder die zu erwartenden Änderungen.

Bei einem Kunden mit über 200 Standorten wurden mehrfach Roadshows auf Bezirksebene (14 Bezirke) durchgeführt. Hierbei wurden die Unternehmensprozesse per System den Bezirks- und Marktleitern präsentiert und diskutiert. Erst aufgrund des persönlichen Kontaktes konnten die Bedenken aufgenommen oder auch gleich vor Ort ausgeräumt werden. Der Erfolg zeigte sich beispielsweise daran, dass freiwillig Mitarbeiter aus den Bezirken dem Projekt zur Verfügung gestellt wurden.

Projektmarktplätze können z. B. in der Nähe der Kantine in der Mittagszeit angeboten werden. Hierbei werden Infostände, besetzt mit Projektteammitarbeitern, bereitgestellt. Die weiteren Unternehmensmitarbeiter können sich hier ungezwungen informieren.

Marktplätze sind eher bei Verwaltungszentralen interessant. Roadshows finden eher an Filialstandorten statt.

Feedbackverfahren im Projektteam

Die Projektleitung muss ständig am Feedback der Projektmitarbeiter interessiert sein. Diese Kultur ist aber nicht selbstverständlich und ein Interesse am Feedback bedeutet im Umkehrschluss auch die Verpflichtung zum Veröffentlichen und zum Handeln.

Wie es nicht funktioniert: In einem Projekt wurde das Team nach Ende der ersten Einführungsphase zu einer Feedbackveranstaltung geladen. In moderierter Form wurde das Feedback gesammelt und Verbesserungsvorschläge durch das Projektteam erarbeitet. Die Ergebnisse sollten dem verantwortlichen Projektsponsor wenig später präsentiert werden. Dieser Termin fiel aus und er wurde auch nie nachgeholt. Die Lehre hieraus war eindeutig.

Wie es gut funktioniert: In einem anderen Projekt wurde ein regelmäßiges Feedbackverfahren per Fragebogen eingeführt. Die Projektmitarbeiter erhalten alle zwei Monate einen kurzen Fragebogen (20 Fragen), der in ca. fünf Minuten beantwortbar ist. Die Auswertung des Fragebogens wird öffentlich in den Projekträumen ausgehängt. Die Ergebnisse werden mit den Teamleitern, den Mitarbeitern der 1. Führungsebene und dem Vorstand diskutiert. Die Maßnahmen auf Basis des Feedbacks werden kommuniziert. Während des Projektverlaufs ist es empfehlenswert, z. B. bei Projektveranstaltungen wie Meilensteinpräsentationen das Feedback der Teilnehmer strukturiert aufzunehmen. Dieses Feedback ist zusätzlich ein wichtiger Indikator für die Tragfähigkeit der Lösung und die Akzeptanz. Das CM-Team erstellt hierzu ein paar standardisierte Feedbackmechanismen, die je nach Veranstaltungsform wie Roadshow oder Projektpräsentation einfach angewendet werden können. Das Training gilt es besonders zu beachten. Innerhalb einer sehr kurzen Zeit müssen viele Mitarbeiter auf einen Wissensstand gebracht werden der es ihnen erlaubt, das „neue Geschäft" zu unterstützen. Aus unserer Erfahrung heraus sollte die Vermittlung von Prozessveränderungen von der eigentlichen Systemschulung entkoppelt werden. Eine Möglichkeit hierzu sind z. B. Videos zur Information für die betroffenen Mitarbeiter oder eine Schulungsreihe vor der eigentlichen Systemschulungsreihe. Dies ermöglicht es, in dem kurzen Zeitraum vor dem Go-Live wirklich systemkonzentriert zu arbeiten. Außerdem können hierdurch zusätzliche Trainer genutzt werden, die die Prozesse nicht im Detail begründen müssen.

3.3 Zeitpunkt und Botschaft

Unabhängig von den Medien müssen aus Change-Management-Sicht die zu vermittelnden Botschaften je Zeitpunkt oder Phase definiert werden.

Beispiele für Botschaften sind:

- „Das Projekt ist die Karte, auf die das Unternehmen für die Zukunft setzt."
- „Integration ist entscheidend für den Projekterfolg."

- „Ohne korrekte Stammdaten sind die Früchte der Integration nicht genießbar."
- „Nur gemeinsam schaffen wir das Ziel."
- „Jeder muss sich die Zeit fürs Training nehmen."
- „Wir wollen in der Branche die Nr. 1 werden – die Softwareeinführung hilft hierbei."

Je nach Phase sind die Botschaften dann auf die Zeitachse zu legen und im Detail auszuformulieren. Häufig werden die Botschaften im Projektverlauf durch echte Projektergebnisse ersetzt, um die Anschaulichkeit zu erhöhen.

3.4 Maßnahmen-Mix/Change-Strategie

Die im vorherigen Kapitel beschriebenen Maßnahmen, Zielgruppen, Botschaften und Zeitpunkte sind nun in Einklang zu bringen. Hierbei muss zum richtigen Zeitpunkt die richtige Information über das richtige Medium den Endkunden des Projekts erreichen.

Wir haben hierbei wurden in zwei Ebenen der Kommunikation unterschieden, die nachfolgend erläutert werden:

Grundversorgung/Massenmedien

In einem Projekt haben wir wurden die Medien nach dem Erreichungsgrad der Zielgruppen geordnet. Demnach wurden einige Medien, wie z. B. Unternehmenszeitung, Unternehmens-TV und Projektnewsletter (als Aushang an den „schwarzen Brettern") als für alle Mitarbeiter erreichbare Informationsquellen ermittelt. Schon beim Intranet ist z. B. im Baumarktgeschäft die Erreichbarkeit für die Mitarbeiter eingeschränkt. Im Umkehrschluss kann man dann aber beim Intranet z. B. auch festgelegt werden, dass hier bestimmte Kundengruppen wie z. B. Verwaltungsmitarbeiter erreichbar sind.

Die o. a. Medien wurden als „Grundversorgung" der Kunden für generelle Botschaften festgelegt. Mit dem Start eines Mediums ist unbedingt die „Wartungsstrategie" festzulegen. Nur wenn die Inhalte regelmäßig aktualisiert werden, bleibt das Medium interessant und kann dann auch in der „heißen" Phase vor dem Go-Live wirklich helfen.

Kundengruppenspezifische Medien

Aufbauend auf dieser Grundversorgung wurden dann kundengruppenabhängige Medien bestimmt. Beispielsweise gibt es je nach Unternehmensbereich standardisierte Meetings (z. B. wöchentliche Mitarbeiterbesprechung an den Standorten); Abteilungsmeetings in den Verwaltungen. Diese Meetings wurden als ein weiteres Medium definiert. Hierzu ist natürlich der Draht zum Veranstalter herzustellen, ihn von der Notwendigkeit zu überzeugen und er ist mit entsprechend aufbereiteter Information zu versorgen. Allein die Aufstellung der verschiedenen Zielgruppen; die Identifikation der Standardkommunikationswege wie Abteilungsmeetings und die Überzeugung der Meetingowner nimmt sehr viel Zeit in Anspruch. Hierdurch entsteht ein Zielkonflikt zwischen zeitnaher und zielgruppengerechter Information.

Der Kommunikationsplan

Der Einsatz der verschiedenen Instrumente und Maßnahmen wird zum gemeinsamen Verständnis vorher in einem Kommunikationsplan entwickelt und abgestimmt. Dieser Plan stellt zunächst ein grobes Raster dar und wird von Phase zu Phase immer weiter detailliert.

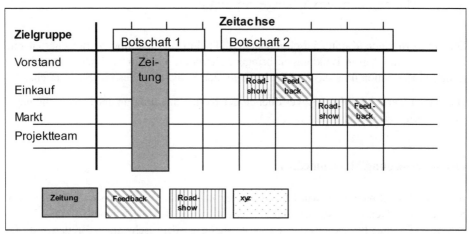

Abbildung 5: Beispiel für einen Kommunikationsplan

Das Change-Controlling

Das Change-Controlling wurde in den hier beschriebenen Projekten über drei Fragestellungen aufgesetzt:

- Wie viele Mitarbeiter haben wir wurden erreicht?
- Wie gut kam die Information beim Empfänger an?
- Welche Verbesserungsvorschläge gibt es?

Diese Fragestellungen lassen sich sehr gut im Zusammenhang mit bei den zielgruppenspezifischen Instrumenten beantworten. So wurde zum Beispiel jede Roadshow automatisch mit einem Feedbackmechanismus (in diesem Fall Fragebogen) ausgestattet, der danach auf die Qualität aus Sicht der Teilnehmer schließen ließ. Zusätzlich wurde über Teilnahmelisten festgehalten, wie viele Mitarbeiter aus dem Bereich erreicht wurden.

Bei den übergreifenden Change-Instrumenten lassen sich die Informationen für das Controlling nur sehr schwer ermitteln, so dass man hier maximal die erreichten Personenanzahl ermitteln kann (z. B. über Intranet-Hitrate; Teilnehmer bei Unternehmens-TV).

Vor allem bei ausländischen Niederlassungen ist besonderes Augenmerk auf den Kontakt zum SAP-Projekt zu legen. In einem Projekt wurden diese Standorte eher als Selbstläufer gesehen – entpuppten sich dann aber eher als „Schläfer". Erst durch eine Fragebogenaktion kurz vor dem Go-Live wurde festgestellt, dass diese Mitarbeiter kaum in das Geschehen involviert waren und dringend mehr Informationen benötigten. Dann war es in kürzester Zeit möglich, aufgrund der überschaubaren Strukturen, das Vergangene aufzuholen.

Je näher der Go-Live-Zeitpunkt kommt, desto spannender wird natürlich noch die Fragestellung, wie gut sind die Mitarbeiter auf die Prozess- und Systemnutzung vorbereitet. Eine Lernerfolgskontrolle per Test ist leider nicht in allen Unternehmen problemlos durchführbar. Aus Risikobetrachtung ist dieser Punkt aber zur Abschätzung des notwendigen Supportaufwandes sehr hilfreich. Durch Tricks wie z.B. „SAP-Führerscheine" für die freiwillige Teilnahme an einer Prüfung konnten in einigen Projekten die „Kontrollbedenken" umgangen werden.

4. Weitere Anregungen und Fazit

In heutigen Projekten wird außer auf den schnellen auch auf den langfristigen Erfolg geschaut. Dies bedeutet neben dem Austausch einer technischen Umgebung auch das Verankern der neuen Prozesse bei den Mitarbeitern. Diese Herausforderung stellt ein Projektteam vor eine zusätzliche Aufgabe, der eine system- oder prozessorientierte Besetzung allein nicht gewachsen sein kann. Die Disziplin des Change Managements benötigt zusätzliche Skills, die weder von dem Key-User oder auch vom IT- oder Fachbereichsmitarbeiter auf Anhieb geliefert werden können, zumal die Kundenmitarbeiter selbst in einem Umbruchprozess stecken.

Folglich lassen sich die notwendigen Maßnahmen nur über Zusatzskills erreichen, die ebenfalls geplant und budgetiert werden müssen. In den Baumarktunternehmen halfen an der Stelle bereits etablierte Abteilungen wie die Unternehmenskommunikation. In den seltensten Fällen gab es eine echte Change-Management-Abteilung. Auch die vorhandenen Abteilungen müssen mit Spezialisten aus dem SAP-Einführungsumfeld ergänzt werden.

Bei der Aufwandsplanung gibt es zwei Ansätze, über die ein Change-Management-Team-Budget geschätzent werden kann:

- Aufwand pauschal auf Basis des Anwendungsteamaufwands (intern+extern) rechnen (ca. 5-10 Prozent)
- Zunächst Maßnahmen und Instrumente auswählen und Plan erstellen – und dann die Schätzung durchführen.

Eine aus meiner Sicht schwierige Frage stellt sich im Bereich der Ownerschaft für die Change-Maßnahmen. Wird ein zentrales Team definiert, stößt dies sicherlich an Abteilungsgrenzen, da in den jeweiligen Abteilungen ein eigener Kommunikationsstil für abteilungsspezifische Inhalte gepflegt wird. Wird die Verantwortung bei einem Fachteam verankert, wird es seinen Bereich bevorzugt behandeln und die anderen Unternehmensbereiche vernachlässigen. Wird als Owner des Teams Change Management der Sponsor bestimmt, fühlen sich „Abteilungsfürsten" bevormundet. Hier ist es aus meiner Erfahrung wirklich sehr schwer, den richtigen Weg zu finden. In einem Projekt wurde die Verantwortung der 1. Führungsebene übertragen – in einem anderen Fall einem IT-Beauftragten des Fachbereichs. Diese Frage sollte jedoch frühzeitig gelöst werden, damit die Maßnahmen mit dem notwendigen Rückhalt aufgebaut werden können.

Neben der Frage der Verantwortung gibt es noch viele weitere Fragen, die sich beim Aufbau des Change Managements in SAP-Projekten ergeben:

- Ist eine schnelle tragfähige Softwareeinführung bei einer sich langsam verändernden Unternehmenskultur möglich?
- Ist eine offene Projektkommunikation über Abteilungsgrenzen hinweg möglich?
- Traut sich das Management eine frühe Kommunikation auch unter Unsicherheit zu?
- Wie kann der Informationsempfänger die „Berge an Information" die in einem Projekt entstehen verarbeiten?

Abschließend sollte bei all den Maßnahmen und Reaktionen immer wieder beachtet werden, dass der Mitarbeiter der als „Blockierer" erkannt wird, dies in den wenigsten Fällen mutwillig und zum Schaden des Unternehmens macht. Häufig ist die Grundlage des Handelns der Informationsstand und die blanke Existenzangst. Hier sind alle am Projekt beteiligten Mitarbeiter und alle Mitarbeiter im Unternehmen aufgefordert diesen Menschen im Rahmen des Change Managements zu helfen.

Bei Projekten dieser Größe können aus Projektteamsicht nur Informationen und über Feedbackkanäle ein Verarbeiten der Anregungen anbieten. Eine individuelle Betreuung ist meist nur auf Managementebene – und selbst hier nur eingeschränkt – möglich.

Sabine Schüler

Change Management bei der SAP R/3 Einführung in der hessischen Landesverwaltung

Aspekte von Lösungsansätzen am Beispiel von SAP HR für den Teilbereich der Organisation

1. Einleitung 270
2. Ausgangssituation 271
   2.1 Ziele der Landesverwaltung 271
   2.2 Auswahl und Einsatz von SAP 272
   2.3 Projektgestaltung 273
3. Organisatorischer Rahmen bei Landesverwaltungen 275
   3.1 Aufbauorganisation 275
   3.2 Ablauforganisation 276
4. Herausforderungen für Change Management 278
   4.1 Eigenschaften von SAP HR im Hinblick auf Change Management ... 279
   4.2 Change Management als Projektbestandteil 280
5. Lösungsansätze durch CHANGE in den Köpfen und der Organisation ... 281
   5.1 Akzeptanz in den Köpfen schaffen 282
   5.2 Bereitschaft der Köpfe für organisatorische Veränderung 284
   5.3 Erfolgs-oder Risikofaktoren 286

1. Einleitung

In verschiedenen Bundesländern sind Ende der 90er Jahre Konzepte im Rahmen einer „Neuen Verwaltungssteuerung" (NVS) ins Leben gerufen worden, die insbesondere eine verbesserte Wirtschaftlichkeit bei der Modernisierung der Landesverwaltungen zum Ziel haben. Im Zuge der Notwendigkeit zur Kostenersparnis in allen Bereichen der Landesverwaltungen, rückt typischerweise der Personalkostenblock schnell in den Fokus der Betrachtung der Entscheider, somit der Politiker. In den meisten Bundesländern lagen bisher allerdings wenig genaue Informationen über Köpfe und Kosten, Einsatz und Qualifikationen sowie ein einheitliches Konzept der Gestaltung des Personalwesens vor. Somit ist in verschiedenen Landesverwaltungen die Einführung eines möglichst einheitlichen Prozessmodells in Verbindung mit einer geeigneten Software für das Personalwesen als eine operative Maßnahme dieser Verwaltungssteuerungs-Konzepte definiert worden.

Die Auswahl der Software orientiert sich im Wesentlichen an dem Funktionsumfang, den sie erfüllen muss. Des Weiteren sind aber auch die bereits in einer Verwaltung genutzten Systeme ein Kriterium, dass im Hinblick auf die Harmonisierung der Systemlandschaft entscheidungsrelevant ist. So ist beispielsweise bei der Landesverwaltung Hessen zunächst die Software SAP für das Rechnungswesen implementiert worden. Im Anschluss daran, insbesondere auch im Hinblick auf notwendige Schnittstellen, die sich zu einem Personalsystem ergeben (z. B. Überleitung der Abrechnungsergebnisse aus dem Personalsystem in die Kostenrechnung) wurde die Entscheidung getroffen, auch SAP Human Resources (SAP HR) flächendeckend zu nutzen. Hierdurch werden mit Hilfe eines einheitlichen sog. Referenzmodells sämtliche software-relevanten Personalprozesse definiert und durch den Einsatz verschiedener Komponenten der Standardsoftware SAP HR wird eine moderne, effizientere und effektivere Form der Personalverwaltung etabliert.

Der Umfang und die Komplexität eines solchen Projekts ist in verschiedenen Dimensionen immens – zeitlich, räumlich, inhaltlich und personell.

- Es ist zu berücksichtigen, dass es im Schnitt etwa acht Ressorts gibt, zuzüglich der nicht der Verwaltung angegliederten Bereiche des Rechnungshofs, der Staatskanzlei und des Landtags.
- Viele Behörden der unteren Ebene sind landesweit verteilt, z. B. Finanzämter.
- Einige Bereiche, wie zum Beispiel die Polizei, sind in großen Bundesländern stark untergliederte und personalintensive Flächenorganisationen.
- In allen Behörden wird auf fast allen Verwaltungsebenen Personalarbeit teilweise oder voll umfänglich durchgeführt – von der Personalbeschaffung bis hin zur Zeitaufschreibung.

- Die Daten im Bereich des Personalwesens sind sehr vertraulich und unterliegen einem besonderen Schutz.
- Personalarbeit beinhaltet im weiteren Sinne auch die Abrechnung, also die Auszahlung von Gehältern oder Bezügen. Damit wird die Einführung eines integrierten Systems für alle Mitarbeiter relevant.
- Für die Implementierung der Software muss eine große Anzahl von Mitarbeitern i. d. R. aus den Personalabteilungen im Rahmen des Projekts zur Verfügung gestellt werden.

Die Unternehmensberatung Accenture hat bei dem Projekt zur Einführung von SAP HR bei der Landesverwaltung Hessen insbesondere bestehende Methoden, Erfahrungen und sog. Best Practices angewendet um das Projekt-Management sowie die Entwicklung (Programmierung und Customizing) und Einführung (Roll-Out) der SAP Software zu ermöglichen.

Allein aus technischer Perspektive ist die Einführung einer neuen Standardsoftware eine hoch anspruchsvolle Aufgabe. Betrachtet man ferner die Komplexität der Organisation einer Landesverwaltung und vor allem den Aspekt, dass Mitarbeiter von unterschiedlicher Ausbildung, Erfahrung, Alter und Motivation der Schlüssel für die effektive und effiziente Anwendung eines Systems sind, so wird sehr schnell deutlich, dass flankierende Maßnahmen notwendig sind. Diese veränderungsbegleitenden Aktivitäten werden unter dem Begriff des Change Management zusammengefasst.

2. Ausgangssituation

2.1 Ziele der Landesverwaltungen

Die jeweiligen Landesregierungen haben in ihren Regierungsprogrammen im Sinne der Modernisierung hohe Ziele gesteckt. Neben fachlichen Plänen, Ideen und Veränderungen in den einzelnen Ministerien bzw. Ressorts, spielen folgende Ziele im Zusammenhang mit der Einführung neuer Software eine zentrale Rolle:

- Kostensenkung – Die Entlastung des Haushalts bzw. die Senkung der Neuverschuldung ist in vielen Ländern das zentrale Ziel über alle Ressorts hinweg. Dies soll zum größten Teil durch die Einsparung von Personalkosten realisiert werden.
- Moderne Verwaltung – Die Konzepte der „Neuen Verwaltungssteuerung" sehen häufig folgende Themenschwerpunkte vor:

- die Ablösung der Kameralistik und flächendeckende Einführung des Rechnungswesens (ReWe) mit Unterstützung einer geeigneten Software,
- die Unterstützung des Personalwesens (Human Resources) durch eine geeignete Software,
- die Entwicklung und Umsetzung einheitlicher Geschäftsprozesse,
- die Steigerung der Flexibilität des Landespersonals durch leistungsbezogene Entlohnung,
- die konsequente Umsetzung eines Personalentwicklungskonzepts.

Konkret sind daraus die Ziele für HR Projekte ableitbar:

- Einrichtung eines integrierten Systems zur Budgetierung und Steuerung der Personalkosten,
- Einführung einer modernen, online-gestützten Personalverwaltung und deren direkte Verknüpfung zur Personalabrechnung,
- Unterstützung und Stärkung der dezentralen Personalverantwortung der Ressorts,
- Höhere Wirtschaftlichkeit und Effizienz in den Verwaltungsabläufen der Personalwirtschaft,
- Verbesserte Ergebnis- und Kundenorientierung.

2.2 Auswahl und Einsatz von SAP

Bei der Auswahl einer geeigneten Software zur Unterstützung dieser Ziele ist SAP R/3 HR ein häufig gewähltes Produkt, das derzeit marktführend ist. Auch die Landesverwaltung Hessen hat sich für diese Software entschieden. So kann einerseits dieselbe Software landesweit im Zuge der Integration zum Rechnungswesen genutzt werden, andererseits überzeugte die Anzahl und Vielseitigkeit der Komponenten im Rahmen eines integrativen Systems.

Neben den klassischen Komponenten Personalabrechnung und Personal-administration (PA), werden i. d. R. noch das Organisationsmanagement (OM), die Stellenwirtschaft (SW), die Personalbeschaffung (PB), die Zeitwirtschaft (ZW) und die Personalkostenplanung (PKP) eingeführt. Ob die Komponente Personalentwicklung (PE) genutzt werden soll, hängt vom jeweiligen Entwicklungsstand des Themas an sich ab. Aufgrund der recht streng regulierten Vorgaben, beispielsweise zu Beförderungen, ist hier häufig noch Unterstützungspotenzial vorhanden. Die Komponente Reisekostenmanagement wird häufig gesondert betrachtet, da sie von der reinen Personalarbeit unabhängig ist.

2.3 Projektgestaltung

Im Anbetracht des bereits erwähnten Umfangs und der Komplexität eines solchen Projekts in zeitlicher, räumlicher, inhaltlicher und personeller Hinsicht, seien an dieser Stelle noch einige Aspekte genannt, die die enorme Veränderung aufzeigen sollen, die ein solches Projekt für ein Unternehmen/eine Verwaltung impliziert. Die Werte beziehen sich auf mittlere bis große Bundesländer:

- Die Anzahl der „neu" für das System zu erfassenden Stammdatensätzen ist i. d. R. sechsstellig.
- Für sämtliche Mitarbeiter müssen mehrere Dutzend Tarifverträge (am Beispiel von Hessen sind es 51), im System abgebildet werden.
- Personalverwaltungstätigkeit findet in mehreren hundert Dienststellen statt, die sich an verschiedenen Standorten befinden (in Hessen sind dies über 300).
- Je nach Umfang muss dem zentralen Projektteam mindestens eine dreistellige Zahl an Verwaltungsmitarbeitern beigestellt werden. Darüber hinaus müssen ausreichend Ressourcen benannt werden, die über die gesamte Projektlaufzeit in ihren „eigenen" Ressorts für die Einführung des HR Systems zuständig sind. Personal, das zur Abarbeitung des laufenden Tagesgeschäfts dann nicht mehr regulär zur Verfügung steht.
- Bis zur Nutzung der Software müssen sämtliche Personaler als Endanwender geschult werden.
- Die Funktionalitäten der Software müssen an diverse Anforderungen des Landes angepasst bzw. neu entwickelt werden.

Daran wird deutlich, dass die Mitarbeiter sowie die Organisation als Ganzes bei dem enormen Veränderungsprozess unterstützt werden müssen. Um ein angemessenes Change Management aufsetzen zu können, ist die Projektorganisation von Bedeutung, welche hier kurz skizziert sei:

Für die Einführung der SAP Komponenten werden je Ressort Cluster von Behördenbereichen gebildet, die inhaltlich zusammengehören bzw. in der Größenordnung der Anzahl von Dienststellen sowie Mitarbeitern eine kritische Masse ergeben. Im Ergebnis können dies über alle Ressorts hinweg zwischen 20 und 30 Gruppen sein, die über einen Zeitraum von bis zu vier Jahren schrittweise in sog. Staffeln (Einführungsphasen) an SAP angebunden werden. In jedem Jahr lassen sich zwei Staffeln also auch zwei Termine für die Produktivsetzung definieren. In einer Staffel (-gruppe) ist jedes Ressort nur einmal vertreten.

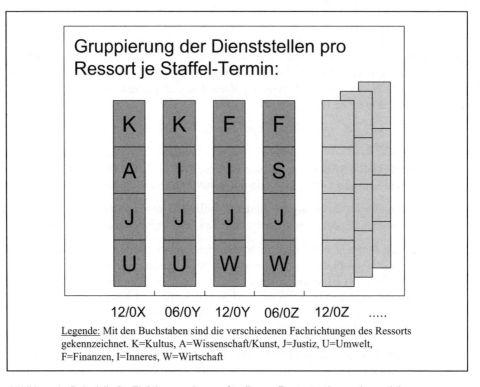

Abbildung 1: Beispielhafte Einführungsplanung für diverse Ressorts über mehrere Jahre

Daraus ergeben sich Rahmenbedingungen für flankierende Change-Management-Maßnahmen. Für jegliche Kommunikation und Vorbereitung ist demnach zu bedenken, dass sich Umfang und Tiefe der Informationen und Aktivitäten nach Adressaten unterscheiden, die

- allgemeines Interesse haben, da sie mittelbar oder unmittelbar vom Projekt betroffen sind,
- kurz vor „ihrer" Staffel stehen,
- sich mitten in der Einführungsphase der Software befinden,
- bereits SAP HR implementiert haben, aber immer noch von projektbedingten Veränderungen des HR Systems beeinflusst werden.

Demzufolge ist der Bedarf der Adressaten an Informationen und Unterstützung auch sehr unterschiedlich.

3. Organisatorischer Rahmen bei Landesverwaltungen

Die verschiedenen Ansatzpunkte für Change Management im Rahmen eines Großprojekts sind von dem organisatorischen, prozessualen und politischen bzw. entscheidungsrelevanten Aufbau des Umfelds abhängig. Ergänzend dazu ist die Projektstruktur eine determinierende Komponente für die Gestaltung und Umsetzung von Change-Management-Maßnahmen.

3.1 Aufbauorganisation

Die Landesverwaltungen setzen sich aus mehreren Ressorts zuzüglich der Staatskanzlei, des Rechnungshofs und der Landesvertretung zusammen – die organisatorische Zuordnung der Regierungspräsidien ist unterschiedlich gestaltet.

Abbildung 2: Beispielhafte Aufteilung der Ressorts in einer Landesverwaltung

Die jeweiligen Ressorts werden an der Führungsspitze durch die jeweiligen Minister und Staatssekretäre geleitet und gliedern sich auf der Ebene des Ministeriums in verschiedene Fachabteilungen bzw. -referate. Unabhängig von der personellen Größe der Ministerien unterhält jede dieser Organisationseinheiten eine eigene Personalabteilung, die hauptsächlich das Personal des eigenen Hauses verwaltet und zusätzlich i. d. R. die Mitarbeiter im Status „höherer Dienst" aller nachgeordneten Bereiche. Aufbauorganisatorisch betrachtet sind sich die Ministerien sehr ähnlich (s. Abbildung 3).

Die ressortspezifischen Behördenebenen unterhalb des Ministeriums, also die eher selten vorkommende Mittelbehörde (z. B. Oberfinanzdirektion) und die so genannten nachgeordneten Behörden sind organisatorisch kaum vergleichbar. Letztere lassen sich jedoch zum großen Teil durch folgende Kriterien kategorisieren:

- unmittelbare Leistungserstellung für den Bürger/das Land,
- hohe Mitarbeiterzahl,

- viele Standorte im gesamten Bundesland.

Für diese Kategorie wird auch häufig der Begriff der Flächenverwaltung verwendet. Auch hier wird das Personal unabhängig von der Größe der Behörden bislang fast durchgängig je Dienstelle bzw. Standort verwaltet.

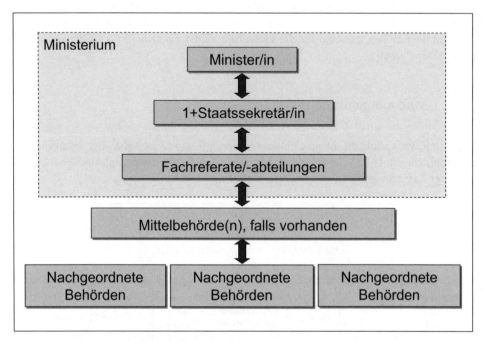

Abbildung 3: Aufbauorganisation eines Ressorts

3.2 Ablauforganisation

Sämtliche Abläufe in der Verwaltung, so auch die des Personalwesens, sind durch diverse Gesetze, Regelungen, Vorschriften und Erlasse bestimmt, die für alle Behördenebenen/Dienststellen gleichermaßen gelten. Das legt den Schluss nahe, dass die Prozesse allein aus diesem Grund standardisiert sind, was jedoch nur zum Teil zutrifft. Wenn auch alle Personalsachbearbeiter die formalen Bedingungen berücksichtigen, so orientiert sich die operative Durchführung der Prozesse doch im Wesentlichen an

- den ressorteigenen Regelungen, z. B. für die Delegation der Durchführung und Entscheidung personalbezogener Maßnahmen,
- dem Vorhandensein und der Ausprägung computergestützter Systeme,

- der individuellen Historie und Entwicklung bestimmter Abteilungen oder Bereiche, u. a. geprägt durch dezentral getroffene Entscheidungen,
- der Anzahl und Qualifizierung der Personalsachbearbeiter.

Somit kann es folglich sein, dass die Personalverwaltung verschiedener Behörden auf Basis der selben Rechtsgrundlage erfolgt, sich jedoch operativ/organisatorisch voneinander unterscheidet:

Organisation der Personalverwaltung	Beispiel Behörde 1: Organisation nach Mitarbeitergruppen	Beispiel Behörde 2: Organisation nach Prozessgruppen
Personalsachbearbeiter 1	alle Prozesse für Beamte	Personaladministration für Beamte und Angestellte
Personalsachbearbeiter 2	Alle Prozesse für Angestellte	Personalbeschaffung für Beamte und Angestellte

Für beide Beispiele kommt noch erschwerend hinzu, dass oft eine Unterscheidung nach Laufbahnen vorgenommen wird, d. h. der Beamte des höheren Dienstes wird separat in einer anderen Organisationseinheit, meistens im Ministerium, bearbeitet. Selbst dann kann es sein, dass die Aufteilung innerhalb dieser Laufbahn noch zwischen Besoldungsgruppen erfolgt, die erfahrungsgemäß landesweit nicht unbedingt konsistent ist.

Somit ist es möglich, dass in einer Behörde die Personalverwaltung getrennt nach Mitarbeitergruppen erfolgt, d. h. alle Prozesse für Beamte einerseits und für Angestellte andererseits werden durch zwei verschiedene Personaler bearbeitet. In einer anderen Behörde dagegen kann die Verwaltung des Personals nach Prozessgruppen organisiert sein, also beispielsweise die Trennung zwischen reiner Administration und Personalbeschaffung oder Organisationsentwicklung – aber dann für alle Mitarbeitergruppen. Für beide Beispiele kommt noch erschwerend hinzu, dass oft eine Unterscheidung nach Laufbahnen vorgenommen wird, d. h. der Beamte des höheren Dienstes wird separat in einer anderen Organisationseinheit, meistens im Ministerium, bearbeitet. Selbst dann kann es jedoch vorkommen, dass die Aufteilung innerhalb dieser Laufbahn noch zwischen Besoldungsgruppen erfolgt, die erfahrungsgemäß landesweit nicht unbedingt konsistent ist.

Abgesehen davon, dass ein standardisiertes Personalsystem diese Fragestellungen nur bedingt abbilden kann, ist ein grundsätzliches Überdenken dieser organisatorischen Strukturen notwendig. Häufig sind sie über Jahre gewachsen und das Ergebnis verschiedener Zusammenlegungen, Trennungen oder auch Auflösungen von Abteilungen sowie Umsetzungen von Mitarbeitern, Teilzeitverträgen etc. Woran sich langjährige Mitarbeiter und Vorgesetzte gewöhnt haben wird damit als normal empfunden und nicht weiter hinterfragt. Es ist somit sinnvoll, diese Strukturen im Rahmen der formalen Anforderungen auf ihre Effizienz hin zu überprüfen und weiterführende Überlegungen für organisatorische Lösungen anzustellen.

4. Herausforderungen für das Change Management

Change Management für ein so umfassendes Projekt lässt sich unter vielfältigen Aspekten betrachten. Dazu werden hier zwei konkrete Punkte herausgegriffen, die essentiell die Vorbereitung bzw. Begleitung der personalverwaltenden Dienststellen zur HR-Systemimplementierung betreffen. Diese Maßnahmen fokussieren sich auf die Anpassung der Ablauf- und Aufbauorganisation in Verbindung mit einem konkreten Wissenstransfer im Bezug auf die Anforderungen des neuen Systems. Die Mischung aus vorbereitender Kommunikation und organisatorischer Beratung erleichtert es, Akzeptanz und Überzeugung für die anstehenden Veränderungen zu gewinnen.

Für die Zusammenstellung eines Erfolg versprechenden Teams, müssen zwei Aspekte berücksichtigt werden:

- Kommunikation wird häufig von „oben nach unten" gesteuert.
- Die Ablauf- und Aufbauorganisation ist i. d. R. mindestens in den mittleren Führungsetagen angesiedelt.

Das bedeutet, dass die Ansprechpartner in den Ressorts meistens im höheren Dienst zu finden sind. Projektseitig sollten also auch im Team zur organisatorischen Beratung Kundenmitarbeiter eingesetzt werden, die auf „gleicher Ebene" mit ihren Kollegen, somit den internen Kunden, kommunizieren und arbeiten können. Als Hintergrund wird dazu einerseits ein profundes Wissen über Verwaltungsabläufe benötigt, zusätzlich sind inhaltliche Erfahrung in Bezug auf die einzelnen Ressorts und Kenntnisse über die formalen Rahmenbedingungen der Personalarbeit (Vorschriften, Erlasse etc.) wünschenswert. Andererseits ist zu berücksichtigen, dass die meisten Mitarbeiter mit ressortübergreifender Projektarbeit nicht vertraut sind. Für die Auswahl der Teamkollegen muss somit Flexibilität und Offenheit ein Kriterium sein. Seitens der externen Berater müssen diese Aspekte im Hinblick auf eine sorgfältige Einarbeitung und eine permanente Unterstützung berücksichtigt werden. Auch innerhalb des Projektteams muss auf diese Weise zunächst eine umfassende Akzeptanz für die Veränderungen geschaffen werden. Denn erst wenn das Team selbst vom Erfolg der geplanten Maßnahmen überzeugt ist, kann es die Kunden effizient beraten. Jegliche Aktivität sollte selbstverständlich von der Projektleitung als ebenfalls überzeugtem und aktivem Sponsor unterstützt werden.

Ergänzend sind einige Aspekte zu beachten, die grundsätzlich den Projekterfolg beeinflussen, insbesondere aber für die Arbeit im Rahmen von Change Management, hier also der Beratung zum Organisationsaufbau/-ablauf, von Bedeutung sind:

- Die Projektumgebung bleibt über die mehrjährige Laufzeit nicht konstant, d. h. sie steht in direkter Wechselwirkung mit anderen Projekten oder ähnlichen Aktivitäten in der Landesverwaltung oder einzelner Ressorts. Hierdurch ergeben sich Ursache-Wirkungs-Spiralen.

- Die politische Kraft im Sinne individueller Ziele und Abhängigkeiten in den einzelnen Behörden bzw. Ressorts ist – insbesondere für Externe – sehr schwer zu erkennen, aber dennoch zu berücksichtigen.

- Die Ressorts sind in vielen Bereichen autonom. Daher kann es keine zentrale Vorgaben geben, die alle gleichermaßen zu befolgen haben, weil damit nicht sämtliche individuellen Gegebenheiten berücksichtigt werden können.

- Die Ressorts selbst sind oft Adressat aktueller politischer Entscheidungen und Maßnahmen, auf die sie kurzfristig reagieren müssen. So wirken sich verordnete Einsparungen im Haushalt verbunden mit einer Stellenreduktion auch negativ auf die Projektarbeit aus. Die tägliche Arbeit vor Ort wird durch fehlende Mitarbeiter erschwert, die Motivation der Verbleibenden sinkt und die Ressourcenallokation für das Projekt wird problematisch.

- Die Zielgruppe für ein Change-Management-Programm ist oft sehr heterogen, da es sich selten „nur" um die Personalabteilung mit einem klar abgrenzbaren, adressierbaren Personenkreis handelt.

4.1 Eigenschaften von SAP HR im Hinblick auf Change Management

Neben den personellen und teilweise politischen oder verwaltungsspezifischen Rahmenbedingungen, sind für ein Change-Management-Konzept auch systembezogene, hier konkret auf SAP bezogene Aspekte zu berücksichtigen. Mit einem integrierten HR System kann eine sehr hohe Datenqualität erzeugt werden, allerdings nur unter folgenden Voraussetzungen:

- Die Daten werden durch entsprechend qualifizierte Personen eingegeben und gepflegt. Entscheidend ist das Verständnis über die Personalprozesse sowie die Verarbeitung der Daten im System.

- Die Anzahl weiterer Systeme, an die das Personalverwaltungssystem mittels Schnittstellen angebunden ist, wird so gering wie möglich gehalten.

- Die Personalprozesse mit Systemrelevanz sind weitestgehend homogen.

Erst dann liegen solide Informationen/Daten vor, die ein effektives Controlling sowie eine erfolgreiche Steuerung im Unternehmen/der Verwaltung ermöglichen.

Die Bearbeitungszeit für Personalprozesse verkürzt sich, weil sämtliche relevanten Daten an einer zentralen Stelle verwaltet werden, wodurch lange Wege der Informationsbeschaffung vermieden werden. Dieser Aspekt kann jedoch nur realisiert werden wenn man beachtet, dass

- im Rahmen des SAP HR Moduls auch Daten verschiedener Komponenten neben der reinen Personaladministration gepflegt werden müssen, wie z. B. Organisationsmanagement oder Stellenwirtschaft.

- die Anwender entsprechende Schulungen besuchen, die teilweise über ihr derzeitiges Arbeitsgebiet hinausgehen. Es kann aber nur so sichergestellt werden, dass die Folgen bestimmter Eingaben, z. B. Auswertungen oder Terminvorlagen überschaut werden können.

- ein zügiger Wissensaustausch über die Bearbeitung seltener Fälle oder Neuerungen bei den Anwendern erfolgt.

Die Einführung bzw. Nutzung eines Personalverwaltungssystems ist nicht pauschal als Kostenersparnis anzusehen. Sondern erst dann, wenn eine möglichst hohe Zentralisierung jener personalverwaltenden Tätigkeiten vorliegt, deren resultierende Daten im System erfasst werden sollen. Daraus ergeben sich geringere Kosten durch die Verminderung

- der insgesamt am System arbeitenden Anwendern,
- der Arbeitsplätze, die technisch ausgestattet werden müssen,
- der Lizenzen für die Anwender,
- der Anzahl von Schulungen.

4.2 Change Management als Projektbestandteil

Unter der Berücksichtigung der oben angeführten Verwaltungsziele im Rahmen der Modernisierung ergeben sich aus den Bedingungen und Möglichkeiten eines ERP-Systems (ERP = Enterprise Resource Planning) sowie den gegebenen Strukturen einer verwaltungsspezifischen Aufbau- und Ablauforganisation durchaus Konflikte für die erfolgreiche Kombination dieser Themen. Da allerdings die politischen Ziele, einmal festgelegt kaum oder wenn nur sehr langfristig modifizierbar sind und auch eine komplexe, mächtige Standardsoftware nicht beliebig veränderbar ist, bleibt die Betrachtung der Aufbau- und Ablauforganisation zur Konfliktlösung/-vermeidung.

Die kritischen Punkte, die sich für die Einführung einer HR Standardsoftware ergeben, auch wenn nicht alle in jeder Verwaltung zutreffen, seien noch einmal kurz skizziert:

- Für jeden Personalbereich einer Behörde, unabhängig von ihrer Größe, gibt es Personalsachbearbeiter.

- In den personalverwaltenden Dienststellen gibt es eine hohe Zahl von Teilzeitbeschäftigten.

- Es gibt zwingende Vertretungsregeln für jeden Personaler.

- Personalprozesse sind nicht nur funktionsbezogen aufgeteilt, sondern häufig noch in sich zwischen Hierarchieebenen eines Ressorts gesplittet.
- Die Prozesse sind noch nicht bis ins Detail standardisiert.
- In großen Bereichen der Verwaltungen gehören Computer und entsprechende Software nicht zwangsläufig zur Standardeinrichtung.

Der Change-Management-Ansatz muss also zwei wesentliche Dinge beinhalten, einerseits muss er Führungskräften akute Problemsituationen verständlich machen und ihr Lösungsbewusstsein wecken, andererseits grundsätzliche Lösungsvorschläge zur Diskussion stellen.

Beides wird häufig bei Implementierungsprojekten unterschätzt oder gar nicht berücksichtigt und ist in der klassischen Roll-Out-Planung weder inhaltlich, noch zeitlich enthalten. So beschränkt sich die Planung und Information für den „Kunden" zu Beginn hauptsächlich die reine Einführungssystematik:

- Anzahl und Qualität benötigter Ressourcen,
- Bereitstellung der technischen Infrastruktur,
- Definition der Einführungsphasen von Prozessanalyse, Systemdemonstration, Delta-Analyse, Test und Produktivsetzung,
- Zeitablaufplan der verschiedenen Phasen und
- weitere Aktivitäten im Rahmen des Einführungs-Managements.

Dies soll im Wesentlichen sicherstellen, dass alle notwendigen Funktionalitäten für die Personalverwaltung im System korrekt abgebildet werden und dass die vorab definierten Soll-Prozesse entsprechend angewendet werden.

5. Lösungsansatz durch CHANGE in den Köpfen und der Organisation

Verständnis und Bewusstsein(-schaffung) sind die ersten beiden Schritte auf dem Weg zur Akzeptanz von Veränderung.

5.1 Akzeptanz in den Köpfen schaffen

Die Implementierung einer neuen Software in einem riesigen Unternehmen wie einer Landesverwaltung bedeutet insbesondere einen hohen Koordinationsaufwand, viele Abstimmungs- und Entscheidungsgremien, ein hohes Maß an Kommunikation, eine Menge paralleler Veränderungen und Neuerungen sowie eine gewisse Eigendynamik einzelner Behörden. Je weiter ein solches Projekt am Anfang steht, umso diffuser und unübersichtlicher scheint es zu sein. Fragen, Schwierigkeiten und Herausforderungen tauchen auf, gefolgt von Antworten, Ideen und Lösungen in schneller Abfolge. Folgt man dem Ansatz einer Staffelplanung, d. h. einer gesamten mehrjährigen Planung und der Produktivsetzung bestimmter Behörden-„Bündel" an beispielsweise zwei Terminen im Jahr, so steigt die Anzahl der Entscheidungen und Veränderungen zu verschiedensten projektbezogenen Themen kontinuierlich an. Verständlicherweise sind die Verantwortlichen von Behörden, bei denen die Software erst Mitte oder Ende der Projektlaufzeit implementiert wird, einem wesentlich höherem Informationsaufkommen ausgesetzt als diejenigen, die zu Beginn Teil einer Staffel waren. Andererseits gibt es natürlich den positiven Effekt, dass sich die Kinderkrankheiten durch den Erfahrungs- und Wissensaufbau der Projektmitarbeiter im Zuge wiederholter Implementierungszyklen gen Ende massiv reduzieren. Die damit einhergehende Routine führt meistens zu reduzierten Aufwänden.

Dennoch entwickeln sich bei nominierten zukünftigen Projektleitern Unsicherheiten und es entstehen Bedenken, die sich auf die grundsätzliche Notwendigkeit der Einführung beziehen - bis hin zur Ablehnung des Projekts. Informieren sich diese Mitarbeiter noch individuell zu dem Projekt, so kann daraus eine Negativ-Spirale entstehen. Denn auch die angesprochenen Kollegen berichten möglicherweise zunächst von den Einzelheiten, die individuell in ihrem Bereich vermeintlich nicht funktionieren und verstärken damit ungewollt den bestehenden Eindruck.

Um solche Situationen zu vermeiden, ist bereits die Projektstruktur und personelle Ausstattung gut zu überdenken. So ist es sinnvoll mit den gewählten Projektmitarbeitern, ein Ausbildungs- und Multiplikatorenkonzept aufzusetzen. Dieses sollte zwei Bereiche einschließen (hier am Beispiel eines Einführungsprojekts in einer Landesverwaltung):

Jedes zentrale Projektteam, das je Staffel eine andere Behörde des Staffel-„Bündels" bei der Einführung der Software unterstützt, sollte zumindest ein Ressort, insbesondere über mehrere Staffeln hinweg, durchgängig betreuen. In diesen Teams sollten wiederum Landesbedienstete vertreten sein, deren Stammdienststelle wiederum in dem zu betreuenden Ressort liegt. Diese Teamkollegen

- erhalten umfassende Schulungen in Form von Klassenraumschulungen,
- werden durch die externen Berater, die als System- und Projektspezialisten mit in diesen Teams eingesetzt sind individuell an der Software ausgebildet,

- durchlaufen eine Art Fortbildungsprogramm, indem sie sich nach einer abgeschlossenen Projektphase als interne Berater qualifizieren,
- können nach Abschluss des Projekts als ausgebildete Systemspezialisten in ihre Ressorts zurückkehren.

Ferner ist es sinnvoll, Mitarbeiter die lokal in den Projekten des Ressorts bzw. einzelner Behörden mitgearbeitet haben – zumindest teilweise – über mehrere Staffeln aktiv in das Projekt einzubinden. Sie können so als Multiplikatoren für Wissen, Erfahrung und Akzeptanz in den verschiedenen Behörden genutzt werden.

So hat zum Beispiel ein Justiz Ressort mit den Amts- und Landgerichten, Verwaltungs-, Sozial- und Finanzgericht(en) sowie dem Ministerium sehr viele Dienststellen, in denen die HR Software implementiert werden soll. Alle zum gleichen Termin produktiv zu setzen ist personell in Verbindung mit der räumlichen Problematik kaum möglich. Legt man deshalb beispielsweise vier Termine halbjährlich fest, so wäre es sinnvoll, dass die Zusammensetzung des zentralen Projektteams auch bei allen vier Staffeln identisch ist. Darüber hinaus sollten in diesem Team Mitarbeiter aus den verschiedenen Gerichtsbarkeiten vertreten sein.

Außerdem sollten bestimmte Positionen wie zum Beispiel die ressortweite Steuerung und Koordination des Projekts über die gesamte Laufzeit hinweg in den gleichen Händen liegen. Aber auch die Ausbildung der Projektmitarbeiter im Ressort ist dann am effektivsten, wenn sie jeweils durch Erfahrungen und Erkenntnisse aus den vorhergehenden Projektphasen erweitert wird. Das spart Zeit und letzten Endes Kosten, da beispielsweise Schulungen meist nicht mehr nötig sind.

Neben der organisatorisch-immanenten Kommunikation ist auch die konkrete, individuelle, offizielle, den Adressaten angemessene und klar strukturierte Kommunikation zum Projektgeschehen von großer Bedeutung.

Dies kann durch die von der Projektleitung herausgegebene Kommunikation im Rahmen von regelmäßigen Sitzungen sowie durch schriftliche Mitteilungen erfolgen. In der Regel ist davon auszugehen, dass diese beiden Kommunikationsarten aufgrund der folgenden Aspekte nicht ausreichen:

- hohe Komplexität des Projekts,
- verbreitete Unkenntnis/Unsicherheit derer, die noch nichts mit den Projektaktivitäten zu tun hatten,
- große Menge relevanter Einzelheiten muss vermittelt werden,
- die Kürze der Zeit, die in einem Staffel-Lauf zur Verfügung steht.

Es hat sich als sinnvoll erwiesen, ein weiteres zentrales Team einzurichten, das sich gemeinsam mit den Projektverantwortlichen der folgenden Staffeln um die Einleitung der entsprechenden Kommunikationsmaßnahmen kümmert. Je nach Umfang beginnt die

Kommunikation einige Monate vor Start der Projektphase. Dadurch werden im Wesentlichen folgende Ziele verfolgt:

- allgemeine aktuelle, aber den Adressaten betreffende Projektinformationen zu vermitteln,
- die Anforderungen zur technischen Vorbereitung zu erläutern,
- Unterstützung für die Teamzusammenstellung und Aufwandsschätzung zu leisten,
- erste Informationen und Einblicke in das neue Personalsystem zu liefern, z. B. Bildschirmmasken zu demonstrieren und die Mitarbeiter durch erste Anwendungsversuche am System mit der Systematik vertraut zu machen;
- erste Daten zu erheben, die frühzeitig in das System eingespielt werden müssen.

Dieser konkrete Informations- und Wissenstransfer bewirkt, dass sich die künftigen Anwender mit einem überschaubaren Bereich des Projekts auseinandersetzen, den sie verstehen und auf ihre Behörde anwenden können. Damit wächst das Verständnis, die Sorge vor unkalkulierbaren Bergen von Arbeit wird reduziert und die Akzeptanz gestärkt. Dieses „Vorab"-Team bleibt auch solange Ansprechpartner, bis das zentrale Staffelteam den „Stab" übernimmt. In diesem Sinne ist eine projektinterne Übergabe der Ergebnisse der Vorphase an das übernehmende Team notwendig.

5.2 Bereitschaft der Köpfe für organisatorische Veränderungen

Es bietet sich an, dass dieses zentrale Team auch für die organisatorische Beratung zuständig ist, da beide Aktivitäten optimal ineinander greifen. Eine integrierte Personal-Software wie SAP HR ist auf große Unternehmen bzw. eine Vielzahl an Usern ausgerichtet. Daraus ergibt sich eine zentralistische Orientierung, da eine gewisse Gleichartigkeit der Anwendung gefordert ist, um vergleichbare Ergebnisse zu erbringen. Demzufolge lässt sich das System dann effizient nutzen, wenn man ihm mit zentralen organisatorischen Elementen begegnet.

Die Anzahl und Ausprägung zentraler Elemente in der Aufbauorganisation bietet viele Variationen. Grundsätzlich ist es für eine über lange Zeit gewachsene Organisation sehr schwer sich von einem Extrem ins andere zu organisieren, weshalb ein solcher Prozess i. d. R. stufenweise über einen längeren Zeitraum abläuft. Es lässt sich noch nicht einmal allgemeingültig prognostizieren, ob eine „extreme" Lösung, wie beispielsweise der Aufbau eines allumfassenden HR Service Centers, überhaupt erreicht werden soll. Denn möglicherweise ist der Aufwand zur Errichtung, der Führung und des Betriebs eines solchen Centers größer, als eine effektive Teillösung.

Prinzipiell zielt die Veränderung auf die Bündelung von qualifizierten Ressourcen zur effizienten Bearbeitung von Personalprozessen an möglichst wenigen Standorten.

Zunächst müssen somit die richtigen Fragen formuliert werden, die zu einer Lösung mit dem größten kurz- bzw. langfristigen Nutzen für die Gestaltung der Personalverwaltung führen. In mehreren Workshops mit Mitarbeitern aus der mittleren Führungsebene einer Landesverwaltung wurden diese Fragen identifiziert und entsprechende Lösungen erarbeitet:

1. Welche „formalen" Gründe, z. B. Zuständigkeitsregeln sprechen für bzw. gegen die ressortübergreifende Bildung von Organisationseinheiten, die den Service Personalverwaltung anbieten?

2. Wenn als Ergebnis unter Punkt 1.) eine ressortübergreifende Lösung nicht in Frage kommt, bleibt noch die Zentralisierung innerhalb eines Ressorts. Hier muss ebenfalls erhoben werden, ob eine vollständige Zusammenfassung möglich ist, und wenn nicht, aus welchen „formalen" Gründen bestimmte Bereiche separat betrachtet werden müssen.

3. Welche Art der Personalarbeit kann zentral abgewickelt werden – hauptsächlich das Massengeschäft oder auch spezielle Prozesse? Welche Kriterien sind anzuwenden?

4. Gibt es eine kritische Anzahl an zu betreuenden Mitarbeitern, die den Nutzen eines Centers beeinträchtigt und wie groß ist diese (Grenznutzen)?

5. Welche Schwierigkeiten gibt es, die Personaler an einem zentralen Standort einzusetzen?

6. Welche Auswirkungen hat eine Zentralisierung auf die Kommunikation zwischen den verschiedenen Stellen (Center, Behörde, Mitarbeiter), den Informationsfluss, die Lagerung und den Austausch von Akten etc.?

7. Im Hinblick auf die Komponenten von SAP HR muss zwischen den Tätigkeiten in der Personaladministration, der Zeitwirtschaft, des Organisationsmangements sowie der Personalbeschaffung, Personalkostenrechnung und der Stellenwirtschaft unterschieden werden, da einige Tätigkeiten bereits originär in bestimmten Referaten oder Dezernaten angesiedelt sind. Welche Komponenten sind danach bereits bestehenden Einheiten im Ressort anzugliedern und welche können unabhängig davon betrachtet werden?

8. Wenn Änderungen der Organisation im Hinblick auf die Modernisierung der Personalverwaltung und die Einführung einer Standardsoftware stattfinden sollen, wie viel Zeit wird für die Umsetzung benötigt?

Das Vorgehen der gemeinsamen Workshops hat vor allem dazu geführt, dass sich die Beteiligten der Situation ihrer Behörde bewusst geworden sind und in der Diskussion mit

Kollegen eigene Vorgehensweisen analysiert und hinterfragt haben. Somit entstand die Akzeptanz für neue Ideen und kreative Lösungen, die durch die Expertise der Kundenseite geprägt wurden.

Die Antworten auf diese Fragen haben in einem Beispielfall ergeben, dass zunächst ressortinterne Lösungen definiert wurden, die sich auf Flächenverwaltungen fokussieren, d. h. Behörden mit vielen Dienststellen und einer hohen Zahl von Mitarbeitern. Im Zuge der dezentral zu belassenden Personalhoheit wurde das sog. Massengeschäft soweit wie möglich durch einen Service Center abgewickelt, während die individuellen, komplexeren Prozesse vor Ort bearbeitet werden. Dies bedeutet auch, dass die Arbeit in den Centern sich hauptsächlich an der Personaladministration und der Zeitwirtschaft ausrichtet, unter der Prämisse der Prozess-Standardisierung.

Innerhalb der Ressorts, wo die Bedingungen einer Flächenverwaltung nicht gegeben waren, wurde ebenfalls darauf hingewirkt die Personalverwaltung möglichst effizient aufzuteilen und weitestgehend zentral zu gestalten. Dies ist entweder durch die Auslagerung an eingerichtete Service Center geschehen, auch wenn diese zu einer anderen Behörde gehören. Damit wurde eine Art internes Outsourcing angewendet. Oder es ist eine funktionale Aufteilung der Personalverwaltung vorgenommen worden, um die Belastung insbesondere kleiner Dienststellen so gering wie möglich zu halten. Das heißt, auch hier wurde die reine Administration und Zeitwirtschaft weiterhin vor Ort durchgeführt, übergreifende Aktivitäten, wie bspw. zur Aufbaustruktur im Organisationsmanagement wurden getrennt in einer höher angesiedelten Organisationseinheit durchgeführt. Insofern findet sich auch diesem Konzept die Idee des Service Centers im weiteren Sinne wieder.

Auf der Mikroebene, also in den verbleibenden Personalabteilungen bedurfte es des Weiteren noch einer Analyse der bestehenden Aufgabenverteilung. Die gewachsenen Strukturen, die Qualifikationen der Mitarbeiter, die bestehenden Teilzeitverträge und die aktuellen Tätigkeitsfelder sind selten mit der Rollendefinition eines großen Personalsystems wie SAP vollständig kompatibel. Hier ist es notwendig, den analysierten Ist-Zustand mit den systemspezifischen Soll-Rollen abzugleichen. In individuellen Diskussionen mit den entsprechenden Abteilungsleitern wurden die Veränderungsbedarfe identifiziert und Lösungen definiert.

Da für sämtliche organisatorische Veränderungen gilt, dass sie bis zur Umsetzung eine längere Vorlaufzeit brauchen, ist auch hier rechtzeitig mit der Kommunikation und Sensibilisierung für die systembedingten Änderungen zu beginnen.

5.3 Erfolgs- oder Risikofaktoren

Während die ersten sieben Fragen die inhaltliche Lösung konkretisieren, kann die Antwort auf die letzte Frage die Lösung im Hinblick auf sofortige Effizienz und Effektivität vernichten. Organisatorische Veränderungen in einem riesigen Verwaltungsapparat wie einer Landesverwaltung brauchen Zeit – je übergreifender der Ansatz, je mehr Beteiligte, je mehr Entscheidungsprozesse, umso mehr Zeit.

Insofern ist es nicht nur wichtig, den richtigen Change-Management-Ansatz zu definieren, sondern die Vorlaufzeit für die entsprechenden Maßnahmen korrekt einzuschätzen und einzuplanen. Beginnt man zu spät mit den Vorbereitungen für organisatorische Änderungen, läuft man Gefahr, dass zunächst das System auf den Ist-Zustand aufgesetzt wird und anschließend die Organisation angepasst werden muss. Die Nachteile liegen auf der Hand:

- zusätzliche finanzielle Belastung, durch zusätzlichen, aber langfristig betrachtet unnötigen Schulungsaufwand oder durch doppelten Schulungsaufwand – zunächst für den Ist-Zustand und anschließend Deltaschulungen nach Einführung der organisatorischen Anpassungen,
- Belastung der Mitarbeiter durch zweimalige Änderungen ihres Arbeitsumfelds,
- mögliche vorübergehende Qualitätsverluste bei den jeweiligen Veränderungen.

Ein weiterer Risikofaktor, insbesondere im öffentlichen Sektor, ist die fehlende vollständige Kenntnis der zahlreichen rechtlichen bzw. formalen Rahmenbedingungen, die selbst zwischen einzelnen Ressorts unterschiedlich sein können. Diese „fehlende Kenntnis" bezieht sich in erster Linie auf die Projektmitarbeiter, die nicht aus der Personalverwaltung des Öffentlichen Diensts kommen. Es ist von entscheidender Bedeutung, dass Experten für diese Regelungen und Bedingungen bei den Überlegungen zur Vereinheitlichung von Abläufen, hinzu gezogen werden.

Ferner ist die Identifizierung und Integration der richtigen Stakeholder außerhalb der zentralen Projektteams, wie z. B. Personalleiter oder bestimmte Abteilungsleiter, eine nicht zu unterschätzende Erfolgskomponente. Einerseits gibt es aufgrund des strengen Hierarchiedenkens klar definierte Entscheider, die Kraft ihres Amtes Entscheidungen treffen dürfen oder müssen. Andererseits gibt es Personen, die solche Entscheidungen Kraft ihres persönlichen Netzwerks stark beeinflussen können („graue Eminenzen"). Hier können insbesondere externe Berater nur auf eine vertrauensvolle Zusammenarbeit mit der Gesamtprojektleitung bauen. Wenn diese von der Lösung überzeugt ist, wird sie bereit sein, diese Informationen auch zur Verfügung zu stellen.

Auf Grund des sensiblen Themas „organisatorische Veränderungen" muss auch das Projektteam, das die Aktivitäten plant, diese mit den Beteiligten bespricht und bei der Umsetzung unterstützt, entsprechend feinfühlig sein. Widerstände sind zu erwarten und müssen durch gute Argumentation unter Antizipation der jeweiligen Umstände, verringert werden. Dazu gehören ebenso ein grundsätzlich starkes Interesse an dem Thema sowie der Wille und Mut, sich mit Kollegen auseinanderzusetzen.

Bei einer groß angelegten Projektinitiative gibt es immer Befürworter und Skeptiker, die sich aus unterschiedlichen Motiven, mit unterschiedlichen Mitteln und unterschiedlichem Erfolg für oder gegen die Veränderung einsetzen. Es ist wichtig, beide „Extreme" zu kennen und zu verstehen. Denn nur so lassen sich die einen als Sponsoren nutzen, um die anderen zu überzeugen. Auf diesem Hintergrundwissen sollte eine sog. Stakeholderanalyse durchgeführt werden und die Kommunikation entsprechend geplant und durchgeführt werden. Allein die Weiterleitung von Informationen trägt zum Verständnis und somit zum Abbau von Unsicherheiten bei. Weiter gehende Aktivitäten wie Workshops, Experten-Runden; Road-Shows, Beispielpräsentationen oder Besuche bei Referenzunternehmen unterstützen das Ziel, die Skeptiker zu überzeugen und weit reichende Akzeptanz zu schaffen. Die Nutzung der Befürworter auf verschiedenen Ebenen, insbesondere der Projektleitung als Sponsoren trägt einmal mehr dazu bei.

Literaturverzeichnis

Abdinnour-Helm, S., Lengnick-Hall, M. L. & Lengnick-Hall, C. A. (2003). Pre-implementation attitudes and organizational readiness for implementing an ERP system. *European Journal of Operational Research, 146*, 258 – 273.

Aladwani, A. M. (2001). Change management strategies for successful ERP implementation. *Business Process Management, 7* (3), 266 – 275.

Al-Ani, A. & Gattermeyer, W. (2001). Entwicklung und Umsetzung von Change-Management-Programmen. In: W. Gattermeyer & A. Al-Ani (Hrsg.), *Change Management und Unternehmenserfolg – Grundlagen, Methoden, Praxisbeispiele.* (S. 13 – 40). Wiesbaden: Gabler.

Alioth, A. (1980). Entwicklung und Einführung alternativer Arbeitsformen. In: E. Ulich (Hrsg.), *Schriften zur Arbeitspsychologie.* (Band 27). Bern: Huber.

Al-Mashari, M., Al-Mudimigh, A. & Zairi, M. (2003). Entreprise resource planning: A taxonomy of critical factors. *European Journal of Operational Research, 146*, 352 – 364.

Ang, J. S. K., Sum, C.C. & Chung, W.F. (1995). Critical success factors in implementing MRP and government assistance: A Singapore context. *Information & Management, 29*, 63 – 70.

Appelrath, H. & Ritter, J. (2000). *SAP R/3 Implementation: Method and Tools.* Berlin: Springer.

Appleton, E. (1997). How to survive ERP. *Datamation, March*, 50 – 53.

Arnold, B. (1996). *Customizing – Erfolgsfaktor für PPS: Standardsoftware-Lösungen der Marktführer.* München: Computerwoche-Verlag.

Aßmann, U. & Neumann, R. (2003). Quo vadis Komponentensysteme? – Von Modulen zu grauen Komponenten. *HMD Praxis der Wirtschaftsinformatik, 231*, 19 – 27.

Babbie, E. (1998). *The Practice of Social Research* (8. Aufl.). Boston, MA: Wadsworth.

Bach, S., Brettel, M., Grothe, M., Schäffer, U. & Weber, J. (1998). Grundmodell einer dynamischen Theorie ökonomischer Akteure. *WHU-Forschungspapier Nr. 56*, 95 – 104.

Barker, T. & Frolick, M. N. (2003). ERP implementation failure: A case study. *Information Systems Management, Fall*, 43 – 49.

Bayer, M. (2004). SAP-Projekt der AOK kriselt. *Computerwoche, 31* (20), 12 – 13.

Beath, C. M. (2003). The project champion. In: M. J. Earl (Hrsg.). *Information Management – The Organizational Dimension.* (S. 347 – 358). Oxford, New York: Oxford University Press.

Becker, H. & Langosch, I. (Hrsg.). (1995). *Produktivität und Menschlichkeit.* (4. Aufl.). Stuttgart: Enke.

Beckhard, R. (1969). *Organization development: Strategies and models.* London: Addison-Wesley.

Beer, M., Eisenstat, R. A. & Spector, B. (1990). Why change programs don't produce change. *Harvard Business Manager, 6,* 158 – 166.

Betz, F. (1998). *Managing technological innovation: Competitive advantage from change.* New York: Wiley & Sons.

Bingi, P., Sharma, M. K. & Godla, J. K. (1999). Critical issues affecting an ERP implementation. *Information Systems Management, 16,* 7 – 14.

Bleuel, H. P. (1984). *Die verkabelte Gesellschaft. Der Bürger im Netz neuer Technologien.* München: Kindler.

Blume, A. (1999). *Projektkompass SAP. Arbeitsorientierte Planungshilfen für die erfolgreiche Einführung von SAP-Software* (3. Aufl.). Braunschweig/Wiesbaden: Vieweg.

Bortz, J. (1993). *Statistik für Sozialwissenschaftler* (4. Aufl). Berlin: Springer.

Bögel, R. & Rosenstiel, L. von (1999). *Mitarbeiterbefragung im öffentlichen Dienst des Freistaats Bayern.* München: Bayerisches Staatsministerium für Arbeit, Familie und Sozialordnung.

Böhnke, E. & Lang, A. (2004). Krankenstand aus ganzheitlicher Sicht: Ein Praxisbericht. *Zeitschrift für Arbeitswissenschaft. 59. Jahrgang, Heft1/2005.* Stuttgart: Ergonomia Verlag.

Brenner, W. & Hamm, V. (1995). Prinzipien des Business Reengineering. In: W. Brenner & G. Keller (Hrsg.), *Business Reengineering mit Standardsoftware.* (S. 15 – 43). Frankfurt: Campus Verlag.

Brentel, H. (2003). *Lernendes Unternehmen: Konzepte und Instrumente für eine zukunftsfähige Unternehmens- und Organisationsentwicklung.* Wiesbaden: Westdeutscher Verlag.

Brettel, M., Plag, M. (2002). Konzept für ein Veränderungsmanagement. *WTR (Wehrtechnischer Report) Mai 2002,* 44 – 48.

Brown, C. V. & Vessey, I. (2003). Managing the next wave of enterprise systems: Leveraging lessons from ERP. *MIS Quarterly Executive, 2* (1), 45 – 57.

Buck-Emden, R. (2000). *The SAP R/3 System: An introduction to ERP and business software technology.* London: Addison-Wesley.

Bungard, W. (Hrsg.). (1995). *Lean Management auf dem Prüfstand.* Weinheim: Beltz.

Bungard, W. (1996a). Zur Implementierungsproblematik bei Business-Reengineering Projekten. In: M. Perlitz, A. Offinger, M. Reinhardt & K. Schug (Hrsg.), *Reengineering zwischen Anspruch und Wirklichkeit - Ein Managementansatz auf dem Prüfstand.* (S. 253 – 273). Wiesbaden: Gabler.

Bungard, W. & Jöns, I. (Hrsg.). (1997). *Mitarbeiterbefragungen. Ein Instrument des Innovations- und Qualitätsmanagements.* Weinheim: Beltz.

Cevey, B. & Prange, P. (1998). Vom Nutzen der Veränderung - Personalentwicklung und Organisationsentwicklung im Zeichen des Wandels. In: H. Spalink (Hrsg.), *Werkzeuge für das Change Management – Prozesse erfolgreich optimieren und implementieren.* (S. 113 – 142). Frankfurt am Main: FAZ, Verlagsbereich Wirtschaftsbücher.

Cohen, J. (1988). *Statistical power analysis for the behavioral sciences* (2. Aufl.). Hilsdale, NJ: Lawrence Erlbaum.

Coldewey, J. (2003). Agile Entwicklung – ein Überblick. *HMD Praxis der Wirtschaftsinformatik 231,* 46 – 54.

Comelli, G. (1995). Organisationsentwicklung. In: L. von Rosenstiel, E. Regnet & M. Domsch (Hrsg.), *Führung von Mitarbeitern – Handbuch für erfolgreiches Personalmanagement.* (S. 587 – 607). Stuttgart: Schäffer-Poeschel.

Computerwoche (1987). Frühe Copics-Kunden wenden sich von IBM-Produkt ab. *Computerwoche, 14* (8).

Conner, D. R. (1995). *Managing at the speed of change.* New York: McGraw-Hill.

Conner, D. R. & Clements, E. (1998). Die strategischen und operativen Gestaltungsfaktoren für erfolgreiches Implementieren. In: H. Spalink (Hrsg.), *Werkzeuge für das Change-Management: Prozesse erfolgreich optimieren und implementieren.* (S. 22 – 64). Frankfurt am Main: FAZ, Verlagsbereich Wirtschaftsbücher.

Cooke, D., Gelman, L. & Peterson, W. J. (2001). *ERP Trends.* New York: The Conference Board.

Cummings, T. G. & Worley, C. G. (1993). *Organization Development and Change* (5. Aufl.). Minneapolis: West.

Cushman, D. P. & King, S. S. (1995). *Communicating Organizational Change: A Management Perspective.* New York: State University.

Czichos, R. (1997). *Change Management - Konzepte, Prozesse, Werkzeuge für Manager, Verkäufer, Berater und Trainer.* München: Ernst Reinhardt Verlag.

Davenport, T. H. (1993). *Process Innovation – Reengineering Work through Information Technology*. Boston, MA: Harvard Business School Press.

Davenport, T. H. (1998). Putting the enterprise into the enterprise system. *Harvard Business Review, July-August*, 121 – 131.

Davenport, T. H. (2000). *Mission Critical – Realizing the Promise of Enterprise Systems*. Boston, MA: Harvard Business School Press.

Davis, J. (1998). Scooping up Vanilla ERP. *Infoworld, 20* (47), 57.

Deekeling, E. (2003). Vom journalistischen zum politischen Verständnis. In: E. Deekeling & D. Barghop (Hrsg.), *Kommunikation im Corporate Change. Maßstäbe für eine neue Managementpraxis*. (S. 21 – 23). Wiesbaden: Gabler.

DeLone, W. H. & McLean, E. R. (1992). Information systems success: The quest for the dependent variable. *Information Systems Research, 3*, (1), 60 – 95.

Derieth, A. (1995). *Unternehmenskommunikation. Eine theoretische und empirische Analyse zur Kommunikationsqualität von Wirtschaftsorganisationen*. Opladen: Westdeutscher Verlag.

Doujak, A., Endres, T. & Schubert, H. (2004). IT und Change mit Wirkung. *Organisationsentwicklung, 3*, (23), 56 – 62.

Doppler, K., Fuhrmann, H., Lebbe-Waschke, B. & Voigt, B. (2002). *Unternehmenswandel gegen Widerstände: Change Management mit den Menschen*. Frankfurt: Campus Verlag.

Doppler, K. & Lauterburg, C. (2002). *Change Management – Den Unternehmenswandel gestalten*. Frankfurt: Campus Verlag.

Dreyfus, H. L. (1987). *Künstliche Intelligenz. Von den Grenzen der Denkmaschine und dem Wert der Intuition*. Reinbek: Rowohlt.

Emery, F. E. (1959). Characteristics of socio-technical systems. *Tavistock Institute of Human Relations, Document No. 527*.

Fitz-Gerald, L. & Carroll, J. (2003). The role of governance in ERP system implementation. *Proceedings of the Fourteenth Australasian Conference on Information Systems (ACIS)*, CD-ROM, 10 pages.

Fiol, C. M. & Lyles, M. A. (1985). Organizational Learning. *Academy of Management Review, 10* (4), 803 – 813.

Flanagan, J. C. (1954). The critical incident techniques. *Psychological Bulletin, 51*, 327 – 358.

French, W. & Bell, C. H. jr. (1973). *Organization Development*. Prentice-Hall: Englewood Cliffs.

Frese, M. & Brodbeck, F. (1989). *Computer in Büro und Verwaltung*. Heidelberg: Springer.

Frieling, E. & Sonntag, K. (1999). *Lehrbuch der Arbeitspsychologie* (2.Aufl.). Bern: Huber.

Gairing, F. (1999). *Organisationsentwicklung als Lernprozess von Menschen und Systemen*. Weinheim: DSV.

Gebert, D. (1995). Interventionen in Organisationen. In: H. Schuler (Hrsg.), *Organisationspsychologie*. (S. 481 – 494). Bern: Huber.

Gebert, D. (2004). Innovation und Führung. In: D. Frey & L. von Rosenstiel (Hrsg.), *Enzyklopädie der Psychologie. Band Wirtschaftspsychologie*. Göttingen: Hogrefe.

Giese, F. (1927). Methoden der Wirtschaftspsychologie. In: E. Aberhalden (Hrsg.), *Handbuch der biologischen Arbeitsmethoden, Abt. Vic, (Band 2)*. Berlin: Urban & Schwarzenberg.

Ginzberg, M. J. (1981). Early diagnosis of MIS implementation failure: Promising results and unanswered questions. *Management Science, 27*, 459 – 476.

Goldstein, I. L. (2002). *Training in organizations. Needs assessment, development and evaluation*. Belmont: Wadsworth.

Grover, V., Jeong, S. R., Kettinger, W. J. & Teng, J. T. (1995). The implementation of business process reengineering. *Journal of Management Information Systems, 12*, 109 – 144.

Gunn, T. (1998). People: The primary resource in world class manufacturing. *CIM Review, 3*, 6 – 9.

Hall, G., Rosenthal, J. & Wade, J. (1993). How to make Reengineering Really Work. *Harvard Business Review ,71, November-December*, 119 – 131.

Hammer, M. & Champy, J. (1996). *Reengineering im Management: Die Radikalkur für die Unternehmensführung*. Frankfurt: Campus Verlag.

Heilmann, H. (2003). Neue Konzepte der Software - Entwicklung: Auswahl und Einführung. *HMD Praxis der Wirtschaftsinformatik 231*, 79 – 87.

Heinbokel, J. & Schleidt, R. (1993). *Change Management*. Berlin: vde Verlag.

Heinrich, H., Jacobs, H. & Wunschick, J. (2000). *Vergleich von ERP-Systemen*. Aachen: Shaker.

Hentig, von H. (1984). *Das allmähliche Verschwinden der Wirklichkeit. Ein Pädagoge ermutigt zum Nachdenken über die neuen Medien*. München: Hanser.

Herbst, D. (1999). *Interne Kommunikation*. Berlin: Cornelsen.

Hoch, T. (1996). *Einsatz der Informationsverarbeitung bei Business Process Reengineering: Elemente eines Vorgehensmodells für Dienstleistungsunternehmen.* Wiesbaden: Deutscher Universitäts-Verlag.

Holland, C. P. & Light, B. (1999). A critical success factors model for ERP implementation. *IEEE Software, 16* (3), 30 – 36.

Ives, B. & Olson, M. H. (1984). User Involvement and MIS Success: A Review of Research. *Management Science, 30,* (5), 585 – 603.

James, D. & Wolf, M. L. (2000). A second wind for ERP. *The McKinsey Quarterly, 2,* 100 – 107.

Jochem, M. (1997). *Einführung integrierter Standardsoftware: ein ganzheitlicher Ansatz.* Frankfurt am Main: Lang.

Judson, A. S. (1991). *Changing behavior in organizations: how to approach and manage change.* Bambridge: Basil Blackwell.

Kabat, D. J. (1994). Information Technologies to Manage the Next Dynamic. In: L. A. Bergers, M. J. Sikora & D. R. Berger (Hrsg.), *The Change Management Handbook: A Road Map to Corporate Transformation.* (S. 218 – 236). New York: McGraw-Hill.

Keil, C. & Lang, C. (1998). Standardsoftware und organisatorische Flexibilität – Eine Untersuchung am Beispiel der Siemens AG. *Zeitschrift für betriebswirtschaftliche Forschung, 50* (9), 847 – 862.

Kettinger, W. J. & Grover, V. (1995). Special-Section: Toward a Theory of Business Process Change Management. *Journal of Management Information Systems, 12* (1), 9 – 30.

Kirchmer, M. (1996). *Geschäftsprozessorientierte Einführung von Standardsoftware. Vorgehen zur Realisierung strategischer Ziele.* Wiesbaden: Gabler.

Kirkpatrick, D. L. (1994). *Evaluating training programs: The four levels.* San Francisco: Berett-Koehler.

Kirkpatrick, D. L. (1998). The e-ware war. *Fortune, 138,* (11), 102 – 108.

Kleingarn, H. (1997). *Change Management: Instrumentarium zur Gestaltung und Lenkung einer lernenden Organisation.* Dissertation. Wiesbaden: Gabler.

Koch, S. (2003). Das Open-Source-Entwicklungsmodell: Grundprinzipien, Fragen und Erfahrungen. *HMD Praxis der Wirtschaftsinformatik 231,* 55 – 62.

Kohnke, O. (2004). Die Bedeutung von Change Management im Rahmen von ERP - Implementierungen. In: A. Gries (Hrsg.), *BeraterGuide – Das Jahrbuch für Beratung und Management.* (S. 48 – 51). München: H&T-Verlag.

Kotter, J. P. (1995). Acht Kardinalfehler bei der Transformation/Why transformation efforts fail. *Harvard Business Review, March/April,* 21 – 28.

Kotter, J. P. (1995). Leading Change: Why Transformation Efforts Fail. *Harvard Business Review, March-April*, 59 – 67.

Krüger, W. (2000). Strategische Erneuerung: Probleme, Programme und Prozesse. In: W. Krüger (Hrsg.), *Excellence in Change: Wege zur strategischen Erneuerung* (2. Aufl.). (S. 35 – 96). Wiesbaden: Gabler.

Krüger, W. (2000). Das BW-Modell: Bezugsrahmen für das Wandlungsmanagement. In: W. Krüger (Hrsg.), *Excellence in Change: Wege zur strategischen Erneuerun* (2. Aufl.). (S. 15 – 34). Wiesbaden: Gabler.

Larkin, T.J. & Larkin, S. (1994). *Communicating Change – How to Win Employee Support for New Business Directions*. New York: McGraw-Hill.

Lewin, K. (1947). Frontiers in group dynamics I: Concept, method and reality in social science - social equilibria and social change. *Human Relations, 1*, 5 – 41.

Lippitt, R., Watson, J., Westley, B. (1958). *The Dynamics of Planned Change. A comparative study of principles and techniques.* New York: Harcourt, Brace.

Luhmann, N. (1984). *Soziale Systeme. Grundriss einer allgemeinen Theorie.* Frankfurt: Suhrkamp.

Mahrer, H. (1999). SAP R/3 implementation at the ETH Zurich: A higher education management success story. *Proceedings of the Americas Conference on Information Systems*, 788 – 790.

Martin, M. H. (1998). An ERP Strategy. *Fortune, 138* (2), 95 – 97.

Mauterer, H. (2002). *Der Nutzen von ERP-Systemen - Eine Analyse am Beispiel von SAP R/3*. Wiesbaden: Deutscher Universitäts-Verlag.

McKersie, R. B. & Walton, R. E. (1999). Organizational Change. In: M. S. Scott Morton (Hrsg.), *The Corporation of the 1990s: Information Technology and Organizational Transformation*. (S. 244 – 277). New York: Oxford University Press.

McNish, M. (2001). Guidelines for managing change: A study of their effects on the implementation of new information technology projects in organization. *Journal of Change Management, 2* (3), 201 – 211.

Metzen, H. (1994). Leidensweg. *manager magazin, 11/1994*, 279 – 285.

Mohr, N. (1997). *Kommunikation und organisatorischer Wandel. Ein Ansatz für ein effizientes Kommunikationsmanagement im Veränderungsprozess.* Wiesbaden: Gabler.

Mohr, N. & Woehe, J. M. (1998). *Widerstand erfolgreich managen: Professionelle Kommunikation in Veränderungsprojekten*. Frankfurt am Main: Campus.

Motwani, J., Mirchandani, D., Madan, M. & Gunasekaran, A. (2002). Successful implementation of ERP projects: Evidence from two case studies. *International Journal of Production Economics, 75*, (1-2), 83 – 96.

Murray, J. P. (2001). Recognizing the responsibility of failed information technology project as a shared failure. *Information Systems Management, 18* (2), 25 – 29.

Nah, F., Zuckweiler, K. M. & Lau, J. (2003). ERP implementation: Chief information officers' perceptions of critical success factors. *International Journal of Human-Computer Interaction, 16* (1), 5 – 22.

Nefiodow, L. A. (1999). *Der sechste Kondratieff: Wege zur Produktivität und Vollbeschäftigung im Zeitalter der Infomation* (3. Aufl.). St. Augustin: Rhein-Sieg Verlag.

Nelson, R. R. & Cheney, P. H. (1987). Training end users: An exploratory study. *MIS Quarterly, 11*, 547 – 559.

Neumann, P. (2003). *Markt- und Werbepsychologie. Band 2*. Gräfelfing: Fachverlag Wirtschaftspsychologie.

Njaa, N. (2000*)*. *Instrumente des Change Managements aus einstellungstheoretischer Sicht*. Berlin: Logos Verlag.

Njaa, N. & Kohnke, O. (2002). Zielvereinbarungen im Change Management. In: W. Bungard & O. Kohnke (Hrsg.), *Zielvereinbarungen erfolgreich umsetzen – Konzepte, Ideen und Praxisbeispiele auf Gruppen- und Organisationsebene* (2. Aufl.). (S. 219 – 232). Wiesbaden: Gabler.

Österle, H. (Hrsg). (1990). *Integrierte Standardsoftware: Entscheidungen für den Einsatz von Softwarepaketen*. Hallbergmoos: AIT.

Österle, H. & Winter, R. (2000). Business Engineering. In: H. Österle & R. Winter (Hrsg.), *Business Engineering – Auf dem Weg zum Unternehmen des Informationszeitalters*. (S. 3 – 20). Berlin: Springer.

Parr, A., Shanks, G. & Darke, P. (1999). The identification of necessary factors for successful implementation of ERP systems. In: N. Ojelanki, L. D. Intona, M. D. Myers & J. I. DeGross (Hrsg.), *New Information Technologies in Organizational Processes*. Boston: Kluwer Academic Press.

Parr, A. & Shanks, G. (2000). A model of ERP project implementation. *Journal of Information Technology, 15*, 289 – 303.

Pfannenberg, J. (2003). *Veränderungskommunikation: den Change-Prozess wirkungsvoll unterstützen. Grundlagen, Projekte, Praxisbeispiele*. Frankfurt: FAZ-Institut.

Plag, M. & Brettel, M. (2001). Flexible Gestaltung des Veränderungsmanagements. *VOP (Verwaltung, Organisation, Personal); November 2001*, 12 – 15.

Postman, N. (1983). *Das Verschwinden der Kindheit*. Frankfurt am Main: Fischer.

Preece, D. (1995). *Organizations and technical change: Strategy, objectives and involvement.* London: Routledge.

Reiß, M., Rosenstiel, von L. & Lanz, A. (1997). *Change Management - Programme, Projekte und Prozesse.* Stuttgart: Schäffer-Poeschel.

Reiß, M. (1997). Change Management als Herausforderung. In: M. Reiß, L. von Rosenstiel & A. Lanz (Hrsg.), *Change - Management - Programme, Projekte und Prozesse.* (S. 5 – 29). Stuttgart: Schäffer-Poeschel.

Rohe, C. (1998). Risiko- und Erfolgsfaktor Nr.1: Implementierung. In: H. Spalink (Hrsg.), *Werkzeuge für das Change-Management: Prozesse erfolgreich optimieren und implementieren* (S. 13 – 21). Frankfurt: FAZ, Verlagsbereich Wirtschaftsbücher.

Rosenstiel, von L. & Comelli, G. (2003). *Führung zwischen Stabilität und Wandel.* München: Franz Vahlen.

Rosenstiel, von L. & Comelli, G. (2004). Führung im Prozess des Wandels. *Wirtschaftspsychologie aktuell, 11. Jahrgang (1/2004),* 30 – 34.

Roth, S. (2000). Emotionen im Visier: Neue Wege des Change Managements. *Organisationsentwicklung 19* (2), 14 – 20.

Scherer E. & Verbeck, A. (1999). Eingriff mit Nebenwirkungen. *Strategie, 8,* 60 – 62.

Scherer, E. (2001). Change Management ist Politik. *Management 2001,* 28 – 31.

Schreyögg, G. & Noss, C. (2000). Von der Episode zum fortwährenden Prozeß - Wege jenseits der Gleichgewichtslogik im Organisatorischen Wandel. In: G. Schreyögg & P. Conrad (Hrsg.), *Organisatorischer Wandel und Transformation.* (S. 33 – 62). Wiesbaden: Gabler.

Schwarz, M. (2000). *ERP-Standardsoftware und organisatorischer Wandel – Eine integrative Betrachtung.* Wiesbaden: Gabler.

Schwarzer, B. & Krcmar, H. (1999). *Wirtschaftsinformatik: Grundzüge der betrieblichen Datenverarbeitung* (2. Aufl.). Stuttgart: Schäffer–Poeschel.

Seligman, M. (1979). *Gelernte Hilflosigkeit.* München: Urban & Schwarzenberg.

Sheu, C., Yen, H. R. & Krumwiede, D. W. (2003). The effect of national differences on multinational ERP implementation: An exploratory study. *TQM & Business Excellence, 14* (5), 641 – 657.

Shields, M. G. (2002). *ERP-Systeme und E-Business schnell und erfolgreich einführen – Ein Handbuch für IT- Projektleiter.* Weinheim: Wiley-VCH Verlag.

Smyth, R. W. (2001). Challenges to Successful ERP Use. *European Conference on Information Systems,* Slovenia.

Sneed, H. (1993). Eine Abmagerungskur für die DV – aber wie? *Computerwoche extra, 19.02.1993*, 8 – 10, 35.

Somers, T. M. & Nelson, K. (2001). The impact of critical success factors across the stages of enterprise resource planning implementations. *34th International Conference on System Sciences*, Hawaii.

Somers, T. M. & Nelson, K. (2004). A taxonomy of players and activities across the ERP project life cycle. *Information & Management, 41*. 257 – 278.

Spieß, E. (1996). *Kooperatives Handeln in Organisationen*. München: Rainer Hampp.

Stahlknecht, P. & Hasenkamp, U. (2002). *Einführung in die Wirtschaftsinformatik.* (10. Aufl.). Berlin: Springer.

Stefanou, C. (1999). Supply chain management and organizational key factors for successful implementation of enterprise resource planning (ERP) systems. *Proceeding of the Americas Conference on Information System*, 800 – 802.

Steinmüller, K. (2001). Cyberworker im Jahr 2010. Drei Szenarien. *Journal Arbeit, 1*, 4 – 5.

Strahringer, S. (2003). Im Zentrum neuer Konzepte: die Änderbarkeit von Software. In: H. Heilmann & S. Strahringer (Hrsg.), *Praxis der Wirtschaftsinformatik 231*, 5 – 17.

Sumner, M. (1999). Critical success factors in enterprise wide information management systems projects. *Proceedings of the 1999 ACM SIGCPR conference on Computer personnel research*, 297 – 303.

Tabachnik, B. G. & Fidell, L. S. (2001). *Using multivariate statistics* (4. Aufl.). Boston: Allyn and Bacon.

Tiemeyer, E. (2002). *Projekte erfolgreich managen*. Weinheim: Beltz.

Trost, A., Jöns, I. & Bungard, W. (1999). *Mitarbeiterbefragung*. Augsburg: Weka.

Tushman, M. & O'Reilly, C. (1999). Unternehmen müssen auch den sprunghaften Wandel meistern. *Havard Business Manager, 1*, 30 – 44.

Ulich, E. (1998). *Arbeitspsychologie*. 4. Aufl. Stuttgart: Schäffer-Poeschel.

Ulich, E. (2001). *Arbeitspsychologie*. 5. Aufl. Stuttgart: Schäffer-Poeschel.

Umble, E. J., Haft, R. R. & Umble, M. M. (2003). ERP: Implementation procedures and critical success factors. *European Journal of Operational Research, 146*, 241 – 257.

Vahs, D. & Leiser, W. (2003). *Change Management in schwierigen Zeiten –Erfolgsfaktoren und Handlungsempfehlungen für die Gestaltung von Veränderungsprozessen.* Wiesbaden: Deutscher Universitätsverlag.

Volpert, W. (1983). Denkmaschinen und Maschinendenken – Computer programmieren Menschen. *Psychosozial, 18*, 10 – 29.

Volpert, W. (1988). *Zauberlehrlinge – Die gefährliche Liebe zum Computer.* Weinheim: Beltz.

Volpert, W. (1990). Welche Arbeit ist gut für den Menschen? – Notizen zum Thema Menschenbild und Arbeitsgestaltung. In: F. Frei & I. Udris. (Hrsg.), *Das Bild der Arbeit.* (S. 23 – 40). Bern: Huber.

Watson, Goodwin (1967). *Concepts for Social Change.* Washington: National Training Laboratories.

Weizenbaum, J. (1977). *Die Macht der Computer und die Ohnmacht der Vernunft.* Frankfurt am Main: Suhrkamp.

Wellmeyer, H. (2000). *Standardsoftware versus Individualsoftware: Datenermittlungsverfahren als Anwendungsvoraussetzung für vergleichende Investitionsrechnung.* Frankfurt am Main: Lang.

Welti, N. (1999). *Successful SAP R/3 implemenation – practical management of ERP projects.* Harlow: Addison-Wesley.

White, L. (2000). Changing the "whole system" in the public sector. *Journal of Organizational Change Management, 13*, (2), 162 – 177.

Willcocks, L. P. & Sykes, R. (2000). The Role of the CIO and IT Function in ERP. *Communications of the ACM, 43*, 33 - 38.

Woods, D. & Word, J. (2004). *SAP NetWeaver for Dummies.* Hoboken, NJ: Wiley.

Die Autoren

Thomas Beyer, Dipl.-Wirtsch.-Ing.
Studium Wirtschaftsingenieurwesen Fachrichtung Maschinenbau an der Technischen Universität Darmstadt, Vertiefung Unternehmensführung. 1988-1991 ITT-Automotive Alfred Teves GmbH Frankfurt (heute Conti-Teves), Materialwirtschafts- und Logistikprojekte, 1991-1994 Unternehmensberatung Plaut, Schwerpunkt Logistikstrategie und Unternehmensorganisation, 1994-1999 Firma Hirschmann/Rheinmetall, Verantwortung für Logistik, Materialwirtschaft und Zentrale Bereiche, seit 1999 bei der Firma Hella zunächst in der Zentralen Verantwortung der Logistik der Business Division Elektronik und seit Mitte 2002 als Verantwortlicher für das konzernweite Projekt der Prozessstandardisierung und Harmonisierung bei gleichzeitiger Implementierung von SAP im Bereich order-to-delivery.

Elisabeth Böhnke, Dipl.-Psych., Magister of Public Health postgraduiert.
Studium der Psychologie an der Université Paris X-Nanterre und Universität München sowie Gesundheitswissenschaften an der Ludwig-Maximilians-Universität, München. Seit 1992 Mitarbeiterin am Institut für Wirtschaftspsychologie der LMU-München. Forschungsschwerpunkte: Wirtschaftspsychologie, Epidemiologie und Biometrie, Arbeit und Gesundheit, Gesundheitsmanagement, interne Kunden-Lieferanten Beziehungen, Coaching, Mentoring und Event-Management. Leitung wirtschaftsnschaftlicher Projektstudien u.a. zu den Themen „Interne Kunde-Lieferanten-Beziehung" bei DaimlerChrysler AG (weltweit) und „Gesundheitsmanagement" bei der Deutschen Telekom AG (bundesweit). Publikationen zu den Themen Mitarbeiterbefragung, Arbeit und Gesundheit und Gesundheitsmanagement.

Malte Brettel, Dipl.-Wirtsch.-Ing, Dr. rer. pol., Univ.-Prof.
Studium des Wirtschaftsingenieurwesens in Darmstadt, danach mehrjährige Tätigkeit als Unternehmensberater. Promotion und Habilitation an der WHU-Otto-Beisheim Hochschule in Vallendar. Geschäftsführender Gesellschafter in Düsseldorf und Managing Director der JustBooks.de GmbH, heute abebooks.de. Danach kommissarischer Leiter des Lehrstuhls für internationales Management an der Handelshochschule Leipzig (HHL). Heute Inhaber des Lehrstuhls Wirtschaftswissenschaften für Ingenieure und Naturwissenschaftler an der RWTH Aachen.

Britta Buchhorn, Dipl.-Psych.
Studium der Psychologie an der Universität Koblenz-Landau, Abteilung Landau; seit 2003 im Bereich Personalentwicklung der Hella KGaA tätig; Schwerpunkte: Change Management, Organisationsentwicklung, Personalentwicklung, Personalauswahl sowie Projektmanagement; berufsbegleitende Qualifizierung zum MBA an der Steinbeis-Hochschule Berlin; seit 2004 Lehrbeauftragte der Universität Koblenz-Landau im Themenfeld Change Management.

Walter Bungard, Dipl.-Volkswirt, Dr. rer. pol., Univ.-Prof.
Studium der Volkswirtschaftslehre, Soziologie und Psychologie an der Universität Köln; Promotion 1975, Habilitation 1981 an der Wirtschafts- und Sozialwissenschaftlichen Fakultät der Universität Köln; seit 1984 Inhaber des Lehrstuhls für Wirtschafts- und Organisationspsychologie an der Universität Mannheim; Forschungsschwerpunkte: Einführung neuer Technologien in der Arbeitswelt, Gruppenarbeitskonzeptionen, Belastungen am Arbeitsplatz und Mitarbeiterbefragungen.

Oliver Kohnke, Dipl.-Wirtsch.-Inf., Dr. phil.
Nach seiner Tätigkeit als wissenschaftlicher Mitarbeiter am Lehrstuhl für Wirtschafts- und Organisationspsychologie an der Universität Mannheim langjährige Erfahrung in der Durchführung operativer und strategischer Veränderungsprojekte bei Mannesmann Rexroth und McKinsey & Company. Seit 2002 Berater in der Business Consulting der SAP Deutschland AG & Co. KG, München. Lehrbeauftragter an der Universität Mannheim.

Ulrich Königswieser, Studium der Handelswissenschaften, Mag.
Nach langjähriger Berater- und Trainertätigkeiten bei Ernst & Young Unternehmensberatung und bei der Beratergruppe Neuwaldegg, Wien, ist Ulrich Königswieser heute selbstständiger Unternehmensberater und Managementtrainer. Seine Tätigkeitsschwerpunkte sind: Change Management, Unternehmenskulturentwicklung, Führungskräfteentwicklung, Kommunikation, Teamentwicklung, Konfliktmanagement und Mediation; Strategie- und Leitbildentwicklung; Optimierung von Geschäftsprozessen; Forschungstätigkeiten in den Bereichen soziale Netzwerke, Organisationsentwicklung und Rationalisierung, Großgruppen, Unternehmensinterne Mediation.

Wolfgang Kropiunik, Studium Wirtschaftsinformatik, Mag.
Den Beginn seiner beruflichen Laufbahn startete Wolfgang Kropiunik als Mitarbeiter einer kleinen Softwarefirma in Wien, wo er vom Helpdesk über Programmierung bis hin zum Verkauf den gesamten Software-Lebenszyklus kennen lernte. Die darauf folgenden Jahre verbrachte er als Berater der Firma Andersen Consulting (heute Accenture) im europäischen Ausland mit der Betreuung von Kunden der Telekom-Branche. Seine Projekterfahrung reicht von Individualprogrammierungen über SAP-Implementierungen bis zur Kunden- und Produktportfoliostrategie. Derzeit arbeitet er als IT & Organisationsmanager bei einem internationalen Verpackungskonzern.

Angela Lang, Dipl.-Pych., Dr. phil.
Studium der Psychologie an den Universitäten Trier und München; Promotion 1996 an der Universität München (Titel der Doktorarbeit: Determinanten der Weiterbildungsteilnahme und des Weiterbildungserfolgs bei Führungsnachwuchskräften); seit 1997 Angestellte bei der Deutschen Telekom Immobilien und Service GmbH in der Personalabteilung mit den Tätigkeitsschwerpunkten Personalentwicklung, Führungskräftetraining, Eignungsdiagnostik, Changemanagement, Outplacement.

Virginia Madukanya, Dipl.-Psych.
Studium der Psychologie mit dem Schwerpunkt Arbeits- und Organisationspsychologie an der Universität Mannheim und der University of Massachusetts, Amherst/USA. Studienbegleitende Professionalisierung in der Personal-und Organisationsentwicklung im Rahmen von POP (Kooperationsprojekt der Universität Mannheim und Heidelberg). Mehrjährige Tätigkeit als wissenschaftliche Hilfskraft am Lehrstuhl für Wirtschafts-.und Organisationspsychologie bei Prof. Bungard an der Universität Mannheim. Derzeit tätig als Beraterin bei O&P Organisations- und Personalentwicklungs AG.

Joachim Niedereichholz, Dipl.-Ing., Dr. Dr. h. c., Univ.-Prof.
Studium Maschinenbau TH Karlsruhe, Dipl.-Ing.; Studium Betriebswirtschaftslehre Universität Mannheim, Promotion bei Prof. Dr.mult. Waffenschmidt, Dr.rer.pol.; Praktische Tätigkeit, u.a. Rechenzentrumsleiter; 1971 Habilitation für Betriebsinformatik, Universität Karlsruhe, Fakultät für Wirtschaftswissenschaften; 1972 Lehrstuhl für Betriebswirtschaftslehre, insb. Betriebsinformatik, an der Universität Frankfurt/Main; 1975 Gastforscher am IBM Research Laboratory, San Jose; 1975-1985 Gründungsmitglied der Fakultät für Informatik der Universität Frankfurt/Main; seit 1.1.1988 Lehrstuhl für Wirtschaftsinformatik II, Universität Mannheim.

Peter Peters, Dipl.-Inf., Dr. rer. nat.
Derzeit Associate Principal bei McKinsey & Company. Nach Studium (Universität Dortmund) und Promotion (RWTH Aachen) in der Informatik ist er seit 1997 Mitglied des Business Technology Office von McKinsey, das Unternehmen zum Management von IT-Funktionen berät. Seine Arbeitsschwerpunkte sind Wertschöpfung aus ERP-Lösungen sowie Outsourcing und Offshoring.

Martin Plag, Dipl.-Volkswirt, Prof.
Studium der VWL an der Universität Marburg. Fünf Jahre Tätigkeit als Unternehmensberater und Trainer für die CTcon GmbH mit den Schwerpunkten Change Management, BPR und Kostenanalyse. Seit 2000 Forschungsarbeit an der WHU – Wissenschaftliche Hochschule für Unternehmensführung in Vallendar im Bereich Change Management. Von 2001-2002 Lehrauftrag an der Bundesakademie für Wehrtechnik und -verwaltung in Berlin und Mannheim. Seit 2003 Professor für allgemeine Betriebswirtschaftslehre, insbesondere Controlling und internes Rechnungswesen an der Berufsakademie/Staatlichen Studienakademie Villingen-Schwenningen.

Christoph Püttgen, Psychologe, M. A.
Studium der Arbeits-, Betriebs- und Organisationspsychologie an der Katholieke Universiteit Nijmegen, Niederlande. 2001-2002 Geschäftsführer der OFW Student Consulting and Research (OSCAR) GmbH, Köln. Neben Beratungsprojekten zu Themen wie eLearning, Personalentwicklung, Business Process Reengineering, ERP-Implementierung, verantwortlich für die Bereiche Unternehmensentwicklung und Personal. 2002 Diplomarbeit in Zusammenarbeit mit der SAP Deutschland AG, Thema „Organizational Change Requirements and SAP Implementation Success". Seit 2003 als Berater mit Fokus Change Management für die SAP Deutschland tätig.

Solveig Reißig-Thust, Dipl.-Kffr., Dr. rer. pol.
Studium der Betriebswirtschaftslehre an der Universität Bayreuth; mehrjährige Tätigkeit als Unternehmensberaterin und Projektleiterin bei der CTcon GmbH in Düsseldorf, Arbeitsschwerpunkte: Organisationsentwicklung, Projektcontrolling, Konzeption und Implementierung von Kennzahlensystemen, 2000-2002 wissenschaftliche Mitarbeiterin am Lehrstuhl für Controlling und Telekommunikation an der WHU-Otto-Beisheim Hochschule in Vallendar, Tätigkeit als selbständige Unternehmensberaterin und Trainerin, Geschäftsführende Gesellschafterin der RBP Consult GmbH, Berlin. Projektschwerpunkte: Veränderungsmanagement, insbesondere in öffentlichen Organisationen.

Jens Reske, Dipl.-Wirt.-Ing. (FH)
Studium Wirtschaftsingenieurwesen FHTG Mannheim, Dipl. Wirt.-Ing. (FH); Studium Betriebswirtschaftslehre Universität Mannheim; seit 2003 wissenschaftlicher Mitarbeiter am Lehrstuhl für Wirtschaftsinformatik II, Universität Mannheim.

Robert A. Roe, Dipl.-Psych., Dr. phil, Univ.-Prof.
Studium der Psychologie an der Universität Amsterdam, NL; 1975 Promotion; 1980 Professor für Arbeits-, Betriebs- und Organisationspsychologie an der Technischen Universität Delft, NL; 1988 Professor für Arbeits-, Betriebs- und Organisationspsychologie an Universität Tilburg, NL; 1991-1995 Gründungspräsident der European Association of Work and Organizational Psychology; 1991-1997 Direktor des internationalen Work and Organization Research Center (WORC), Universität Tilburg, NL; 1999-2001 Direktor des Netherlands Aeromedical Institute, Soesterberg, NL; seit 2002 Professor für Organisationswissenschaften der Universität Maastricht, NL. Professor Roe ist Mitglied des Redaktionsrates einer Reihe wissenschaftlicher Journale und arbeitet als selbstständiger Unternehmensberater.

Lutz von Rosenstiel, Dipl.-Psych. Dr. phil. Univ. Prof.
Studium der Psychologie und Betriebswirtschaftslehre an den Universitäten Freiburg/Brsg. und München. Promotion 1968 an der Phil. Fakultät der Universität München, Habilitation 1974 an der Wirtschafts- und Sozialwissenschaftlichen Fakultät der Uni Augsburg; seit 1977 Inhaber des Lehrstuhls für Organisations- und Wirtschaftspsychologie an der Uni München; 1991-1999 Prorektor an dieser Universität. Forschungsschwerpunkte: Personalführung, Sozialisation in Organisationen, Kompetenzmessung und Kompetenzentwicklung, Wertewandel und Wertkonflikte in Organisationen.

Axel Sacher, Dipl.-Betriebswirt
Studium der Betriebswirtschaft an der Fachhochschule Flensburg. Vor und während des Studiums arbeitete er bereits in verschiedenen Unternehmen und war hierbei häufig in das Managen von betriebswirtschaftlichen oder EDV-Veränderungsprozessen involviert. Nach einigen Jahren der Anwendungsberatertätigkeit wechselte er in das Management von SAP-Projekten verschiedenster Größen und Ausprägungen. Als eine größere Implementierung verantwortete er die Einführung über 220 Standorte für über 3000 Endbenutzer. Neben seiner Beratertätigkeit referiert Herr Sacher im Bereich Projektmanagement im Rahmen von Kunden und SAP-internen Schulungen und baute eine zusätzliche Ausbildungsreihe bei der SAP Deutschland auf.

Sabine Schüler, Dipl.-Kffr.
Seit 1996 Beraterin bei der Firma Accenture mit aktueller Tätigkeit bei der SAP HR Einführung im Öffentlichen Sektor. Teilprojektleitung mit Arbeitsschwerpunkten im Personalwesen, Organisationsstrukturen und Kommunikation im Rahmen von Change Management. In diesem Zusammenhang auch vorherige Mitarbeit in Projekten anderer Branchen zum Aufbau von Shared Service Centern in Europa. Studium der Wirtschaftswissenschaften an der Gerhard-Mercator Universität/Gesamthochschule Duisburg mit Spezialisierung auf Personalwirtschaft und Unternehmensführung u. a. in Verbindung mit Mitarbeit am Lehrstuhl Personalwirtschaft.

Frank Thiele
Nach einer Informatik-Ausbildung am Rechenzentrum der Universität Stuttgart mehrere Tätigkeiten im Bereich Software und Knowledge Engineering. Schwerpunkt der letzten Jahre waren die Entwicklung von Kostenrechnungs-Software im Bereich Target Costing sowie die Einführung von SAP in verschiedensten Branchen. Derzeitige Funktion als Change Manager bei der Goodyear Dunlop Tives Germany, Hanau.

Erfolgreich führen

Die „Sandwichposition" zwischen Vorgesetzten und Mitarbeitern erfolgreich ausfüllen

In diesem Buch bekommen Projektleiter und fachliche Vorgesetzte praktische Tipps, wie sie Mitarbeiter schnell einschätzen, Teammitglieder motivieren, Verhaltensweisen verändern, kritische Gespräche führen und Konflikte bewältigen, um ihr Team zielorientiert zu führen.

Christian Stöwe /
Lara Keromosemito
Führen ohne Hierarchie
Wie Sie ohne Vorgesetztenfunktion Teams motivieren, kritische Gespräche führen, Konflikte lösen
2004. Ca. 208 S. Geb.
Ca. EUR 34,90
ISBN 3-409-12702-X

Praktische Mitarbeitermotivation – gerade in schwierigen Zeiten

Führung in schwierigen Zeiten: Engagement ohne persönliche Perspektiven – Führung im Wandel: Was macht erfolgreiches Führungsverhalten aus? – Anforderungen an eine Führungskraft: Die „eierlegende Wollmilchsau" – Kompetenzen einer Führungskraft: Wirtschaft und Soziales – Psychologie der Führung: Coaching und mehr

Rita Strackbein / Dirk Strackbein
Führen mit Power
In stürmischen Zeiten erfolgreich entscheiden
2004. Ca. 208 S. Geb.
Ca. EUR 34,90
ISBN 3-409-12374-1

Kuschelmanagement kann jeder – Führen in Krisenzeiten ist eine Kunst

Wie gelingt es, sich als Manager in Krisenzeiten richtig zu verhalten und so die Krise zu bewältigen? Dieses Buch zeigt typische Verhaltensweisen in Krisensituationen, die häufig zu einer Krisenverschärfung führen, und gibt Empfehlungen, wie man es besser macht. Mit einem Test zur Selbsteinschätzung.

Georg Kraus,
Christel Becker-Kolle
Führen in Krisenzeiten
Wie Sie typische Managementfehler vermeiden
2004. 172 S.
Geb. EUR 39,90
ISBN 3-409-12448-9

Änderungen vorbehalten. Stand: Juni 2004.
Erhältlich im Buchhandel oder beim Verlag.

Gabler Verlag · Abraham-Lincoln-Str. 46 · 65189 Wiesbaden · www.gabler.de

Managementwissen: kompetent, kritisch, kreativ

Außergewöhnliche Ergebnisse durch effektive Kommunikation

„Communicate or Die" zeigt Ihnen, wie Sie Mitarbeiter zu Höchstleistungen anspornen und unzufriedene Kunden verhindern – durch effektive Kommunikation.
Mit vielen anschaulichen Beispielen und einer Fülle unmittelbar anwendbarer Tipps.

Thomas D. Zweifel
Communicate or Die
Mit effektiver Kommunikation außergewöhnliche Ergebnisse erzielen
2004. Ca. 176 S. Geb.
Ca. EUR 36,00
ISBN 3-409-12634-1

Reformen in der Wirtschaft

Das Thema der Reform von Wirtschaft und Gesellschaft ist mit den Ende 2003 getroffenen politischen Entscheidungen keineswegs in seiner Bedeutung zurückgegangen. Eine weitsichtige Reformstrategie ist notwendiger denn je. Die Autoren zeigen, welche Hebel Deutschland in Bewegung setzen muss, damit das Land wieder an die Spitze Europas rückt.

Klaus F. Zimmermann
Deutschland 2010
2004. 300 S.
Br. Ca. EUR 29,90
ISBN 3-409-12712-7

Wie Unternehmen jetzt wirklich vom E-Business profitieren

Warum nüchterner Realismus gefragt ist – Wie totale Transparenz das Massengeschäft anheizt – Wie Manager vom Ozean der Informationen profitieren – Wie Unternehmen immer komplexer und präziser gesteuert werden – Wie Kunden nachhaltiger gewonnen und gebunden werden – Wie Unternehmen mit Auslagerung und Online-Kooperation alle Grenzen sprengen.

Wolf K. Müller-Scholz
Die stille Transformation
Wie Unternehmen durch E-Business tatsächlich profitieren
2004. Ca. 208 S. Geb.
Ca. EUR 38,00
ISBN 3-409-12630-9

Änderungen vorbehalten. Stand: Juli 2004.
Erhältlich im Buchhandel oder beim Verlag.

Gabler Verlag · Abraham-Lincoln-Str. 46 · 65189 Wiesbaden · www.gabler.de

GABLER